“十二五”普通高等教育规划教材 · 心理学系列

管理心理学简明教程

A Concise Coursebook on Management Psychology

主编　刘永芳

清华大学出版社

内 容 简 介

为适应教学时数有限的高等院校相关专业教学的需要，本书在《管理心理学》原版教材基础上压缩更新而成，突出了以下三个特点：一是简明——承续原版教材的理论观点、逻辑体系和框架结构，仍用六篇内容来贯彻管理心理学的观点，但每篇都压缩了篇幅，精简了内容；二是实用——在体例上做了较大革新，每章都在章前加上了“学习目标”和“引例”，章内的适当地方增加了“资料”，章后增加了“复习题”，有的章后还附有“管理游戏”“自测练习”“心理测试”等，更加活泼、实用；三是规范——采用了心理学中通用的APA格式引用和编排文献，各章文献列于各章之后，网络文献均在引用处给出了来源和网址，以便于读者查找。

本书阐述管理心理学领域的基本理论和基本内容，探讨基本理论在实际操作中的应用，定位明确，适合高等院校管理学、心理学等专业师生，以及组织人力资源管理的从业人员和广大的心理学爱好者阅读。

图书在版编目（CIP）数据

管理心理学简明教程/刘永芳主编. —北京：清华大学出版社，2015（2021. 8 重印）
“十二五”普通高等教育规划教材·心理学系列
ISBN 978-7-302-38291-1

I. ①管… II. ①刘… III. ①管理心理学-高等学校-教材 IV. ①C93-05

中国版本图书馆 CIP 数据核字（2014）第 236429 号

责任编辑：吴颖华
封面设计：姜　姗
版式设计：文森时代
责任校对：刘廷丽
责任印制：丛怀宇

出版发行：清华大学出版社
网　　址：http://www.tup.com.cn，http://www.wqbook.com
地　　址：北京清华大学学研大厦 A 座　　邮　　编：100084
社 总 机：010-62770175　　邮　　购：010-62786544
投稿与读者服务：010-62776969，c-service@tup.tsinghua.edu.cn
质量反馈：010-62772015，zhiliang@tup.tsinghua.edu.cn
课件下载：http://www.tup.com.cn，010-62788951-223
印 装 者：三河市龙大印装有限公司
经　　销：全国新华书店
开　　本：185mm×260mm　印　　张：19.75　字　　数：452 千字
版　　次：2015 年 5 月第 1 版　印　　次：2021 年 8 月第 5 次印刷
定　　价：49.80 元

产品编号：058657-02

前言

本教材是应清华大学出版社之邀，对该社2008年出版的、由本人主编的《管理心理学》一书进行的简写、改编，主要是为了适应教学时数有限的高等院校相关专业教学的需要，弥补原版教材篇幅较长、内容稍深，不符合有些院校、专业教学需要的不足。

"简编"者，简略版本也！本教材承续了原版教材的理论观点、逻辑体系和框架结构，仍然用六篇内容来贯彻心理学取向的管理心理学观点，但经过删减、压缩、合并，每篇都只保留了两章内容，篇幅上得到了压缩，内容上得到了精简。

与原版教材相比，本教材在体例上做了较大的革新。首先，配合教材内容，每章都在章前加上了"学习目标"和"引例"，章内的适当地方增加了"资料"，以便于调动学生的学习兴趣，加深学生对学习内容的理解，特别是提高学生运用相关理论、知识、方法分析和解决实际问题的能力。其次，每章后面都增加了"复习题"，有的章后还附有"管理游戏""自测练习""心理测试"等，以更好地适应学习和教学的需要。

本教材的文献引用和参考文献采用了心理学领域通用的APA格式，各章的文献列于各章之后，以便于读者查找，但鉴于引自网络的文献均在引用处给出了来源和网址，可以直接找到原始文献，所以章后的"参考文献"中没有再次罗列这些文献。对所有文献的作者表示感谢！

本教材在原版教材基础上进行了压缩，并重新编写了部分内容，在此对所有参与本书编写工作的老师和同学表示深深的感谢！参与正文编写的有：第1章，刘永芳、王怀勇；第2章，赵立军、王怀勇、刘永芳；第3章，方学梅、邓光辉、刘永芳；第4章，许科、邓光辉；第5、6章，王彦、谢伟；第7章，许科、赵立军；第8章，方学梅、赵立军；第9章，卢会志、卢光莉；第10章，庄锦英、卢光莉；第11、12章，房慧聪、余鹏。参与引例、资料、复习题编写及文献核对的有：第2、8章，胡启旭；第5、11章，贾汛；第3、7章，张玥；第4、10章，王芙颂；第1、6章，袁慧；第 9、12 章，杨昕昕。郑久华负责了第 5～12 章的通稿工作，张玥和胡启旭最后核对了全文的文献和格式。书稿完成后，刘永芳对全书进行了认真而艰苦的审阅和修改。清华大学出版社的吴颖华编辑既是本书的发起人，又为本书的编辑出版付出了大量心血和精力，在此表示深深的谢意！

由于编者水平有限，时间仓促，加之编写人员较多，书中的疏漏和错误之处在所难免，恳请专家、学者和广大读者批评指正！

编　者

2015 年 1 月

目录

第一篇 总论

第二篇　动 机 管 理

第三篇　认知管理

第四篇　情 绪 管 理

第五篇　行为管理

第六篇　组 织 管 理

第一篇 总论

- 第一章 管理心理学概述
- 第二章 管理心理学的历史沿革与人性假设

第一章　管理心理学概述

学习目标

- 理解管理心理学的概念及其内涵
- 了解管理心理学的研究内容
- 列举管理心理学与组织行为学之间的区别与联系
- 掌握管理心理学的研究逻辑
- 理解各种研究方法及其在管理心理学研究实践中的应用

引例：“人本管理”的典范——惠普公司

在 1992 年美国《幸福》杂志 500 名最大工业企业排名中，美国惠普公司排在第 42 位，资产 137 亿美元，销售额 164.3 亿美元，利润为 5.5 亿美元。当年，惠普公司是世界最大的电子检测和测量仪器公司，其微型计算机产量位居美国第二。

惠普公司取得的成功，在惠普公司自己的许多经理看来，靠的是它重视人的宗旨。惠普公司的这种重视人的宗旨不但源远流长，而且不断地进行自我更新。

惠普公司“以人为本”管理宗旨的具体体现是关心人。重视人、尊重人，就要关心人。关心人要体现在领导者深入工作现场，进行现场管理、巡视管理，与员工进行面对面的非正式的口头形式的思想交流。

关心人需要真心实意地把员工当作人来关怀。在惠普公司里，领导者总是同自己的下属打成一片，他们关心员工，鼓励员工，使员工们感到自己的工作成绩得到了承认，自己受到了重视。与此同时，惠普公司也注重教育员工，要求员工不要专注于职位提升，而要把心思放在生产、销售和产品服务上。公司还教育员工要有高度的信心和责任感。对于个人的职位升迁问题，公司总是教育员工要在做好自己的本职工作上求发展。曾有一位惠普公司资格最老的制造部的中层经理，他以前管理着一个有 50 人的部门，一年以后他开始考虑个人的前途问题，因为他的许多在别的公司里工作的同学的职位都已经高于他了。于是，他便把自己的心思告诉了上级，并且询问上级，自己怎样才能升职。他的上级思索片刻，笑着说，“你干吗着急？在这儿想往上升，最好的办法就是干好你的本职工作。我知道需要一定时间才能习惯于我们这儿的做法，可是请信任我们，从现在起就注意好好干，高兴点儿！这样就能提升！”这位中层经理感到在惠普公司工作很满意，因为他意识到他的上级总是不失时机地给员工伸出帮助之手，而且他觉得似乎公司内部人人都知道他在干什么，他做出了什么贡献。

惠普公司信任人。惠普公司相信员工们都想有所创造，都是有事业心的人。这一点在该公司的一项政策，即“开放实验室备品库”上表现得最为突出。实验室备品库是该公司存放电气和机械零件的地方。工程师们不仅可以随意地取用实验室备品库里的物品，而且公司还鼓励他们拿回自己家里使用！这样做是因为惠普公司有一种信念：不管工程师们拿这些设备所做的事是不是跟他们从事的工作有关，他们在工作岗位上或是在自己的家里摆弄这些玩意，都总是能学到一些有用的东西。曾经有一次，惠普公司的创始人休利特周末到一家分厂去视察，他发现该分厂的实验室备品库上了锁。他很生气，马上就跑到维修组去，拿来一柄螺栓切割剪，把备品库门上的锁一下子给剪断了，然后扔得远远的。星期一早上，员工上班的时候，就看到门上有一张条子，上面写着：“请勿再锁此门，谢谢！威廉”。惠普公司并不像别的公司那样对这些设备器材严加控制，而是让它敞开大门，随你取用，充分表明公司对员工们的信任程度。

（来源：百度文库，http://wenku.baidu.com/view/620cc919c281e53a5802ff67.html）

在国外，管理心理学又称为工业与组织心理学，是研究组织管理活动中人的行为规律及其潜在心理机制的一门学科。管理心理学是由管理学与心理学两大学科交叉而形成的一门科学，属于应用心理学的研究范畴。自从 20 世纪 50 年代诞生以来，无论是在理论研究层面，还是在实践应用层面，管理心理学均得到了长足的发展，逐步嬗变成为一门独立而成熟的学科。本章将对管理心理学的研究对象、研究内容、研究逻辑及研究方法等基本问题进行探讨，以便为后面的章节奠定基础。

第一节　管理心理学的研究对象和内容

一、管理心理学的研究对象

什么是管理心理学？翻阅不同的教材和著作不难发现，学者们给出的定义千差万别，似乎有多少位管理心理学研究者，就有多少种管理心理学定义。本书在全面把握管理心理学内涵的基础上，尝试对其做出如下的定义：管理心理学是研究组织管理活动中人的行为规律及其潜在的心理机制，并用科学的方法改进管理工作，不断提高工作效率与管理效能，最终实现组织目标与个人全面发展的一门学科。为了更好地理解这个定义，可以从以下三个方面入手。

（1）管理心理学的研究对象：人的行为规律及其潜在的心理机制。具体地说，管理心理学不仅探讨组织管理活动中人的行为规律，也揭示这些行为背后潜在的心理机制。它把人的行为规律及其心理机制作为一个辩证统一的整体来进行研究。之所以如此，主要是因为人的行为与心理之间存在互为因果、相互依存的关系（见图 1-1）。一方面，行为受到心理活动的调节、控制和支配，它是心理活动的外化表现形式，所以要想彻底、全面地了解人的行为，就必须探索其背后潜在的心理机制；另一方面，心理又是行为的内部动因，是调节、控制行为的内部过程，因此要想揭示人类心理的奥秘，就需要分析和理解人的外显行为。

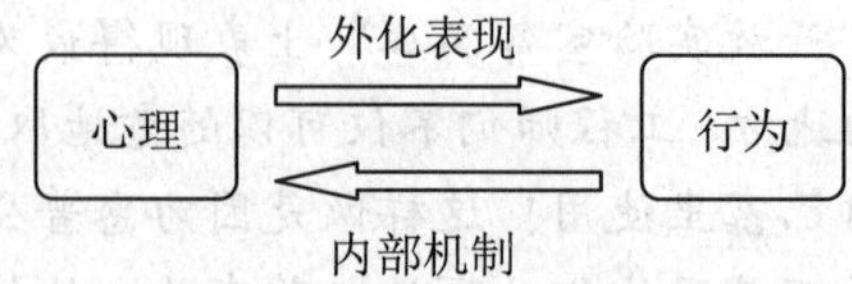

图 1-1　心理与行为的关系

（2）管理心理学的研究范围：组织管理活动中人的行为规律及其潜在的心理机制。人的行为规律及其潜在的心理机制也是普通心理学、社会心理学等学科探讨的对象，但管理心理学对它们的探讨是在组织管理活动这一大背景下进行的。也就是说，管理心理学不是探索一般或其他情境中人的行为规律及其潜在的心理机制，而是把研究范围限定在组织管理活动这一特定情境中，这也凸显了管理心理学这一学科的领域特殊性。这里的“组织”是广义的，不仅包括企业组织，还涵盖政府机关、教育机构、军队等形式的组织。无论是狭义组织还是广义组织，都具备一些共同的特征。

（3）管理心理学的研究目标：在掌握组织管理活动中人的行为规律及其潜在心理机制的基础上，充分调动人工作的主动性、积极性与创造性，积极运用科学的方法和手段改进管理，提高管理的现代化水平，进而不断提高工作效率与管理效能，最终实现组织目标与个人的全面发展。管理心理学是一门应用性、实践性较强的学科，它源于组织管理实践，反过来也服务于组织管理实践。管理心理学要不断挖掘人的发展潜能和价值，以实现组织和个人双重发展目标。

【资料】

宝洁平衡员工工作与生活的策略

随着外部环境和内部人员的变化，宝洁适时调整人力资源策略，希望既能够得到公司需要的生产力，又能让员工拥有满足感和快乐的生活。

（1）采取一系列灵活的措施让工作变得更轻松。例如，配备有专业按摩师的按摩室；工作时间有弹性，员工可以在 7:30 到 10:30 之间任意选择上班时间；员工每周可以选择一天在家办公。

（2）以信任为基础的价值观保持不变。公司有一个非常清晰的价值系统 PVP，即 Purpose、Value 和 Principle，概括来说，就是领导才能、主人翁精神、诚实正直、积极求胜和信任。

（3）为员工提供有意义的工作：在工作岗位上能做出成绩，能自己做决定，能经常得到老板的嘉奖，工作具有挑战性。

（4）强化英语能力，培养员工的全球竞争力。

（5）坚持奉行内部培养而不招空降兵，给员工看得见的升职之路。

（来源：世界经理人，http://www.ceconline.com/manufacturing/ma/8800049719/01）

二、管理心理学的研究内容

管理心理学是心理学的研究成果在组织管理中应用的产物，其研究内容应基于人的心理活动而展开，并辐射到行为和组织层面的相关问题。基于这种考虑，本书将以组织管理中人的心理活动为主线来组织相关章节内容，目的在于突出管理心理学的心理学特色，增强其心理学色彩。除了第一篇“总论”介绍管理心理学基本问题的两章内容之外，其余五篇内容将按顺序分别讨论动机管理、认知管理、情绪管理、行为管理和组织管理等主题（见图 1-2）。

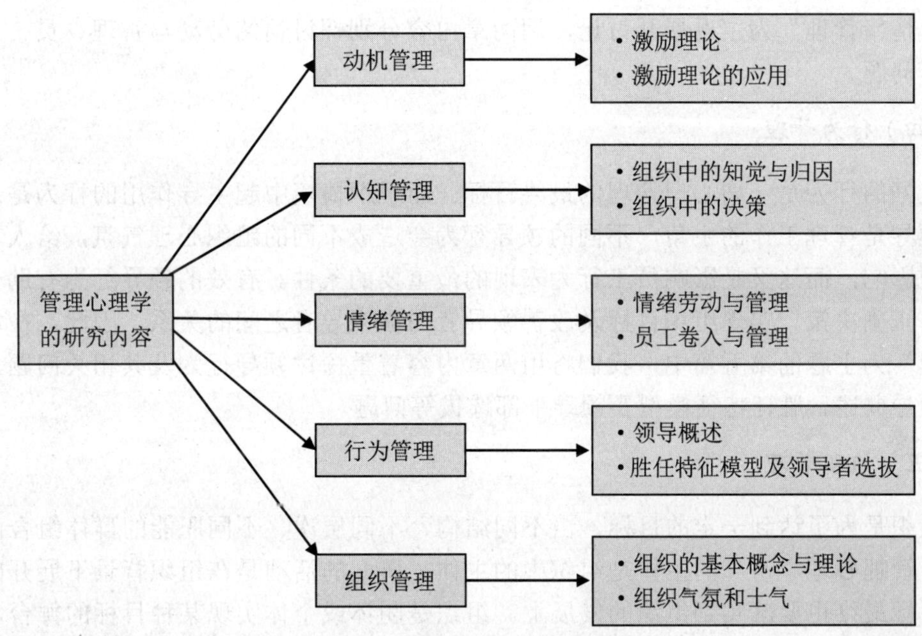

图 1-2 管理心理学的研究内容

（一）动机管理

动机是其他一切心理活动的起点和前提。在现代管理活动中，如何有效地激发员工的动机，充分调动员工的工作积极性、主动性和创造性，成为各类组织提高工作绩效、实现发展目标的关键。因此，动机管理问题应该成为管理心理学首先探讨和解决的问题。基于这种考虑，“总论”之后，本书的第二篇即以“动机管理”为主题，用两章内容分别讨论激励理论和激励理论的应用等问题。

（二）认知管理

在当代认知心理学中，认知是人们获得或应用知识的过程，是最基本的心理过程。在现代组织管理中，认知活动辐射到计划、组织、协调、合作、控制等例行工作中，员工及管理者对信息的认知加工影响着他们的问题解决、相互间的人际沟通和交往等，进而关系到最终能否实现组织的发展目标及员工身心的全面发展。因此，要想更好地提高管理的有效性和创造性，就必须了解组织情境中人的认知结构、过程及机制，了解得愈透彻，愈能对症下药，做好管理工作。本书第三篇以“认知管理”为主题展开讨论，用两章内容分别探讨组织中的知觉与归因、组织中的决策等问题。

（三）情绪管理

随着生活节奏的加快及竞争的日趋激烈，组织及组织中的个人面对的应激事件越来越多，遭遇挫折的机会越来越高，压力越来越大，情绪管理在日常的组织管理活动中显得越来越重要。这方面的研究不仅有助于降低员工的压力，提高员工的身心健康水平，而且有助于缓解组织冲突，调动员工的工作积极性，实现组织的发展目标。本书的第四篇以“情绪管理”为主题展开讨论，用两章内容分别探讨情绪劳动与管理、员工卷入与管理等问题。

（四）行为管理

良好的行为是一切心理管理的最终目标。而组织情境中起主导作用的行为是领导行为。领导是管理工作的主角，不同的领导行为会造成不同的组织心理气氛，给人以不同的心理影响，而这又是影响员工行为表现的最重要的条件。有效的领导行为有助于领导者作出正确决策、实现组织目标及改善领导者与被领导者之间的关系。因此，在以“行为管理”为主题的第五篇中，我们将用两章内容着重探讨领导行为及其相关问题，内容涉及领导概述、胜任特征模型及领导干部选拔等问题。

（五）组织管理

组织是为了达到一定的目标，由不同结构、不同层次、不同职能的群体组合而成的系统。管理心理学研究的主体是组织中的主体，研究的活动是在组织背景下展开的，研究的目标最终也要落实到组织的发展上。组织是团体或个体实现某种目标的舞台，整个组织的状况直接影响群体或个体的行为效率。因此，除了研究个体层面的心理和行为问题之外，管理心理学还需要研究由个体形成的组织的特征及组织层面上的群体心理和行为规律，这对于如何更好地调动组织成员的积极性，充分利用人力、物力、财力，提高组织的效率是十分重要的。本书的第六篇将以“组织管理”为主题，用两章内容分别探讨组织的基本概念和理论、组织气氛和士气等问题。

第二节　管理心理学的学科性质和研究逻辑

一、管理心理学的学科性质

从狭义的角度来说，管理心理学主要是由管理学与心理学两大学科交叉而形成的一门科学。从广义的角度来说，管理心理学的研究成果还来源于社会学、人类学、教育学、社会心理学等众多学科。因此，管理心理学的学科性质较为多样，具体表现为边缘性、交叉性、综合性、实践性、应用性等。概括地说，管理心理学既有自然科学的性质，又有社会科学的性质。下面分别简要分析一下管理心理学与心理学、管理学、组织行为学等几个邻近学科的关系，以便读者更加明确这门学科的性质。

（一）管理心理学与心理学

心理学是研究人的心理现象及行为规律的一门科学。它研究的内容是人的一般心理过程和个性心理。管理心理学研究的则是组织管理活动中人的行为规律及其潜在的心理机制。心理学就像一棵枝繁叶茂的大树，它有许多分支，而管理心理学是其中的分支之一（见图 1-3）。管理心理学就是探讨如何把心理学的基本原理和研究成果应用到组织管理领域中去的一门应用学科，学者们往往把管理心理学归入应用心理学的范畴。随着心理学理论层面与实践层面研究成果的不断涌现和积累，管理心理学必将得到进一步的发展；而管理心理学的发展又将反过来验证和完善心理学的基本理论，促进心理学的繁荣发展。由此可见，管理心理学与心理学是个别与一般、特殊和普遍的关系，二者密不可分但又不可互相替代。

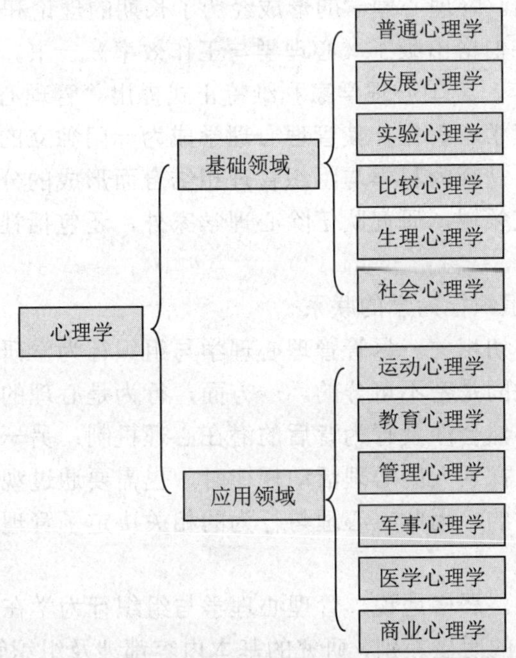

图 1-3　管理心理学在心理学中的位置

（二）管理心理学与管理学

管理学是研究管理活动过程及其规律的科学。它是由一系列管理理论、职能、原则、方法等组成的科学体系，是社会科学、自然科学和技术科学相互渗透而形成的一门综合性学科。而管理心理学是研究管理活动过程中人的行为规律及其潜在心理机制的学科，即管理心理学把其研究对象严格限制在管理过程而非其他情境中。管理学与管理心理学两门学科是存在差异的，一般地说，管理学比较注重较为宏观的组织层面问题的研究，而管理心理学则比较关注较为微观的个体层面问题的探讨；管理学比较重视外在的行为层面问题的研究，而管理心理学比较注重内在的心理层面问题的探讨。所以，管理心理学与管理学的关系可以概括为：管理心理学是管理学的一个重要组成部分，是管理学的补充和发展。

（三）管理心理学与组织行为学

管理心理学与组织行为学两门学科之间既有一定的区别，又有密切的联系。

1．管理心理学与组织行为学的区别

（1）研究的侧重点不同。管理心理学着重研究行为背后潜在的心理活动规律，侧重于把心理学的研究成果应用于组织管理活动中；而组织行为学则重点探讨行为特点和规律本身，把人的外显行为作为研究对象，以达到预测和控制行为的目的。一般地说，管理心理学侧重于本源学的研究，组织行为学则侧重于现象学的研究。

（2）理论基础不同。管理心理学作为心理学的一个重要分支学科，它的理论来源主要是心理学；而组织行为学作为行为科学的一个分支，它的理论来源更加多样化，不仅来自心理学，还来自管理学、社会学、人类学、政治学、经济学等学科。

（3）形成背景不同。管理心理学的形成经历了长期的理论和实践准备。1912 年，美籍德国心理学家闵斯特伯格出版了《心理学与工作效率》一书，初次正式把心理学应用到工业管理中。1958 年，美国心理学家利维特正式提出“管理心理学”这一术语，并出版了第一本《管理心理学》著作，使管理心理学成为一门独立的学科。组织行为学是由行为科学发展而来的，是行为科学与组织管理相结合而形成的分支学科。组织行为学是一个跨众多学科的研究领域，研究队伍除心理学家外，还包括社会学家、人类学家，甚至语言学家、数学家等。

2．管理心理学与组织行为学的联系

（1）心理与行为密切相关。尽管管理心理学与组织行为学研究的侧重点不同，但实际上人的心理与行为之间是密不可分的。一方面，行为是心理的外化表现，组织行为学在研究人的行为时，必然会涉及行为背后的潜在心理机制；另一方面，心理是一种内在的活动，管理心理学在探索人的心理活动规律时，也需要通过观察分析人的外部行为来达到推断内部过程的目的。因此，心理与行为的相关决定了管理心理学与组织行为学之间的紧密关系。

（2）研究内容相似。严格地说，管理心理学与组织行为学在研究内容上略有差异，但在总体框架上却无大的明显差别，研究的基本内容都涉及组织管理活动中个体、群体、领导、组织等方面的心理与行为规律。所以两门学科在内容上十分相近，仅仅是对同一问题的研究视角和出发点有所不同而已。

（3）研究目的相似。管理心理学与组织行为学的研究目的基本相同，即都是通过对组织管理活动中人的行为规律及其潜在心理机制的探索和揭示，充分调动员工工作的积极主动性，不断促进管理的科学化和现代化，进一步提高管理效能和生产绩效，最终实现组织和人的全面发展。

二、管理心理学的研究逻辑

（一）两种取向的管理心理学

管理心理学是管理学和心理学交叉融合而形成的一门边缘学科，从事该领域研究的人员主要来源于心理学和管理学领域。由于这两个学科的研究人员在学科背景、知识结构、看待问题的角度等方面存在差异，所以这门学科在不断发展的过程中，逐渐演变出了两种取向，即管理学取向的管理心理学和心理学取向的管理心理学。

管理学取向的管理心理学是基于管理的或从组织角度出发的管理心理学，旨在为管理层或领导层出谋划策，教会他们如何管理员工，以便有好的业绩和绩效。这种管理心理学看问题比较宏观，也比较务实，侧重于用管理学的思想、原理和方法探讨相关问题，说明和解释相关现象。心理学取向的管理心理学是基于心理的或从个体角度出发的管理心理学。这种管理心理学看问题比较微观，注重个体层面的问题和行为背后的潜在机制，侧重于从心理学的角度出发，用心理学的理论、知识和方法来探讨相关问题，说明和解释相关现象。这两种取向已经在国内外不同版本的管理心理学著作中得到了体现。

两种不同取向的管理心理学在研究对象、内容体系等方面基本相同，不同之处在于研究问题的出发点不同。例如，在研究企业员工工作倦怠问题时，管理学取向的管理心理学侧重于从组织管理的角度出发，分析员工工作倦怠的形成原因，探察引起员工工作倦怠的社会、文化、组织条件等；而心理学取向的管理心理学更关注员工工作倦怠形成的心理机制，寻求导致其工作倦怠的心理因素。

（二）管理活动中的人及其心理：手段与目的的辩证统一体

上述两种不同取向的管理心理学实际上触及了一个非常重要而敏感的问题：管理活动的终极目的是什么？作为管理客体的人及作为管理主体的组织究竟是什么样的关系？人及其心理变化究竟是实现组织目标的手段或工具，还是组织管理活动的目的？换句话说，管理心理学研究组织情境中人的心理活动规律的目的何在？管理学取向的管理心理学倾向于认为，探索管理活动中人的心理活动规律应该服务于管理的目的，是为了更加有效地、科学地开展管理工作，提高工作绩效，最终实现组织目标。按照这种观点，管理活动中的人及其心理变化只是实现组织目标的手段或工具，处于从属地位，研究管理活动中的人及其心理规律的管理心理学属于工具性或功利性的学科。而心理学取向的管理心理学则倾向于认为，管理活动中的人及其心理变化本身也应该成为管理的目的，管理心理学不仅应该服务于企业和组织目标，为该目标的实现提供依据，出谋划策，还应该服务于组织中的人，为企业和组织中人的全面发展提供依据和方法。当今的管理是以人性化管理或人本管理为主流的管理，在学术研究领域也已经出现了由人力资源管理（HRM）向人力资源发展（HRD）转变的趋势，人及其心理发展作为管理目的的地位更应该受到重视。

实际上，组织目标和人的发展目标并非完全对立的关系，二者是互为因果、互为目的和手段的对立统一关系：揭示组织环境中人的行为规律及心理机制，一方面应该有利于科学、合理地开展管理工作，提高工作绩效，实现组织发展目标，另一方面应该有利于改善组织中人的心理状态，促进人的全面发展。同时，组织目标的实现和组织中人的全面发展也是互为目的和手段的：组织目标的实现为人的全面发展提供条件，人的全面发展又为组织目标的实现奠定基础。也就是说，管理活动中的人及其心理既是手段又是目的，同样组织也既是手段又是目的，二者都是手段和目的的辩证统一体。这种思想可以用图 1-4 加以更为详细的说明。

（1）管理心理学具有双重目标或双重性。一方面，它要服务于组织发展目标，在这个意义上它具有工具性或功利性；另一方面，它要服务于人的发展目标，在这种意义上它具有人文性、教育性等非功利的特点。

（2）上述两种目标是交互作用、互相影响的。这种交互作用造成的四种状态可以用图 1-5 来表示。其中 A 是理想状态，B 是不常见状态，C 是常规状态，D 是最糟状态。

（3）管理心理学除了直接服务于组织发展目标和人的发展目标之外，还需要对这两种目标之间交互作用的方式进行干预，协调二者之间的矛盾，调整二者之间的关系，使其达到相互促进、共同发展的状态，即图 1-5 中 A 所代表的理想状态。

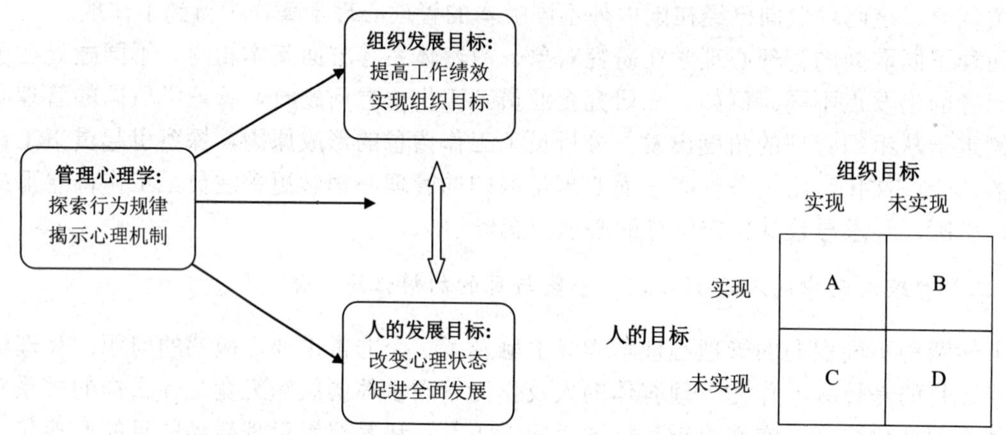

图 1-4　管理活动中的人与组织　　图 1-5　两种管理目标的交互作用产生的四种情况

（三）管理心理学需要思考的几个问题

如上所述，管理心理学是心理学的一个重要分支，属于应用心理学的范畴。因此，无论在理论研究层面上，还是在管理实践层面上，管理心理学都应该突出心理学的学科特色。那么，如何做到这一点呢？我们认为，至少应该解决好以下几个问题。

1．个体关怀或宏观关心

相对而言，管理学、组织行为学等学科在研究组织管理活动中人的心理与行为规律时，多是从较为宏观的层面上来考虑的。例如，管理学主要从组织层面上来研究，而组织行为学则主要从外显行为层面来研究等。作为管理学与心理学交叉而成的管理心理学在探索人的心理与行为规律时应该突出个体关怀的特征。所谓个体关怀有两层含义：（1）管理心理学应着重从微观层面来选择或理解问题，关心企业管理各个环节上与人有关的具体问题；（2）管理心理学应以人为中心来思考和解决问题，对人身上存在的弱点和不足持较为宽容的态度，表现出人性化关怀的倾向。

具体而言，管理心理学的个体关怀特征应表现在两个方面：（1）在理论研究方面，管理心理学应以研究个体心理状态和特点为出发点，对体现心理学特色的课题，如员工激励、工作压力、工作倦怠、心理契约、组织承诺、组织冲突等，要在吸收借鉴心理学中成熟的研究工具和手段的基础上，不断进行深入研究，力图实现理论研究上的创新；

（2）在实践应用方面，管理心理学在理解组织管理活动中涌现出来的各类实际问题时，应有独特的着眼点和分析框架，提出与管理学、组织行为学不同的解决方案，表现出个体关怀的特征。例如，在帮助企业设计薪酬方案时，管理心理学应关注这种方案与各阶层员工心理预期的匹配性以及它对员工心理产生影响的长效性，而不是笼统地仅从组织行为学或管理学中分配公正这一角度来思考问题。

2．是什么或为什么

在研究组织管理问题时，管理学和组织行为学比较重视回答“是什么”和“怎么做”的问题。例如，在任何一本《组织行为学》教材中，都可以找到对企业普遍存在的问题的描述和对相关应对措施的介绍，甚至还可以找到许多案例和练习性材料，但却缺少对相关原理和措施的深入心理学分析。这样做没有什么不对，但却是不够的。作为研究人的心理与行为规律的管理心理学，应该发挥心理科学得天独厚的优势（关注“为什么”的问题，提供实证资料），不仅要回答“是什么”和“怎么做”的问题，更要去弥补组织行为学在回答“为什么”问题方面的不足，让人们既“知其然”，又“知其所以然”。

例如，无领导的小组讨论、结构性访谈、评价中心法、360 度反馈等都是在企业人员招聘和员工考评方面比较流行的工具或手段。那么，这些工具或手段的理论依据是什么呢？为什么它们一定会比传统的方法好呢？这样做的效果如何呢？如何测定它们的效果呢？针对这些问题，管理心理学应该能够做出深层次的探讨，而不仅仅是谈论“是什么”“怎么做”的问题。

3．实务或理论

在人力资源管理、管理学、管理心理学等学科的培训班上，通常学员们急切地想要掌握的是实务和操作方面的知识。这种心情可以理解，毕竟实务方面的知识针对性强，似乎也最有用。但实务和理论是不可分割的。没有深厚理论功底支持的实务训练只能是鹦鹉学舌式的学习，这样获得的知识可迁移性差、再生性差。任何人都不可能用在某个课堂上获得的实务技巧去应对管理实践中可能出现的各种局面。

因此，我们不应该把管理心理学看成是一门纯实务的、技术性的学科，而应该认真掌握该学科中的各种管理学与心理学理论，唯有这样，才能更好地做好管理工作。也就是说，每一个管理工作者都不应该试图成为管人的“匠人”或“技师”，而应该试图成为管理的“大师”或“设计师”。从这个意义上说，系统地掌握管理学与心理学理论或许比掌握实务或案例更加重要。

4．行为或意识

实现对人的科学化管理是管理心理学的中心任务。一般来说，对人进行管理就意味着对人的改变。那么，究竟要改变人身上的哪些东西呢？多数人认为应该改变人的行为，而事实上更应该改变人的意识。行为是制度和规章的产物，而且具有高度的可模仿性和易获得性，你只要告诉员工应该做什么、怎样做，他就能够按照你的要求将有关的行为实现出来。然而，这样的行为是短效的、被动的，有时还会走样和变形，因为它没有员工意识的参与和支撑。举例来说，很多公司或机构的迎宾们都会按照公司的要求使用规范的礼貌性服务用语，但我们常常能够明显地感觉出他们的行为是机械的、不带感情色彩的，并不代表他们的意识。

只有干预和改变员工的意识，才能最终改变其行为。而在改变员工意识或觉悟水平方面，管理心理学无疑扮演着重要的角色，因为管理心理学是研究组织管理活动中人的心理活动（意识）与行为规律的一门学科，它所提供的知识、原理和方法对于组织管理的柔性化、合理化、有效化、科学化都起着不可替代的作用。管理心理学工作者有责任和义务将管理心理学的方法和手段运用、推广到管理实践中，最终达到干预、提升员工和管理者意识水平的目的。

第三节　管理心理学的研究方法

对任何一门学科的发展而言，研究方法都具有举足轻重的作用。正如苏联生理心理学家巴甫洛夫所说："科学是随着方法学上获得的成就而不断前进的。研究方法每前进一步，我们便仿佛上升了一级阶梯，于是，我们就展开更广阔的眼界，看见从未见过的事物。"管理心理学的研究对象是人，而人的心理和行为是极为复杂和特殊的，所以要想全面、准确地把握组织情境中人的心理与行为规律，就需要多种多样的研究方法。下面对管理心理学中常见的研究方法加以介绍。

一、观察法

观察法是有目的、有计划地观察研究对象（被观察者）在一定条件下的言语、行为、表情等反应，从而分析其心理活动和行为规律的一种研究方法。观察可以以感官为工具，也可以利用录音、录像、摄影等现代技术手段作为辅助，以提高观察的效果。按不同的标准，观察法可做不同的分类。在管理心理学中，以下两种划分较为常见。

（1）按照观察者所处的情境特点，可以把观察法分为自然观察与控制观察两种。自然观察是在完全自然真实的条件下观察他人的行为，被观察者不知道自己正处于被观察之中。控制观察是在限定条件下所进行的观察，被观察者一般知道自己处于被观察的状态。

（2）从观察者与被观察者的关系出发，可以把观察法划分为参与观察与非参与观察两类。参与观察是指观察者直接参与被观察者的活动，在共同活动中进行观察。例如，某销售主管若想弄清楚该公司一名销售员绩效不佳的原因，就可以和该销售员一起销售产品，在工作过程中有意观察该销售员的一言一行，从中发现问题的症结所在。相反，非参与观察是指观察者不参与被观察者的活动，以局外人的身份进行观察。

观察法的优点是使用方便，所得材料真实。其缺点是只能消极等待被观察现象的发生，难以对所获材料进行数量化处理，也难以确定某种行为现象的真正原因。

【资料】

企业诊断——一个车间员工工作情况的观察项目举例

（1）一个车间内上班后有多少人迟到。

（2）上班后经过多长时间工人才开动机器。

（3）有多少工人在工作期间离开岗位。

（4）有多少工人提前去食堂等。

（来源：戴良铁、白利刚，1998）

二、实验法

实验法是有目的地严格控制或创设一定条件来引起某种心理活动或行为表现以进行研究的方法。根据实验场地的性质差异，可以把实验法分为实验室实验与现场实验两类。

（一）实验室实验

实验室实验是指在特设的实验室中借助各种仪器设备，严格控制实验条件，以研究心理活动规律的方法。例如，要考察表扬对人的行为产生的影响，在控制其他无关变量的前提下，就可以设立表扬组（实验组），对被试者良好的工作表现给予表扬；再设立一个对照组，不对该组被试者良好的工作表现进行表扬。经过一段时间之后，比较两组后继工作的成绩，若表扬组优于对照组，就可以认为该成绩为表扬所致。实验室实验能较好地控制额外变量，从而有助于准确把握自变量与因变量之间的因果关系。实验室实验具有控制条件严格、结果精确度高的优点，但也有其不足，表现为实验室的人为性及对心理现象的过分简化，可能会导致研究结论的推广性受限。

（二）现场实验

现场实验是指在实际工作场所中适当控制条件，结合日常工作来研究被试者的心理与行为规律的实验方法。例如，梅奥在霍桑工厂进行的福利实验就是一个典型的现场实验。近年来，为了提高研究的外部效度，使研究结果更具普遍的意义和推广性，管理心理学家越来越重视现场实验研究。现场实验的优点是能够结合日常工作生活开展研究，较好地避免了实验室实验的局限性，提高了研究的外部效度；缺点是不易严格控制现场实验中的额外变量，研究得出的变量间的因果关系的说服力不如实验室实验强。

【资料】

罗森塔尔效应实验

1968年，美国心理学家罗森塔尔和吉布森（Rosenthal & Jacoboson）等人做了一项著名实验。他们在一所小学的一至六年级各选三个班的学生进行所谓“预测未来发展的测验”，然后通知教师“这些儿童将来大有发展前途”，实际上这些学生是随机抽取的。结果八个月后，对这些学生进行智能测验，发现名单上的学生成绩确实进步了，教师也给了他们好的品行评语，实验取得了奇迹般的效应。罗森塔尔认为这个结果是因为教师接受了“权威谎言的暗示”，对名单上的学生态度发生了变化，产生了偏爱心理和情感，从而对学生的心理与行为产生了直接影响，并促进了预期期望效果的达成。他借用希腊神话中主人公皮格马利翁（Pygemoliou）的名字，把这个效应命名为“皮格马利翁效应”。后来，人们也称之为“罗森塔尔效应”或“教师期望效应”。

（来源：百度文库，http://wenku.baidu.com/view/03a54d0a79563c1ec5da711a.html）

三、问卷法

问卷法是研究者根据研究目的和设想，编制出内容明确、表达准确的问卷，让被试者根据个人情况实事求是做出回答，从而收集所需资料和数据的研究方法。它是管理心理学研究常用的一种研究方法。一般来说，常用的问卷形式有三种：是非式、选择式和等级排列式。

（一）是非式

采用只有“是”与“非”两种答案的问卷，让受测者根据自己的情况对每个题目做出“是”与“否”的回答，不能模棱两可，也不能不回答。

例如，你对目前的工作满意吗？是 □ 否 □

（二）选择式

要求被试者从并列的两种以上答案中，按个人的实际情况选取一种或几种答案。

例如，我觉得组织制定决策的程序是公正的。
1=完全不同意，2=比较不同意，3=不确定，4=比较同意，5=完全同意。

（三）等级排列式

在问卷中列出可供选择的多种答案，要求被试者按其重要程度的次序给以排列。

例如，我最喜欢的激励方式是______________________________。
晋升、上光荣榜、奖金、海外进修、休假、旅游

问卷法的优点是能够在相对较短的时间内获取广泛的资料，而且能对资料进行数量化处理；缺点是这种方法所获取的资料一般较难进行定性分析，因而难以把所得结论直接与研究对象的实际行为进行比较。

四、访谈法

访谈法是访谈者通过口头谈话的方式从被访谈者那里收集第一手资料，从而了解其心理与行为规律的一种研究方法。例如，访谈高层管理者，了解其首创精神、威望、领导力等。在管理心理学的发展史上，美国心理学家梅奥等人也曾使用访谈法开展研究。根据访谈者对访谈结构的控制程度，可以把访谈划分为结构化访谈、无结构化访谈和半结构化访谈三类。

【资料】

梅奥的访谈研究

在 1928—1930 年，梅奥等人组织了大规模的员工态度访谈调查，谈话人数达 21 126 人次。在访谈的过程中，访谈者起初提出的问题，大都是事先设计好的（以先准备好问题提纲，然后被访谈者回答的形式面谈），如工厂的督导工作及工作环境等方面的问题。虽然访谈者事先声明，将严格保守秘密，请工人放心，可是被访谈者在回答问题时，仍然遮遮掩掩，存有戒心，怕厂方知道之后自己会遭到报复，因而谈话总是无关痛痒。后来实验人员放弃设计好的问题，采用事先不固定内容而让被访谈者自行选择适当话题的访谈形式，每次访谈的平均时间从 30 分钟延长到 1～1.5 个小时，多听少说，详细记录工人的不满和意见。

（来源：百度文库，http://www.docin.com/p-483200663.html）

（一）结构化访谈

结构化访谈的特征是，访谈者根据提前设计好的、具有固定结构的访谈提纲进行访谈，并且控制和引导整个访谈过程的方向和节奏。之所以称为结构化访谈，很大程度上是因为对被访谈者所提出的问题、问题的顺序安排及访谈记录的相关内容都体现出结构化和标准化的特点。

（二）无结构化访谈

无结构化访谈的特征与结构化访谈相反，它事先没有拟定的访谈提纲可供参考，访谈的问题完全由访谈者根据当时的情境或过去的知识经验而确定。在访谈的过程中，访谈者不断激发被访者用自己的语言表达看法的欲望。通过无结构化访谈，访谈者可以了解被访谈者自己对工作生活的态度、行为及思想观念情况。另外，在无结构化访谈中，访谈者是配角，仅发挥一种辅助作用，而被访谈者是主角，在访谈者的鼓励下根据自己的思路自由思考并畅谈。

（三）半结构化访谈

半结构化访谈在控制程度上兼具结构化访谈与无结构化访谈的特征，在这种访谈形式中，访谈者对整个访谈结构具有一定的支配和控制作用，但与此同时，也会让被访谈者积极参与访谈过程。一般而言，访谈者会提前拟定一个大致的访谈提纲，然后再结合自己的经验向被访谈者提出问题。需要注意的是，半结构化访谈中的访谈提纲主要是作为一种线索起到提示的作用，访谈者在访谈提纲的基础上，应根据访谈的具体情况对访谈的程序和内容进行灵活调整。

访谈法的优点是简单易行，便于迅速取得第一手资料，因而使用范围较为广泛；缺点是仅凭受访者的口头回答而做出的结论往往缺乏可靠性和真实性。因此，这种方法一般不单独使用，而是与其他研究方法结合起来运用。

五、测验法

测验法是指采用标准化的心理量表或精密的测验仪器来测量被试者有关心理品质或行为的研究方法。量表是心理测验常用的研究工具，目前流行的测验量表种类繁多，大致有以下几种类型：按测验的内容可分为智力测验、个性测验、态度测验和能力测验等；按测验的方式可分为文字测验与非文字测验；按测验的方法可分为问卷测验、操作测验和投射测验。

在管理心理学研究中，测验法常常作为人才测评的一种工具。例如，用智力量表测定组织成员的一般和特殊能力状况；用个性量表测定组织成员和领导者的性格、气质等个体心理特征等。测验法简便易行，测验内容广泛，可以在短时间内了解许多人的一个或多个特点，且能从数量上比较个体之间的差异，从而得到了广泛的应用。但也存在一些问题，如目前所使用的某些测验量表还不够完善，信度和效度比较低。研究者在使用测验时也有许多要求，如必须经过专门的训练、抽取研究样本时要遵循随机化原则等。

【资料】

气质量表示例

请认真阅读下列各题，对于每一题，你认为非常符合自己情况的，在题后面写上"+2"，比较符合的写上"+1"，拿不准的写上"0"，比较不符合的写上"－1"，完全不符合的写上"－2"。

（1）做事力求稳妥，不做无把握的事。

（2）遇到可气的事就怒不可遏，想把心里话全说出来才痛快。

（3）宁肯一个人干事，不愿很多人在一起。

（4）到一个新环境很快就能适应。

（5）厌恶那些强烈的刺激，如尖叫、噪声、危险的镜头等。

（6）和人争吵时，总是先发制人，喜欢挑衅。

（7）喜欢安静的环境。

（8）喜欢和人交往。

（9）羡慕那种能克制自己感情的人。

（10）生活有规律，很少违反作息制度。

（来源：http://site.douban.com/120314/widget/notes/4149553/note/230100801/）

六、个案法

个案法是指对某一个体、群体或组织在较长时间里（几个月、几年甚至更长的时间）连续进行考察了解，收集系统的资料，以便研究其心理与行为发展变化规律的方法。例如，研究者参与某企业的一个研发团队，通过长时间地体验生活，掌握整个团队成员的心理与行为特点、团队绩效的状况、团队的人际关系等，并在此基础上进行深入分析，整理出能反映该团队特点的详细材料。由于个案研究能提供对某一个体、某一团体或某一组织的详尽分析，能提供变化的动态方面的了解，对于组织内部问题的诊断和纠正极有帮助。正因为如此，个案法被广泛应用于工业组织、企事业单位的研究。当然，个案法也有其局限，主要表现在得出的结论往往缺乏普遍性和推广性。另外，个案法需要投入大量的人力、物力、财力，对研究者来说也是一个限制因素。

【资料】

跨国企业员工工作交际的个案研究

跨国企业内的跨文化沟通不仅直接关系到组织内的人际关系和文化氛围，而且直接影响工作绩效。为深入了解这种跨文化沟通的现状和特点，国内学者刘颖以一家在华美跨国公司的一名中国籍男性员工和一名美籍男性员工为个案，采用个案研究法，对交际语料中的请求言语行为进行了结构和策略分析。之所以把关注焦点放在"请求"言语行为上，是因为说话者请求言语行为的实施、受话者的解释、理解和配合等不仅受制于语言的熟练程度，也受制于文化和情境等因素。也就是说，通过考察请求言语行为的实施情况，既能够判断对话双方的语言能力，又能够检验语言背后映射的人际关系。

研究者首先对作为研究对象的个案进行了严格挑选。两名员工年龄相仿，有一年多的合作共事经历；他们在公司的级别相同；在工作时间，两人的交际通过实时网络媒介键入式实现。在研究者请求下，并经过双方的同意，在匿名及删除有关企业商业秘密条件下，由 A 为研究提供两人在工作时间通过 MSN 进行"工作交谈"文本，特别是涉及工作"请求"的记录。对收集到的语料进行以自然调查法为主的研究，即在不进行任何干预的情况下，对在自然发生与发展中的工作交际进行分析和研究，目的是客观了解其真实的过程，同时辅以网络访谈，旨在获取语料本身无法揭示的深层信息，例如，对话双方对于交际"舒适"程度的感受，以及员工之间的关系等。

语料的语言分析从请求结构和策略两个微观的维度，并借用会话分析的工具来进行。把请求言语行为分解成起始行为语、辅助行为语（包括内部修饰成分和外部修饰成分）和中心行为语。其中，中心行为语的实现通过三大策略：直接策略（包括语气导出型、施为动词型、慎用类施为动词型、义务陈述型和需求陈述型）、规约性间接策略（包括建议表达型和探询型）和非规约性间接策略（包括强暗示和弱暗示）。来自不同文化的人对不同请求策略的理解不同，英美人经常使用不同的间接式请求言语行为来表示礼貌和文明；中国人却不同，他们的礼貌原则主要表现在其他方面。现实的交际过程，特别是网络交际中，请求言语行为并不一定在一个话轮内实现，而且会话过程中的话轮转换也是映射人际关系取向的重要特征之一，因此要研究员工的工作交际现状也离不开借助会话分析的工具。通过对一个小小的、以请求为目的的交际片断的剖析，跨国企业员工的工作交际现状就能得以显现，达到管中窥豹的效果。

研究结果表明，来自不同国家的员工之间的交际障碍主要不是出现在语言方面，而是蕴含于语言中的文化和价值观的差异，应从以下三方面来改善员工培训的现状、增强内部凝聚力、形成积极的跨国企业文化：第一，在工作语言培训中充分融入目的语的文化因素；第二，培养员工综合的跨文化交际能力；第三，在企业文化中推行多样化政策。

（来源：http://www.exam8.com/lunwen/gongshang/qiyeyanjiu/200903/1022299.html）

图 1-6 概括了上述几种研究方法。这些方法都有其各自的应用价值，但也都存在一定的局限性。在特定的研究过程中，究竟采用哪种方法较好，应根据研究任务的要求和具体情境而定。一般而言，管理心理学研究往往以某种方法为主，辅之以其他方法，使之取长补短、相得益彰，从而更准确、更客观地反映人的行为和心理活动的规律和特点。

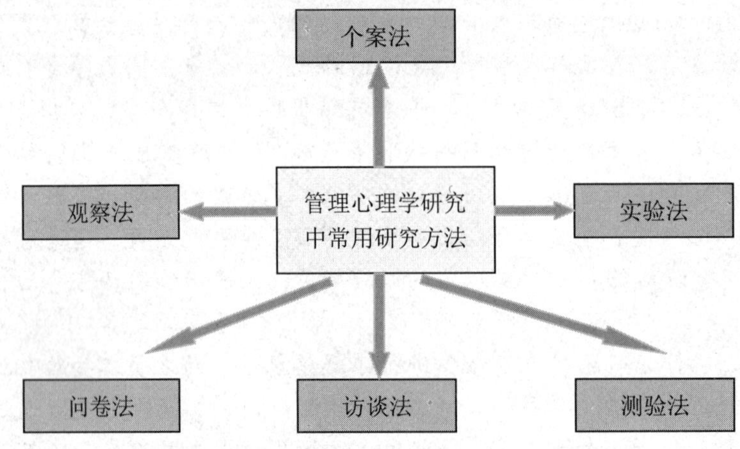

图 1-6　管理心理学研究中常用的研究方法

本章小结

1．管理心理学是研究组织管理活动中人的行为规律及其潜在的心理机制，并用科学的方法改进管理工作，不断提高工作效率与管理效能，最终实现组织目标与个人全面发展的一门学科。其研究内容涉及动机管理、认知管理、情绪管理、行为管理和组织管理等主题。

2．管理心理学是介于管理科学与心理科学之间的一门边缘性、交叉性学科，也是一门综合性和应用性很强的学科。它既是心理科学的一个分支，又是管理科学的一个重要组成部分。

3．管理心理学与组织行为学既有区别又有联系。区别主要表现为研究侧重点不同、理论基础不同、形成背景不同；联系主要表现为心理与行为的联系、研究内容上的联系、研究目的上的联系。有两种取向的管理心理学：心理学取向的管理心理学和管理学取向的管理心理学。二者在研究逻辑上有所不同。组织管理活动中的人及其心理发展既是手段又是目的，是手段和目的的辩证统一体。管理心理学要突出自身的学科特色需要思考以下四个问题：（1）个体关怀或宏观关心；（2）是什么或为什么；（3）实务或理论；（4）行为或意识。

4．管理心理学的研究方法主要有观察法、实验法、问卷法、访谈法、测验法和个案法。

复习题

一、名词解释

管理心理学　　观察法　　实验法　　测验法　　访谈法

二、单项选择题

1．管理心理学的研究方法不包括以下哪一项？（　　）

A．观察法、个案法　　B．实验法、测验法

C．问卷法、访谈法　　D．考核法、计算法

2．以下不属于常用的问卷形式的是（　　）。

A．是非式　　B．选择式

C．等级排列式　　D．问答式

三、判断题

1．管理心理学是研究组织管理活动中人的行为规律及其潜在的心理机制，并用科学的方法改进管理工作，不断提高工作效率与管理效能，最终实现组织目标与个人全面发展的一门学科。（　　）

2．观察法是有目的、有计划地观察研究对象（被观察者）在一定条件下的言语、行为、表情等反应，从而分析其心理活动和行为规律的一种研究方法。（　　）

3．实验法是有目的地严格控制或创设一定条件来引起某种心理活动或行为表现以进行研究的方法。（　　）

4．根据访谈者对访谈结构的控制程度，可以把访谈划分为结构化访谈、无结构化访谈和半结构化访谈及三分结构化访谈四类。（　　）

四、思考题

1．什么是管理心理学？试比较本书中对此概念的界定与其他同类著作界定的异同。

2．试述管理心理学的研究内容。你赞同本书的理解吗？为什么？

3．试述管理心理学与心理学、管理学、组织行为学之间的关系。

4．试述管理活动中的人及其心理发展的地位和作用。

5．试述组织发展目标与人的全面发展目标之间的关系。

6．管理心理学有哪些研究方法？试比较这些方法的优缺点。

五、案例分析题

领导与员工的博弈

世间的道理大多数人都能明白，但是角度不同、位置不同，又会使人当局者迷。咨询顾问在对企业作诊断时，看到的许多问题其实企业老板或中高管人员都是知道的，为什么他们不去解决呢？这是因为每个人都有“心魔”束缚自己，要战胜心魔，需要外力促动和激励一下。

看看以下的故事，联想到企业管理，相信许多人都会会心一笑。或许我们就是其中的兔子、羚羊、老虎、狮子、狼、野猪。

一天，一只兔子在山洞前写文章，一只狼走了过来，问：“兔子啊，你在干什么？”答曰：“写文章。”问：“什么题目？”答曰：“《浅谈兔子是怎样吃掉狼的》。”狼哈哈大笑，表示不信，于是兔子把狼领进山洞。过了一会，兔子独自走出山洞，继续写文章。一只野猪走了过来，问：“兔子你在写什么？”答：“文章。”问：“题目是什么？”答：“《浅谈兔子是如何把野猪吃掉的》。”野猪不信，于是同样的事情发生了。

最后，在山洞里，一只狮子在一堆白骨之间，满意地剔着牙读着兔子交给它的文章，题目是：一只动物，能力大小关键要看你的老板是谁。

后来，这只兔子有次不小心把这件事告诉了它的一个兔子朋友，这事逐渐在森林中传播开了。狮子知道后非常生气，它告诉兔子：“如果这个星期没有食物进洞，我就吃你。”

于是兔子继续在洞口写文章。

一只小鹿走过来，问：“兔子，你在干什么啊？”答曰：“写文章。”“什么题目？”答曰：“《浅谈兔子是怎样吃掉狼的》。”小鹿说：“哈哈，这个事情全森林都知道啊，你别糊弄我了，我是不会进洞的。”兔子说：“我马上要退休了，狮子说要找个人顶替我，难道你不想这篇文章中的兔子变成小鹿么？”小鹿想了想，终于忍不住诱惑，跟随兔子走进洞里。过了一会，兔子独自走出山洞，继续写文章。一只小马走过来，同样的事情发生了。

最后，在山洞里，一只狮子在一堆白骨之间，满意地剔着牙读着兔子交给它的文章，题目是：如何发展下线动物为老板提供食物。

随着时间的推移，狮子越长越大，兔子的食物已远远不能填饱狮子的肚子。

一日，他告诉兔子：“我的食物量要加倍，例如，原来4天一只小鹿，现在要2天一只，如果一周之内改变不了局面我就吃你。”

兔子想了想，离开洞口，跑进森林深处。它见到一只狼，对狼说：“你相信兔子能轻松吃掉狼吗？”狼哈哈大笑，表示不信，于是兔子把狼领进山洞。过了一会，兔子独自走出山洞，继续进入森林深处。这回它碰到一只野猪：“你相信兔子能轻松吃掉野猪吗？”野猪不信，于是同样的事情发生了。

原来，森林深处的动物并不知道兔子和狮子的故事。最后，在山洞里，一只狮子在一堆白骨之间，满意地剔着牙读着兔子交给它的文章，题目是：如何实现由坐商到行商的转型为老板提供更多的食物。

因为大家都知道它有一个很厉害的老板，于是没有动物敢惹，这只小兔开始横行霸道。它时时想起和乌龟赛跑的羞辱，有一天它找到乌龟说："三天之内，见我老板！"说完扬长而去。乌龟难过地哭了。这时来了一位猎人，乌龟把这事告诉了他，猎人哈哈大笑。于是后来森林里发生了一件重大事情——猎人披着狮子皮和乌龟一起在吃兔子火锅，地上丢了半张纸片歪歪扭扭地写着：山外青山楼外楼，强中还有强中手啊！

在很长一段时间里森林里恢复了往日的宁静，兔子吃狼的故事似乎快要被大家忘记了。不过，一只年轻的老虎在听说了这个故事后，被激发了灵感。它抓住了一只羚羊，对羚羊说："如果你可以像以前的兔子那样为我带来食物，我就不吃你。"羚羊无奈地答应了老虎，而老虎也悠然自得地进了山洞。可是三天过去了，也没见羚羊领一只动物进洞。老虎实在憋不住了，出来看看情况，发现羚羊早已不在了，它异常愤怒。正在它暴跳如雷的时候突然发现了羚羊写的一篇文章，题目是：想要做好老板，先要懂得怎样留住员工。

（来源：中国 NLP 学院，http://manage.nlp.cn/art/story/76714.html）

思考与讨论：

请根据管理心理学的基本概述，从心理学的角度思考以下问题：

1. 兔子为何能屡次成功地帮助狮子捕捉到食物？
2. 兔子因为哪些原因最后被猎人和乌龟吃掉？
3. 猎人和乌龟赢在哪里？
4. 羚羊和老虎的结局说明了管理心理学中的什么问题？
5. 这个故事在管理中给了我们什么启示？

管理游戏

你想从工作中获取什么

下列选项是组织中的员工最想从工作中获取的工作特征，请你将它们按照其对你的重要性和满意度进行排序。具体排序标准依照 1（最重要）、2（次重要）……直到 16（最不重要），及 1（最满意）、2（次满意）……直到 16（最不满意）。然后将你的答案和所给出的各行各业经理人的参考答案进行比较。

工作特征	重要性排序	满意度排序
A. 独立的工作	________	________
B. 升职机会	________	________
C. 人际交往	________	________
D. 弹性工作制	________	________
E. 健康保险以及其他福利待遇	________	________
F. 工作趣味性	________	________
G. 工作对于社会的重要性	________	________
H. 工作安定	________	________
I. 学习新技能的机会	________	________

J. 高收入 ________ ________

K. 团队成员的认可 ________ ________

L. 休假 ________ ________

M. 上班时间固定 ________ ________

N. 工作地点离家近 ________ ________

O. 工作压力轻 ________ ________

P. 工作中能帮助他人 ________ ________

各行各业经理人的参考答案：

关于工作重要性的排序为：1-F；2-N；3-O；4-P

关于工作满意度的排序为：1-C；2-N；3-B；4-F

参考文献

[1] 戴良铁，白利刚．管理心理学[M]．广州：暨南大学出版社，1998.

[2] 刘颖．跨国企业员工工作交际的个案研究[J]．商场现代化，2008（561）：321-323.

[3] 刘永芳．管理心理学[M]．北京：清华大学出版社，2008.

[4] 俞文钊．管理心理学[M]．上海：东方出版中心，2002.

[5] 周瑜泓．组织行为学案例精编[M]．北京：中国社会科学出版社，2008.

[6] 朱永新．管理心理学[M]．北京：高等教育出版社，2002.

第二章　管理心理学的历史沿革与人性假设

学习目标

- 了解管理心理学产生的时代与理论背景
- 了解国内外管理心理学的发展和现状
- 掌握各种人性假设的基本观点及其相应的管理措施
- 理解后现代思潮对管理心理学的影响

引例：管理行为背后的人性假设

在学校管理中，我们常常会发现这样的现象：严格的出勤打卡制度及扣分；校长不打招呼的推门听课和突击检查；教师聘任中末位淘汰；教学失误后对教师的经济惩罚；把教职工放在被动位置上人抓特抓等。

学校为什么要采取这些办法来管理学校呢？关键在于学校管理者对教师的分析和管理的出发点。他们认为如果对教师不严格管理，不进行经济处罚，不搞突然袭击，不用严厉的措施和办法，教师们就不会按时到校上课，就不会尽心尽力，就有可能敷衍了事。以上管理几乎都是基于人性弱点和缺点假设而设计的管理制度和管理办法。这样的管理很难得到教职工的拥护和支持。

美国著名管理学家杜拉斯·麦格雷戈说过："在每一个管理决策或每一项管理措施的背后，都必有某些关于人性本质及人性行为的假设。"他又说："这种人性本质和人性行为的假设，在一定程度上决定了管理的出发点、过程和归宿。"

因此，在管理中，要十分重视对员工的人性假设，这样才能充分调动员工工作的积极性，提高管理绩效。

（来源：中国 NLP 学院，http://goutong.nlp.cn/2013-10-11/75759.html）

本章从管理心理学产生的时代背景和理论背景两个维度探讨其产生的过程，之后对其发展的历史及现状加以介绍，最后探讨管理心理学发展过程中形成的人性假设。

第一节　管理心理学的产生

管理心理学在国外心理学界被称为组织心理学，是心理学领域的一个新兴的重要分支。管理心理学起源于 20 世纪初期，到 20 世纪 60 年代初期趋于成熟，成为一门独立的学科，其形成的主要标志是 1958 年美国斯坦福大学教授利维特（H.J.Leavitt）的《管理心理学》一书的出版。从此管理心理学有了自己的名称和学科体系。

管理心理学的产生同当时的经济、社会发展及心理学和其他相关学科的发展有密切的关系。

一、管理心理学产生的时代背景

自从有了人类，人们就开始了自己的管理实践，也开始形成管理心理学思想的萌芽。在中国，先秦时期是中国古代管理心理学思想产生和奠定的时期。在春秋战国大变革的时代，出现了“百家争鸣”的局面，诸子百家在政治、经济、军事、文化等方面提出了不同的管理主张，从人性与需要思想、用人心理、激励心理、领导心理、组织心理等不同的方面阐述了管理心理学问题。中国历代统治阶级的治国之策、用人之道（如人员甄选和测评思想）中也包含了丰富的管理心理学思想。在西方，古希腊、罗马、古埃及、巴比伦的历史记载中，到处可见管理心理学精辟的思想和巧妙的运用。当然，真正促进现代管理心理学产生的还是 19 世纪末至 20 世纪 40 年代前后的社会历史条件。从西方的社会历史发展情况看，19 世纪末 20 世纪初，资本主义从自由竞争阶段向垄断阶段发展，生产的社会化程度不断提高。大企业的增多以及生产自动化程度的提高，特别是市场竞争的日趋激烈，迫使资本家考虑如何尽快提升劳动者的素质，缓和人机矛盾、劳资矛盾，提高工人的劳动积极性和工作效率，增强企业的竞争力。在解决问题的过程中，资本家发现改善企业内部的人际关系、领导行为有助于生产的发展，于是，他们就聘请大批心理学家从事这方面的研究，管理心理学应运而生。

两次世界大战的爆发，使心理学在军事管理领域得到高度重视和广泛应用，从而对管理心理学的产生起到了重要的推动作用。以美国为例，1917 年 4 月 6 日对德宣战的同时，组织成立了 17 个战争心理问题研究委员会，分工研究新兵心理、服役人员心理、飞行员心理、情绪不稳定者心理、士气与宣传训练心理、军纪心理、军队院校教育心理等数十项与军事有关的心理学问题。在第二次世界大战期间，美国训练了 1 300 多名高级心理学工作者为战争服务，这项工作对美国取得战争胜利起到了巨大的作用。同时，与军事上的协同、指挥、战争效能等相关的心理学研究也产生了丰富的管理心理学研究成果，推动了管理心理学研究队伍的壮大和研究方法的发展，同时扩大了管理心理学的影响，加快了管理心理学的发展。

二、管理心理学产生的理论背景

管理心理学的形成除了得益于 19 世纪末 20 世纪初整个社会经济的发展外，还与这一时期社会科学的发展有密切关系。20 世纪初，泰勒（Taylor）倡导的科学管理运动和闵斯特伯格（Munsterberg）开创的工业心理学是管理心理学形成的先驱，而真正推动管理心理学产生的是 1927 年由梅奥（Mayo）领导的“霍桑实验”。随后相继出现了群体动力学理论、需要层次理论、社会测量理论等。这些理论的形成与发展，为管理心理学奠定了比较充分的理论基础和学术背景。到了 20 世纪 60 年代初期，管理心理学才真正成为一门独立的学科分支而被人们广泛地接受。

（一）心理技术学

心理学知识在企业管理中的应用是从心理技术学开始的。“心理技术学”实际上是劳动心理学、工业心理学开始发展时的名称。心理技术学最早是由德国心理学家斯腾在1903年提出的，而最早具体对心理技术进行系统研究的是冯特的学生闵斯特伯格。他受聘于哈佛大学，于1912年出版《心理学与工业效率》一书，提出心理学应对工人的适应能力与工作效率的提高做出贡献。他研究的问题涉及：如何用心理测验方法选拔工人以适应工作的安排；如何改善工作条件以减轻疲劳，使工人得到最大限度的满足和提高生产效率；如何创造心理条件，发挥一切有益于经济发展的心理氛围等。这些研究课题后来成为工业心理学、工效心理学、人事心理学、管理心理学的主要研究课题。正因为如此，闵斯特伯格被后人称为“工业心理学之父”。心理技术学的基本方向是解决人如何适应机器的问题，即研究人－机关系问题。闵斯特伯格的研究方向和路线，以及他所采取的方法，是与管理心理学的发展方向相一致的。但是，他所考虑的面比较狭窄，还缺乏社会心理学与人类学的观点和论据，因此，他的工业心理学未能引起广泛的注意。后来的霍桑实验增加了工业心理学的广度和深度。

【资料】

闵斯特伯格与他的《心理学与工业效率》

雨果·闵斯特伯格（Hugo Munsterberg），1863年6月1日出生于德国的但泽，1882年毕业于但泽大学预科学校，继而先后求学于瑞士日内瓦大学、德国莱比锡大学和海德堡大学，师从现代科学心理学的创始人、德国著名心理学家威廉·冯特。闵斯特伯格在德国莱比锡大学的心理学实验室中受到了正统的学术教育和训练，于1885年获得心理学博士学位。后来他移居美国，应美国著名心理学家威廉·詹姆斯的邀请来到哈佛大学。1892年，闵斯特伯格受聘于哈佛大学，建立了心理学实验室并担任主任。在那里，他应用实验心理学的方法研究了大量的问题，包括知觉和注意等方面的问题。闵斯特伯格对用传统的心理学研究方法研究实际工业中的问题十分感兴趣，于是他的心理学实验室就成为了工业心理学活动的基地，成为后来的工业心理学运动的奠基石。1914年，第一次世界大战在欧洲爆发，闵斯特伯格效忠自己的祖国——德国，而德国是战争的非正义方，因此他受到了别人的排斥，导致精神抑郁，于1916年去世。当时人们评价他的去世造成了工业心理学上的空白。

1912年，闵斯特伯格出版了《心理学与经济生活》一书，该书在1913年被译为《心理学与工业效率》。书中论述了对人类行为进行科学研究以发现人类行为的一般模式和解释个人之间差异的重要性。该书包括以下三大部分内容。

（1）最适合的人，即研究工作对人们的要求，识别最适合从事某种工作的人应具备什么样的心理特点。将心理学的实验方法应用在人员选拔、职业指导和工作安排方面。

（2）最适合的工作，即研究和设计适合人们工作的方法、手段与环境，以提高工作效率。闵斯特伯格发现，学习和训练是最经济的提高工作效率的方法和手段，物理的和社会的因素对工作效率有较强的影响，特别是创造工作中适宜的“心理条件”极为重要。

（3）最理想的效果，即用合理的方法在商业中也同样可以确保资源的合理利用。闵斯特伯格研究了对人的需要施加符合组织利益的影响的必要性。

（来源：MBA 智库百科，http://wiki.mbalib.com/wiki/雨果·闵斯特伯格）

（二）人群关系理论

人群关系理论的提出源于霍桑实验，其创始人为美国哈佛大学心理学家埃尔顿·梅奥（Elton Mayo）。实验在美国西方电器公司所属的霍桑工厂进行，为了提高工效，厂方组织专家在 1924—1932 年间开展了“生产效率与工作条件之间的关系”的系列实验研究。实验包括四个方面的内容：照明实验、福利实验、群体实验和谈话实验。实验分两个阶段进行：第一阶段是从 1924 年 11 月到 1927 年 4 月进行的“照明实验”和“福利实验”。这次实验的初衷是想证明工作条件与生产效率的关系是密切的。实验历时近两年半，结果令人迷惑不解，非但没有证明工作条件与工作效率间的必然联系，反而显示了工作条件对提高工作效率仅有次要意义。带着对这一结果的困惑，1927 年 4 月梅奥召集了一批哈佛大学的教授，会同西方电器公司的人员组成了新的研究小组，再次开进霍桑工厂进行第二阶段的实验，即后人所说的“谈话实验”和“群体实验”。这次实验从 1927 年持续到 1932 年，长达 5 年之久。实验的最终结果表明，与工作效率相关程度最大的是工厂内自由宽容的群体气氛、工人的工作情绪、责任感等“软因素”，而不是诸如物理环境、物质刺激等“硬因素”。换言之，提高工作效率的决定因素是职工与管理人员融洽的关系和企业内良好的人际氛围。

在霍桑实验的基础上，梅奥于 1933 年出版了著名的《工业文明的人类问题》一书，首次提出了人群关系（或人际关系）理论。其理论要点包括以下三个方面。

（1）工资不是企业员工的唯一追求，他们还有友情、安全感、归属感和受别人尊重等情感需求。管理者不能单纯从技术和物质条件着眼，而需要首先从社会心理方面鼓励员工士气和生产积极性，以提高劳动生产率。

（2）在正式群体中存在着非正式群体，管理者应充分重视非正式群体的作用，注意协调它们与正式群体的关系，以使管理者与员工、员工与员工能互相协作，充分发挥个人的作用，提高工作效率。

（3）提出了提高员工满意度的新管理方式，认为管理者应当具有提高员工满意度的管理能力，应当采用以人为中心的管理方式。为了实现管理方式的转变，需要训练管理人员，让其掌握通过交谈了解人的思想感情的技能技巧，并提高其协调正式组织与非正式组织的能力。可以看出，对管理心理学的产生而言，梅奥的人群关系理论起着直接的推动作用。梅奥首次将管理研究的重点从物的因素转到人的因素上来，将人际关系提高到管理工作的首位，不仅修正和补充了古典管理理论，而且开辟了管理研究的新方向，还为现代管理心理学的发展奠定了基础，对管理实践产生了深远的影响。

【资料】

如何理解霍桑实验在管理心理学产生与发展中的地位

在心理学研究的历史上，霍桑实验第一次把工业中的人际关系问题提到首要地位，并且提醒人们在处理管理问题时要注意人的因素，这对管理心理学的形成具有很大的促进作用。梅奥根据霍桑实验，提出了人际关系学说。人际关系学说为西方管理科学和管理工作指出了新的方向。但也有人对霍桑实验提出批评，认为它带有推论的性质，缺乏客观性。研究者没有考虑工人的阶级觉悟、工会的作用以及其他厂外力量对职工态度的影响；而且研究者还把职工看成是管理部门使用的工具，而不是生产的主人。

（来源：http://zhidao.baidu.com/link?url=_ogkFWeSweUsjo9jf770eZ_06x-sb78HZ1z7BhDqxVttPHHPEDi-UcoKBFyTCjRM3WGEtFxrLvL30oZs9sF_0K）

（三）群体动力理论

群体动力理论的创始人是德国心理学家勒温（Kurt Lewin）。勒温用物理学的力场概念和场论来阐释他的理论，因此，群体动力理论又称“场”理论。勒温把外界环境因素看成是外在的心理力场，把人未获得满足时的需要看作内部力场，人的行为动向取决于内部力场与环境力场的相互作用，但主要决定因素是内部力场。根据“场”理论，勒温提出了著名的行为公式

$$B=F(P \cdot E)$$

式中，B 表示行为；P 表示个体；E 表示环境。

公式表明，个体行为是个体内部力场与所处环境力场的函数。后来，勒温把他对个体行为的观点应用于群体行为研究，提出“群体动力”概念。“群体动力”意指群体构成要素相互作用的合力及其活动的方向。勒温认为，影响群体活动方向的因素是群体内部力场和环境力场的相互作用。勒温的群体动力理论对管理心理学的创立与发展有很大影响，是现代管理心理学理论体系中群体心理研究的重要依据之一。

（四）需要层次理论

美国心理学家马斯洛（A. Maslow）于 20 世纪 40 年代提出需要层次理论。他把人的需要从低到高分为五个层次，即生理需要、安全需要、社交需要、尊重需要和自我实现需要。马斯洛认为，要想最大限度地激发人的心理动力去努力工作，提高工作效率，就必须采取适当的管理措施去满足人的不同层次的需求。马斯洛的需要层次理论是管理心理学激励原则形成的一个理论来源，对管理心理学的产生和发展都有极大的影响，直到今天，西方的管理心理学仍把这一理论作为其重要的理论基础。

（五）社会测量学

社会测量学的创始人是莫雷诺（J.L.Moreno）。1927 年莫雷诺迁居美国，从事社会心理学研究，提出了社会心理测量学理论。这种技术采用填写问卷的方法，让被试者根据好恶感对伙伴进行选择，并将这种选择用图表表示出来，这样人们便可以对群体中各成员之间的关系进行分析。

尽管社会测量学有许多理论问题值得商榷，但是就其方法本身来说颇有实用价值。目前，在管理实践中社会测量技术被人们广泛运用。

综上所述，正是特定的社会历史背景、众多的理论研究及人们对管理实践经验的总结与概括，使管理心理学最终在 20 世纪 60 年代登上了历史舞台。其后，管理心理学发展很快，且在管理科学领域逐渐成为一门重要的基础学科。

第二节　管理心理学的发展

一、西方管理心理学的发展

在西方，管理理论的演变大致划分为三大阶段，即古典管理理论阶段、行为管理理论阶段、现代管理理论阶段（包含数量管理理论、质量管理理论、权变管理理论、系统管理理论），相应地，西方管理心理学理论的演进大致也划分为三个阶段。

（一）古典管理心理学阶段

古典管理心理学大致形成于 20 世纪初到 20 世纪 20 年代，代表人物是泰勒、法约尔、厄威克以及闵斯特伯格等。这一时期理论研究的特点是以工作效率为中心，研究的重点是如何通过改进工作条件、健全工作制度、用科学的管理方法来提高工作效率。当时人的重要性还没有凸现出来，人不受重视，盛行的人性观是经济人假设。

（二）行为管理心理学阶段

行为管理心理学大致形成于 20 世纪 20 年代到 40 年代，代表人物是马斯洛、梅奥等。受行为主义心理学的影响，这一时期理论的特点是以人的行为为中心，研究的重点是如何通过满足人的需求、调整人的行为、改善人际关系来激发人的创造性、主动性。管理研究的重点从物的因素转到人的因素上来，管理者的人性观开始转向社会人假设，当然，最终的落脚点仍是如何提高工作效率。

（三）现代管理心理学阶段

现代管理心理学形成于 20 世纪 50 年代，至今仍处在发展过程中。这一时期理论研究的特点是比以往更强调从心理学和社会学的角度来研究管理，重视社会环境、个性发展及人际关系对提高工作效率的影响。它以现代管理理论为理论基础，以“人”为研究的中心。管理者的人性观经历了几次明显的变化，即自我实现人—复杂人—文化人—决策人，对人的理解开始从多角度入手。在此阶段，管理心理学得到迅速发展，表现如下。

1．专业研究人员迅速增加，研究机构不断扩大

工业组织心理学会（Society for Industrial-Organizational Psychology，SIOP）是美国心理学会下属的专门机构之一。据该机构官方网站资料，1960 年美国工业与组织心理学会会员为 734 人，截至 2000 年已增至 3 601 人，而且进入这个领域的女性比例大幅提高。1989 年统计数据表明，得到工业组织心理学博士学位的人中大约有一半（46%）是女性。美国有 88 所大学培养管理心理学专业博士研究生，其中，46 所授予工业与组织心理学博士学位，42 所大学商学院授予组织行为学博士学位。

2．研究课题日益广泛深入

进入 20 世纪 90 年代以来，组织变革已成为全球化经济竞争中管理心理学研究的重要问题，这方面研究主要探索组织变革的分析框架、理想的组织模式、干预理论以及变革代理人的角色。维克和奎恩（Weick & Quinn，1999）研究发现，勒温传统的阶段性变革程序（即冻结—变革—再冻结）已逐渐被连续性变革程序（即冻结—再平衡—解冻）所取代，这种新的理论强调变革应是连续的、发展的、渐进的，尽管这些变革所进行的调整可能较小，但能够从根本上改变组织的结构和战略，保障变革顺利实施并达到预期目的。

与组织变革密切相关的是领导行为研究。受权变理论的影响，近年来先后出现了多种领导理论，如通路—目标理论、领导—参与模式、生命周期理论。目前，最有代表性的是费德勒（Fieldler）提出的认知资源利用理论，它强调决定领导成效的关键与其说是领导个人的智力和才能，不如说是使认知资源得以利用的条件。在组织变革中，管理决策因素显得尤为重要，因为组织结构调整总是在一定的风险情境下进行的。目前，在个体研究水平上，比较注重决策和判断中所采取的认知策略和判断决策问题；在组织研究水平上，主要分析不同背景下的决策模式、权利结构和参与机制，特别重视决策技能的开发和利用。

激励问题是管理心理学研究的核心问题，过去曾产生了内容学派、过程学派和强化学派等有关激励的理论。目前，亚当斯（S.Adams）的公平理论对于薪酬设计的实际意义仍然受到普遍重视。此外，有关工作或组织承诺的研究日益受到重视，主要从工作价值观、职业发展、工作责任心、组织认同和对社会的态度等方面开展研究，探讨了组织承诺对离职、工作满意感、工作安全感、人际关系的影响以及组织承诺的形成规律。组织文化也成为研究的热点问题，它是教育和引导员工形成好的认知、思考和感知问题方式的节俭而有效的方法，这方面的研究主要集中在组织文化的特点、结构和运行机制上。团队研究主要探讨团队的凝聚力、团队的构成、目标设定、团队内的关系、规范、角色、冲突和团队决策等，引起了广泛的注意。管理的跨文化研究是适应跨国公司发展的新的研究方向，最有影响的是关于个人主义与集体主义国民特性对组织管理影响的研究。

3．研究方法更加科学

为了提高研究结果的外部效度，当代管理心理学研究大多采用现场实验、参与观察、

大规模问卷调查等手段，开始从静态分析过渡到动态分析，从单一的心理学研究发展到心理学、管理学、社会学、人类学、政治学、经济学乃至数学的多学科综合研究。实验设计多采用多变量实验技术，开始应用结构均衡方程、项目反应理论、关键事件法、计算机模拟等新方法、新技术。也有部分学者开始采用后现代的视角研究管理心理学问题。

二、我国管理心理学的发展

从整体上看，我国管理心理学的研究起步较晚。从 1978 年开始，随着我国改革开放的启动与逐渐深入，我国管理心理学工作者开始系统地引入国外管理心理学的理论和方法，逐渐建立起我国管理心理学的学科体系。从 1979 年中国心理学会筹建“工业心理学专业委员会”，1980 年 4 月该委员会正式成立算起，距今不过 30 余年的历史。在这短短的 30 多年时间里，管理心理学理论知识的普及和研究工作已取得不少的成绩，突出表现在以下三个方面。

（一）建立了许多学术组织与教学、研究结构

目前，我国许多心理学研究机构都有从事管理心理学研究的人员和师资队伍。在研究资源方面，我国管理心理学界已具备从本科生到博士后的管理心理学后备队伍的培养体系，研究经费主要来源于国家和其他政府基金，部分来源于企业委托项目。20 世纪 80 年代以来，已培养了管理心理学方面的数十名博士和百余名硕士，成为我国管理心理学研究的中坚力量。2002 年 11 月，国家教育部高教司委托苏州大学举办了第一期全国管理心理学骨干教师培训班。很多高校都给学生开设了管理心理学方面的课程。目前，我国一些管理心理学研究者在国际应用心理联合会担任一定的领导职务，并参与了一些重要的管理心理学杂志的编辑工作，已在国际管理心理学界确立了自己的一席之地。

（二）开展了多方面的研究工作

首先，我国学者对工作动机、领导行为、管理决策、价值观、员工培训、人员选拔和组织变革方面，进行了较为系统的研究；其次，通过同国外工业与组织心理学家的合作研究，不仅缩短了与发达国家的差距，还丰富了国际管理心理学的知识体系；第三，近年来，管理心理学在国有企业改革、领导干部选拔、缓解员工工作压力、人才招聘和培训等应用领域也进行了一些研究和应用推广工作，发挥了越来越重要的作用。

（三）完成了一批研究成果

我国管理心理学的研究是从翻译和介绍国外的工业与组织心理学论著开始的。从 20 世纪 80 年代起，我国学者陆续翻译了一些国外较有影响的管理心理学著作，如马斯洛的《动机与人格》、夏恩的《组织心理学》、麦考密克和伊尔根的《工业与组织心理学》等。我国学者自己编著出版的专著或教材也越来越多，如卢盛忠主编的《管理心理学》(1985)、苏东水著的《管理心理学》（1986)、周妙群编著的《管理心理学》（1990)、王重鸣编著

的《管理心理学》(2000)、孔祥勇主编的《管理心理学》(2001)、俞文钊编著的《管理心理学》(2002)、朱永新主编的《管理心理学》(2002)、张向葵主编的《管理心理学》(2003)、薛振田编著的《管理心理学》(2005)、梁宝勇主编的《管理心理学》(2006)、刘永芳主编的《管理心理学》(2008)等。这些著作大多是为了满足高等院校和企事业单位的教学与培训需要而出版的，基本的体系差不多，但写作的角度和强调的重点各有不同。此外，还涌现了一批具有中国特色的管理心理学研究成果，如俞文钊关于同步激励论与公平感受阈的研究、凌文铨关于中国人内隐领导理论的研究、王重鸣关于管理决策相关问题的研究、时勘关于胜任特征和工作倦怠问题的研究等。

【资料】

我国管理心理学研究的特点

我国的管理心理学研究，虽然主要还是在吸收国外研究成果，并在此基础上结合我国企业存在的问题开展研究工作，但已经初步形成了自己的特色。具体表现在以下几个方面。

(1) 研究工作较多采取现场研究方式，较少在实验室内进行。

(2) 调查的对象很少是本专科学生，而主要是企业的管理人员和职工。

(3) 许多研究是与企业管理人员合作进行的。

(来源：MBA智库百科，http://wiki.mbalib.com/wiki/管理心理学)

第三节　管理心理学发展过程中形成的人性假设

现代管理是以人为中心的管理，对人性、人的本质的观点不同，必然产生不同的管理原则和方法，因此人性问题就成为管理心理学研究的重要内容之一。

自古以来，人性问题一直是众多学科争论不休的问题。直到马克思主义诞生以后，才为正确理解这个问题指明了方向。马克思说："人的本质并不是单个人所固有的抽象物，在其现实性上，它是一切社会关系的总和。"这就是说，必须从人们在社会中所处的地位、从人们所处的社会关系来看待人性，不能抽象地看待人性问题。马克思主义关于人性、人的本质的理论是我们研究管理心理学问题、正确评价国外管理心理学中人性假设的基本指导思想，也是我们制定科学的管理制度与管理方法的重要理论根据。这里的人性观主要是指管理者对职工的需要和劳动态度的看法，并不涉及职工其他的观点和态度。

在西方管理心理学中，相继出现了四种主要的人性假设，即经济人假设、社会人假设、自我实现人假设和复杂人假设，近年来又出现了文化人假设和决策人假设。这些人性假设反映了西方管理学界对人性看法的发展演进历程。下面分别对这些人性假设的基本观点、所派生出来的管理建议及其局限性加以介绍和分析。

一、经济人假设与 X 理论

"经济人"（Rational-Economic Man）也叫"理性经济人"，又称"实利人"。经济人假设认为人的本性是追求自身利益的最大化，其工作动机就是为了获得经济报酬。这种假设起源于享乐主义的哲学观点和亚当·斯密（Adam Smith，1723—1790）关于劳动交换的经济学理论，在 19 世纪末到 20 世纪初十分流行。

美国工业心理学家麦格雷戈（McGregor，1906—1964）在《企业的人性面》一文中，把这种人性假设发展为 X 理论。X 理论的基本观点如下。

（1）多数人天生是懒惰的，都尽可能逃避工作。

（2）多数人都胸无大志，不愿负任何责任，甘愿受别人领导和指挥。

（3）多数人的个人目标与组织目标是相矛盾的，必须用强制惩罚的办法才能迫使他们为达到组织目标而工作。

（4）多数人干工作是为了满足基本的生理需要和安全需要，因此只有金钱和其他的物质利益才能激励他们努力工作。

（5）人大致可分为两类，大多数人具有上述特性，属于被管理者，少数人能克制自己的感情冲动而成为管理者。

根据经济人假设，X 理论认为，管理过程中应该采取以下措施。

（1）采用任务管理的方式。管理工作的重点是提高生产效率，完成生产任务，至于人的感情以及道义上应负的责任是无关紧要的。管理就是计划、组织、经营、指导和监督。

（2）管理工作只是少数人的事，与广大工人无关，工人的主要任务是听从管理者的指挥。例如，泰勒曾指出，计划职能应和执行职能分开。

（3）实施明确的奖惩制度。在奖励制度方面，主要用金钱来刺激工人的生产积极性，同时对消极怠工者采用严厉的惩罚措施，即采用泰勒所鼓吹的"胡萝卜加大棒"政策。

在西方管理实践中曾经风靡一时的"泰勒制"就是经济人假设付诸实践的典型代表。

对于经济人假设及由它派生出来的 X 理论，应该从以下两个方面进行评价。

（1）局限性。

首先，经济人假设和 X 理论是以享乐主义哲学为基础的。它把多数人看成天生懒惰、不喜欢工作的"自然人"。依据这种假设确定的管理理论、管理原则及措施，是以金钱激励为主的机械的管理模式，用权力严密地控制员工，因而不可能激发员工的主人翁精神和主动性、创造性。

其次，经济人假设和 X 理论认为大多数人缺乏雄心大志和责任心，只有少数人起统治作用，反对工人参与管理，这就把管理者与被管理者对立起来，不符合管理的本质。

第三，经济人假设和 X 理论对工人的思想感情漠不关心，反对员工参加企业管理，甚至对于人不像牛那样愚蠢而感到遗憾，因而它不可能激发员工的工作动机，也不可能最大限度地发挥人的积极作用。

（2）合理性。经济人假设和X理论的产生有其特定的历史背景。在当时生产力不发达、物资比较匮乏的条件下，劳资矛盾突出的主要原因是工资待遇低下，使管理者考虑的重心落在了人性的自然层面。经济人假设的提出，对于缓和劳资矛盾与提高生产率提供了可操作的理论基础。现在，尽管一些发达的资本主义国家一般都认为该理论已过时，但在一些欠发达国家或一些中小型企业的管理实践中，仍然能看到这种理论的影子。

二、社会人假设

“社会人”（Social Man，又译为“社交人”）假设，也称人群关系理论，产生于20世纪30年代至50年代。社会人假设认为，人的最大动机是社会需求，只有满足了人的社会需求，才能对人有最大的激励作用。良好的人际关系是调动人的生产积极性的决定性因素，人们在工作中得到的物质利益对于调动生产积极性只有次要意义。这种假设是建立在社会心理学家梅奥（Mayo）教授提出的人际关系学说理论基础上的。梅奥在著名的霍桑实验以后，提出了人际关系学说，于1933年出版《工业文明的人性问题》一书，阐释社会人假设的基本观点。

（1）人是社会人。不能把人看成是单纯的经济人，金钱不是激励职工积极工作的唯一动力，员工的社会心理需求才是影响职工积极性的主要因素。

（2）“以人际关系为中心”的管理。认为生产效率的高低主要不取决于工作方法和工作条件，而取决于职工的“士气”。而士气又取决于职工在家庭、企业及社会生活中的人际关系是否协调一致。

（3）重视“非正式群体”。霍桑实验揭示了正式组织中存在着“非正式群体”。这种无形的组织有其特定的规范，影响群体成员的行为，应重视并加以研究。

（4）建立新型领导方式的必要性。领导者要善于倾听职工的意见，在研究工人们合乎理性行为的同时，还必须了解工人们不合乎理性的行为，如情绪、感情及人的潜意识等引起的行为。要设法使正式组织的目标同非正式组织的社会性需要相协调，使工人愿意为达到组织目标而协作和贡献力量。

基于社会人假设，梅奥认为管理者应该在以下几个方面发挥作用。

（1）管理人员不应只注意生产任务的完成，而应注意工人的各种需求，把重点放在关心人、满足人的需要上。

（2）管理人员除了指挥、监督、计划和组织，还要关注职工之间的人际关系，努力提高职工的认同感、归属感、整体感，激励职工对组织的奉献精神，培养职工的群体意识，增进组织的凝聚力。

（3）在实施奖励时，主张实行集体奖励制度，而不主张实行个人奖励制度。

（4）管理人员的职能也应有所转变，不应只限于制定计划、组织工序、检验产品，而应在职工与上级之间起联络人的作用，担负起上下级之间信息沟通的责任。一方面，要倾听职工的意见，了解职工思想感情和需求；另一方面，要将上级的意图和部署向下级传达和贯彻。

（5）提出了“参与管理”的新型管理方式。所谓“参与管理”，就是在不同程度上让职工或下级参与企业政策的研究与讨论。实验研究和管理实践都证明了参与管理比传统管理更加有效。

目前，日本很多企业推行“参与管理”制度。具体方法有成立工人俱乐部、派送生日礼物、与工人一起搞社交活动、郊游聚餐、成立健康管理室等，这在一定程度上缓解了劳资矛盾，对生产效率的提高有一定的促进作用。

社会人假设及人际关系理论的局限性在于尽管突出了人际关系对调动员工积极性的重要性，却忽略了工作任务、工作本身对人的重要作用。其合理性表现在三个方面：一是加深了对人性的认识，承认人是社会实体，认为在看到人的自然性需要的同时，更要重视人的社会需要；二是丰富了激励理论，从满足人的社会需要入手进行管理，可以收到比单纯的物质刺激更好的效果；三是改变了管理重心，开创了以人为本的管理模式，促进了管理水平和生产效率的提高。

总之，从经济人假设到社会人假设，是管理思想的巨大进步。按照马克思主义的观点，人的本质属性是人的社会性，而社会人假设接近这样的看法。

【资料】

中国古代“人性善”假设和“人性恶”假设

中国古代的人性假设是从伦理学、社会学的角度来探讨人的本性问题。春秋战国时期，儒家的始祖孔子认为“人之初，性本善”，但由于后天所处的不良环境的影响以及人的可塑性，才使得善良的面目改变了。因此，要恢复人的善良本性、造福社会，就必须进行道德教化。在具体方法上，他提出了构建“仁、义、礼、智、信”道德规范体系，用于规范人的行为。而后来的荀子则认为“人性本恶”，人性中的善是环境影响的结果，是表面的伪装。因此，需要国家加强对人的管理，防止社会混乱。基于这两种截然相反的人性假设观，孔子和荀子分别提出了不同的管理国家的方法。

（来源：MBA 智库百科，http://wiki.mbalib.com/wiki/人性假设）

三、自我实现人假设与 Y 理论

自我实现人（Self-Actualizing Man）也叫“自动人”。这种人性假设认为，人们力求最大限度地发挥自己的潜能，表现出自己的才华，只有这样才会获得最大的满足感。

自我实现人假设产生于 20 世纪 50 年代，是由美国著名心理学家马斯洛（Maslow）、阿吉里斯（Argyris）和麦格雷戈（McGregor）等人提出来的。

麦格雷戈总结并归纳了马斯洛、阿吉里斯以及其他人的类似观点，并结合管理问题提出了与 X 理论相对立的 Y 理论，其主要观点有以下五个。

（1）一般人都是勤奋的，如果环境条件有利，工作如同游戏或休息一样自然。

（2）限制和惩罚不是实现组织目标的唯一方法。人们在执行任务中能够自我指导和自我控制。

（3）一般人在适当条件下，不但能够接受责任，而且会追求责任。逃避责任、缺乏抱负以及强调安全感，不是人的本性。

（4）在人群中广泛存在着高度的想象力、智谋和解决组织中各种问题的创造性。

（5）在现代工业化社会条件下，普通人的智力只得到了部分发挥。

麦格雷戈提倡Y理论，反对X理论。他的Y理论实际上是自我实现人假设的具体化。与Y理论相对应，管理措施应发生如下改变。

（1）管理重点的改变。管理重点不应只放在计划、组织、指导、监督和控制上，而应更加重视人的因素，更加重视人的价值和尊严，尽量把工作安排得富有意义、具有挑战性，使职工通过工作过程和工作业绩得到满足与发展。这样既克服了经济人假设把管理重点放在任务上而轻视人的片面性，又克服了社会人假设仅重视人的因素与人际关系而忽视工作任务本身的局限性。自我实现人假设主张创造适宜的工作环境和工作条件，充分发挥人的潜力和才能，发掘个人的特长和创造力。

（2）激励方式的改变。经济人假设靠物质报酬激励职工的积极性，社会人假设靠良好的人际关系来调动人的积极性。自我实现人假设认为，对人来说，最根本的、长远起作用的是内在的激励因素，即在工作中获得知识、增长才干、充分发挥自己的潜力等。只有内在奖励才能满足人的自尊和自我实现的需要，从而极大地调动起职工的积极性。

（3）管理制度的改变。自我实现人假设主张下放管理权限，建立决策参与制度、提案制度、劳资会议制度，以及制定发展计划，让职工自己选择工作。

（4）管理者职能的变化。从自我实现人假设出发，管理者的主要任务在于尽可能地为人们充分发挥自己的聪明才智创造适宜条件，减少和消除职工在自我实现过程中所遇到的障碍。

自我实现人假设与Y理论的局限性在于，从理论上看，仅仅把管理建立在人们自我实现的潜能和勤奋向善的本性基础之上是靠不住的。而且，人性的发展和人的自我实现并非是自然成熟的过程，而是社会现实和主体能动性综合作用的结果。其合理性表现在，强调为职工创造学习与深造的机会和条件，以充分发挥其聪明才智，主张给职工以“挑战性”的工作，让他们在自己工作的成就中得到乐趣和满足，提倡建立决策参与制度、提案制度等，这些对管理实践都有重要的参考价值。

四、复杂人假设与超Y理论

复杂人（Complex Man）假设是20世纪60年代末至70年代初由组织心理学家雪恩（Schein）等人提出来的。复杂人假设认为，人不是单纯的经济人，也不是完全的社会人，更不是纯粹的自我实现人，而应该是因时因地、因各种情况采取适当反应的复杂人。不仅人与人之间的个性不同，而且同一个人在不同年龄、不同时期、不同地点也会有不同的表现。人的需要和潜力会随着年龄的增长、知识的增加、地位的改变而有所变化，不能用单一模式去生搬硬套。

复杂人假设就是以这样的观点为基础，力求合理地说明人的需要与工作动机的变化规律。依据复杂人假设，1970 年莫尔斯和洛西（J.Malse & J.W.Lorsch）提出了一种新的管理理论，称之为权变理论（Contingent Theory），认为人们怀着不同的需求加入到组织中来，由于需求的多样性，以 X 理论为指导的管理方式和以 Y 理论为指导的管理方式都有其适用的环境，因此对于不同的企业或不同的人应采取不同的管理方式。

这一理论也叫超 Y 理论，其主要内容如下。

（1）人的需要是多种多样的，并且随着人的发展和生活条件的变化而变化。每个人的需要各不相同，需要层次也因人而异。

（2）人在同一时间内有各种需要和动机，它们会发生相互作用，并结合为统一整体，形成错综复杂的动机模式。

（3）动机模式的形成是内部需要和外界环境相互作用的结果。在组织环境中，人会因为工作与生活条件的不断变化而产生新的需要与动机。

（4）一个人在不同单位工作或同一单位的不同部门工作，会产生不同的需要。

（5）由于人们的需要不同、能力各异，对于不同的管理方式会有不同的反应，因此没有一套适合于任何时代、任何组织和任何个人的普遍行之有效的管理方法。

根据复杂人假设提出的权变理论，并不是要求管理人员采取完全不同于前述三种假设的管理措施，而是要求管理者根据具体人的具体工作性质和环境，灵活采取不同的管理措施。其主要的管理措施有以下四个。

（1）管理者要有权变论的观点，领导方式要随实际情境而变。若企业任务不明、工作混乱，应采取较严格的领导方式，以建立良好的工作秩序；若企业任务明确、分工清楚、工作秩序井然，则应采用民主的、授权的领导方式，以充分发挥下属的积极性和主动性。

（2）管理者的管理策略与措施不能过于简单和一般化，应该根据具体情况具体分析，采取灵活多变的管理方法。

（3）应根据工作性质的不同，采取灵活多变的组织形式，以提高管理效率。

（4）注重个体的差异性。善于发现职工在需要、动机、能力、个性等方面的个别差异，因人、因时、因事、因地采取奖惩措施。

复杂人假设与超 Y 理论的局限性在于，只强调人们之间差异性的一面，忽视了人们共性的一面，不利于发现和寻找管理的一般规律。其合理性在于包含了辩证法的因素，从人们之间的差异及其与环境的关系的角度出发，强调针对不同的具体情况和不同的人采取灵活的管理方式，这对于管理工作无疑有一定的启发意义。

上文介绍的四种人性假设与不同层次需要的关系及其管理意义可以用图 2-1 来加以说明。

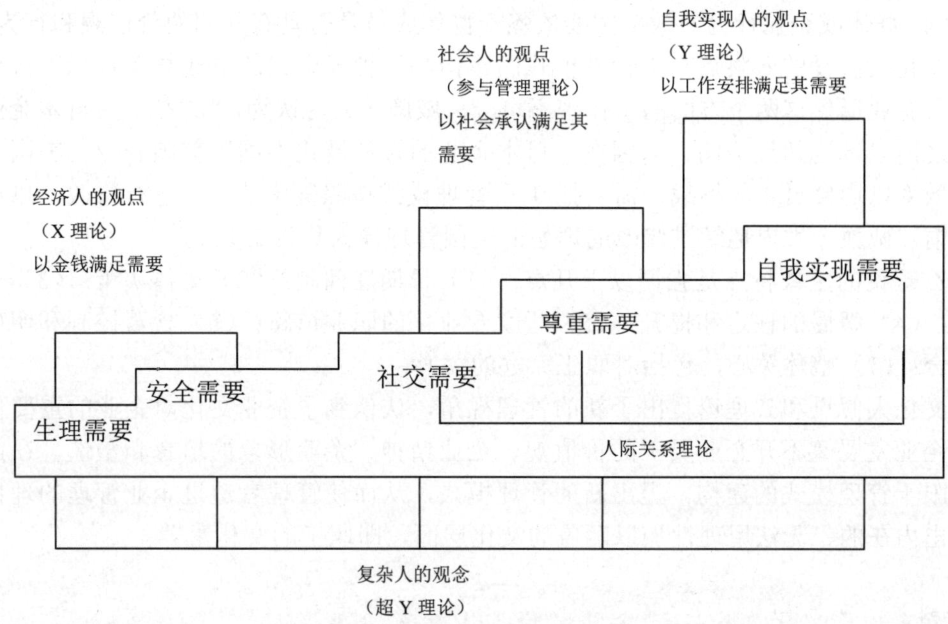

图 2-1　人性假设、需要理论与管理理论的比较

【资料】

如何在管理实践中应用人性假设

第一步，分析管理对象。根据具体的环境，对管理对象进行特征分析。

第二步，设计管理方法。依据上述分析，制定相应的考核、沟通、激励措施。

第三步，调整改进方法。对前期的适用和不适用环节进行分析，并制定相应的调整方案。

（来源：道客巴巴，http://www.doc88.com/p-277338772697.html）

五、文化人假设与 Z 理论

文化人假设是 20 世纪 80 年代初西方关于企业文化问题研究浪潮的结晶。文化人假设认为，人是文化的产物，人的心理与行为归根结底由人的价值观等内在因素决定。美国加州大学日裔管理学家威廉·大内 1981 年发表了《Z 理论——美国企业界怎样迎接日本的挑战》一书，成为企业文化理论的代表。

文化人假设的主要观点可以概括为以下几个方面。

（1）人是文化的产物，即使是人的一些生物性行为也打上了某种文化的烙印。

（2）同一文化背景下的人具有共同的行为模式，如不同民族的人各有自己的民族性格或国民性，不同地区的人也有不同的地域性格，这其实是人类行为的文化模式不同造成的。

（3）人格的塑造最核心的是对人的价值观、行为方式的培养和训练。

(4) 群体或企业行为的效率主要依赖于群体成员是否具有共同的价值观和行为准则。

文化人假设的着眼点在于管理模式的建构，而管理模式的形成与培育职工价值观念和树立企业形象这两个方面的工作密不可分。威廉·大内认为，“二战”后日本企业发展速度之所以远远超过美国，原因在于日本企业的管理模式不同于美国企业。美国企业要提高效率以迎接日本的挑战，需要把 J 型管理模式按照美国的方式进行修改，以适应美国国情。威廉·大内把经过修改的理想的美国管理模式称为 Z 理论。

Z 理论的主要特点是强调以下几点：(1) 长期雇佣制；(2) 集体决策；(3) 个人负责制；(4) 缓慢的评定和提升；(5) 适度专业化的职业道路；(6) 含蓄控制和明确控制相结合；(7) 整体关心，包括对职工家庭的关心。

文化人假设和 Z 理论提出了新的管理视角，认识到了企业文化对企业的重要作用，强调企业发展离不开企业员工的价值观、企业精神、企业形象的培育和塑造。在此基础上着眼于管理模式的建构，提出新的管理模式，从而使管理者透过企业管理的理性层面挖掘出内在的、无法用理性加以涵盖的文化层面，即职工的文化素养。

【资料】

阿里巴巴的核心价值观

马云曾说过：“外界看我们，是阿里巴巴网站，是淘宝，但只有我们自己知道，我们的核心竞争力是我们的价值观。”阿里巴巴集团有以下六个核心价值观（被戏称为“六脉神剑”）。

1. 客户第一——客户是衣食父母

（1）尊重他人，随时随地维护阿里巴巴形象。

（2）微笑面对投诉和受到的委屈，积极主动地在工作中为客户解决问题。

（3）与客户交流过程中，即使不是自己的责任，也不推诿。

（4）站在客户的立场思考问题，在坚持原则的基础上，最终使客户和公司都满意。

（5）具有超前服务意识，防患于未然。

2. 团队合作——共享共担，平凡人做非凡事

（1）积极融入团队，乐于接受同事的帮助，配合团队完成工作。

（2）决策前积极发表建设性意见，充分参与团队讨论；决策后，无论个人是否有异议，必须从言行上完全予以支持。

（3）积极主动分享业务知识和经验；主动给予同事必要的帮助；善于利用团队的力量解决问题和困难。

（4）善于和不同类型的同事合作，不将个人喜好带入工作，充分体现“对事不对人”的原则。

（5）有主人翁意识，积极正面地影响团队，改善团队士气和氛围。

3. 拥抱变化——迎接变化，勇于创新

（1）适应公司的日常变化，不抱怨。

（2）面对变化，理性对待，充分沟通，诚意配合。

（3）对变化产生的困难和挫折，能自我调整，并正面影响和带动同事。

（4）在工作中有前瞻意识，建立新方法、新思路。

（5）创造变化，并带来绩效突破性地提高。

4. 诚信——诚实正直，言行坦荡

（1）诚实正直，表里如一。

（2）通过正确的渠道和流程，准确表达自己的观点；表达批评意见的同时能提出相应建议，直言不讳。

（3）不传播未经证实的消息，不背后不负责任地议论事和人，并能正面引导，对于任何意见和反馈"有则改之，无则加勉"。

（4）勇于承认错误，敢于承担责任，并及时改正。

（5）对损害公司利益的不诚信行为正确有效地制止。

5. 激情——乐观向上，永不放弃

（1）喜欢自己的工作，认同阿里巴巴企业文化。

（2）热爱阿里巴巴，顾全大局，不计较个人得失。

（3）以积极乐观的心态面对日常工作，碰到困难和挫折的时候永不放弃，不断自我激励，努力提升业绩。

（4）始终以乐观主义的精神和必胜的信念，影响并带动同事和团队。

（5）不断设定更高的目标，今天的最好表现是明天的最低要求。

6. 敬业——专业执着，精益求精

（1）今天的事不推到明天，上班时间只做与工作有关的事情。

（2）遵循必要的工作流程，没有因工作失职而造成的重复错误。

（3）持续学习，自我完善，做事情充分体现以结果为导向。

（4）能根据轻重缓急来正确安排工作优先级，做正确的事。

（5）遵循但不拘泥于工作流程，化繁为简，用较小的投入获得较大的工作成果。

（来源：阿里巴巴社区，http://club.1688.com/threadview/32200357.html）

六、决策人假设

决策人假设由巴纳德率先在管理理论中提出来，而后由心理学家西蒙加以完善而成。前面探讨的理论无一例外地以调动劳动者的工作积极性为目的，这固然是提高管理绩效的前提条件，但这并不能保证管理绩效的必然提高。因为尽管在工作任务简单、经济关系单一的条件下，单靠调动劳动积极性可以获得良好的管理绩效，但在环境（特别是市场环境）对组织的影响日益强大，以及组织对个人行为的调控更加多样的条件下，仅凭调动工作积极性来提高管理绩效的做法是远远不够的。只有充分调动工作者的"大脑"，才能获得良好的管理效果。实际上，20 世纪 40 年代以来，社会生活中发生了许多引人注目的重大变化。首先，市场经济在其发育过程中迅速超越行业、地域乃至国家界限，出现了全球化趋势；其次，市场经济运作中的不尽人意使凯恩斯主义登台亮相，组织面对的生存环境不仅有经济上的竞争对手，而且有各类行政性组织及相应法规；再次，随着生产技术的进步，组织内部的技术结构日益复杂，仅靠规章约束、经济奖惩、诱因激励等手段来规范人们的行为和工作方式，已很难收到良好的效果。正是在此背景下，决策人假设应运而生。

决策人假设包括以下要点。

（1）每个人都是自主决策的行为主体，而决策本身并非不可分解的基本单位，应视为由前提推出结论的过程。决策前提包括价值要素和事实要素。

（2）决策前提的引入既与决策者本身的素质有关，也与决策者所处的环境有关。

（3）组织并不代替个人作决策，但是组织可以通过提供相关的事实前提和价值前提以影响个人决策。

决策人假设的局限性在于过分强调组织应尽量、尽快将环境影响、决策前提的变化程序化、规范化，强调组织的稳定、有序，这就在事实上忽略了个人在工作中的创造性。个人的工作能动性是建立在被动接受信息基础上的，因而员工主体能动性的发挥受到了一定限制。

其合理性表现在以下两个方面。

第一，决策人假设把人的行为放在特定的组织背景下，不对人的活动目的及相应手段作永恒不变的先验设定，而把目的和手段看成是可在一定范围内加以调节的变量。

第二，决策人假设的着眼点不是单个人的工作积极性，而是群体合理决策中的行为协调，强调了激发工作能动性的重要意义和可能途径。一方面，它提示组织要充分关注组织的生存环境，并努力寻找适应环境的一种管理模式，使组织决策与个人决策相协调，进而激发员工的工作能动性；另一方面，它提示组织要充分关注自身所拥有的信息条件，在采集、存储、加工、使用信息方面为劳动者发挥工作能动性提供帮助。较之仅关注劳动积极性的经济人和社会人而言，它强调了创造条件（特别是信息条件）以激发工作能动性。

本章小结

1. 管理心理学的产生有其特定的时代和理论背景。19 世纪末 20 世纪初，资本主义从自由竞争阶段向垄断阶段发展，生产的社会化和自动化程度不断提高，催生了现代管理心理学，同时期泰勒倡导的科学管理运动和闵斯特伯格开创的工业心理学是管理心理学的雏形或先驱，而真正推动管理心理学产生的是 1927 年由梅奥领导的“霍桑实验”。随后相继出现了群体动力学理论、需要层次理论、社会测量理论等。到 20 世纪 50 年代管理心理学趋于成熟，成为一门独立的学科，其形成的主要标志是 1958 年美国斯坦福大学教授利维特《管理心理学》一书的出版，从此管理心理学有了自己的名称和学科体系。

2．西方管理心理学理论的发展大致经过古典管理心理学、行为管理心理学和现代管理心理学三个阶段。我国管理心理学的研究起步较晚，经历了从引进、介绍国外理论和方法到自主研究、发展的艰难探索过程，逐渐建立起了我国管理心理学的学科体系。

3．从传统管理的经济人假设发展为社会人、自我实现人、复杂人假设，反映了西方管理学对人性认识的发展过程，标志着管理思想的进步。继四种人假设之后提出的决策人、文化人假设，是对人性认识的进一步深化。

复习题

一、名词解释

需要层次理论　　X 理论　　Y 理论　　文化人假设

二、单项选择题

1．下列哪项假设靠良好的人际关系来调动人的积极性？（　　）

A．社会人假设　　B．经济人假设　　C．复杂人假设　　D．文化人假设

2．下列哪项不是 Z 理论的主要特点？（　　）

A．长期雇佣制　　B．集体决策

C．整体关心，包括对职工家庭的关心　　D．创造适宜的工作环境

三、判断题

1．群体动力理论又称“场”理论，该理论把外界环境因素看成是外在的心理力场，把人未获得满足时的需要看作内部力场，人的行为动向取决于内部力场与环境力场的相互作用，但主要决定因素是内部力场。（　　）

2．社会测量学采用填写问卷的方法，让被试者根据好恶感对伙伴进行选择，并将这种选择用图表表示出来，这样人们便可以对群体中各成员之间的关系进行分析。（　　）

3．X 理论认为人在适当条件下，不但能够接受责任，而且会追求责任。逃避责任、缺乏抱负以及强调安全感，不是人的本性。（　　）

4．组织并不代替个人作决策，但是组织可以通过提供相关的事实前提和价值前提以影响个人决策。（　　）

四、简答论述题

1．试述管理心理学产生的历史和理论背景。

2．简述霍桑实验的内容和主要发现，分析其对管理心理学及当代管理实践的意义。

3．阐述各种人性假设的基本观点及其相应的管理措施，比较这些假设。

4．你认为哪种人性假设比较切合实际？为什么？举例说明。

五、案例分析题

在公司办公会议上，李总经理宣布了一项人事任免决定：考虑到销售部陈兴经理当月月初出车祸受伤后，销售部工作受到了一定的影响，为了加强销售部工作，任命王军为销售部经理，免去他现任的公司办公室副主任职务，以便于他全力抓销售部工作。

王经理上任后，一直在琢磨：怎样才能抓好销售部的工作呢？他认为销售部任务是否能完成全部都落在销售员身上，因此抓好销售员是关键。王经理在他上任的第一次全体销售部员工大会上表示，他先要花一周时间作调查研究，在此期间一切仍按原来的程序工作。这一周内王经理做了三件事：一是查阅近 5 年的本公司销售统计资料，特别注意每个销售员每个月完成的销售量。他发现前几年销售员完成的量在 30～40 台/月，可这两年一直在 25～30 台/月。销售员的人数从原来的 6 个增加到 8 个，现在是 10 个，但销售总量却没有大的增加。二是他走访了本市和邻近地区的同类厂，了解它们的销售情况，特别是销售员的工作情况，发现大体上好的厂家销售员的销售量达 30～35 台/月，差的只有 10～20 台/月。三是制定一个销售员的奖金、浮动工资与完成销售量挂钩的方案。王经理发现，以往销售员的奖金与完成的销售量有些挂钩，但拉开的差距不大，浮动工资基本是平均分摊。王经理准备在这方面要有所突破。

在第二次全体销售部员工会议以后，王经理把 10 位销售员留下来继续开会，在会上他推出了一个奖金、浮动工资与完成销售量挂钩的试行方案。方案的要点有三：（1）每位销售员每月应完成的销售量定为 38 台。（2）完成这一指标得全奖；如完不成，则每完不成一台扣 20%奖金；达不到 34 台，扣除全额奖金（值得一提的是，全额的奖金金额约为工资的 2/3）。（3）连续 3 个月完成指标，则第 4 个月向上浮动一级工资；连续一年完成指标再向上浮动一级工资；如享受浮动工资后，没完成指标，则第 2 个月起取消浮动工资；如连续半年完不成指标，则下浮一级工资；连续一年完不成再下浮半级工资。在对试行方案作解释时，王经理说，方案是在调查研究的基础上制定出来的，试行方案首先需要大家转变观念，要体现按劳分配原则。同时他告诉销售员，他实施奖金向销售员倾斜的原则，销售员的奖金额为一般人员的 200%，但要拿到，则必须完成指标。同时他补充，完成销售量以资金回笼到位为准。可想而知，这方案一宣布马上引起销售员的一片哗然。但王经理坚持实施这一方案，他口头上解释说：这是试行方案，可在实施中修改，但一定要试。心里却在想：就要采取强硬措施，好好管一管，要不大家怎么肯拼命干。

（来源：道克巴巴，http://www.doc88.com/p-10954044167.html）

思考与讨论：

1．王经理对人的看法属于哪种“人性假设”？

2．王经理的方案是否能激励员工？为什么？

3．应该如何改进？

参考文献

[1] 周三多. 管理学[M]. 第 2 版. 北京：高等教育出版社，2005.

[2] 乔治·梅奥. 工业文明的人类问题[M]. 陆小斌，译. 北京：电子工业出版社，2013.

[3] 道格拉斯·麦格雷戈. 企业的人性面[M]. 韩卉，译. 北京：中国人民大学出版社，2008.

[4] 库尔特·勒温. 拓扑心理学原理[M]. 高觉敷，译. 北京：商务印书馆，2003.

[5] 亚伯拉罕·马斯洛. 动机与人格[M]. 第 3 版. 许金声，译. 北京：中国人民大学出版社，2007.

[6] Weick K E, Quinn R E. Organizational change and development[J]. Annu.Rev. Psychol, 1999, 50: 361-386.

第二篇　动机管理

第三章 激 励 理 论

学习目标

- 掌握并比较六种西方激励理论
- 了解中国古代文化的激励思想
- 掌握中国当代激励理论
- 理解西方激励理论的文化相对性

引例：索尼公司的内部招聘制度

有一天晚上，索尼董事长盛田昭夫按照惯例走进职工餐厅与职工一起就餐、聊天。他多年来一直保持着这个习惯，以培养员工的合作意识并与他们保持良好的关系。这天，盛田昭夫忽然发现一位年轻职工郁郁寡欢，满腹心事，闷头吃饭，谁也不理。于是，盛田昭夫就主动坐在这名员工对面，与他攀谈。几杯酒下肚之后，这个员工终于开口了："我毕业于东京大学，原本有一份待遇十分优厚的工作。进入索尼之前，我对索尼公司崇拜得发狂。当时，我认为我进入索尼，是我一生的最佳选择。但是，现在才发现，我不是在为索尼工作，而是为科长干活。坦率地说，我这位科长是个无能之辈，更可悲的是，我所有的行动与建议都得科长批准。我自己的一些小发明与改进，科长不仅不支持、不解释，还挖苦我癞蛤蟆想吃天鹅肉，有野心。对我来说，这名科长就是索尼。我十分泄气，心灰意冷。这就是索尼？这就是我的索尼？我居然要放弃了那份优厚的工作来到这种地方！"

这番话令盛田昭夫十分震惊，他想，类似的问题在公司内部员工中恐怕不少，管理者应该关心他们的苦恼，了解他们的处境，不能堵塞他们的上进之路，于是产生了改革人事管理制度的想法。之后，索尼公司开始每周出版一次内部小报，刊登公司各部门的"求人广告"，员工可以自由而秘密地前去应聘，他们的上司无权阻止。另外，索尼原则上每隔两年就让员工调换一次工作，特别是对于那些精力旺盛、干劲十足的人才，不是让他们被动地等待工作，而是主动地给他们施展才能的机会。在索尼公司实行内部招聘制度以后，有能力的人才大多能找到自己较中意的岗位，而且人力资源部门可以发现那些"流出"人才的上司所存在的问题。

（来源：豆丁网，http://www.docin.com/p-373993568.html）

在现代管理中，对管理者来说，也许再也没有比调动员工工作积极性更重要、更困难的事情了。事实上，如何调动员工工作的积极性就是指如何激励员工。激励是管理心理学研究的核心内容，随着人本管理时代的到来，激励无论是对学术界还是实践界无疑都具有重要的理论价值和实际应用意义。本章首先对西方的激励理论加以介绍和分析，然后阐述和剖析我国的激励理论，最后对中西方的激励理论进行简单的比较，指出激励理论的文化限制性和相对性。

第一节　西方的激励理论

什么是激励？一般来说，激励是指激发人的内在动机，鼓励人朝着所期望的目标采取行动的过程。而激励理论则是关于激励的基本规律、机制及方法的概括和总结，是激励在管理活动中发挥功能的理论基石。自20世纪20年代以来，西方的众多研究者分别从不同角度和层面对激励进行了探索，提出了许多激励理论。这些理论从不同的侧面研究了人的行为动因，但每一种理论都具有其局限性，不可能用一种理论去解释所有行为激励问题。各种激励理论可以相互补充，从而使激励理论不断完善。无论西方的激励理论多么千差万别，但综合起来看，它们都是围绕以下三个问题而展开的：（1）是什么激发或驱动行为的？（2）是什么引导行为方向的？（3）是什么使行为得到维持的？下面就以这三个问题为主线，依据不同理论回答问题的侧重点不同，对西方的激励理论加以阐述和分析。

一、是什么激发或驱动行为的

关于这个问题，研究者们已经提出了多种观点，下面仅就两种影响较大的理论加以分析：一种是马斯洛（A.H.Maslow）的需要层次理论；另一种是赫茨伯格（F.Herzberg）的双因素理论。

（一）需要层次理论

需要层次理论是由美国心理学家马斯洛在1943年所著的《人的行为动机》一书中提出来的，在全世界广为流传，成为应用最普遍、最主要的激励理论之一，尤其是在工业、教育、组织和管理等方面有着深远影响。

1. 需要层次理论的基本内容

概括起来，马斯洛的需要层次理论主要有以下三个观点。

（1）人的多种需要可划分为五个层次。

马斯洛认为，需要是人类行为的积极的动因或源泉。需要引起动机，动机驱动行为。因此，清楚地把握了人类的基本需求结构或层次，也就能很好地说明、解释、预测和控制人类的行为。他按照由低级到高级的顺序，将人的需要分为五个层次，即生理需要、安全需要、社交需要、尊重需要与自我实现需要，如图3-1所示。

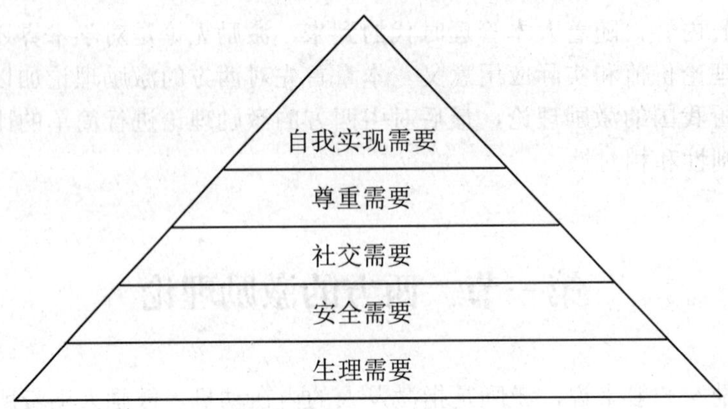

图 3-1　马斯洛的需要层次理论

生理需要是人类维持其生命和生存最原始、最基本的需要，也是整个需要层次的基础，主要包括对食物、水、睡眠、性的需要等。马斯洛认为，当一个人所有需要都不能得到满足时，他就会被生理需要所支配，其他需要都处于次要地位。生理需要是人的一切需要中最占优势的需要，如不能满足，个体的生存就会受到威胁。一旦这种需要被满足，人们就会开始追求更高层次的需要。

安全需要是指对避免危险、威胁和剥夺的需要。一般来说，安全需要有三种表现形式：一是身体安全，防止个人受到肉体上的危险。在管理实践中经常看到的标语，如"高压危险，闲人免进""超过此处必须佩戴护目镜"等，就是满足员工身体安全的需要。二是经济保障。企业中员工的各种福利待遇，如大家所熟知的"五险一金"都有助于满足这类需要。三是确定性的需要。心理学研究表明，人们对模糊性、不可预测性、不确定性等往往会表现出一种回避、漠视甚至焦虑紧张的反应。这种类似于本能的需要折射出人类对周围世界中确定性、安全性的渴望和追求。

社交需要是指个人对爱、情感和归属的需要。具体体现在两个方面：一是对爱的需要，如同事之间的融洽、朋友之间的友谊和忠诚、异性之间的爱情等；二是归属的需要，即个体都有一种要求归属于一个集团或群体的感情，希望成为其中的一员并得到相互关心和照顾。研究表明，相对个体主义文化，在集体主义文化背景下的员工对归属的需要更加强烈。

尊重需要是指个体希望获得成就感及得到他人对自身价值的承认与尊重。尊重需要分为两类：一类是自我尊重，希望有实力、有成就、能胜任各项工作；另一类是他人尊重，要求有名誉或威望，受到别人的赏识、关心、重视或高度评价。马斯洛认为，尊重需要得到满足，能使人对自己充满信心，对社会满腔热情，体会到自己生活在世界上的用处和价值。但尊重需要一旦受到挫折，就会使人产生自卑、软弱、退缩和无能，进而使人丧失对生活的信心。

自我实现需要是发挥自我内在潜力，实现自己的理想和抱负的需要。它是人的最高层次的精神需要，是一种希望个人的潜在能力得到最大限度地发挥并有所成就的需要，是关于人生理想的自我实现。产生这种需要的人决心发挥自己最大的能力完成难度较大的工作任务，成就一番事业，努力使自己成为理想的人。马斯洛说："音乐家必须演奏音乐，画家必须绘画，诗人必须写诗，这样才会使他们感到最大的快乐。什么样的角色就应该干什么样的事。我们把这种需要称作自我实现”。

（2）人的需要分等、分层，像阶梯一样逐渐上升。

马斯洛认为，人类行为是由上述五大类需要所驱动的，而这些需要又是分层次的，像阶梯一样从低到高按次序逐级上升。一般来说，只有在低层次的需要满足之后，人才会进一步追求较高层次的需要，而且低层次需要满足的程度越高，对高层次需要的追求就越强烈。这类似于我国古代齐国的管仲所提出的“仓廪实而知礼节，衣食足则知荣辱”。马斯洛将五种需要划分为高、低两级。生理需要和安全需要属于低级需要，而社交需要、尊重需要和自我实现需要是高级需要。低级需要和高级需要在满足方式、满足程度上均存在区别。在满足方式上，低级需要通过外部条件使人得到满足，如借助工资收入满足生理需要，借助法律制度满足安全需要等；而高级需要从内部使人得到满足。在满足程度上，低级需要的满足易于达到，而高级需要是永远不会完全满足的。

（3）未被满足的需要才有激励作用。

马斯洛认为，人类对上述五种需要是不可能完全满足的，越到上层，满足的程度就越低，所占百分点就越少。马斯洛 1943 年曾经指出，85%的生理需要和 70%的安全需要一般会得到满足，但只有 50%的社交需要、40%的尊重需要和 10%的自我实现需要能得到满足。马斯洛认为，同一时期内，人可能同时存在几种需要——因为人的行为是受多种需要支配的，但是在某一种特定的情境或场合中，总有一种需要是占优势地位的。

2．需要层次理论在企业管理中的应用

马斯洛的需要层次理论第一次系统地阐述了人的需要与行为之间的关系，在现代企业管理中具有广泛的应用价值。表 3-1 列出了不同层次需要对应的追求目标及相应的管理措施。

表 3-1　需要层次理论与管理措施相关表

需要的层次	诱因（追求的目标）	管理制度与措施
1．生理需要	薪水、健康的工作环境、各种福利	身体保健（医疗设备）、工作时间（休息）、住宅设施、福利设备
2．安全需要	职位的保障、意外的防止	雇佣保证、退休金制度、健康保险制度、意外保险制度
3．社交需要	友谊（良好的人群关系）、团体的接纳与组织的一致	协谈制度、利润分配制度、团体活动制度、互助金制度、娱乐制度、教育训练制度
4．尊重需要	地位、名份、权力、责任、与他人薪水的相对高低	人事考核制度、晋升制度、表彰制度、奖金制度、选拔进修制度、委员会参与制度
5. 自我实现需要	能发展个人特长的组织环境，具有挑战性的工作	决策参与制度、提案制度、研究发展计划、劳资会议

（来源：俞文钊，2008）

从表 3-1 可以看出，管理者运用需要层次理论激励员工时，首先要对员工的多种需要加以识别和归类，然后要弄清楚员工尚未满足或正在追求的需要是什么，进而采取相应的管理方法与措施尝试满足，这些措施既不能落后，又不能超前于员工的需求状况。当员工的低层次需要未得到满足时，应把解决他们的衣食住行问题放在首位；而当员工的低层次需要被满足时，又不能一味地停留于用物质奖励的办法来刺激他们，应该创设更好的工作和人际环境，来满足他们更高层次的需要。

3．对需要层次理论的评价

学者们对马斯洛需要层次理论褒贬不一。概括起来，该理论既有其科学性的一面，也有局限性的一面。

马斯洛的需要层次理论的科学性表现在以下三个方面。

（1）马斯洛肯定人类存在共同需要，并且把千差万别的人类需要归纳为五个层次，并就五个层次需要的内容和层次间的关系作了详细阐述。把人的需要看作是多层次的动态系统，反映了人的需要由低级到高级发展的趋向，这是符合实际的。

（2）马斯洛指出人的需要具有递进式发展的性质，每一时期有一个优势需要出现，而其他需要则处于从属地位，人在一定的时间内，其行为受到这个优势需要的调节支配，这也是比较合理的。了解人在某个时期的优势需要可以预测人的行为表现，以便在管理工作中进行有效的动机诱导。

（3）马斯洛的需要层次理论为企业管理指出了调动积极性的工作方向和内容。例如，任何企业都应该从物质和精神两个方面去满足员工的合理需要，同时要根据不同员工不同的需要层次，针对性地采取不同的管理措施。

马斯洛的需要层次理论的局限性表现在以下两个方面。

（1）马斯洛的需要层次理论绝大部分谈的是人的自然需要，忽视了社会存在对人的成长所具有的影响。在他看来，自我实现完全是一个自然成熟的过程，可以脱离社会生活条件，只需靠个人改善其认知，认识到自我的内在价值就可以实现。他的这种自我实现虽然对促进个性发展不无意义，但它脱离社会实践、脱离群体，具有个人主义为中心、“自我奋斗”的色彩。

（2）马斯洛的需要层次理论带有一定的机械主义色彩。把人的需要层次看成是固定的程序，认为只有满足了低一级的需要之后，才能进入下一层次的需要，这显然是机械的。它忽视了人的主观能动性，忽视了高层次需要对低层次需要的影响，忽视了人们为了崇高理想可以忍受物质生活困难带来的痛苦，甚至牺牲宝贵生命的事实。

【资料】

日立公司的危机激励

危机激励是指企业经营管理者有意识地制造“危机”，激发员工的某种安全需要，从而使他们加倍努力地工作。日本日立公司是世界上最大的电器制造企业之一，其产品销售遍布世界各地，在世界电器器材市场上以其高质量而著称。但日立公司认为在一帆风顺中制造逆境来保持企业的危机感是必要的。1974年，该公司宣布因“经营状况不好”，有22 000多名员工需要减薪，20%的员工回家待业一个月，发给70%～80%

的工资。这样做对公司来说，虽然节约不了多少经费，但它使员工有种危机压力。1975年1月，日立公司又对其4 000多名管理人员实行创业后第一次全面减薪，以加深他们的危机感。1975年4月，日立公司将新录用的近千名员工报到日期推迟20天，使新员工一开始就产生紧迫感。这些危机激励措施将员工置于险境，使员工能最大限度地发挥各自的作用，由于产品创新，日立公司的产品增长速度遥遥领先于对手东芝和松下电器器材公司。

（来源：陈国海，李艳华，吴清兰，2008）

（二）双因素理论

双因素理论是美国心理学家弗里德里克·赫茨伯格提出的。像马斯洛一样，赫茨伯格尝试探索激发或驱动组织中员工行为的影响因素，但他不关注个体的需要，而是将目光投向了个人之外的工作条件和环境因素。

1．双因素理论的基本内容

20世纪50年代后期，赫茨伯格及其同事对匹兹堡地区的11个工商业机构中的200位工程师和会计师进行了工作满意感方面的访问调查，请受访者详细回答诸如“什么情况下你对工作特别满意”“什么情况下你对工作特别不满意”等问题。调查结果发现，使受访人员不满意的因素多与他们的工作环境有关，而使他们感到满意的因素通常是由工作本身所产生的。据此，赫茨伯格提出了双因素理论，把企业中影响人的积极性的因素分为激励因素和保健因素两大类。

激励因素（Motivating Factors）是那些得到满意和积极情绪的因素，往往与工作本身的特点和工作内容有关。这类因素有成就、赏识、工作本身的吸引力、责任、发展等（见表3-2）。这些因素能激励员工的心理成长和成熟，使其工作能力不断提高，有助于充分、有效、持久地调动员工的积极性，从而提高劳动生产率，故称为激励因素。

表3-2 激励因素和保健因素

激励因素（工作本身）	保健因素（环境）
成就	公司政策与行政管理
赏识	监督
工作本身的吸引力	工作条件
责任	人际关系
发展	地位
	安全和生活条件
	薪金

保健因素（Hygiene Factors）是那些能够预防人产生不满和消极情绪的因素，往往与工作环境或条件相关的因素有关。这类因素有公司政策与行政管理、监督、工作条件、人际关系、地位、安全和生活条件以及薪金等（见表3-2）。这类因素如果缺少，就会引

起员工的不满，甚至会挫伤员工的积极性；如果解决得好，则能预防和消除员工的不满情绪，但却不能使员工变得非常满意，更不能从根本上激发员工的积极性，促进生产率的增长，即它不能直接起到激励作用，就像卫生保健对身体健康所起的保健性的预防作用一样。打个比方说，你在回家的路上滑了一跤，手部摔破了皮。你回家后在伤口处涂上碘酒。两周后你的手完全康复。虽然碘酒没有使你的手比受伤前更健康，但却防止了伤口进一步恶化，而且帮助你的手恢复原状。这就是保健的作用。

赫茨伯格认为，导致工作满意感的因素与导致不满意的因素之间的关系是不对应关系，即工作满意感的对立面不是工作不满意，而是没有工作满意感；工作不满意的对立面不是工作满意，而是没有工作不满意。这样便形成了不同于传统看法的满意与不满意的关系。概括地说，有两个独立的满意程度量表：一个是反映从不满意到没有不满意变化的量表，主要受保健因素的影响；另一个是反映从没有满意到满意变化的量表，主要受激励因素的影响。在这两个分量表上，人们对工作的态度的变化也是不同的，如图 3-2 和表 3-3 所示。

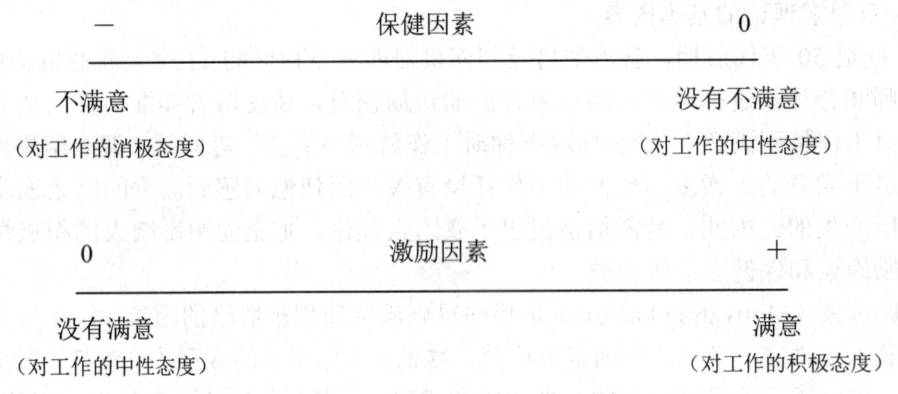

图 3-2　赫茨伯格的双因素理论

表 3-3　赫茨伯格的理论图解

因　素	具　备	缺　失
激励因素	满意	没有满意
保健因素	没有不满意	不满意

2．双因素理论对管理的启示

按照双因素理论，在管理实践中，为了增加员工的满意程度，充分调动他们的工作积极性，就不能仅仅限于改善企业的物质条件或工作环境等保健因素，更为重要的是改善激励因素，为每个员工提供发挥自己才能的机会，增强他们的成就感和责任心，让他们感到有前途、有奔头。否则，即便公司的工作环境和条件再好、付出得再多，也只能让员工感到没有什么不满意的，不能让他们感到满意，因而难以起到调动员工工作积极性的作用。许多管理者已经从双因素理论中得到启示，在企业管理中，采用工作丰富化、工作扩大化和弹性工时等具体措施来调动员工的工作积极性。关于这方面的具体内容将在下一章中具体介绍。

管理者调动员工积极性既要充分发挥激励因素的作用，又须注意适度发挥保健因素的作用。如果保健性的管理措施做得很差，也会挫伤员工的积极性。但发挥保健因素的作用要适度，没有必要过分地改善保健因素，因为这样做充其量只能消除员工对工作的不满情绪，不能直接提高工作积极性和工作效率。在双因素理论具体应用过程中，不应该将激励因素和保健因素做绝对化的理解。激励因素具有保健作用，而保健因素同样也具有激励作用。对某些人来说，被赫茨伯格列为保健因素的东西可能正是他们的激励因素。例如员工的工资、奖金，如果同其个人的工作绩效挂钩，就会产生激励作用，变为激励因素；如果二者没有联系，奖金发得再多，也构不成激励，而一旦减少或停发，还会引起员工的不满。因此，有效的管理者既要注意保健因素，以消除员工的不满，又要善于把保健因素转变为激励因素。

双因素理论也有其局限性，主要表现在以下三个方面：一是赫茨伯格及其同事所做的试验，是其所采用方法本身的产物，人们总是把好的结果归结于自己的努力，而把不好的结果归咎于客观条件或他人，问卷没有考虑这种一般的心理状态；二是被调查对象的代表性不够，所调查的对象是白领阶层，在白领阶层适用的理论在蓝领阶层是否同样适用有待于进一步研究；三是调查时仅以满意与否作为指标，没有进一步证实满意度与生产率的关系。由于工作满意与生产率之间没有直接的因果关系，因此，其理论的可信度受到怀疑。

【资料】

时代在变迁

据《纽约时报》报道，近年来，越来越多的美国公司要求他们的员工进行活动登记，越来越多的公司开始为员工提供免费午餐。美国德州仪器厂的保安人员会修理员工捡回的卡车。太阳微系统公司（Sun Microsystems）给员工提供一家内部洗衣店。还有的公司内设健身房、运动诊所和培训室……网景公司（Netscape）有自己的牙医，Intuit 公司则提供按摩椅。医疗保健正在日益减缓员工因生硬的控制—保健式组织而产生的消极情绪。

（来源：刘伟，2010）

二、是什么引导行为方向的

一般而言，员工表现出的外显行为不仅受到内在力量的促动，而且这些行为往往具有目标性和方向性。对管理者来说，员工行为的首要目标就是实现组织的不断发展，那么究竟是什么在引导人们的行为呢？对这个问题的回答形成了影响较大的两种理论：一是洛克（E. A. Locke）等人提出的目标设置理论（Goal-setting Theory），另一种是弗鲁姆（V. H. Vroom）提出的期望理论（Expectancy Theory）。下面逐一对其进行阐述和分析。

（一）目标设置理论

在工作与生活中，不难发现人们的大多数行为都是有目的的，较少有人每天漫无目的地生活。心理学的大量研究表明，做一件事情，预先有无目标，最终的效果差异是很大的，而在目标指引下完成的效果更好。正是基于这样的观点，洛克等人提出了目标设置理论。

1. 目标设置理论的基本内容

洛克及其同事通过大量的实验室研究和现场试验，发现大多数的激励因素，如奖励、工作评价和反馈、期望、压力等，都是通过目标来影响工作动机的。因此，管理者不需要直接控制下属的行为，即使这样做了，也常常是事倍功半，效果也不会好。相反，通过设定一些为下属所接受和认同的目标来指引下属的行为，常常可以起到事半功倍的效果，因为目标本身是具有内在激励价值的。洛克等人设计了一个个体目标设置与绩效的模型，如图 3-3 所示。

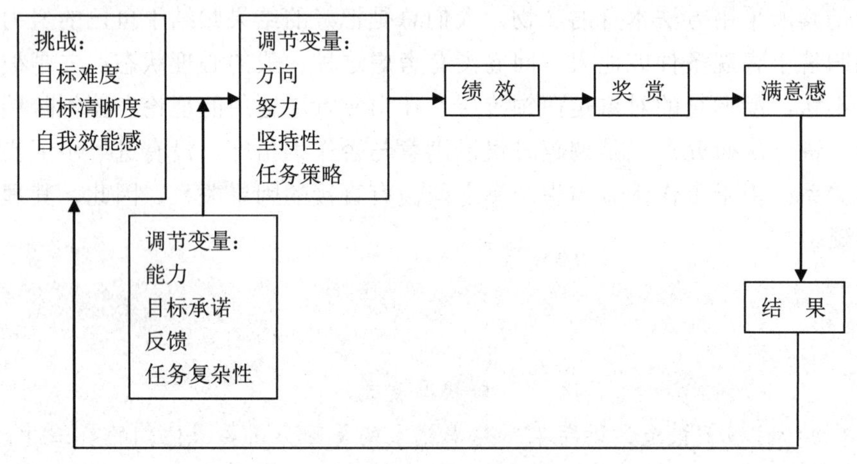

图 3-3 目标设置模型

从这个模型中可以看出引发个体高绩效水平的因素及其关系。该模型的基本观点是把目标看作一种激励因素，因为它可以让人们对目前的绩效与期望达到的目标进行比较。从某种程度上来说，人们一般会认为，如果他们目前的水平达不到目标的要求，他们就不会感到满足。但只要他们相信，经过努力是可以达到目标的，他们就会努力工作并实现目标。

目标有两个关键特征：目标难度和目标清晰度。目标难度是指一项目标的挑战性和需要努力的程度。目标难度会影响员工对目标的接受与认可。当人们认为一项目标可行且有意义时，他们就愿意付出努力追求该目标。然而，当一项目标太简单或太困难时，目标就不会被接受和认可，因此目标便失去了激励的作用。目标清晰度是指一项目标的明确与清楚的程度。许多事实证明，把目标订得明确要比笼统地要求“尽力做好”要好得多。

2. 目标设置理论在管理中的应用

目标设置理论在管理中应用的最大体现之一就是目标管理的实践。目标管理

(Management by Objectives，MBO)，是一种管理技术，其创始人是美国心理学家德鲁克(Peter. F. Druker)。目标管理是指让组织的主管人员和员工亲自参加目标的制定，在工作中实行自我管理并努力完成工作目标的一种管理制度或管理方法。目标管理的具体做法可分为三个阶段：第一阶段是目标的制定。建立一个以组织总目标为中心的完整的目标体系，然后将其分解落实到下属各部门、各单位直至员工个人，形成分目标。目标要订得尽可能具体。第二阶段是过程管理。一套完整的目标体系一旦建立起来，组织的主管人员就应放手把权力交给下级成员，以使自己有更多的时间去抓重点的综合性管理。在目标管理中，完成目标主要依靠执行者的自我评估、自我调节和自我控制。第三阶段是目标成果的评价。一般实行自我评价和上级评价相结合，共同协调确认成果。目标管理重视自我评价，并把它作为自我控制的一种手段。每个人通过自我评价，对完成某项任务感到满意，就会激起力争达到下一期目标的热情；若对完成情况感到不满意，则能激起自我提高的愿望，力求提高自己的能力。

【资料】

莱瑟姆的实验

莱瑟姆关于伐木场卡车司机的实验具有典型意义：伐木场司机的任务是将伐下的木材装上车，运到加工场。在实验开始阶段，管理员要求司机“尽量多装”，结果卡车的装载量仅达到58%～63%。在第二阶段，要求司机将卡车装载量达到94%，并预先说明若没有达到此目标也不会受罚。结果，在前三个月卡车装载量分别为80%、70%和90%(在第二个月司机们确认不会受罚，因而产量暂时下降，但又因为管理员的话可信，导致第三个月完全接受他指定的目标)。这样的结果一直保持7年之久。这项研究表明，目标具体能使人明确努力方向，较困难的目标则带给人成就感。

(来源：Latham, G. P., & Yukl,G. A., 1975)

(二)期望理论

期望理论是美国心理学家弗鲁姆于1964年在《工作与激励》中提出的。期望理论是一种通过考察人们的努力行为与其所获得的最终奖酬之间的因果关系来说明激励过程，并选择合适的行为达到最终的奖酬目标的激励理论。

1. 期望理论的基本内容

该理论认为，只有当人们认为实现预定目标的可能性很大，并且实现这种目标又具有很重要的价值时，该目标才会对人产生最大的激励作用。也就是说，决定行为的因素有两个：期望值和效价。激励的程度由期望值与效价的乘积决定，用公式表示为

$$激励程度(M) = 期望值(E) \times 效价(V)$$

其中，激励程度是指调动一个人积极性、激发人内部潜力的强度。期望值是指一个人根据自己的经验判断一定的行为能够导致某种结果和满足需要的概率。例如，一个员工觉得自己被提升到高层管理岗位的可能性很大，那么他的期望值就很高；反之期望值

则很低。效价是指达到目标对于满足个人需要的价值。例如，一个员工希望通过充分挖掘自己的潜能来实现自己的价值，就表明实现自我的价值在其心目中的效价很高；反之效价就很低。

该公式说明，一个人把目标的价值看得越高，估计能实现的概率越高，那么激发的动机就越强烈，激励作用就越大。期望值是个人主观预期概率，是个人的主观判断，而非实际概率或客观概率。例如，领导许诺下属完成某项任务后对其提拔，这时下属肯定先要判断这一诺言兑现的可能性的大小，如果这位下属对领导的话不信以为真，其期望值便很低；反之则很高。

为了使激发力量达到最佳值，弗鲁姆提出了人的期望模式，如图 3-4 所示。

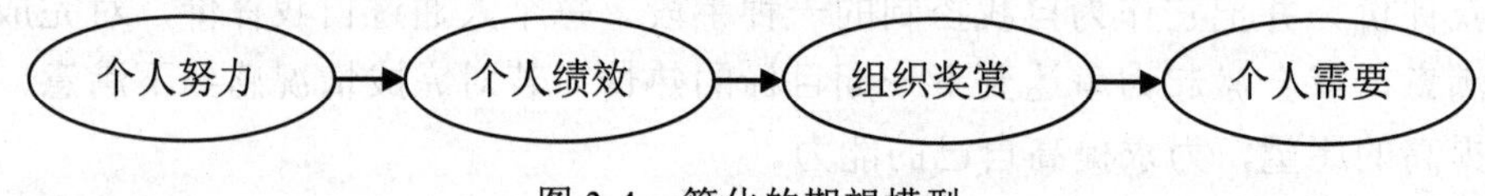

图 3-4　简化的期望模型

弗鲁姆认为，根据人的期望模型，为了有效地激发员工的工作动机，需要正确处理好以下三种关系。

（1）努力与绩效的关系。人总是希望通过一定的努力达到预期的目标，如果个体主观认为通过自己的努力达到预期目标的概率较高，就会有信心，就可能激发出很强的工作热情。

（2）绩效与奖励的关系。人们总是希望获得成绩后能够得到奖励，这种奖励既包括提高工资、多发奖金等物质奖励，也包括表扬、自我成就感、被赏识等精神奖励。但是，高绩效一定能带来奖励吗？员工会对此做出主观上的估计和判断，这种主观估计和判断的结果会影响工作的热情和动力。如果认为好的绩效带来奖励的概率较高，就会增强工作动机；反之则不会增强工作动机。

（3）奖励与满足个人需要的关系。人总是期望所得奖励能满足个人的切实需要，如物质需要、精神需要或自我实现需要等。由于人与人在年龄、资历、社会地位、经济条件和价值观念上存在着差异，毋庸置疑，对同一种奖励，不同的人所体验到的效价是不同的，所起的激励作用也不一样。利用多种奖励形式，努力做到奖人所需，是提高奖励效价的要求。

2．期望理论对管理的启示

期望理论的吸引力在于，它避免了马斯洛和赫茨伯格研究方法中的简单化的倾向，将员工工作动机的产生过程考虑得更加复杂，因而更加符合现实情境中员工动机变化的规律，为管理者进行员工激励提供了许多有价值的启示。具体地说，管理者不应泛泛地采用一般的激励措施，而应当采用多数组织成员认为效价最大的激励措施。在激励过程中，要适当控制期望概率和实际概率，不断加强对员工期望心理的疏导。期望概率太大，容易产生挫折和失败；而期望概率过小，又没有激励力量。所以实际概率应该使多数人受益，理想的情况是实际概率大于平均的个人期望概率，并与效价相适应。

【资料】

期望与现实的矛盾

每天都有新人抱着各种各样的幻想和不切实际的期望走进企业。一些人留了下来，并适应了新的环境；一些人留了下来，但不是很敬业；还有许多人不敬业，并最终选择了离开。Saratoga 通过多项调研，发现那些选择留下但不是很敬业的员工有如下抱怨：

"人力资源部门在招聘员工的时候并没有将事情解释清楚。"

"我们经理做出的许多承诺都没有兑现。"

"我对我在 ABC 公司入职之初所接受的培训很不满意。"

这些抱怨的根本原因在于员工的期望没有得到满足。有时，员工的期望可能不切实际，但毫无疑问，有时并非如此。你可能从未在任何企业的离职原因调查表中发现"期望未满足"这一选项，但这却可能正是大多数员工离职的首要原因。

（来源：世界经理人，http://www.ceconline.com/hr/ma/8800049494/01/）

三、是什么使行为得到维持的

当企业员工受到某种因素的驱动，产生了一种目标行为时，这种行为如何才能得到维持呢？关于这个问题也有两种较有影响的理论：一种是源于斯金纳（B.F.Skinner）的操作性条件反射概念的强化理论（Reinforcement Theory）；另一种是亚当斯（J.S. Adams）的公平理论（Equity Theory）。

（一）强化理论

1. 强化理论的基本观点

强化理论是美国心理学家斯金纳提出的，该理论试图解释行为及其后果之间的关系。强化理论认为人的行为是由外部因素控制的，控制行为的因素称为强化物。强化物是在行为反应之后紧接着的一个结果，它提高了行为重复的可能性。因此，强化理论认为行为是其结果的函数。按照这种理论，对员工的工作表现或成绩的强化（如物质奖励等）是使其行为得以维持的主要手段。斯金纳提出了几种行为改造策略，如图 3-5 所示。

	引入结果	没有结果	消除结果
行为增加或保持	正强化		负强化
行为减弱或消退	惩罚	消退	惩罚

图 3-5　行为改造策略

（1）正强化。正强化是指通过出现积极的、令人愉快的结果（既包括奖金等物质奖励，也包括表扬、提升、改善工作关系等精神奖励）而使某种行为得到增强或增加。例如，努力工作后得到一次提拔，而提拔正是个人所期望的，行为即被强化。奖金、休假、晋升、认可、表扬等都可以作为正强化的方法。

（2）负强化。负强化是指通过撤销或减轻原有的消极后果（这种结果通常来说是消极的，如扣发奖金、批评等），从而使该行为得到增加或保持。例如，喷气式飞机机械师发现耳朵戴上噪声隔离器以后，可以避免由飞机发动机噪声所带来的不舒适感（消极后果），这种强化鼓励佩戴合适的防噪声装置。再如，犯人为了早日摆脱牢狱之苦而好好表现，工人为逃避惩罚而努力工作等。

（3）惩罚。惩罚就是对不良行为给予批评或处分，它可以减少这种不良行为的重复出现，弱化该行为。惩罚既可以是引入一种不愉快的结果（如要求加班、给予批评），也可以是取消一种愉快的结果（如扣发奖金、不再给予表扬）。

（4）消退。消退是指撤销对某种行为的正强化，以终止行为或降低行为出现的可能性。例如，当员工表现出的良好行为屡次被上司所忽视时，这些良好行为就会因为没有得到及时强化而慢慢消失。再如，领导者对于好打小报告者采取故意不理会的轻视态度，以期使这类人因自讨没趣而放弃这种不良行为。

此外，时间和比率因素也会影响强化的效果。结合时间和比率，可把强化划分为以下四类。

（1）定时距强化：根据固定的时间间隔提供行为强化，如计时工资制、月度奖、年终分红等。

（2）定比率强化：根据固定的行为积累次数提供强化，如计件工资制。再如，某一工作小组每小时将总绩效输入计算机网络，经理利用网络了解工作进展。每当工作产出达到 500 件产品时，经理就会到场对员工们进行表扬。到场的次数取决于小组完成工作目标的次数。

（3）变时距强化：给予时间的强化，但强化的时间间隔并不固定。例如，根据效益好坏不定期发放的奖金、随机的工作抽查等。

（4）变比率强化：根据行为积累次数进行强化，但行为积累的次数并不固定。例如，管理者不定次数地赞赏员工的优异表现。

2．在管理中运用强化理论应遵循的原则

在管理中运用强化理论时，必须遵循以下原则，进而达到预期的激励效果。

（1）强化方式的个体差异性。由于人们的年龄、职业、学历、经历不同，各自的需要就不同，进而想要的强化方式也不一样。例如，有的员工重视物质奖励，而有的员工更重视精神奖励，所以应采用不同的强化措施。另外，不同的员工，其业绩好坏不同，如果奖酬实施平均主义，这种一刀切的模式只会惩罚了完成工作最好的，而“奖励”了完成工作最差的。

（2）及时强化。所谓及时强化就是通过某种形式和途径，及时将工作结果告诉行动者。及时强化以强化的正确性为前提，即要实事求是、令人信服。及时强化给人的作用最直接，印象最深刻，及时的奖励不仅能迅速提高员工的士气，而且能有效地形成人的自尊和自信，有利于将一时的良好行为固定化和稳定化。

（3）以奖励为主，以惩罚为辅。一般来说，工作中应以奖励员工为主，充分调动其工作的积极性和主动性。要慎用惩罚，因为惩罚有时会造成新的不良行为，过多地使用惩罚会使人产生挫折感，甚至会损伤自尊和自信。另外，仅仅依靠惩罚手段，长期下去只会把人训练成制度的奴隶，忽视了人的自觉性。

【资料】

一毛钱掘出的节水空间

上海高桥石化生产基地紧靠黄浦江，员工养成了大手大脚的用水习惯。2000 年起，该公司推行“节水奖励金”，规定以每个劳动岗位为参赛单位，如果某个岗位本季度节约的水大于去年同季度用水量的 15%，则每节约 1 吨水就奖励给个人一毛钱。

小小一毛钱，大大转变了职工的用水观念。从此，清水冲洗地面的现象看不见了，停用设备流水的现象消失了，冷却设备的温差控制调到了最佳……随着节水难度的与日俱增，2003 年公司又将节水奖励金提高到每吨 3 毛钱。

从 2000 年到 2004 年，公司总产值增加了三成，工业用水量却减少了六成；公司一共发放了 65 万元节水奖励金，换来了累计节水 4 312.67 吨，相当于减少用水成本 860 多万元；职工个人最高每年获得节水奖励金 2 000 多元，等于一年节水 2 万多吨，1 个人就省下了一百多个三口之家的年用水量。

（来源：曹正进，2007）

（二）公平理论

人们不是在真空中工作，他们总是在进行比较。大量的事实表明，员工经常将自己的付出与所得和他人进行比较，而由此产生的不公平感将影响个体以后付出的努力。

1. 公平理论的基本内容

公平理论是美国心理学家亚当斯（J.S. Adams）于 20 世纪 60 年代提出来的，也称社会比较理论。公平理论侧重于研究工资报酬分配的公平性对员工工作积极性的影响，以及对员工工作态度的影响。公平理论体现了社会要求利益分配合理化的倾向。

公平理论认为，员工对报酬公平程度的判断，主要是通过社会比较得出的，是相对意义上的认知。员工能否被激励，不仅受其所得绝对报酬的影响，而且受到相对报酬的影响。员工首先考虑自己收入与付出的比率，然后选择与自己年龄、资历等方面相仿的人作为参照对象，将自己的收入/付出比与他的收入/付出比进行比较。这种社会比较可能产生的三种结果，如表 3-4 所示。

表 3-4　社会比较的三种可能结果

觉察到的比率比较			员工的评价
我所得/我付出	<	他所得/他付出	不公平（报酬过低）
我所得/我付出	=	他所得/他付出	公平
我所得/我付出	>	他所得/他付出	不公平（报酬过高）

这里所谓的付出和所得都是个人的主观感觉和判断。付出是指个人的努力程度、付出工作量的大小及知识经验的多少等，包括年龄、出勤率、工作努力、教育水平、过去的经历、表现、资历、社会地位、人际技能等。所得是指个人得到的劳动回报，既包括诸如薪金、津贴、福利等物质回报，也包括诸如职位的提升、工作特权享受、地位的提高等精神回报。当员工感到公平时，他们会感到心安理得，保持心理平衡，维持甚或增加工作努力的程度。而当他们感到不公平时，就会产生紧张、焦虑和不安。

为了削弱所感受到的不公平以及相应的紧张焦虑情绪，员工就会采取一些行动。具体来说，当员工感到不公平时可能会采取以下几种做法。

（1）采取某种行为改变自己的付出或所得。感到报酬过低的员工可能会减少自己的工作投入，出现诸如迟到、早退、工作不积极等消极行为；或者要求增加自己的所得，如要求增加工资待遇等。如果这些措施都不能奏效，他们也可能做出极端的行为，如挪用或盗窃公司的财物等。而感到报酬过高的员工可能会增加自己的投入。

（2）采取某种行为使得他人的付出或所得发生改变。例如，通过申诉、上告、吵闹等方式给对方制造麻烦，减少其工作成果或增加其工作量。

（3）通过自我解释达到自我安慰。通过曲解自己的收支或曲解他人的收支，主观上造成一种公平的假想。例如，认为别人的工作可能更加困难或者自己的工作更为重要。这种方式只是调整自己的主观判断，并没有表现出实际行为。

（4）选择另外一个参照对象进行比较。例如，换一个不如自己的人作为比较对象，以“比上不足，比下有余”的心态缓解不公平感。

（5）辞职。例如，调到收入更高或条件更好的单位。实际上归根到底还是试图更改社会参照对象，但是往往需要付出更多努力。

2．公平理论对管理的启示

“不患寡而患不均”，在组织情境中，可以说公平牵动着每一个员工的神经，表面看来大家似乎无所谓，然而一旦主观上觉得有一点不公平，便会立即以各种各样的方式做出回应。有关组织公平感的大量实证研究也表明，公正影响员工的一系列态度和行为。在实际管理中运用公平理论时，管理者应该注意以下几点。

（1）建立奖罚分明的制度。员工的不公正感有时确实是因为组织没有合情合理地奖励员工，存在着有功者不奖、无功者领赏的不良现象。尤其是当组织中不良的政治现象和行为（如照顾个人情面、拉帮结派、徇私舞弊等）较多时，更会如此。组织只有消除这些不合理的现象，建立奖罚分明的制度，贯彻“多劳多得，少劳少得，不劳不得”的原则，增加分配制度的透明度，才能让广大员工真正感到公平。

（2）发展员工参与制度。员工参与一方面有助于从外显层面上保证制度本身的公正性，使他们感到制度在被严格执行而增强公正感；另一方面，它还能在一定程度上加强上下级之间的沟通，不断改善他们之间的关系。企业各项与员工有利害关系的制度（如发展战略、分配制度、奖励制度、晋升制度和考评制度等）的建立，都需要员工的积极参与。

（3）加强组织沟通。研究表明，在一些情境中员工的不公平感是由沟通不畅引起的。一般来说，沟通可分为上行沟通和下行沟通。上行沟通渠道不畅往往使得员工的不满难以为管理者所了解；下行沟通渠道不畅使得组织意图不能得到员工透彻的领会。因此，建立畅通的沟通体系，实现信息的上传下达，可以起到疏通“组织经脉”、降低员工不公正感的作用。

（4）做好员工的心理疏导工作。公平与否完全是一个主观判断的心理过程。人们的公平感受性不同，社会比较的参照标准不同，认识问题的角度和方式不同，对同样的事情也必然会产生不同的公平感。因此，做好员工的心理疏导工作，引导其树立正确的公平观，就显得非常必要。首先，要引导员工认识到公平只是相对的，绝对的公平永远是不存在的；其次，教育员工不要盲目攀比，纯主观的比较往往容易造成不公平感；第三，引导员工成为内控型人格特征的人。有关员工的内外控型与其公平感关系的研究发现，外控型的员工更容易抱怨组织不公平，因为他们习惯于把不利的事件归因于外部组织环境；而内控型的员工更容易体验到公平感，因为他们勇于承担不利事件的责任，积极从自身方面找原因，并努力寻求解决问题的方法。

【资料】

惠信科技的薪资难题

惠信科技是一家成立三年的高科技公司，工作人员总共约100人。目前，高科技产业普遍缺乏作业人员，而人员的流动率又高。该公司由于开始进入成长期，因业务扩展急需招募人员。为迅速取得所需的人力，该公司以较高的起薪来聘用新人。

考虑到原有人员的薪资水准可能会因为起薪的调高而低于新进人员，惠信的人事经理建议公司主管，在调高新进人员的起薪时，同时调高原有人员的薪资。但不少高层主管认为如此一来，将增加公司的人力成本支出，使公司的产品价格提升，丧失竞争力。而且固定成本一旦增加，亦不利于财务调度与周转。

主管们想以提供奖金或红利的方式来弥补较低的薪资水准。但由于公司正在成长阶段，个别人员绩效不易精确评估，而且良好的绩效评估制度并非短期可以建立。如果没有公正的绩效评估，奖金或红利的发放就难以做到公平，会引起员工的不满，而如果不以绩效作为依据，一律给予相同的奖金或红利，则可能形成“吃大锅饭”的弊端。其次，奖金或分红制度难免会鼓励员工彼此间的相互竞争，不利于公司中已经培养出的合作与团队文化。此外，奖金或分红永远无法弥补原有员工在薪资上低人一等的感受与心态。

惠信的高层主管考虑到这些因素，迟迟没有采取行动，而员工们认为公司“喜新厌旧”，对老员工“不公平”。因此，士气逐渐低落，公司的业务开始受到越来越严重的影响。如果你是惠信的高阶主管或人事经理，你将如何突破上述困境？

（来源：张东平，2003）

第二节　中国的激励理论

西方的激励理论是基于西方文化背景而提出的，中国与西方在政治、经济、文化等许多方面都存在着巨大的差异。在这种情形下，中国的一些学者开始反思西方激励理论的普遍适用性，结合中国独特的文化背景，提出了一些本土化的激励理论，如物质与精神的同步激励理论、公平差别阈理论等。另外，中国悠久的历史不仅孕育了博大精深的民族文化，而且产生了至今不失光彩的激励思想。下面对中国古代文化中的激励思想及有关激励理论一并进行分析和探讨。

一、中国古代文化中的激励思想

（一）“惠民”“富民”“爱民”“教民”的激励思想

儒家主张通过国家的政治、经济、文化、教育等相应措施来调动人的积极性。孔子提出，为政首先要考虑施恩惠于人民，使人民过上安逸的富裕生活，否则就是“不仁、不义”。治理国家的目标，首先在于安民。民贫则怨，民富则安。孟子提出要爱民、要富民、要教民。爱民，就是要“与民同乐”“乐民之乐者，民亦乐其乐；忧民之忧者，民亦忧其忧。乐以天下，忧以天下，然而不王者，未之有也。”教民，就是指“善政不如善教之得民也。善政，民畏之；善教，民爱之。善政得民财，善教得民心。”也就是说，只有通过教育人民，才能得到人民的爱戴，获得民心。儒家强调使命感、责任感、道德感的激励作用。

儒家所阐述的以人为本的仁学思想，应用于现代企业管理中，就是要求企业领导人要有一颗真诚的爱心。他必须热爱企业，热爱全体员工，热爱所从事的事业。这种爱心是发自内心的、真诚的利他主义，而不是用小恩小惠作为笼络人的手段。要办好企业，就必须“得民心”，而要得民心，就必须“以仁心买人心”。企业经营者要以爱心对待员工，进行“感情投资”，这对于企业内部化解矛盾、增进企业凝聚力、激发员工的积极性和提高企业经济效益都起着显著的作用。此外，儒家思想的另一个目标是“安人”。对企业经营者来说，即要在追求企业兴旺发达的基础上，进一步造福于社会，给社会带来祥和与幸福，为社会大众服务。

（二）因人而异的激励方法

古代的兵书中包含了丰富的激励思想，提倡以心治心、因人而异、奖罚分明、赏罚及时的激励方法。

兵家提出，管理者要注重下属的心向、态度，“夫主将之法，务揽英雄之心”。不同的部下，心态、个性各不相同，管理者要因人而异地进行管理、激励。对此，姜尚提出了一些原则：“危者，安之；惧者，欢之；叛者，还之；冤者，原之；诉者，察之；卑者，贵之；强者，抑之；敌者，残之；贪者，杀之；欲者，使之；畏者，隐之；谋者，近之；谗者，覆之；毁者，复之；反者，废之；横者，挫之；满者，损之；归者，招之；服者，活之；降者，脱之。”

《孙子兵法》中指出，奖励时要论功行赏，使奖励具有差别性；奖励要做到公平、合理。孙膑认识到有的人贪生，有的人爱财，指出奖励要与受奖人的需要相结合。中国古代兵家还主张根据作战情况的不同，破格奖励，以达到“重赏之下必有勇夫”的效果，

“施无法之赏，悬无法之令，犯三军之众，若使一人”。

兵家的激励理论对企业管理中激励方式的选择具有实用价值。企业中的员工有个体差异，企业的不同发展阶段或不同类型的企业，员工需求也不同，因此必须因人而异选择不同的激励方式。随着人们整体物质生活水平的提高，只用物质激励已经不能很好地调动企业员工的积极性，物质激励必须与员工渴望的情感、荣誉、目标、行为等精神激励措施相结合，使员工得到情感上的慰藉、安全感和归属感，才能充分调动员工积极性，实现企业目标。

（三）功利主义的激励措施

管子、韩非子等法家代表人物认为人的行为的根本动力是追名逐利，因此直言不讳地提倡功利主义的赏罚理论。管子认为，人都有趋利避害的特性，所有人，不分贵贱都是“得所欲则乐，逢所恶则忧”“民予则喜，夺则怒”。追求功利是人的本性，要以利作为杠杆，激励人民的积极性，“得人之道，莫如利之”“欲来民者，先起其利，虽不召而民自至”。为此，作为统治者必须善于给人以利益，满足人的物质需要。一旦人的利益或需要得到了必要的满足，将激发起更大的积极性，产生更大效益。但管子不主张无限制地满足个人的私利，他认为要使个人利益的欲望有所节制，否则国家就不好治理。对个人私利无所限制，则利益也就失去激励的作用。利益给多了，人们就不当回事了，即“万物轻则士偷幸”，意思是物价低，谋事易，则士人就苟且偷生。

法家激励思想同样适用于现代企业管理。能否正确运用利益原则，处理好管理者和被管理者的关系，在激励中起着重要作用。人的求利思想是行赏有效的思想基础，也是企业家应该重视和运用的客观规律。企业家要在实践中用好“利”这根魔棒，发挥人的潜能与创造力，与员工一起追求企业的最大利益，创造辉煌的业绩。例如，在企业的管理中，将工资、奖金与个人业绩挂钩，就可以激励员工的积极性和责任感。在某些行业，对于脏、累、苦、险的第一线岗位，采取工资福利的倾斜政策，给予各种奖励，也能起到激励的效果。充分利用利益的激励作用，能激发起管理者和被管理者的智慧与创造力。

（四）赏罚公平的激励措施

该赏不赏会影响人工作的积极性，不利于积极行为的出现，而该罚不罚则会鼓励消极行为的出现。中国古代就提出了赏罚公平原则的关键是要严明、公正。曹操有过，要“割发代首”；街亭失守，诸葛亮“挥泪斩马谡”；包拯力斩陈世美……这些历史典故都是赏罚公平的样例。倘若确实有功劳，即便是疏远卑贱之人也一定要给予赏赐；反之，若确实有错，即使是亲近亲爱之人也一定要惩罚。这种对事不对人的公平态度是值得现代企业管理借鉴的。

现代社会中，人们越来越重视自己对公平的感知和判断。例如，员工在得到工资奖金后不仅重视实际的所得，也十分看重相对所得。任人唯亲、吃大锅饭、厚此薄彼等都会直接影响员工的切身利益，影响到企业激励的公平性。当然，无论何时都没有绝对的公平，在企业激励中最终追求的只能是相对的公平。一方面，企业在工作量的分配、报酬、绩效考核等方面都必须保证公平；另一方面，在激励过程中也要注意对员工公平观的引导和教育。

二、中国当代激励理论

我国学者在介绍和引进西方激励理论的同时，也在不断构建符合我国企业管理实践的本土化的激励理论。下面主要介绍苏东水和俞文钊提出的激励思想。

（一）苏东水的“人为为人”的激励思想

苏东水通过近十年的研究，将中国管理文化的精华概括为“以人为本，以德为先，人为为人”。“人为为人”指的是每个人首先要注重自身的行为修养，“正人必先正己”，然后从为人的角度出发，来控制和调整自己的行为，创造一种良好的人际关系和激励环境，使人们能够持久地处于激励状态，充分发挥主观能动性。“人为为人”从管理行为的主体、客体以及相互关系的角度揭示了古今中外一切管理行为的本质。“人为”是一种自我导向的个体心理行为，在强调个体内部指向的心理行为的同时，强调“主体人”心理行为的可塑性。“为人”则是指一种他人导向的服务行为，是个体对外部对象的心理激励行为，在强调自身心理行为的可塑性的同时，客观上产生服务他人的效果。对任何管理者或被管理者而言，都有一个从个人行为逐步向为他人服务转变的过程，即从“人为”向“为人”转变的过程。

“为人”就是管理者要为他人服务，满足员工的生理、心理、物质、情感等各方面的合理的需要，从而从根本上调动员工的工作积极性。“为人”，使员工感到管理者对自己的重视、信任和接受，从而得到情感上、精神上的激励，并使员工感到自己是组织的一个重要成员，感到自己的参与，感到自己的价值，从而激发积极向上的动机。

（二）俞文钊的激励理论

1．同步激励理论

同步激励理论（Synchronization Motivation Theory）可简称为S理论。这是俞文钊教授结合我国实际提出的主要激励理论与模式。鉴于我国现阶段的特定历史条件，只有通过将物质与精神激励有机结合、综合使用、同步进行，才能取得最大的激励效果。用公式表示为

$$\text{激励力量}=\sum f\text{（物质激励}\times\text{精神激励）}$$

这一公式表示只有物质与精神激励都处于高值时才有最大的激励力量。两个变量中只要有一个处于低值，就不能获得最佳、最大的激励效果。

该理论否定了单纯使用一种管理方法（用X理论或Y理论，精神或物质激励措施）的做法，也否定了简单地交替使用X或Y理论的做法所发挥的作用，认为这些做法是片面的，不符合实际的。同步激励理论强调，在现阶段，物质激励与精神激励、人的自然需要和社会需要是统一的，两者互为前提与条件，不能将其对立起来孤立地运用，而应该统一、综合和同步使用物质与精神激励。

2．三因素（激励、保健、去激励）理论

我国学者俞文钊（1991）通过对中国企业的研究，对双因素理论做了进一步发展与修正，他将影响工作积极性的因素区分为激励、保健和去激励因素三种。激励因素引起强或较强的激励作用，在员工心理上引起满意感；保健因素起较弱或弱的激励作用，在员工心理上引起的是没有不满意感；去激励因素引起员工的不满意感。因此，三因素理论又称激励—去激励因素的连续带模式。激励因素、保健因素和去激励因素，三者在含义上是存在差别的，具体如表 3-5 所示。

表 3-5 激励、保健、去激励因素的含义

激 励 因 素	保 健 因 素	去激励因素
使人产生满意感	不使人产生不满意感	使人产生不满意感
使人提高积极性	保护人的积极性	使人的积极性降低
使工作效率提高	维持原状，不会使工作效率提高	使工作效率降低

激励因素与去激励因素是两种极端的情形，存在于连续带的两个端点。在二者之间还有许多强弱不等的激励形式，它们构成了一个连续带。保健因素位于激励、去激励连续模式的中间过渡地带。这些因素之间是可以相互转化的。在企业管理中，管理者要正确区分哪些是激励因素，哪些是去激励因素，然后创造条件使去激励因素向激励因素转化。一般来说，转化时可以使用渐进式的方法，由去激励向弱激励、较强激励、强激励的方向逐渐转化，但其效果不是特别理想。因此，可以尝试采用跳跃式的激励因素转化的方式，即由去激励因素直接向强激励因素转化，这样才能更加有效地调动员工工作的积极性。

3．公平差别阈理论

俞文钊等人在亚当斯公平理论的基础上提出了公平差别阈理论，该理论是对亚当斯公平理论的补充和发展。亚当斯认为，人们总是将自己所做的贡献和所得的报酬与别人进行比较。如果两者之间的比值相等，双方就会有公平感。但在现实生活中，既存在着两个人的条件相等的情况，也存在着条件不相等的情况，如资历、工龄、职务、劳动投入量等方面的差异。在这种情况下，无差异分配不仅不能产生公平感，反而会产生不公平感。当两个人之间的条件不相等时，适宜的差距分配才能使人产生公平感。

公平差别阈是指使两个条件不相等的人刚能产生公平感时的适宜差别的比值。这是一个可以测量的值。这一概念与量值适用于分配领域的各个方面，如工资、奖金及其他各种形式的分配。亚当斯的公平理论模式强调条件相等时的公平感，而公平差别阈理论强调条件不相等时的公平感。

公平差别阈理论在研究阶段的实证结果表明，该理论能够较好地平衡人们在社会分配领域中的心态，消除平均主义分配和分配差异过大的现象。俞文钊教授在《中国的激励理论及其模式》一书中给出了“分配差距适宜性量表”，用于测量公平差别阈的合理比值。按照公平差别阈理论的思想，在管理实践中，各个组织可以参照这一量表的模式，结合自身的不同特点加以修订，设计适应性的指标，如对工资的差别、工龄工资的差别、其他福利待遇的差别可用量化的指标以问卷等形式对不同工龄、不同职务、不同学历的员工进行调查测量，然后用统计分析的方法得出不同人群所认同的公平差别阈的合理比值，并根据测量的结果进行报酬系统设计，从而消除平均主义分配和分配差距过大带来的不公平感，做到相对公平。俞文钊等人的实验结果表明，承包者与员工之间的报酬的公平差别阈为1:2～1:3，即承包者与员工的收入差别最多为2～3倍。如果大于此值，员工是不能接受的；如果小于此值，承包者是不能接受的。

另外，基于公平差别阈理论的指导思想，对于不能量化的指标，也可以通过调查问卷的形式，了解某些因素对员工的积极性、满意度等的影响。例如，通过调查给予学习和培养机会、奖金、领导和同行尊重、工作取得成就认同、改善生活设施、解决子女教育等方面对员工积极性的影响或能否有效提升员工满意度，从中发现规律，进而采用相应的管理措施和方法。

第三节　激励理论的比较及其文化相对性

一、激励理论的比较

本章第一、二节着重介绍了西方和中国常见的各种激励理论，从中不难发现，由于每个研究者看问题的角度不同，所以理论之间存在不少差异。每一种理论都有其自身的优势和劣势，因此在实际的员工激励工作中，就需要管理者根据具体的情况选择合适的激励理论。下面对西方的激励理论进行简单的对比分析，如表3-6所示。

表3-6　西方激励理论的比较

西方激励理论	类型	主要观点
需要层次理论	内容型	当员工低层次需要得到满足后，就努力追求高层次需要的满足
双因素理论	内容型	激励因素（工作内容或工作成果）是导致满意的因素；保健因素（工作环境等）是导致人们不满意的因素
目标设置理论	过程型	清晰、恰当的目标具有激励作用，能够提高员工的工作绩效
期望理论	过程型	只有当人们认为实现预定目标的可能性很大，并且又具有很重要的价值时，该目标对人的激励作用才最大
强化理论	过程型	人的行为由外部因素控制，行为是其结果的函数
公平理论	过程型	当员工自己的收入/付出比与他人的收入/付出比相等时，就感到公平；不公平出现后，员工会采取行动消除它

从表3-6可以看出，每种理论对问题理解的侧重点是不同的。需要层次理论和双因素理论属于内容型激励理论，因为它们从激励过程的起点，即人的需要出发，对激励问题加以研究。内容型激励理论的主要贡献在于，揭示了构成激励内容的需要有哪些、各自的作用是什么，以及各种需要间的主次顺序等问题。对这两种激励理论进行对比可知，

需要层次理论中的生理需要、安全需要和社交需要相当于双因素理论中的保健因素，而尊重需要和自我实现需要相当于双因素理论中的激励因素。

目标设置理论、期望理论、强化理论和公平理论都属于过程型激励理论，因为它们是从激励的中间过程——需要未满足出发，对激励问题加以研究的。过程型激励理论的主要贡献在于，揭示了目标及行为后果与需要之间的动态关系，提出了这一动态关系影响和制约人们行为的模式。其中，目标设置理论、期望理论和公平理论都属于偏认知的过程激励理论。它们都承认个体和环境之间的差异，强调个体的认知在行为产生过程中发挥的作用，而且都认为个体的行为是可以预测和控制的，但它们对认知过程强调的侧重点各有差异。目标设置理论强调设置的目标和任务本身的激励价值以及人们对其具体性、明确性等的认知，而不关注行为后果的价值；期望理论强调人们对目标实现可能性的认知期望及对目标实现后所带来效价的认识；公平理论强调社会比较过程及其带来的心理和行为后果，后两种理论都强调行为后果对员工心理和行为的影响。强化理论属于偏行为的过程激励理论，强调先前的行为后果（积极后果与消极后果）本身对后继行为的强化作用，认为行为是由其结果塑造的，完全否定了个体认知过程的作用。

综上所述，每种激励理论都有其能说明和解决的问题，也都有一定的局限性。有人说："激励理论是个筐，什么东西都可以装。"每个组织都应该根据自身的发展状况和存在的问题，灵活地选用适合自己的激励理论，来指导自己的管理工作。

二、激励理论的文化相对性

众所周知，不同的国家有不同的文化。很显然，在应用激励理论时文化的差异也是一个必须关注的问题。前述的西方激励理论大多是由美国心理学家提出的，与美国的文化紧密联系。例如，美国是一个推崇个人主义的国家。这一国家的极高的个人主义导致需要用自我利益来解释行为，即人的行为的动机是为了获得某种需要的满足。另外，美国的弱的不确定性避免和相对高的男性度的组合，说明了这个国家的成就动机是普遍的。这是因为成就动机包含着人们乐意承担风险，同时又关心自己的成绩的内容。然而，另一些国家的情况就不同。例如，对于具有强的不确定性避免和男性度组合的国家（如德国、日本等），最需要的是成就和安全，而不是美国式的成就和冒险。对于具有很强的不确定性避免和女性度组合的国家（如巴西、泰国等），最需要的是生活质量和安全。对于具有弱的不确定性避免和女性度组合的国家（如丹麦、瑞典、荷兰等），最需要的是生活质量和冒险。

同样，在需要的问题上，德国、日本等国注重安全需要第一，而南斯拉夫、巴西等国是安全与社会需要第一，瑞典等国是社会需要第一。在对于诸如工作的人性化方面，美国属于男性化社会，因而注重重建个人职业，实现工作丰富化。但是，在女性化占统治地位的北欧国家，如瑞典的"沃尔沃"汽车工厂，就强调建立半自主的班组，降低个人之间的竞争，增强健康的人际关系。表 3-7 以三个国家为例说明了由于各国文化背景的差异，在采取激励措施时会有明显的差别。

表 3-7　不同国家激励措施的差异

	美　国	日　本	中　国
动　机	成就＋冒险	成就＋安全	生活质量＋安全
需　要	成就需要（个人）	安全需要＋个人成就需要	社会需要＋安全、个人需要
工　作	工作丰富化 重建个人职业	集体班组成就	健康的人际关系 降低个人间竞争关系

有一个例子很好地说明了激励理论的文化相对性。在日本工作的一位加拿大籍经理决定将一位表现优异、年轻的日籍女销售代理提升为经理。但出乎意料的是，升职非但没有激发出这位新经理更好的工作表现，还让其原有的工作热情也丧失了。为什么会这样呢？因为日本人对于与同事之间的和谐关系和协调配合有很高的需求，升职作为个人奖励使得升职者与其同伴之间产生了隔阂，并始终困扰着她，从而压抑了她的工作热情。

我国受儒家文化的影响很深，重视血缘关系、强调家族主义传统、崇尚集体主义精神是我国传统文化的显著特点。因此在使用西方的激励理论时，必须考虑到这些状况，进行适当调整。在借鉴西方激励理论的基础上，根据我国的国情和实际，探索具有中国特色的激励理论是未来研究的方向。

本章小结

1．西方的激励理论主要包括六种：需要层次理论、双因素理论、目标设置理论、期望理论、强化理论和公平理论。它们从不同角度分别回答了以下三个问题：（1）是什么激发或驱动行为的？（2）是什么引导行为方向的？（3）是什么使行为得到维持的？

2．马斯洛的需要层次理论和赫茨伯格的双因素理论是内容型激励理论的主要代表。前者试图从生理需要、安全需要、社交需要、尊重需要与自我实现需要及其相互关系的分析中找到工作积极性的基础；后者则从激励因素和保健因素两个方面来分析员工工作积极性的源泉。

3．目标设置理论、期望理论、公平理论属于认知的过程型激励理论。目标设置理论通过提供具体的、富有挑战性的目标激励员工，引导和提高他们的工作积极性。期望理论强调只有当人们预期到某一行为能给个人带来既定结果，且这种结果对其具有吸引力时，才会积极地从事这种行为。要正确把握以下三种关系：努力与工作绩效的关系、工作绩效与奖赏的关系、奖赏与满足个人需要的关系。公平理论着眼于个体在与类似的人进行比较时所产生的公平认知及其产生的心理和行为后果。而强化理论属于行为的过程型激励理论，强调环境因素和行为结果本身（强化）对后继行为的激励作用，否定个体认知评价的作用。

4．中国古代文化中蕴含着丰富的激励思想。儒家提出“惠民”“富民”“爱民”“教民”的激励思想；兵家提出了因人而异的激励方法；法家提出了功利主义的激励措施和赏罚分明的激励约束机制。这些激励思想对于指导现阶段我国的组织管理实践依然具有重要的价值。

5. 我国当代学者在介绍和引进西方激励理论的同时，也在不断构建具有中国特色的激励理论。苏东水提出的“人为为人”的激励思想，俞文钊提出的同步激励理论、三因素理论和公平差别阈理论是其中的典型代表。

6. 任何理论的发展都离不开特定的文化背景。在应用西方的激励理论时，应考虑我国的国情和文化特点，同时也要结合我国的实际不断探索适合我国组织特点的激励理论。

复习题

一、名词解释

自我实现需要　　激励因素　　正强化　　目标设置理论　　公平差别阈
双因素理论　　期望理论

二、单项选择题

1. 不属于过程型激励理论的是（　　）。

A. 双因素理论　　B. 期望理论　　C. 强化理论　　D. 目标设置理论

2. 马斯洛需要层次理论从低级到高级的顺序依次是（　　）。

A. 安全需要→生理需要→社会需要→尊重需要→自我实现需要
B. 生理需要→社会需要→安全需要→尊重需要→自我实现需要
C. 生理需要→安全需要→社会需要→尊重需要→自我实现需要
D. 生理需要→安全需要→尊重需要→社会需要→自我实现需要

3. 赫茨伯格提出了双因素理论，把企业中影响人的积极性的因素分为（　　）。

A. 激励因素和保健因素　　B. 积极因素和消极因素
C. 满意因素和不满意因素　　D. 工作因素和环境因素

4. 洛克的目标设置理论的基本观点是把（　）看作一种激励因素。

A. 期望　　B. 目标　　C. 奖励　　D. 公平

5.（　　）指撤销对某种行为的正强化，以终止行为或降低行为出现的可能性。

A. 正强化　　B. 负强化　　C. 惩罚　　D. 消退

6. 公平理论侧重于研究（　　）的公平性对员工工作积极性的影响，以及对员工工作态度的影响。

A. 领导态度　　B. 薪资报酬分配　　C. 工作任务分配　D. 组织纪律

7. 我国学者俞文钊（1991）通过对中国企业的研究，对双因素理论做了进一步发展与修正，他将影响工作积极性的因素区分为激励、保健和（　　）因素三种。

A. 奖励　　B. 期望　　C. 去激励　　D. 公平

三、判断题

1. 未被满足的需要才有激励作用。（　　）

2. 赫茨伯格发现，使受访人员不满意的因素通常是由工作本身所产生的，而使他们

感到满意的因素多与他们的工作环境有关。(　　)

3．洛克及其同事通过大量的实验室研究和现场试验，发现大多数的激励因素，如奖励、工作评价和反馈、期望、压力等，都是通过目标来影响工作动机的。(　　)

4．期望理论认为激励的程度由期望值与效价的乘积决定。效价是指一个人根据自己的经验判断一定的行为能够导致某种结果和满足需要的概率；期望值是指达到目标对于满足个人需要的价值。(　　)

5．负强化就是对不良行为给予批评或处分，它可以减少这种不良行为的重复出现，弱化该行为。(　　)

6．员工能否被激励，不仅受其所得绝对报酬的影响，而且要受到相对报酬的影响。(　　)

7．同步激励理论强调，在现阶段，物质激励与精神激励、人的自然需要和社会需要是统一的，两者互为前提与条件，不能将其对立起来孤立地运用，而应该统一、综合和同步使用物质与精神激励。(　　)

四、简答论述题

1．结合实例，简要说明需要层次理论在企业管理中如何运用。

2．你如何理解双因素理论的两个因素的区别以及联系？

3．目标管理包括哪些阶段？

4．简述如何处理个人努力、个人绩效、组织奖赏和个人需要之间的关系。

5．在管理中运用强化理论时，为了达到预期的激励效果，需要遵循哪些原则？

6．在实际管理中运用公平理论时，管理者应该注意哪几点？

7．你认为在中国运用西方的激励理论时需要注意哪些方面？

8．简述内容型激励理论之间的区别与联系，试析它们的应用价值。

9．简述过程型激励理论之间的区别与联系，试析它们的应用价值。

10．简述中国的激励理论的基本观点。

11．如何理解激励理论的文化相对性？

五、案例分析题

航空公司的减薪冲突

某航空公司经营状况不佳，其总裁试图说服在工会的机械工程师们接受降低工资和福利15%的比例，这样公司当年就能节省2.5亿美元的支出，对公司今后的发展十分有利。但在谈判时，工会成员列举了公司存在的许多问题，向总裁发起责难：本公司有多少位副总裁？45位。总裁及其家属乘坐一等机舱收费吗？不收。既然公司目前经营状况不佳，为什么总裁最近又加薪11%？总裁回答说，他拿350 000美元的年薪是因为他付出了大量艰苦的劳动。为什么公司最近向一个已经离开公司的前董事发放无息贷款？这一系列的问题让工会成员认为，在资方享受奢侈生活的同时，却让他们减薪，这未免太不公平。

（来源：刘玉梅，2009）

思考与讨论：

1．请用公平理论来评价上述案例。

2．假如确实有必要降低人工成本，总裁应该如何做才能使员工不仅能够接受减薪，而且在减薪后还继续努力工作？

自测练习

评估公平敏感度

下面的问题将帮助你更好地理解你的公平敏感度，请选择每道题目中反映你的感受的得分。采用 Likert 5 点计分形式，5=完全同意，4=同意，3=无所谓，2=不同意，1=完全不同意。

1. 我认为人人得到公平对待是很重要的。
2. 我很注意同他人对比我所受到的对待。
3. 如果受到不公平的对待，我将非常愤怒。
4. 如果他人受到不公平的对待，我会为此感到不舒服。
5. 如果我认为自己受到不公平的对待，我会有强烈的改变心理。
6. 如果他人待遇比我好，这并不会真正令我感到烦恼。
7. 不可能总是让所有的人都得到公平对待。
8. 如果我是经理，我会让所有的员工得到公平的对待。
9. 如果认为受到不公平的对待，我会离职。
10. 短期的不公平不要紧，时间长了问题自然会解决。

提示：加总得分，如果得分超过 35 分，你对公平和平等高度敏感；如果得分低于 15 分，则敏感度很低；得分在 35 分和 15 分之间表示公平敏感度中等。

（来源：唐宁玉，刘伟，2010）

参考文献

[1] 安锋．基于公平及公平差别阈理论的报酬管理[J]．鞍山科技大学学报，2007，30（5）：507-510．

[2] 北京大学职业经理人通用能力课程系列教材编委会．职业经理人管理能力[M]．北京：中央广播电视大学出版社，北京大学出版社，2010．

[3] 曹正进．组织行为学[M]．北京：经济管理出版社，2007．

[4] 陈国海，李艳华，吴清兰．管理心理学[M]．北京：清华大学出版社，2008．

[5] 陈倩．改变生活的心理学法则[M]．武汉：武汉出版社，2009．

[6] 道格拉斯·麦格雷戈．企业的人性面[M]．韩卉，译．北京：中国人民大学出版社，2008．

[7] Griffin R W，Moorhead G，Tang N-Y．组织行为学[M]．刘伟，译．北京：中国市场出版社，2010．

[8] 刘玉梅．管理心理学理论与实践[M]．上海：复旦大学出版社，2009．

[9] 苏东水．东方管理[M]．太原：山西经济出版社，2002．

[10] Vroom V H. Work and motivation[M]. Oxford, England: John Wiley, 1964.

[11] 俞文钊．中国的激励理论及其模式[M]．上海：华东师范大学出版社，1993．

[12] 俞文钊．管理心理学[M]．第 3 版．大连：东北财经大学出版社，2008．

[13] 张东平．惠信科技的薪资难题[J]．企业管理，2003（11）：37-39．

[14] Adams J S, Rosenbaum W B. The relationship of worker productivity to cognitive dissonance about wage inequities[J]. Journal of Applied Psychology，1962, 46(3): 161-164.

[15] Browning G. Emergenetics: Tap into the new science of success[M]. New York, NY: Harper Collins, 2006.

[16] Drucker P F. The practice of management[M]. New York, NY: Harper & Row, 2006.

[17] Herzberg F, Mausner B, Snyderman B B. The motivation to work[M]. 2nd ed. Oxford, England: John Wiley, 1959.

[18] Latham G P, Yukl G A. Assigned versus participative goal setting with educated and uneducated woods workers[J]. Journal of Applied Psychology, 1975, 60(3): 299-302.

[19] Locke E A, Bryan J F. Goal-setting as a determinant of the effect of knowledge of score on performance[J]. American Journal of Psychology, 1968, 81(3): 398-406.

[20] Maslow A H. A theory of human motivation[J]. Psychological Review, 1943,50(4): 370-396.

[21] Rue L W, Byars L L. Management: Skills and Application[M]. Boston, MA: Irwin Mcgraw-Hill, 2006.

[22] Skinner B F. The behavior of organisms: an experimental analysis[M]. Oxford, England: Appleton-Century, 1938.

第四章　激励理论的应用

学习目标

- 掌握薪酬激励及薪酬设计体系的含义和应用
- 掌握工作设计的含义及其原则
- 掌握组织公民行为的基本内容
- 理解工作投入的概念和理论模型

引例：联邦银行的工作支柱

达拉斯联邦储备银行（联邦储备体系第十一区，或联邦银行）的管理者提出了 1996—1998 年战略指南说明，这个说明描述了联邦银行的使命、中心价值观、支柱和主要倡议。它的两个支柱是以顾客为主的质量和人，这两个支柱是联邦银行工作设计的目的与实践的基础。

达拉斯联邦银行的说明书在一定程度表明：本组织的首要支柱是以顾客为主的质量。我们将在本行的各个部门以及第十一区的所有机构应用下列管理戒律。

（1）不断改进工作。我们将集中精力不断地、长期地改进本银行的各个领域的工作。

（2）发扬团队工作精神。第十一区的机构和部门将携手满足客户不断变化的业务要求。我们将采取团队管理方式，不仅重视个人的成就，而且承认团队工作的深远益处。管理层将努力严格遵守协同增效的原则，集体解决问题，采用多票决定权进行决策。团队工作将给所有员工提供为本地区的发展做贡献的机会。

（3）向顾客提供优质服务。在今后的岁月，本地区将面对新的复杂需求，要求我们处理好与联邦储备系统、开户人、公众以及银行员工的关系。我们将以创新、勤奋与坚持不懈的精神迎接这些挑战。

（4）与客户沟通。满意服务要求我们公开、坦诚和清楚地交换信息。我们将培养以互相学习为内容，适时交换思想，提出建议和交谈与发表所有观点的氛围。

（5）让员工参与领导。为了使该组织达到最高效力，所有员工必须对第十一区的使命、发展前景和中心价值观负责。为了达到这一目的，管理层将让所有员工充分参与实施我们的使命，让他们公开阐述自己的观点，在工作中掌握主动权，对表现出领导能力的员工，因他们对实现公司目标与目的所做的贡献给予肯定。

本组织的第二个支柱是人。我们认为能力强、积极性高的员工对银行长期的成功是至关重要的。为此，第十一区将保持一支训练有素的员工队伍，充分利用员工的智慧和知识，表现出对个人的尊重和理解。员工培训将紧跟日益增长的技术复杂化和市场的快速变化。作为一个不断学习的组织，我们将非常重视知识、技能和能力。

为了提高工作满意度和挖掘、利用员工智慧与新思想，应鼓励员工在工作中施展他们丰富的知识与才能，利用生活阅历和常识。银行将推进员工参与管理，授予员工进行决策的权力，提供必要的资源和技术，给予领导上的支持，并对做出突出业绩的员工给予奖励。由于我们的任务日益复杂，我们将更加重视留住员工，招收潜力大的人员和培养管理层人员。管理层认识到个人尊严的重要性，将为所有员工提供个人成长、自尊和达到专业人员高超水平的机会。

（来源：胡英坤，车丽娟，贾秀海，2006）

激励是一项复杂的系统工程，真正有效的激励是在综合运用各种激励理论的基础上，对各种激励措施进行选择、组合及优化的过程。本章将从薪酬激励和工作设计两个方面，对企业中实际运用的激励方式作一介绍，并对激励实施后的结果进行分析。需要说明的是，激励产生的心理和行为后果很多（如组织公民行为、工作投入、工作满意度、离职率、组织承诺等），本章仅选取组织公民行为和工作投入这两种最直接的后果进行分析，其他后果将在其他章节进行深入分析。

第一节　薪酬激励和工作设计

一、薪酬激励

（一）薪酬的含义及类型

薪酬是组织成员按照一定原则分配的劳动所得。由于劳动投入与劳动产出之间存在着时间延迟性以及劳动的不可分性等原因，在现实企业管理工作中，薪酬被赋予了比劳动所得更为丰富的经济意义和管理意义，呈现出各种各样的表现形式。

薪酬可分为经济性薪酬和非经济性薪酬。经济性薪酬又称外在薪酬，是指以物质形态存在的各种薪酬，包括直接经济性薪酬和间接经济性薪酬。直接经济性薪酬主要有基本工资、奖金、津贴、股权、红利等；间接经济性薪酬是指企业向员工提供的各种福利，如各种保险、补助、优惠、服务和带薪休假等，是一些未包括在直接薪酬中的货币薪酬。非经济性薪酬则主要包括工作本身和组织内部环境为员工所带来的效用满足，如工作的挑战性、责任感、成就感、趣味性、员工在工作中所体验到的个人能力和适应性等方面的成长以及个人梦想的实现等。薪酬的类型与结构如图 4-1 所示。

在传统观念上，人们经常将薪酬简单地与经济性薪酬划上等号，认为两者是相同的。的确，经济性薪酬相对来说是直观的，可以换算成一定数额的金钱，是看得见、摸得着的。但是不能忽视的是，非经济性薪酬对于员工来说是更愿意留在组织内，并为组织付出劳动的一个重要理由，它关系到员工在组织内的切身感受。因此，从某种意义上来说，管理者需要花更多的精力来满足员工的非经济性薪酬的需求。

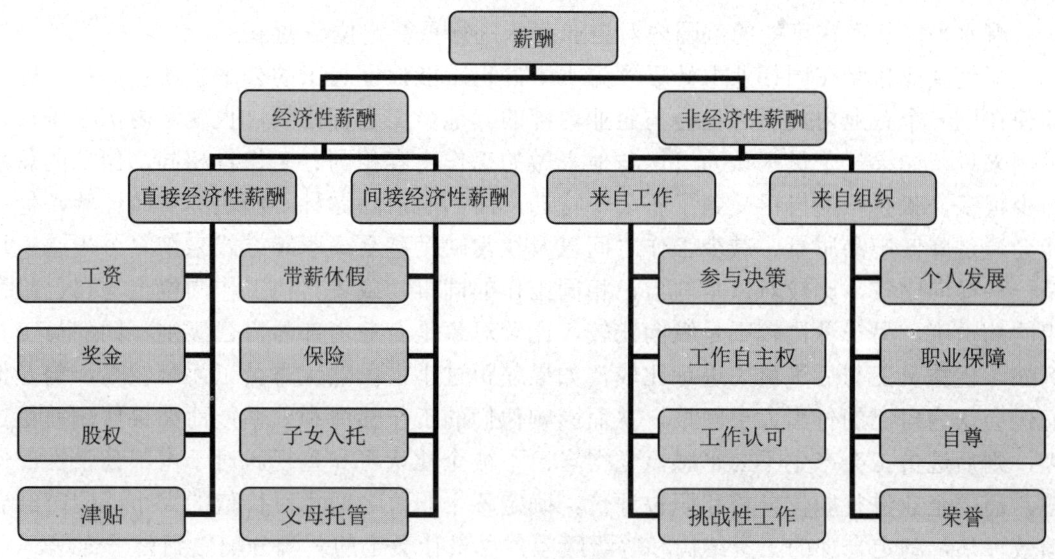

图 4-1　薪酬的类型与结构

（二）薪酬激励的原则

众所周知，在马斯洛的需要层次理论中，生理需要被放在了第一位，只有这一需要被满足了，之后其他较高层次的需要才有可能满足。事实上，这就要求企业首先要满足员工的物质需要，即通过物质利益来激励员工，而薪酬正是这种物质利益最主要的表现形式。企业可以通过提供诱人的薪水、舒适的工作环境以及各种福利来达到这一目的。但是，薪酬激励并不是光靠给员工高的薪酬就可以了，还需要一些薪酬激励的原则和方法，以达到既节约企业的薪酬成本又达到调动员工积极性、实现企业目标的效果。因此，在进行薪酬激励时遵循一些科学合理的薪酬激励原则，才能真正起到薪酬激励的作用。

1. 公平性原则

心理学家亚当斯提出的公平理论认为，人们总是要将自己做的贡献和所得的报酬与一个和自己条件相等的人的贡献与报酬进行比较，如果两者之间的比值相等，双方就都有公平感。由此可见，员工对报酬的满足过程是一个社会比较过程。一个人对自己的工作报酬是否满足，不仅受报酬绝对值的影响，而且受报酬相对值（个人与别人作横向比较，以及与个人的历史收入作纵向比较）的影响，所以需要保持分配上的公平感。只有产生公平感时，才会心情舒畅、努力工作，而在产生不公平感时会满腔怨气、大发牢骚，甚至放弃工作、破坏生产。这也正应了中国的一句古话："不患寡而患不均"。

事实上，公平是薪酬激励的核心问题，企业在进行薪酬设计时必须考虑如何建立一个适应本企业特点的薪酬体系，尤其要注意在企业目标指导下的薪酬公平性。

从企业外部来讲，企业员工经常会把自己的薪酬水平与其他同类型企业的薪酬水平进行比较，也就是外部公平性。由于各企业的发展历史不同、经营状况不同等，薪酬也不可避免地会产生或大或小的差异。对该结果的判断可以作为求职者是否接受该工作的重要参考指标，也可以对在职者的工作积极性和满意度产生正面或负面的影响。对于这一问题，企业可能首先需要自我反省一下，通过市场薪酬调查等方式了解其他同类公司的薪酬水平，从而在可能的范围内对企业薪酬进行重新定位、调整。

即使企业薪酬在同行业中处于领先水平，也不能保证员工的公平感就会提高，因为即使在同一个企业内，员工也会与企业内部的其他员工进行比较，也就是内部公平性。举例来说，如果一个员工认为自己与他人做的工作内容相同、工作量相同，但拿的薪水却少很多，就会认为自己受到了不公平待遇，而为了消除这种不愉快的情绪体验，他可能会通过降低产品质量、减少工作时间以及经常缺勤甚至离职等方式来恢复公平感。这是一种横向比较，比较对象是与自己相同工作的同事，或者其他工作岗位上与自己级别相同的员工。另一种比较则是纵向比较，比较对象是企业内部与自己级别不同的员工。例如，优秀员工与后进员工进行比较，如果差距过小，虽然优秀员工薪酬较高，但是他们仍会认为自己的付出大于回报，从而影响他们的工作热情和效率；而如果薪酬差距过大，则后进员工会产生不公平感，觉得自己不被企业认可和重视。对于内部公平性的问题，需要企业进行职位分析和职位评价，确定各个职位之间相对价值的大小，同时结合绩效评估，制定合理的工资结构和等级级差，尽量让员工的薪酬分配做到公平合理。

【资料】

偷还是不偷：这是问题所在

10个星期以来，某组织在两个工厂中减薪15%，但没有进行裁员。管理部门草拟了两个削减工资的理由，但在一个工厂只宣读一个理由。在宣布减薪之前，两个厂每年约有3%的员工在厂内盗窃。

理由之一：我把这一信息告诉大家的原因是我想要大家明白这里发生了什么。大家可能知道，我们已经失去了关键的合同，这将使我们的日子很难过。从明天起，每人将减薪15%。这一规定适用于你们，适用于我，适用于每一个人。附加利息不变。我想这次减薪不会超过10个星期，我们希望在渡过这段艰苦日子之后，我们的实力会比以往更强。我想亲自感谢你们每一个人与我们一道渡过难关。

理由之二：需要削减成本在我们这类企业是难免的，遗憾的是，现在轮到我们采取这样的措施了。我知道这对大家来说不是件容易的事，但是总裁已决定从星期一开始施行由董事会通过的减薪15%的计划。所有的雇员，包括总裁，将同心协力挽救公司。我们相信这次减薪将仅持续10个星期。我来回答几个问题，不过之后我要赶飞机参加另一个会议。

听到理由之二的那个厂雇员盗窃行为上升了250%以上。为什么？因为听到第二个理由的雇员认为他们听到的不是全部情况，于是他们通过盗窃减少认识的不公平。可见，对公平的解释必须使人们认识到它是诚实的、真实的，而不是操纵性的。

（来源：胡英坤，车丽娟，贾秀海，2006）

2．适应性原则

在使用具体的薪酬激励时，要做到“以人为本”。从横向来看，即使在同一个企业，不同的员工也会有不同的需求，因而同一项激励措施所起到的激励效果往往也不尽相同；

而从纵向来说，就算是同一位员工，在不同的时间或环境下，如升职、年龄增长等，也会随之产生不同的需求。

由于激励取决于员工的主观感受，因此，在运用激励措施之前，必须因人而异，不能把一项或几项措施当作放之四海而皆准的“法宝”，而应该在制定和实施之前，先调查清楚每个员工的真正需要。同样就像马斯洛的需要层次理论所说的，人的需求是多样的、复杂的，只有在满足员工的低层次需要后，才会产生更高层次的需求，只有这样才会带来高绩效的产出。

3．优化组合原则

薪酬不仅有经济性薪酬，也包括非经济性薪酬，因此一个好的薪酬激励制度应该是多方面结合的，在同一目标的指引下，做到物质激励和精神激励相结合、外部激励和内部激励相结合、正面激励和负面激励相结合。而采用哪些激励方法的组合，则要视员工的具体情况而定。

在双因素理论中，赫茨伯格提出导致对工作满意与不满意的事件是截然不同的。由此他将激发人的动机的因素分为两类，即保健因素和激励因素。保健因素又称维持因素，它没有激励人的作用，但却有保持人的积极性、维持工作现状的作用。薪酬中的工资水平、工作环境、福利和安全等皆属于此类因素，在工作中，保健因素起着防止人们对工作产生不满的作用。激励因素，顾名思义，它是影响人们工作的内在因素，其本质为注重工作本身的内容，以此提高工作效率，激发人们作出最好的表现。因此，在调动员工的积极性时，首先要注意保健因素，使员工不至于产生不满情绪，但是，更重要的是要利用激励因素去激发员工的工作热情。值得注意的是，两者是可以相互转化的，当一个因素长时间存在时，可能使员工产生心理疲劳，从而使得激励因素变为保健因素。例如，当企业发放奖金不根据员工的绩效等工作表现来发放，而成为变相的工资时，对于员工来说，奖金已经是一项固定不变的收入，此时奖金已由原来的激励因素变为保健因素，当企业降低奖金额度或是取消奖金时，就会引发员工的不满，可谓是得不偿失。因此，激励措施也不是制定出来之后就能一劳永逸的，而是要能同时起到“保健”和“激励”的双重作用，这样才能真正达到效果。

【资料】

通用电气设备公司

在波多黎各贝亚蒙的通用电气公司，有172名拿小时工资的工人、15名顾问和工厂管理人员。工人们被分成团队，每个团队负责工厂的一部分运行，如接收、组装或托运。只有在他们需要帮助时才进行团队协助。通用电气同意向拿小时工资的工人提供履行多项职责所需要的技能和知识。它还设计了一个报酬结构，奖励那些学习和使用这些技能的雇员。拿小时工资的工人每6个月变换一次工作，这样他们能够熟悉每项工作并掌握这项工作如何影响工厂其他部分的运转。管理者作为报答，雇员获得了“三通式”薪酬计划的奖励，该计划向技能、知识和业务业绩支付报酬。工人们在第一次经过四个为期六个月的循环的每一个循环时，得到的报酬是每小时增加 25 美元。此外，通过“宣布主修过某一专业”并成为某个领域的专家，进行维修或质量管理，几乎可以使报酬翻一番。通过完成英语、商务惯例和其他科目的课程，还能进一步增加报酬。通过实现工厂的业绩目标和个人的出勤率，每个季度超过 200 美元的奖金也是可能的。现在贝亚蒙雇员的生产能力比类似工厂的雇员高出 20%。

（来源：胡英坤，车丽娟，贯秀海，2006）

（三）薪酬体系设计的原则与发展新趋势

1．薪酬体系设计的原则

薪酬体系是连接企业与员工的纽带，是公司战略的一个重要组成部分，设计出一个行之有效的薪酬体系对于一个企业来说起着举足轻重的作用。薪酬体系设计必须遵循以下几项原则。

（1）竞争性。设计薪酬体系的目的之一就是提供具有市场竞争力的薪酬，为企业吸引有才能的人。企业的薪酬水平是否合理，直接影响到企业在人才市场的竞争力。薪酬对外部环境具有竞争力，企业才能吸引发展所需的各类优秀人才。

（2）公平性。合理确定企业内部各岗位的相对价值以及同一行业中不同企业中的薪酬水平，使所采用的薪酬体系达到组织内部的公平，并避免员工在各项比较中产生不公平感。

（3）激励性。薪酬必须与工作绩效挂钩，激励员工的工作动机，奖励优秀的工作业绩，利用金钱奖赏达到激励员工的目的。因此，适当拉开员工之间的薪酬差距，设置一定的浮动工资或奖金来奖励优秀员工，有利于激励员工在本岗位上做出更好的业绩或向高岗位竞争。一味的平均原则或是“大锅饭”只会打击员工的积极性，并增加他们的惰性。

（4）认可性。在传统观念上，在制定薪酬时，管理者往往搞“一言堂”，他想怎么来就怎么来。但是设想一下，如果结果不为员工所接受，必然会导致其产生不满，并由此引发一系列后果，而这也是管理者不愿意看到的。因此，在设计薪酬时，可以从两个方面着手：一是由管理者自上而下地进行大局考虑；二是由员工由下而上地岗位分析。虽然最终拍板的仍然是管理者，但是这一结果却由于员工的切身参与而得到双方的认同，可谓皆大欢喜。另外，即使暂时无法运用这种共同的薪酬制定方式，在设计完成后，管理者在向员工说明结果时也应对其给予一定的解释，以得到员工的理解。正如之前所说的，激励在于员工的心理感受，而非直观的工资数目。

（5）经济性。企业的最终目的是获取利润，这是无可厚非的，但是如果一味地采用低成本策略，用低薪酬策略降低企业的人工成本以增加企业在市场中的竞争力，或许会暂时取得领先地位，但长期如此则会对企业的发展产生很大的负面影响。薪酬低于市场平均水平，长此以往会使企业招募不到优秀人才，并且企业的现有人才也会流失，造成企业人才匮乏，从而使企业在经营和发展中出现严重问题。当然，也要防止企业走向另一个极端。薪酬水平要与企业本身的实际相结合，不能为了吸收人才或是留住人才而简单地提高薪水。长久下来，企业会不堪重负，难以保持员工的高薪酬水平，而如果此时再降低薪酬则又会打击员工的积极性，可谓骑虎难下。因此，薪酬的设定要与企业的实力相当，这样才能长久地实施下去。

根据薪酬体系设计的公平性和激励性原则，传统的薪酬制度设计认为企业合理的薪酬组合应该分为两部分：一是固定薪资部分，如基本工资、岗位工资、技能或能力工资等，使员工的工作安全感得到保障；二是浮动部分，如效益工资、奖金等，要与工作绩效挂钩。据此，薪酬的定位分为三种——基于职位的薪酬定向、基于技能的薪酬定向和基于绩效的薪酬定向，侧重点各有不同。

2．薪酬体系设计的发展新趋势

除了以上三种传统的薪酬设计，薪酬体系设计在基本原则的指导下，一方面保持着相对稳定，而另一方面也随着社会的不断发展涌现出了一些新的形式。

（1）宽带薪酬体系。宽带薪酬是一种新型的薪酬结构设计方式，是对传统垂直型薪酬结构的改进和替代。它实质上是对原来的多个薪酬等级以及薪酬变动范围进行重新压缩、组合，同时将每一个薪酬级别所对应的薪酬浮动拉大，从而形成的一种新的薪酬管理系统及操作流程。一般来说，每一个薪酬等级的最高值与最低值之间的区别变动比率要达到100%或以上，相当于从原来的以岗位为导向转变为以绩效为导向。

与传统的薪酬体系相比，宽带薪酬具有以下几个方面的特征和作用：有利于支持扁平型组织结构；有利于员工个人技能提高，推动良好的工作绩效；有利于职位轮换及角色转变。

（2）个人报酬与团队报酬相结合。这种方式是以团队为基础开展项目的，强调团队内协作的工作方式。虽然奖励团队的效果比直接奖励个人的效果小，但要注意的是，一个企业目标的实现离不开团队的合作和努力，在对一个员工进行评价时，也要考虑到他背后的整个团队的付出。因此，制定薪酬激励时，在考虑到员工个人的同时，也要把集体涵盖在内。这同时也是为了促使团队成员之间能更好地合作，并防止上下级之间由于薪资差别过大而出现低层人员心理不平衡的现象。团队奖励计划尤其适合人数较少、强调协作的组织。

（3）隐性报酬原则。薪酬分为经济性薪酬和非经济性薪酬，但是长久以来，人们一直把目光放在直接薪酬，也就是工资等有形的外在报酬上，而忽略了其他方面。但是，外在报酬所能满足的仅仅是低层次需要，当较高层次的需要出现时该怎么办呢？

现在，随着物质生活条件的改善，人们的生理需要、安全需要等早已得到满足，他们更趋向于尊重乃至自我实现的需要，此时就不是物质能满足的了，人们越来越看重非外在报酬，也就是以往不受重视的隐性报酬。为员工制定职业生涯规划和辅导，提供培训和职务晋升的机会，给予一定的荣誉等，这些都能成为员工的行动内驱力，并具有长久的时效性，而这正是单纯的物质报酬所不具有的。

（4）长期、长效管理。双因素理论的一个要点就是通过确保激励因素来提高员工的积极性。那又怎么确保激励因素呢？其中一个方法就是让员工参与企业的经营管理并分享利润，使员工切实感受到自己的发展与企业是密不可分的，从而让员工为了自己的利益而为企业“卖命”。因此，许多企业将员工的利益与企业的长期业绩联系起来，采取年薪制、股票期权、员工持股等措施，引导员工将关注重点放在企业的长远发展目标上，为企业的长期利益而付出自己的劳动。

【资料】

铜陵有色：打造高效的薪酬杠杆

2010年，铜陵有色金属集团控股有限公司（以下简称铜陵有色）的领导层开始酝酿新一轮薪酬制度改革。在此之前，铜陵有色曾经历了多次薪酬改革，从计划经济时期施行的等级工资制，到1989年改为结构工资制，1993年实施岗位技能工资制，2006年改为岗位绩效工资制。岗位绩效工资制对公司的发展起到了一定的促进作用，但也逐步显露出一些问题。其中之一是薪酬结构不合理，尽管员工收入每年都有一定的增长，但是员工比较在意的固定工资所占比例越来越小，造成员工满意度下降。随着铜陵有色的发展速度和市场化进程的加快，公司规模越来越大，公司拓展的领域越来越宽，员工队伍的构成与过去相比更加复杂，需要对薪酬体系进行更加科学、细化的变革，以薪酬改革为中心进行全集团整体人力资源管理系统的优化和设计。于是，铜陵有色提出了“高起点、全覆盖、分行业、体系化、市场性”的咨询设计方针，其要求就是要设计出一套能够覆盖集团公司所有成员企业、体现不同单位行业特点、形成完整收入分配制度体系、符合市场运行规律的系列制度方案。通过反复的调研、梳理，一种新的薪酬制度方案被确定下来，称为“岗能绩效工资制”，在集团职代会上获得了通过。

原先的岗位绩效工资制中员工工资由岗位工资、辅助工资（年功工资、保留工资、津补贴）、绩效工资（奖金）三部分组成。改革后的岗能绩效工资结构则由岗能工资、绩效工资、津补贴三个单元组成。

新工资制度开始实施只有三个月，其杠杆作用已经显现出来。原先一些在井上一线工作的男员工主动要求调换到井下工作，一些女工也补充到一线做井上工作，原先做园林、保卫等二线工作的员工纷纷要求调整到一线岗位。由于一线力量的加强，原来被外包的一些维修、矿井维护等工作有一部分已改由矿工自己做，估计每年至少降低支出500万元以上。

（来源：郭学军，2013）

二、工作设计

（一）工作设计的含义及其发展过程

人与工作之间的相互适应与匹配，是现代工业企业管理中的重要问题。而工作设计则是一种能让人与工作匹配，从而使人们的终生兴趣得以实现的重要方法。所谓工作设计，是指对工作完成的方式以及某种特定工作所要求完成的任务进行界定的过程，是一种确定企业职工工作活动的范畴、责任以及工作关系的管理活动。通过工作设计，可以找到提高组织绩效的最佳办法，同时可以满足员工成长与福利方面的要求。工作设计涉及工作系统的各个方面，包括工作任务、工作职能、工作关系、工作标准与业绩、人员特性、工作环境等，其目的在于更好地提高职工的工作效率与工作生活质量，充分发挥每个人的工作能力，实现组织目标。

工作设计的发展过程分为两个阶段：第一个阶段是以泰勒的科学管理为核心的专业化的工作设计，它以任务为导向，主要关心工作效率，忽略了“人”的因素在工作中的作用，这种工作设计不具有激励的价值。早在 200 多年前，亚当·斯密在《国富论》中就曾对专业化进行了详细的论述和评价：生产质量稳定，生产速度快，在专业狭窄的领域内工人的技术水平较高。此外，还有经济上的优点，简单的部分可由具有简单技术的低薪工人来生产，而复杂的部分可由具有高级技术的高薪工人来生产，这样高薪工人绝不去完成其价值低于劳动力成本的工作。另外，学习一项新工作的时间将减少，因此，一个新工人只需学习一种（最多几种不同的）工作项目。尽管职能专业化的基本概念在 18 世纪末期便已建立起来，但是直到 19 世纪末 20 世纪初，系统的工作设计方法才由泰勒发展起来，并广泛应用于 20 世纪 40 年代，这一方法称为工业工程方法。这种最具代表性的“泰勒制”对每个工种进行了精确的时间—动作分析，确定一名工人在最适合的条件下所能完成的最大日工作量，并以此为基础制定工作定额，对工作进行科学的设计。这种工作设计的结果是工作效率有了明显的提高并受到了广泛的欢迎，但也存在着一些弊端：员工成了名副其实的“工作机器”，工作专业化和简化使工作变得重复、单调，导致员工厌恶工作，工作满意度下降；高度分工割断了工作任务之间的联系，破坏了工作的完整性，使员工对自己所承担的工作与企业生产过程整体之间的联系乃至工作意义缺乏了解，从而工作主动性、积极性不高，劳资关系急剧恶化。直到 1911 年，工厂工人的大罢工警醒了管理专家们，开始重新审视工作问题。

第二个阶段的工作设计又称工作再设计，是为了适应发展的需要，对某种工作的任务或者完成任务的方式做出改变的过程。在 20 世纪四五十年代，人际关系理论对管理理论和实践产生了深远影响。自此，管理方式从重物转向重人，“参与管理”便是工作设计思想向人本化方向迈出的重大一步，标志着工作设计思想的一次根本性变革。行为科学理论家赫茨伯格及其同事于 1996 年提出了著名的激励—保健理论，将“参与管理”的思想进一步理论化、具体化。哈克曼和奥德姆于 20 世纪 80 年代提出了工作特征理论，认为通过重新设计工作，增加工作的多样性、完整性、重要性、自主性和反馈性，能使员工的心理状态得到积极的改善，在这种心理状态下，员工的内在工作动机就能被高度激发出来，表现出更优秀的工作绩效和较高的工作满意感，同时保持较低的缺勤率和离职率。总而言之，现代的工作再设计反对“泰勒制”对人性的泯灭，主张以“人”为导向，强调工作中的人际关系、组织气氛、员工士气以及管理方式的重要作用，目的在于提高组织绩效的同时提升员工满意度，具有重要的激励价值，是激励员工的重要途径之一。

【资料】

制造“教父比萨饼”

作为米尼特·玛特的特殊项目经理和地区主任，斯雷芬兹指导了工作时间表软件的首次公开展出。她相信，时间研究为一个好的工作时间表打下了基础。

“如果你想让软件生成好的时间表，你必须给它好的信息材料，”斯雷芬兹说，“那意味着要分析员工完成他们的工作有关的各项不同任务需要多长时间，而且不能只观察一个员工，而要观察几十个，然后努力得出完成各项任务的中间工作时数。如果你认为你可以以更高的效率完成某项任务，你不妨亲自试一下。”

“教父比萨饼”柜台部分属于玛特快餐选择范围。斯雷芬兹说：“在‘教父比萨饼’店，我们有四种员工——制作比萨饼的员工、食品收银员、为驾车购买比萨饼的人服务的服务员和中枢人员（负责把食品拿到驾车购买服务员那里并接电话）。”她还补充说，“教父比萨饼”店的工作有9～12种与其有关系的不同任务。“有这么多的任务，你可以看出进行充分的时间研究是多么重要，”斯雷芬兹指出，“我实际上是拿着秒表进入比萨饼店，当员工做不同的工作任务时给他们计时。”她解释说：“起初，这对员工来说可能有些古怪，但现在他们对此习以为常，并经常对此开玩笑。”

“我随机去这些比萨饼店，因为我不想对工作效率最高或最低的人记录。我在店里观察了早、午、晚三个班。对工作在制作比萨饼工序上的人的工作状况我观察了35～40个人。对于‘教父比萨饼’柜台部分，我最后记了50页的涉及四种头衔工作的不同任务情况——最终得出完成每项任务需要的时间。然后，我对材料进行了压缩，使软件更易于灵活处理这些任务。把一些材料分组在一起，得出一些好的数据输入程序。”

“你把这类信息输入软件后，它将把完成时间与销售数据点进行比较，”斯雷芬兹说，“软件跟踪在15分钟的板块里，出售了多少比萨饼。软件对店里其他记录也做类似的工作。一旦系统知道支持这些销售的任务需要多少时间完成，它就可以把时间安排得惊人的出色。”

（来源：胡英坤，车丽娟，贾秀海，2006）

（二）工作设计的原则

工作设计在实际操作中的应用通常需要考虑如下一些原则。

1．员工激励原则

员工工作的激励通常来自工作内容的适度挑战性、工作的意义以及工作的价值。

2．能力开发原则

员工能力的开发不仅可以通过培训完成，在实践中锻炼是最有效的办法。让员工在挑战中工作，在挑战中不断提高自己的能力，目标的制定要高低适中。另外，工作设计是针对岗位而不是针对个人，一方面要打破传统岗位的界限，深化岗位的工作内涵；另一方面要考虑人员如何与岗位相匹配。

3．动静结合原则

伴随市场的变化和组织的发展，工作设计越来越趋向动态。配合组织的发展，激励性工作设计必须动静结合，对于基础性的工作岗位，宜采用静态的工作分析法；对于跟企业业务紧密相关的岗位，宜进行动态分析，随着组织的发展不断丰富岗位的工作内涵。

（三）基于激励的工作设计方法的选择

1．岗位轮换

IBM公司大中华地区总裁周伟琨连续工作三十多年不易其主，有人问起原因，他这样答道："IBM 给你提供了很多机会去尝试新的工作，我在 IBM 的前 25 年，平均每两年换一种工作，而且工作地点遍及中国大陆、中国香港、中国台湾、日本、澳洲，每种新工作都是一种新挑战，试想，还有哪家公司能为你提供这么多的机会、这么大的空间呢？"周伟琨的例子生动地向人们展示了岗位轮换所带来的积极作用。

这个例子中所提到的"岗位轮换"，就是将员工由一个岗位调到另一个岗位以扩大其经验的方法。传统的工作设计强调劳动力的专业化，它用严格的标准、科学的方法将员工训练成为本行业的"能手"后，就将该员工与岗位的匹配固定下来。岗位轮换尽量使员工发挥多种才能，尝试新的工作职责，获取新的工作经验。这将有助于员工适应能力的培养，同时也为员工提供了一个全面观察和了解工作全过程的机会，有助于工作动力的激发，并能消除长期从事某一项工作的厌恶感。

岗位轮换的优点在于：一是可以为员工提供更多机会，让他们从中感受到工作的乐趣；二是员工通过工作轮换可以掌握更广泛的工作经验，对组织的其他活动有更多的了解；三是员工本身可以学到更多技能，增强对工作中部门间相互依赖关系的认识，产生对组织活动的更广阔的视角；四是员工的团结合作也会加强，有利于管理层组织一个团队，增进不同工作间的理解，提高工作效率。但是，此种方法也有一定的缺陷：一是只适用于少数工作岗位，难以找到双方正好都能适合对方的职务资格要求的例子；二是使用不当将会导致部门中原有的工作关系被打乱，产生新的矛盾；三是在对比效应的驱使下，管理者可能追求短期的绩效而忽略长远发展。

2. 岗位扩展

岗位扩展是指工作的横向扩大，即增加每个人工作任务的种类，扩大员工的工作范围，增加其所承担的责任，从而使他们能够完成一项完整工作中的全部或大部分程序，可以使他们看到自己的工作对客户的意义，从而提高工作积极性。其目的是使员工感觉自己的工作对整个产出有更具体的贡献，从而对所从事的工作产生更大的兴趣。如果客户对他们所提供的产品或服务表示满意并加以称赞，还会使该员工感受到一种成功的喜悦和满足。此外，岗位扩展需要员工具有较多的技能和技术，这样可以促进员工钻研业务的积极性，使其从中获得一种精神上的满足。

岗位扩展的优点在于，可以增加同一责任水平的工作内容，当员工对某项工作更加熟悉时，可以相应地提高工作质量，这样的岗位扩展将使员工感到很充实。但是，这种方法可能没有给员工提供多少挑战，这是管理层应该尽力避免和解决的一个问题。

3. 工作丰富化

工作丰富化是指增大员工计划、组织、控制与评估自己工作的自主性与责任感。工作丰富化让员工拥有确定工作方法、进度、报酬等的自主权，其本质是把部分或全部传统的管理权授予员工。工作丰富化的核心是体现激励因素的作用，给职工更多的责任，让员工有更多参与决策和管理的机会，增加其对工作计划与协调的责任，从而给员工带来成就感、责任感和得到认可、表彰等的满足感。

工作丰富化始于 20 世纪 40 年代国际商用机器公司（IBM），50 年代的时候人们开始对这种方法表现出兴趣。他们把一部分生产工人和非生产工人按照工作丰富化的原则分成组，效果显著。工作丰富化的核心内容有以下四点：第一，与客户联系。让员工和产品用户直接接触，建立直接联系，从而了解客户的反应，这是一种极为有效的方法。第二，自行安排工作进度。由管理层为员工设置截止日期和目标，员工自行确定工作步骤，这样可以提高他们的积极性。第三，让员工做整个产品的主人，允许员工自始至终完成一项任务。这将会给他们带来成就感，进而激发员工的责任感。第四，建立直接反馈机构，尽可能减少反馈的环节和层次，把工作者所做工作的成绩和效果数据及时、直接地反映给本人。

这种方法的优点在于能更好地激励员工，提高生产效率和产品质量，减少离职率和缺勤率。其不足在于为使员工掌握相关的工作技能，企业将要增加培训费用，增加整修和扩充工作设备费用，同时付给员工更多的薪酬。

4．弹性工作制

弹性工作制是指在完成规定的工作任务或固定的工作时间长度的前提下，员工可以灵活自主地选择工作的具体时间安排，以代替统一、固定的上下班时间。这是一种允许员工自由选择工作时间的工作日程安排，除每天中间的核心工作时间务必工作外，员工可以自由决定何时上班。研究表明，弹性工作制既可提高生产率，又可增加员工的满意水平，在不损失工作时间的情况下，满足个人多样化的时间需要，包括履行家庭职责、日常生病求医和社交活动等。

弹性工作制的实施通常有以下几种形式。

（1）核心时间与弹性时间结合制。这种形式的弹性工作制主要由核心时间、带宽时间和弹性时间组成。核心时间是每天的工作中所有员工必须到班的时间。带宽时间界定了员工最早到达和最晚离开的时间，核心时间被包括其中。弹性时间则是员工根据个人需要，可以自由选择的时间，只要达到全部工时，每天的弹性时间可以不同。

（2）成果中心制。这种形式的弹性工作制是以任务的完成为指标，员工只需要在所要求的期限内按质量完成任务即可获得薪酬，具体的时间进度安排可以根据个体差异，将工作活动调整到身心状态最佳、最具生产效率的时间段内进行。

（3）紧缩工作时间制。这种形式的弹性工作制可根据员工个人实际能力，通过增加每天的工作时间长度，使一个完整的工作周在少于五天的时间内完成。

（4）全日制工作与临时雇员队伍相结合制。目前一些企业正在向“双轨雇佣制”的方向发展，其中，核心轨道是全日制的正式雇员队伍，辅助轨道则是机动灵活的临时工队伍。

【资料】

富士施乐公司中的职位共享

每周三 Barbara Cafero 和 Robin Como 都会一同乘火车去纽约。自 1993 年起，Cafero 和 Como 就同在富士施乐公司共享一个主会计合同管理者的岗位。Cafero 周一和周二负责定价和主要的会计合同，周四和周五由 Como 接手这份工作，周三她们俩一起工作。

为了协调工作与家庭生活，Carefo 和 Como 准备制定一个岗位共享的详细计划。当她们把计划交给管理者时，她们的行为得到了鼓励。十年后，由于职位共享对企业和员工都有好处，因此仍然在实施。Cafero 说："我有更多的时间来陪我的三个孩子，无论是在学校参加表演还是在家里。"对施乐公司的好处则在于公司拥有了两名永久的、高绩效的员工。

（来源：刘松柏，2006）

第二节　组织公民行为与工作投入

一、组织公民行为

（一）组织公民行为的概念

组织公民行为研究起源于巴纳德（Barnard，1938）提出的组织存在和发展的三大条件之一的"合作意愿"（Willingness to Cooperate）、罗斯利斯伯格和迪克逊（Roethlisberger & Dickson，1964）对霍桑实验中"非正式组织"的研究及卡茨和卡恩（Katz & Kahn，1966）提出的"组织公民"概念。后来，贝特曼和奥根（Bateman & Organ，1983）首次正式提出了"组织公民行为"（Organizational Citizenship Behavior，OCB）的概念。奥根（Organ，1988）在其出版的《组织公民行为：好战士现象》一书中提到，任何组织系统的设计都不可能完美无缺，如果只依靠员工的角色内行为，很难有效地达成组织目标，必须依靠员工的角色外行为来弥补角色职责的不足，促进组织目标的实现。

因此，所谓组织公民行为，即员工自觉自愿地表现出来的、非直接或明显的、不被正式的报酬系统所认可的、能够从整体上提高组织效能的个体行为。从这个概念中可以看到，组织公民行为有以下几个重要特征。

（1）组织公民行为必须是组织成员自觉自愿表现出来的行为。

（2）组织公民行为是一种角色外行为，并非工作角色要求做的，虽被组织所需要，但却是一种未被组织正式规范或用工作说明书规定的行为。

（3）组织公民行为不在奖赏的标准范围之内，即组织公民行为不是由正式的奖惩系统来评定的行为，完成这些行为不会受到组织奖赏，不完成这些行为也不会受到组织惩罚。

（4）组织公民行为对组织能够产生积极的影响，能够促进组织有效功能的提高。

【资料】

弦高退兵

据《淮南子·人间训》记载，秦穆公派孟明发兵袭击郑国。郑国的商人弦高发现后，假托郑伯的命令，用 12 头牛犒劳秦军。秦国将领起了疑心："大凡袭击别人的，都认为别人不知道，现在郑国已经知道了，一定加强防备，进兵一定不会取胜。"于是，调军队返回秦国。郑国由此避免了一次灭顶之灾。事后，当郑国君主要奖赏弦高时，他却婉言谢绝："作为商人，忠于国家是理所当然的，如果受奖，岂不是把我当作外人？"

退敌并不是弦高的职责，退敌之后也没有要郑王的任何奖赏。弦高的这种行为就是一种组织公民行为。

（来源：张国新，2012）

（二）组织公民行为的结构维度

对于组织公民行为的结构维度，西方许多研究学者都提出了各自的观点。概括组织公民行为结构维度的文献发现，虽然已被定义过的组织公民行为结构维度有三十多项，其中包括二维结构、四维结构、五维结构、七维结构等，但是在组织公民行为的多维性上，大部分学者已经达成共识。在现有的大多数研究成果中，学者们基本上都认同了 Organ（1988）提出的组织公民行为特征维度的五维结构：（1）利他行为（Altruism），指员工愿意花时间主动帮助同事完成任务或防止同事在工作上可能会发生的错误；（2）文明礼貌（Courtesy），即员工对别人表示尊重的态度和行为；（3）运动员精神（Sportsmanship），指员工在不理想的环境中，仍然会保持正面的态度去面对，不抱怨环境不佳，仍能忠于职守的一种自主行为；（4）责任意识（Conscientiousness），指员工的表现超过组织的基本要求标准，尽心尽责地对待工作，将组织规则、制度和程序内化为个人要求，即使在无人监督的情况下也能一丝不苟地完成工作；（5）公民美德（Civil Virtue），员工主动关心、投入与参加组织中的各种活动，将自己视为组织中的一员，为了组织的利益可以不惜牺牲自身的利益。其他在西方文献中提及的维度还有组织忠诚、组织顺从、个人首创性、自我发展、功能参与、拥护参与等，但是使用最为广泛的仍然是上述 Organ 提出的五个维度以及波德萨科夫（Podsakoff，1990）在此基础上设计的量表。

基于我国文化背景，国内一些学者对组织公民行为进行相关研究，提出了我国员工组织公民行为的结构维度。1998 年，樊景立调查了中国北京、上海、深圳和杭州 4 个城市的 75 家国有、集体、合资、私营企业的 166 位管理人员，在工作情境下收集了 756 个有关描述组织公民行为的项目，经过严格筛选，整理出在中国文化背景下组织公民行为所包含的十一个维度：（1）积极主动；（2）帮助同事；（3）意见表露；（4）参与群体活动；（5）树立企业形象；（6）自觉学习；（7）参与公益活动；（8）维护节约组织资源；（9）保持工作环境整洁；（10）人际和谐；（11）遵守社会规范。其中，前五个维度类似于西方文化背景下的组织公民行为，而后六个维度是中国文化背景下特有的，这表明不同的文化背景下组织公民行为所包含的内容存在着显著的差别。中国人注重"以和为贵"，使得他们对人情、面子、人际和谐等方面异常重视，因此维护人际和谐的行为在中国文化中被认为是重要的角色外组织促进行为。

（三）影响组织公民行为的因素

影响组织公民行为的因素主要包括以下四个。

1. 个体特征（Individual Employee Characteristics）

个体特征包括员工的态度、性情、角色认知和个体差异。其中尤为重要的三个方面是工作满意感、公平知觉和组织承诺。工作满意感是人们对工作的一种积极的情绪与情感性反应，源于对工作职务或经历的评价。工作满意感越高，员工就会越多地表现出积极的情绪状态，从而驱动利他行为的产生。从亚当斯公平理论的角度来看，员工与组织的关系是一种社会交换关系。在这种关系中，组织公民行为是一种投入因素，增加或减少组织公民行为是对公平或不公平的反应。由于组织公民行为是一种可自由决定的、正式角色之外的行为，因此在认知到的公平感发生变化时，改变组织公民行为是员工可以选择的一种最安全的策略。公平感增强，员工就会增加组织公民行为的投入；反之则会减少投入，甚至表现出利己行为。组织承诺是指个体认同并卷入一个组织的强度，它反映了员工在不能获得直接回报的情况下对组织提供帮助的意愿，以及愿意长期保持组织成员身份的意愿。由于组织承诺是一种可以使人为了组织牺牲个人利益的工作态度，因此它被研究者假设为组织公民行为的一个预测变量。研究发现，组织承诺对组织公民行为具有影响作用。

2．工作特征（Task Characteristics）

Podsakoff 等人的研究发现工作特征（包括工作反馈、工作固化、工作内在的趣味性）与利他行为、运动员精神、公民美德等存在明显的相关关系。

3．组织特征（Organizational Characteristics）

研究表明，群体凝聚力与组织公民行为中的利他行为、文明礼貌、责任意识、运动员精神、公民美德存在正相关关系；被感知的组织支持与员工的利他行为存在相关关系；组织领导不能控制的报酬与员工的利他行为、文明礼貌、责任意识呈负相关关系。

4．领导行为（Leadership Behavior）

研究发现，变革型领导行为与利他行为、文明礼貌、责任意识、运动员精神及公民美德呈强烈的相关关系；交换型领导行为与利他行为、文明礼貌、责任意识、运动员精神及公民美德显著相关。

【资料】

领导的人格魅力

中国向来有“物以类聚，人以群分”的说法，也有“士为知己者死”的传统。好的领导人不仅通过自身的榜样作用为员工树立组织公民行为的标杆，也通过其自身的魅力和影响凝聚着员工。云南白药现任董事长王明辉周围团结了一大批“事业狂”。受限于国企特性，他们并无股份和高薪，但他们却是云南白药业绩不断增长的强大引擎和推手。现任白药集团副总经理、透皮事业部总经理赵勇，感召于王明辉强大的个人魅力及为报答领导对他的知遇之恩，放弃了其他公司的高薪，拿着 1 300 元的月薪，从一个普通职员开始了自己的职业生涯。2004 年，云南白药创可贴遭受挫折，他主动请缨领衔创可贴业务，并立下军令状：“如果创可贴业务做不起来，我将以死相报!”在他和团队的顽强拼搏下，最后云南白药创可贴业务终于打败邦迪，成为行业领导者。

（来源：叶坪鑫，赵辉，张祖安，2010）

（四）组织公民行为的双重效应

对组织公民行为的研究从最初开始，就把它完全当作一种积极的对组织运作有利的行为。Organ 认为员工们长期一贯的组织公民行为可在组织运作过程中充当“润滑剂”，减少组织各个“部件”运行时的项目摩擦，从而提高组织效能。其具体作用表现在以下几个方面。

（1）组织公民行为能提升组织成员的生产力，促进组织生产效率的提高。员工可以通过相互帮助而在工作团队中提高自己的工作技能，进而提升组织的绩效。在组织公民行为普遍的组织中，其成员在任何时候，包括组织面临困难和危机的时候，都能够全身心地投入，从而减少导致绩效波动的可能性。

（2）可以提高管理效能。如果员工积极参与公司的事物，管理者就能获得更有价值的建议，以及员工对管理措施的反馈，便于进一步提高管理效能。

（3）组织公民行为能充当组织运行的润滑剂，减少人际矛盾冲突，创造良好的企业文化。员工主动为他人提供方便，帮助他人，维护人际和谐，因而保证了工作关系的顺畅，有效地协调团队成员和工作群体之间的活动，促进团队成员之间以及跨团队的工作协调，这样还能吸引和留住高素质的员工。

（4）组织公民行为能减少工作真空，并提高组织适应环境变化的能力。在任何组织中都不可避免地存在一些无法明确规定的工作与任务，我们把这些工作叫做模糊工作，而这些工作就要依靠员工的组织公民行为来完成。同时，组织公民行为也能使组织和组织中的成员增强对环境变化的适应能力，环境变化过程中伴随组织转型带来的职责真空也能很快被组织公民行为所弥补。

（5）能够提高组织的稳定性。互助互利的行为可以使员工同心协力，共同面对困难，保持稳定的工作成绩。同时，责任意识也有助于员工保持持续高水平的工作业绩。

（6）可以释放更多的资源，投入到生产性活动中去。责任意识强的员工需要的外部监管比较少，管理者可以更放心地授权，节省出时间和精力投入到其他方面的管理中去。

（7）组织公民行为有助于创造组织的社会资本。社会资本是嵌入在社会结构中的资源，是通过人与人之间的密切关系体现出来的，它能有效地解决组织中的协调问题，降低组织中的交易成本，促进组织成员之间的信息沟通，是一种对组织有价值的资本。组织公民行为有可能增加组织的社会资本，例如，员工通过参加组织中的各种活动，使得在原有的工作关系中很少联络的组织成员之间形成新的网络连接，从而使整个组织形成。

【资料】

松下公司的组织公民行为

20 世纪 30 年代，受世界经济危机的影响，松下公司发生严重亏损，一度陷入经营困境。公司有关部门向公司高层提出了减产减人的应急计划，但总裁松下先生最终只批准减产，不同意减人。松下先生的理念是：亏本不能亏员工，不能让员工成为经营风险的牺牲品，要与员工风雨同舟。公司员工为松下先生的诚意和善心所感动，千方百计为公司推销产品。而员工身上所表现出来的组织公民行为最终帮公司渡过了难关。

（来源：樊钱涛，彭建良，2004）

然而，组织公民行为也会对组织有一定的负面影响和作用，主要包括以下几个方面。

（1）组织公民行为对绩效的影响还不能确定是完全有利的。关于组织公民行为与绩效之间的关系，学术界目前主要有三种观点：第一种认为组织公民行为本身就是关系绩效；第二种观点认为组织公民行为直接影响工作绩效；而第三种观点则认为，组织公民行为与绩效之间的因果关系很难定论。研究表明，高绩效、高满意感的员工比低绩效的员工更多地表现出组织公民行为。因此，有一点可以肯定，较高的组织公民行为与高绩效之间存在着密切的联系，但难以断定是组织公民行为导致绩效的提高，还是高绩效导致员工具有较高的组织公民行为。

（2）组织公民行为也可能是出于利己的动机或消极的工作态度。例如，有的员工从事组织公民行为是为了通过帮助他人显示出自己乐于助人，通过参加组织中的活动展现自己多方面的知识技能，引起他人对自己的关注等；甚至某些情况下，员工故意做出一些职责范围之外的事情是为了显示出自己比其他员工的表现更好。

（3）组织公民行为不一定都会带来对组织有益的结果。例如，员工将主要精力放在做职责范围之外的事情上可能会忽视了本职工作。

（4）组织公民行为有时也不一定使组织成为一个有吸引力的环境，如果员工争先恐后地表现出组织公民行为就会出现一种“组织公民行为升级”的现象，员工会感到更高的工作压力和工作超负荷；员工很多的精力放在做职责范围之外的工作上，会感到角色模糊，对角色内的本职工作产生怀疑。

（5）组织公民行为是一种印象管理的策略。有些个体出现组织公民行为并非出自回报组织的愿望，而只是为了给别人留下好印象，进而实现个人意图。也就是说，某些员工做出组织公民行为是一种印象管理策略，是因看到组织公民行为可能给自己带来好处而刻意去表现出这些行为的。用鲍利诺的话说：“我们所认为的好战士，可能只是一个好演员而已。”

（6）组织公民行为虽然有利于组织目标的实现，但它的定位是短期性的，若没有相关因素的诱导、干预与维持，它不会出现或持续很长时间。一次晋升的机会就有可能诱导出短期的组织公民行为，而随着晋升的结束，组织公民行为也会消失。

二、工作投入

工作投入是组织心理学家最近引入的一个新概念。在此之前，工作倦怠已成为世界范围内的普遍现象，其对个体的身心健康、工作与生活乃至其所在组织均有较大的负面影响。受积极心理学的影响，越来越多的人开始对工作倦怠的传统研究过分关注于疾病、痛苦等消极方面进行了强烈的批评。因此，心理学家们认为应扩大工作倦怠的研究范围，将其积极对立面——工作投入也纳入研究框架中。

（一）工作投入的概念

关于工作投入这一概念的界定，到目前为止学术界还没有达成一致，总结起来主要有以下三种观点。

观点一：工作投入是工作人员通过管理自我使自己进入工作角色的现象。在这一观点中，工作投入被定义为员工的自我与工作角色的结合，两者实际上处于一个动态和互相转化的关系中。当员工对工作高度投入时，员工会在自己的工作角色中展现自己的能力和表达自我；相反，当员工的工作投入较低时，他们会将自我表现抽离于工作角色之外，以避免自己创造组织所需要的绩效，并可能产生离职行为。事实上，工作投入意味着员工在其工作角色扮演过程中，在生理、认知和情感三个层次上表达和展现自我，而员工所拥有的身体、情绪和心理资源是工作投入的必要前提。

观点二：工作投入是工作倦怠的对立面，两者往往被看作一个统一体，即一个连续体的两极。换句话说，就是将员工与工作情境进行匹配时所出现的两个极端。工作投入表现积极的一方，当工作投入度高时，则表示员工感觉精力充沛，处于积极、高效的工作状态。而当员工位于消极一端，也就是工作倦怠时，则员工会感觉到效能低、卷入程度降低。在这一观点中，工作投入的三个维度分别是精力、卷入和效能。

观点三：同样是将工作投入与工作倦怠看作两个相反的概念，但是它们是两种既相互联系又相互独立的心理状态，而非简单的直接对立。这时，工作投入被定义为员工的一种持久的、充满着积极情绪和动机的完满状态，表现为活力、奉献和专注三个方面的特征。活力是指在工作中具有充沛的精力和心理适应能力，愿意在工作中付出努力，即使遇到困难也能坚持不懈。奉献是指集中精力地参与工作，并且能感受到工作带来的意义、热情、鼓舞和挑战。专注是指完全集中注意力并且全神贯注地投入到工作中，很难将个体与工作分开。这个三维结构的定义具有很强的操作性，

在以上三种观点中，最后一种由于其三维结构的定义具有很强的操作性，从而得到了较多的支持，成为了学术界研究的主流。

【资料】

我国员工的工作投入度

韬睿咨询公司的全球人力资源管理调研结果显示，我国员工工作投入比被调研的大多数国家的员工工作投入都低，只有8%的员工被认为具有高工作敬业度，准备并愿意积极努力、全身心地投入为所在企业做出更多贡献；3倍之多（25%）的员工非常自由闲散，被认为敬业度很低，而且这组人中的60%打算留在所任职的企业里；大多数人（67%）处于中间状态，称之为一般参与，这部分员工可能拉动业绩上升，也可能使业绩下降，这取决于随时间的流逝他们会更多还是更少地参与工作。

对员工的这种现象，若长期不加以管理，则会产生水滴石穿的严重后果，不仅直接影响着员工的士气，而且对企业绩效也将产生直接的影响，因而企业必须高度重视。

（来源：韬睿咨询公司，2006）

（二）工作投入的理论模型

目前主要有两个理论模型揭示工作投入的形成机制和影响作用：工作—个人匹配理论和工作要求—资源模型。

1．工作—个人匹配理论

这一理论将工作投入/倦怠过程中的个人与情境因素加以整合，用以解释工作投入的形成机制。当个体的情绪、动机或压力反应与工作/组织环境持久匹配时，就会工作投入度高，而不匹配时，就会产生工作倦怠。该理论也提供了个体与工作情境匹配度的评判标准：工作负荷、控制感、报酬、团队、公平和价值观。个体与环境在这六个方面越匹配，工作投入的程度就越高；越不匹配，工作倦怠的可能性就越大。具体关系如图 4-2 所示。

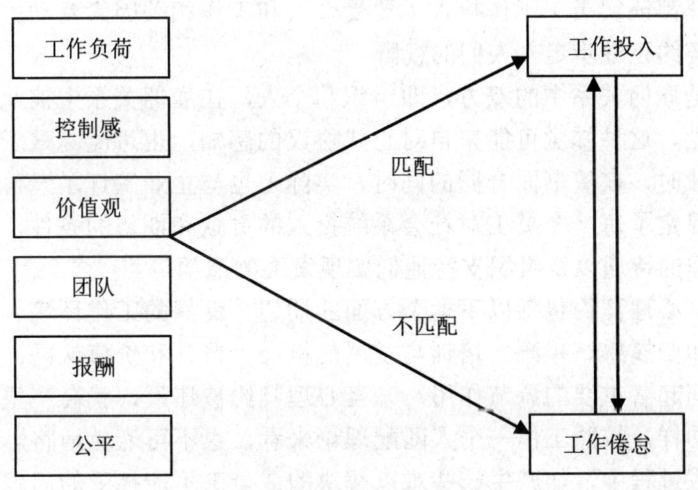

图 4-2　工作—个人匹配关系

2．工作要求—资源模型

该模型包含以下两个核心假设。

第一个假设是每种职业都有它特定的影响倦怠的因素，不管这些具体的影响因素是什么，都可以归为两类：工作要求和工作资源。工作要求是指员工在工作上为了身体、社交或组织的方便，要求在身体和精神上能够承受并努力完成，因此会在生理及心理层面产生负面的影响，如高工作压力、角色负荷过重、较差的工作环境以及组织重构等问题。工作资源涉及物质的、心理的、社会的或者组织的方面，它们有以下作用：一是促进工作目标的实现；二是减少生理和心理付出；三是激励个人成长和发展。

第二个假设是在工作压力和激励下会产生两种潜在的心理过程：第一个心理过程是指高工作要求会耗尽员工的精力及体力，可能导致健康问题或工作倦怠，而缺乏工作资源或者资源不足会阻碍工作目标的实现，从而导致失败或者遇到挫折，即过高工作要求—员工精力耗尽—工作倦怠。第二个心理过程是动机的激励过程，工作资源具有激励作用，能够促使员工成长，并帮助员工实现工作目标，即可得工作资源激发员工工作动机——工作投入。由此看来，工作资源能够满足员工的基本需要。

（三）影响工作投入的因素

工作投入作为一个结果变量，主要受三个方面的因素影响，即个人、组织和两者的交互作用。

人与人之间的差异是一直存在着的，这种差异来自性别、年龄、婚姻状况、学历、个性等。研究表明，具有某些个性特征的员工工作更投入。例如，坚韧、成就驱动、情绪智力等就与工作投入呈正相关。

工作情境也影响着工作投入。例如，在工作要求—资源模型中，工作要求包括角色压力、工作负荷以及问题解决等方面的要求；工作资源指组织给予的心理、生理、物质等各方面的支持，如同事支持、上司指导，这些都无时无刻不在影响着员工的工作投入程度；另外，组织承诺、工作满意度、领导行为、组织中的沟通情况等都是影响因素。

大多数研究都证实员工工作投入主要受个人和工作相关因素互动关系的影响。但是近年来，心理契约正逐步走入人们的视野。

心理契约是雇佣关系中的双方，即组织和个人，在雇佣关系中彼此对对方应提供的各种责任的知觉，这种知觉可能来自对正式协议的感知，也可能隐藏于各种期望之中。当员工加入企业时，在签书面合同的同时，实际上也与企业签订了一份非书面的心理契约。这份契约界定了每一个员工对社会系统投入的贡献和期望的条件，员工寻求工作安全感、公平合理的待遇以及组织支持他们实现发展的愿望等。

一般来说，心理契约包括以下七个方面的期望：良好的工作环境、任务与职业取向的吻合、安全和归属感、报酬、培训与发展的机会、晋升和价值认同。心理契约在员工愿望与表现之间起着重要的调节作用，一旦心理契约被违反，就会产生较低的信任度和工作满意度，同样，按照工作一个人匹配理论来看，也不可避免地将影响到工作投入。在心理契约形成过程中，如产生一些难以解决的或员工不能接受的问题，就很可能会导致不匹配，而不匹配的程度会加深工作倦怠。但是如果企业能重视心理契约，增加员工的满意感，使员工的心理期望与经济期望都能得到满足，他们往往会留在本组织中，并努力工作，而工作投入也会大大增加。

我们可以日本的企业为例子来看看心理契约管理。日企一般都采用三大制度，即终身雇佣、年功序列、企业内工会，这些都体现出一种长期交易关系。而终身雇佣是日本企业人力资源管理系统的核心。在这种制度下，员工参加工作就是加入了企业，员工绝不会因为经济不景气而遭到解雇。对于员工来说，企业已经不仅仅只是提供劳动、获得工资的场所，也是一个生活共同体。因此，日本员工对企业往往是高度忠诚的，他们的离职率很低，而这些表现正是心理契约得到满足的特征，同时也是员工工作投入的表现。

【资料】

通过领导力促进工作投入

全球知名的能效管理专家——施耐德电气公司领导力开发的一个重要目标就是提高员工工作投入。该公司比较早地认识到仅有员工满意度不能带来较高的员工工作效率，而工作投入是值得关注的一个重要指标。他们采用教练方式、矩阵管理方式提高员工工作投入。教练方式包括帮助下属计划工作、提前告知下属可能存在的困难、提供建议或情绪支持等具体措施，有效地提高员工工作投入。

领导是绩效管理成功的重要成分，尤其是在中国文化背景下，领导者在培养员工工作投入方面发挥着重要的角色，表现出高任务行为和支持行为的领导者能够有效地促进工作投入。

（来源：焦海涛，孙健敏，2013）

本章小结

1．薪酬是组织成员按照一定原则分配的劳动所得。薪酬可分为经济性薪酬和非经济性薪酬。经济性薪酬又称外在薪酬，是指以物质形态存在的各种薪酬，包括直接的经济性薪酬和间接的经济性薪酬。非经济性薪酬则主要包括工作本身和组织内部环境为员工所带来的效用满足。

2．薪酬体系设计的原则：（1）竞争性；（2）公平性；（3）激励性；（4）认可性；（5）经济性。

3．宽带薪酬实际上是一种新型的薪酬结构设计方式，是对传统垂直型薪酬结构的一种改进和替代。它实质上是对原本多个薪酬等级以及薪酬变动范围进行重新压缩、组合，同时将每一个薪酬级别所对应的薪酬浮动拉大，从而形成的一种新的薪酬管理系统及操作流程。

4．工作设计是指对工作完成的方式以及某种特定工作所要求完成的任务进行界定的过程，是一种确定企业职工工作活动的范畴、责任以及工作关系的管理活动。

5．基于激励的工作设计方法包括：（1）岗位轮换；（2）岗位扩展；（3）工作丰富化；（4）弹性工时。

6．组织公民行为，即员工自觉自愿地表现出来的、非直接或明显地、不被正式的报酬系统所认可的、能够从整体上提高组织效能的个体行为。Organ 提出的组织公民行为特征维度的五维结构包括：（1）利他行为；（2）文明礼貌；（3）运动员精神；（4）责任意识；（5）公民美德。

7．影响组织公民行为的因素有很多，主要包括以下四个方面：（1）个体特征；（2）工作特征；（3）组织特征；（4）领导行为。

8．工作投入是指员工的一种持久的、充满着积极情绪和动机的完满状态，表现为活力、奉献和专注三个方面的特征。

9．工作投入的理论模型有工作—个人匹配理论和工作要求—资源模型。

复习题

一、名词解释

薪酬　　薪酬体系设计　　工作设计　　工作再设计　　组织公民行为　　工作投入

二、单项选择题

1. 以下不属于非经济性薪酬的是（　　）。

A. 工作的挑战性、责任感、成就感、趣味性

B. 员工在工作中所体验到的个人能力和适应性等方面的成长及个人梦想的实现

C. 工作本身和组织内部环境为员工所带来的效用满足

D. 企业向员工提供的各种福利，如各种保险、补助、优惠、服务和带薪休假等

2.（　　）是一种能让人与工作匹配，从而使人们的终生兴趣得以实现的重要的方法。

A. 薪酬激励　B. 工作设计　C. 组织公民行为　D. 工作投入

3. 宽带薪酬体系有利于支持（　　）组织结构。

A. 扁平型　B. 直线型　C. 矩阵型　D. 曲线型

4. 工作丰富化的核心是体现（　　）的作用。

A. 激励因素　B. 保健因素　C. 公平因素　D. 灵活因素

5. 以下不属于组织公民行为的特征的是（　　）。

A. 这些行为必须是组织成员自觉自愿表现出来的行为

B. 组织公民行为是一种角色内行为，是工作角色要求做的，是由组织正式规范或工作说明书规定的行为

C. 这些行为不在奖赏的标准范围之内，即组织公民行为不是由正式的奖惩系统来评定的行为，完成这些行为不会受到组织奖赏，不完成这些行为也不会受到组织惩罚

D. 这些行为对组织能够产生积极的影响，能够促进组织有效功能的提高

三、判断题

1. 薪酬就是基本工资、奖金、津贴、股权、红利等。（　　）

2. 由于激励取决于员工的主观感受，因此，在运用激励措施之前，我们不得不因人而异，不能把一项或几项措施当作放之四海而皆准的“法宝”，而应该在制定和实施之前，先调查清楚每个员工的真正需要。（　　）

3. 员工对报酬的满足过程是一个社会比较过程；一个人对自己的工作报酬是否满足，不仅受报酬的绝对值的影响，而且受报酬的相对值的影响。（　　）

4. 薪酬水平要与企业本身的实际相结合，不能为了吸收人才或是留住人才而简单地提高薪水。（　　）

5. 工作设计发展过程的第二个阶段又称工作再设计。（　　）

6. 西方人对人情、面子、人际和谐等方面异常重视，因此维护人际和谐的行为在西方文化中被认为是重要的角色外组织促进行为。（　　）

7. 组织公民行为对组织的作用一定是积极的。（　　）

8. 工作投入作为一个结果变量，主要受三个方面的因素影响，即个人、组织和两者的交互作用。（　　）

四、简答论述题

1．为了使薪酬真正起到激励作用，需要遵循哪些原则？

2．薪酬体系设计随着社会的不断发展而涌现出了一些新的形式，你认为这些新形式相对于传统薪酬体系设计有哪些优势？

3．现代的工作再设计与“泰勒制”有什么不同？

4．工作设计在实际操作中的应用通常需要考虑哪些原则？

5．基于激励的工作设计方法都有哪些？你最倾向于哪种方法？为什么？

6．简述 Organ 于 1988 年提出的组织公民行为特征维度的五维结构。

7．影响组织公民行为都有哪些因素？

8．分别列举组织公民行为对组织的积极作用和消极作用。

9．简述工作投入的两个理论模型。

五、案例分析题

A 公司成立于 20 世纪 90 年代末，主要从事零售业、装饰材料的销售卖场管理。经过几年的发展，在全国各地都开设了多家大卖场，成为零售业巨头。

但是自 A 公司成立的这几年来，员工流失严重，而且员工总体素质不高。即使招到理想的员工，他们也经常没过多久就主动要求离职了。公司管理层一直对此头痛不已。在企业初创期，这种高流动率给企业带来的影响还不能突显出来，当企业走向成熟期后原本可以走向平稳发展的阶段，危机出现了，员工工作积极性普遍较低，经销商进场率下降，离场率上升，最终导致空场上升。甚至有一年几个骨干集体辞职，给公司的经营带来了很大的冲击。

A 公司吸取教训，决定找出原因，解决这一危机。而在对 A 公司员工进行了广泛的调查和访问后，发现 A 公司在表象上存在如下问题：

- 员工工资水平普遍低于同行业水平。
- 员工工资由公司领导确定，没有一定的体系，随意性很强。
- 员工工资几年没变化，公司发展了，但员工工资却没有多大变化，销售人员尤其如此。
- 公司对员工奖少罚多，致使员工抱怨不断，但又很难直接向上级反映。
- 各部门间协作很差，缺乏团队合作意识。
- 公司只追求公司对员工的认可，而很少自省如何让员工认可公司。

（来源：中国管理传播网，http://manage.org.cn/Article/200905/65737.html）

思考与讨论：

1．上述问题仅仅是表象，这些问题的产生还存在很多深层次的原因，你认为有哪些原因呢？

2．针对 A 公司的现状，你可以提出相应的改进建议吗？

参考文献

[1] 樊钱涛，彭建良．组织公民行为及其对管理人员的启示[J]．浙江科技学院学报，2004，16（1）：46-49．

[2] 郭学军．鞍钢矿业——打造世界级铁矿山之路[J]．企业管理，2013（8）：6-11．

[3] Hellriegel D，Slocum Jr J W，Woodman R W．组织行为学[M]．第 8 版．胡英坤，车丽娟，贾秀海，译．大连：东北财经大学出版社，2006．

[4] 焦海涛，孙健敏．工作投入导向的绩效管理[J]．企业管理，2013（4）：118-119．

[5] Rue L W，Byars L L．管理学：技能与应用[M]．第 11 版．刘松柏，译．北京：北京大学出版社，2006．

[6] 韬睿咨询公司．中国员工敬业度调查[J]．当代经理人，2006（7）：102-108．

[7] 叶坪鑫，赵辉，张祖安．使命的力量——云南白药高速成长的精神动力[J]．北大商业评论，2010（10）：65-68．

[8] 张国新．组织公民行为提升企业绩效[J]．企业管理，2012（12）：99-101．

[9] 张小林，戚振江．组织公民行为理论及其应用研究[J]．心理学动态，2001，9（4）：352-360．

[10] 周红云．W 公司的组织公民行为管理[J]．中国人力资源开发，2009（231）：57-63．

[11] Adams J S, Rosenbaum W B. The relationship of worker productivity to cognitive dissonance about wage inequities[J]. Journal of Applied Psychology, 1962,46(3): 161-164.

[12] Barnard C I. The functions of the executive[M]. Oxford, England: Harvard Univ. Press, 1938.

[13] Bateman T S, Organ D W. Job satisfaction and the good soldier: The relationship between affect and employee “citizenship”[J]. Academy of Management Journal, 1983,26(4): 587-595.

[14] Farh J L, Zhong C B, Organ D W. Organizational citizenship behavior in the People's Republic of China[J]. Organization Science, 2004, 15(2): 241-253.

[15] Hackman J R, Oldham G R. The job diagnostic survey: An instrument for the diagnosis of jobs and the evaluation of job redesign projects. (Report No. 4)[M]. New Haven, CT: Yale University, Department of Administration Science, 1974.

[16] Hackman J R, Oldham G R. Development of the job diagnostic survey[J]. Journal of Applied Psychology, 1975(60):159-170.

[17] Hackman J R, Oldham G R. Motivation through the design of work: Test of a theory[J]. Organizational Behavior and Human Performance, 1976(16): 250-279.

[18] Herzberg F, Mausner B, Snyderman B B. The motivation to work(2nd ed.)[M]. Oxford, England: John Wiley, 1959.

[19] Katz D, Kahn R L. The social psychology of organizations[M]. Oxford, England:

Wiley, 1966.

[20] Maslow A H. A theory of human motivation[J]. Psychological Review, 1943,50(4): 370-396.

[21] Organ D W. Organizational citizenship behavior: The good soldier syndrome[M]. Lexington, MA: Lexington Books, 1988.

[22] Podsakoff P M, MacKenzie S B, Moorman R H, et al. Transformational leader behaviors and their effects on followers' trust in leader, satisfaction, and organizational citizenship behaviors[J]. The Leadership Quarterly, 1990, 1(2): 107-142.

[23] Roethlisberger F J, Dickson W J. Management and the worker: An account of a research program conducted by the Western Electric Company, Hawthorne Works, Chicago[M]. Cambridge, Massachusetts: Harvard University Press, 1964.

[24] Waterman Jr R H, Perters T J. In search of excellence[M]. Manhattan, NY: Grand Central Publishing, 1982.

第三篇　认知管理

第五章　组织中的知觉与归因

学习目标

- 了解知觉的概念和归因理论
- 深刻理解知觉的特性
- 掌握社会知觉的障碍和改善方法
- 在管理实践中学会正确认识事物，克服知觉偏差并合理地进行归因

引例：IBM公司的复兴

20世纪90年代，是IBM公司极其重要的转型时期。当IT业发生了日新月异的变化时，“傲慢且自信”的IBM却作茧自缚，濒临破产的边缘。郭士纳入主IBM后，以其经营才能使这位“蓝色巨人”实现了复兴。诚然，郭士纳是计算机的外行，是技术的外行，但正是这种外行经营，显示出了管理活动的重要性。在IBM复兴中起了关键作用的，正是郭士纳的经营战略。

郭士纳刚接手IBM时，公司面临的最大问题就是如何转危为安，而不是成为行业领袖。这里涉及眼前和长远的关系问题。对此，郭士纳的战略是“两步走”：第一步叫做“灭火”；第二步叫做“振兴”。接管半年之后，“蓝色巨人”又重新回到正轨并迅速成为新经济的领头羊。郭士纳警告说，太多公司错误地知觉了网络公司的前景。在这番有预见性的评论之后，一些公司在2000年末确实因为不确定的经济起点而与现实发生了碰撞。

（来源：网易财经，http://money.163.com/10/0811/08/6DPTEPPG00253G87.html）

管理是一个与人交往、对人产生认识，并与人发生相互作用的过程。在组织管理过程中，管理的对象是人，管理双方在有限的时间内利用可用信息，对个体的需要、动机以及个性特征等做出迅速有效的判断，进而采取适当应对措施，就是组织知觉加工过程。个体就是通过这一过程对组织中的个体及组织本身进行认识的。本章从知觉概念入手，对组织知觉中的障碍、归因等问题进行论述，并对其实际应用提出建议。

第一节　组织中的社会知觉

知觉（Perception）是指个体选择、组织和解释感觉器官收集的信息，从而解释周围世界的过程。从其对象来说，知觉可分为自然知觉和社会知觉两类，在组织管理活动中，后者显然是关注和研究的重点。社会知觉对人的感知不仅停留在表象上，还要把获得的信息进行整合和推断，从而形成对自我或他人的印象。每个人对自我和他人的知觉受他（她）的年龄、种族、性别、宗教、社会经济地位、能力等各种因素的综合影响，而不仅仅以现实本身为基础，所以这个世界是人们知觉到的世界。

一、组织中社会知觉的种类

（一）自我知觉

自我知觉是指个体对自己的行为和心理状况等的知觉，简单来说，就是对自己的了解。个体通过自我行为观察、社会化、他人评价、重要经历等多种途径认识自我，并以理想自我为标准来衡量和评判自己。如果知觉到的自我达到或者基本符合理想标准，个体会感到满意；反之，会导致自我批评甚至自我厌恶，产生不愉快的体验。自我知觉从内容上主要包括自我概念和自尊两部分。

1. 自我概念

自我概念（Self-concept）是人格结构的核心部分，它是个人对自己所有方面（包括生理、心理等）主观认识的集合。个体在社会化过程中逐渐形成与发展的自我认识，是一个关于自己及自己与周围环境关系的多方面、多层次的认知评价体系。

按照詹姆斯（William James）的观点，自我概念由低到高包括三个层次：物质自我、社会自我和精神自我。物质自我，即自己的身体、衣服、家庭等各种物质所有物；社会自我，是我们从熟人那里获得的社会评价，尤其是有利评价；精神自我，指个人内心的活动、能力、态度、价值观和理想等，是自我知觉中持续时间最长的部分。自我概念是人格结构的核心部分，是个体在社会化过程中逐渐形成与发展起来的多方面的、多层次的认知评价体系。

2. 自尊

自尊是个人对自己做出的评估结果，即个体的自我价值感。人们对自己的外表、行为、能力等方面持有一定的看法，这些对自我价值的一般性评估受到情境和他人看法的影响。例如，成功、赞扬可以提高自尊，而失败、批评会降低自尊。尽管如此，自尊与其他个性因素相比还是相当稳定的，可以被视为一个基本的个性特征，成为自我调节能力要素的一部分。一般情况下，高自尊的个体更加积极乐观，对自我评价更加正面，工作更加出色；而低自尊的人更可能产生抑郁、焦虑等心理状态，对自己的看法更为消极，从而引发出其他行为和工作问题。

自尊在很多方面影响着组织中的行为和其他社会环境。自尊与最初的职业选择有关。例如，有很强的自尊的人，更愿意冒风险，从而选择地位高的职业，并且比自尊弱的个人更有可能选择非常规的或非传统的工作。一项对正在寻找工作的大学生的研究表明，自尊强的学生与自尊弱的学生相比，较乐于寻求工作，从招聘人员那里得到更为有利的评估，得到更多的工作机会，更可能在毕业前签约工作。

自尊还与社会和工作有关。例如，自尊弱的雇员比自尊强的雇员更容易受他人的影响。与自尊强的雇员相比，自尊弱的雇员为自己设立的目标较低。自尊弱的雇员比自尊强的雇员易受到不利工作条件，如压力、冲突、迷惑、低水平监督、恶劣工作环境等的影响。显然，从有效的工作行为来讲，自尊是比较个人差异的重要标准。

总的来说，高自尊对于个体发展和整个组织而言都是一种正面的特质，组织管理者应该为员工创造适当的挑战，使其在成功体验中获得和发展自尊，从而达到激励的目的。

（二）人际知觉

与组织行为学关系最密切的知觉概念，就是人际知觉。这是一个“以己度人”的过程，即根据自己的经验、知识等对他人进行知觉评价。也正是通过这一点，才有了别人眼中的自己。管理者做出的所有决策和采取的行动，都是建立在对组织员工知觉的基础之上的。

不同个体看待相同的人可能产生不同的知觉，这是因为很多因素会影响到知觉的形成，甚至会歪曲知觉。这些因素可以归纳为知觉者的特点、知觉对象的特点和知觉情境的特点三个方面。

1．知觉者的特点

当个体看到一个目标个体并试图对自己看到的信息进行解释时，这种解释会受知觉者个人特点的明显影响。

首先，其对被知觉者的熟悉性会影响知觉。一般而言，当熟悉知觉对象时，个体可以根据多次观察建立对他或她的印象。如果在这些观察中收集的信息是准确的，就可以形成对该个体的准确知觉。然而，熟悉并不总是意味着准确。熟悉度过高会使知觉者滤掉那些与已有信念不符合的信息，从而扭曲了事实的真相。这在绩效评估时特别明显，因为绩效评估的对象通常都是十分熟悉的人。管理者需要注意避免先入为主的倾向。

其次，知觉者的态度影响人际知觉。假设你在为组织中一个重要的职位面试应聘者，这个职位需要与供应商打交道，从事这一职位的多数是男性。此种情况很可能使你先入为主地认为女性不擅长在谈判中坚持自己的立场，而这种态度无疑会影响你对女性应聘者的知觉。

再次，情绪也对知觉他人的方式有影响。人们在高兴时与沮丧时思考问题的方式是不一样的，并且倾向于记住与情绪状态一致的信息。当处在积极情绪状态时，个体倾向于形成对他人的积极印象，而当处在消极情绪状态时，倾向于对他人形成消极的评价和印象。

另外，知觉者的自我概念也是影响人际知觉的因素。持有正面自我概念的个体倾向于注意他人的正面属性，而负面自我概念会导致知觉者看到他人的负面特点。对自我的更多了解和理解有利于获得对他人的准确知觉。

个体的认知结构，即思考问题的方式，也会影响人际知觉。一些人倾向于获得知觉对象身体特点的信息，如身高、体重和外表等。另一些人则倾向于更多地关注对方的人格特点。认知复杂性允许个体知觉他人的多个特点，而不是只关注少数特质。

2．知觉对象的特点

知觉对象的特点会影响到知觉内容。目标个体的体貌特征在人际知觉中起着重要作用。研究表明，在群体里，热闹的人总比安静的人更容易受到注意，衣着新奇、长相特别的个体都很容易成为知觉的中心。由于我们并不是孤立地看待目标，因此目标与背景的关系也会影响到知觉，并且我们倾向于把关系密切和相似的事物组合在一起看待。在面试中，应聘者的外表吸引力或多或少会影响面试官的决定，尽管这种第一印象是我们要尽力避免的。有研究考察了被试者外表吸引力水平与收入之间的关系，结果发现吸引力得分每增加一个单位，被试者的年收入可增加 2 000 美元左右。

此外，知觉对象在言语和非言语交流中的特点，以及行为表现也可以传递大量信息，从而影响人际知觉的形成。研究表明，能否有效沟通，说的内容占 7%，说的方式占 38%，而身体语言却占到 55%。因此，当你“言不由衷”时，要注意你的表情和一些细小的动作，它们可能已经泄露了你的秘密。

3．知觉情境的特点

我们在什么情境下认识和了解他人这一点也很重要，周围的环境因素影响着我们的知觉。知觉客体或事件的时间能影响我们的注意力，其他情境因素还有地点、光线和热度等。在周六晚上的舞会上，一位身穿晚礼服、浓妆艳抹的 22 岁女性不会引起你的太多注意，但这位女性如果以同样的穿着出现在周一上午的管理心理学课堂上，则会非常吸引你的注意（以及班里其他同学的注意）。周六晚上和周一上午的知觉者及知觉对象都没有发生变化，只是情境不同了。

二、社会知觉的障碍和改善

（一）社会知觉的障碍

知觉和解释他人的活动是一项很繁重和辛苦的工作，需要付出很多认知努力。为了使这项工作更加容易，个体发展出一些知觉倾向，使我们可以迅速做出知觉，并为预测提供有价值的资料。然而，它们并不是绝对安全、可靠的，有时它们会出现偏差，成为认知障碍，甚至使我们陷入麻烦之中。了解这些社会认知偏差，有助于我们认识它们可能带来的失真，从而得以避免。

1．第一印象（First Impression）

当在信息不齐备的基础上对别人进行知觉判断时，很大程度上依赖于对他最初形成的印象，也就是我们所说的首因效应。在社会知觉中，最初的印象对人的认知具有非常重要的影响，在职场中更是具有普遍的效用，“新官上任三把火”“下马威”“先发制人”等都是想利用第一印象占得先机。

第一印象在知觉过程中实际上起到了过滤器的作用，凡是和第一印象相一致的信息会优先得到知觉，和第一印象不一致的信息则可能被过滤掉，从而使人视而不见、充耳不闻。组织成员要尽量避免受第一印象的影响，产生对别人的错误判断，因为第一印象往往是不全面、不可靠的。同时，人们也要注意充分利用第一印象的作用，给别人留下好印象，这有利于以后工作的开展和成员之间关系的建立。

2．选择性知觉（Selective Perception）

我们并不是不加区别地接受所有眼前的事物，而是受动机和认知等造成的预期的影响，只集中于环境中的某些方面，而忽略其他方面。由于人们处在非常复杂的世界中，周围有过多的刺激，知觉的选择性可以使个体用有限的精力去关注那些对自己重要的信息，因而是具有适应意义的。我们的关注点并不是随机选择的，而是观察者依据自己的兴趣、背景、经验和态度进行的主动选择。选择性知觉能使我们“快速阅读”他人，但这同时也具有信息失真的风险，因为我们看到的是我们想看到的东西。我们可以从一个模棱两可的情境中得出没有根据的结论。这一点可以解释：为什么你更可能注意到与自己相同的汽车？为什么有人因为某事受到上司的指责，而其他人做了同样的事却未被注意到？我们无法关注周围发生的所有事件，因而只能进行选择性知觉。

蒂尔邦和西蒙（Dearborn & Simon）曾进行过一项知觉研究，他们请 23 位企业经营人员阅读一份描述某钢厂的组织与活动的综合案例。在 23 名经营人员中，6 人掌管销售工作，5 人掌管生产工作，4 人掌管财会工作，8 人掌管总务工作。让每名管理者写出在这一案例中自己认为最重要的问题。掌管销售的经营人员中 83%的人认为销售最重要，而其他人中只有 29%的持同样的看法。这一结果与该研究的其他结果结合在一起，使研究者得出结论：在环境中，参与者所感知的方面与他所承担的活动和目标有着明显的联系。一个群体对于组织活动的知觉会有选择性地与他们所代表的既定利益保持一致。换句话说，当刺激模棱两可时（如钢厂案例），知觉更多地倾向于受个体解释基础（即态度、兴趣和背景）的影响，而不是刺激本身的影响。

3．晕轮效应（Halo Effect）

当我们以个体的某一特征（如智力、社会活动力、外貌）为基础，从而形成对一个人的总体印象时，我们就受到了晕轮效应的影响。学生在评价他们的老师时，这种效应经常出现。学生们常常分离出某种具体的特征（如热情），并使他们的整体评价受到对这一单独特质的知觉的影响。例如，一名教师可能是安静、认真、知识丰富、水平很高的，但如果他不够热情，则其他特点也不会获得很高的评价。

这种效应并不是随机发生的。研究表明，在以下这些情况下，晕轮效应出现的可能性最大：当被知觉的特质在行为表现上模棱两可时；当这些特质含有道德意义时；当知觉者根据自己有限的经历来判断特质时。

【资料】

一项经典研究证实了晕轮效应的存在

研究者给被试者出示的一张纸上列有六种品质。一些纸上写的是聪明、灵巧、勤奋、实际、坚定、热情，让被试者对具备这些品质的人进行评估。在这些特质的基础上，人们判断此人精明、幽默、有人缘、富有想象力。在另一些纸上，研究者仅仅把“热情”换为“冷酷”，其他品质保持不变，然而，人们所形成的知觉完全不同。显然，被试者因为一种特质而影响了对此人的总体判断。

（来源：豆丁网，http://www.docin.com/p-15545487.html）

4．对比效应（Contrast Effect）

无论参加什么样的表演，都可以从一句古老的谚语中得到忠告：不要跟在孩子和动物表演之后演出你的节目。原因何在呢？观众极为喜爱孩子和动物，这已经是共识，在这种对比下会降低你的节目效果。这个例子说明，对比效应可以使知觉产生偏差。我们对一个人的评价并不是孤立进行的，它常常受我们最近接触到的其他人的影响。

我们可以从面试情境中找到对比效应的例子。在这种情境中，面试官会连续看到一群求职者。对任何一位具体求职者来说，评估的失真可能取决于他在面试中所处的位置。如果排在该求职者之前的是个平庸之人，则可能会有利于对他的评估；如果排在他之前的是个极出色的求职者，则可能不利于对他的评估。

5．投射作用（Projection）

如果我们假定别人与我们相似则很容易判断别人。例如，如果你希望自己的工作富有挑战性和责任感，则会假定别人也同样希望如此；或者，如果你是个诚实守信之人，也会想当然地认为别人同样是诚实可信的。我们把这种将自己的特点推论到其他人身上的倾向称为投射，它会使我们对其他人的知觉失真。

投射使人们倾向于按照自己的想法来知觉他人，而不是按照被观察者的真实情况进行知觉。当管理者产生投射时，他们了解个体差异的能力就降低了，很可能认为别人比实际更为同质。

6．刻板印象（Stereotype）

刻板印象即一系列简单的、通常不准确的信念，认为特定类型的人群一定具有某些典型特征。这些刻板印象通常是基于年龄、性别或种族这样的明显个人特征而形成的。管理者受这些刻板印象的影响，就会做出错误的假设。

这种认知倾向使复杂世界变得简化，并承认人们之间拥有一致性。使用刻板印象可能相对来说易于处理不计其数的刺激。例如，假设你作为一名销售经理希望在所辖区内找到一名销售人员，你希望聘用一个有进取心、工作勤奋并善于处理不利环境的人。过去，你所聘用的那些曾参加过大学运动队的个体都很成功。因此，你很注重求职者中是否有人参加过学校运动队。这样做的结果明显缩短了你的搜索时间。另外，在一定程度上，运动员是积极进取、工作勤奋、能够很好地处理不利环境的，运用这种刻板印象能够提高你的决策水平。但是，不准确的刻板印象则会出现问题。换句话说，未必每一个大学校队队员都是积极进取、工作勤奋、能够很好地处理不利环境的，正如并非所有财会人员都是安静而内省的一样。在组织中，我们常常听到一些以性别、年龄、种族，甚至是体重为基础的刻板印象，如“女性不会为了晋升而调动工作”“男性对照顾孩子不感兴趣”“老年人无法学会新技能”“亚裔移民勤奋而负责”“肥胖者缺乏纪律性”。从知觉角度看，如果人们期望见到这些刻板印象，那么他们就会知觉到这样的人，无论这种刻板印象是否准确。因此，我们要经常反省自己，确保在评估和决策中公平、正确地使用刻板印象。“越是有用的东西，因为错误使用而带来的危险就越大”。

7．自我实现预言（Self-fulfilling Prophecy）

自我实现预言，也被称作罗森塔尔效应，表示他人的期望决定个体的行为这一事实。换句话说，如果管理者对下属的期望很高，他们就不太可能令管理者失望。同样，如果管理者预期员工只能完成最低水平的工作，则他们就倾向于表现出这种行为。于是，期望变成了现实。

关于自我实现预言，有一个有趣的例子：以色列国防军对 105 名接受为期 15 周作战指挥培训的士兵进行研究。研究者告诉培训的 4 名教官，前来培训的学员中有 1/3 很有潜力，另外 1/3 潜力一般，其他人的潜力是个未知数。事实上，培训学员由研究者随机分入这三类当中。研究结果证实了自我实现预期的存在。那些被称为很有潜力的培训学员，在客观性测验中成绩明显高于其他学员，并表现出更为积极的态度，对他们的领导者也更为尊重。他们得到了好的结果，因为教官期望他们如此。

（二）改善社会知觉

知觉偏差普遍存在于我们的日常工作和生活当中，并不是因为人们有意做出不准确的判断，而是因为人们不能对信息进行全面的加工。既然我们无法跳过知觉过程，我们就应该尽一切努力尝试减少各种知觉偏差。下面介绍几条改善社会知觉的建议。

1．有意义的互动

当我们采用有意义的方式和他人进行更多的互动时，我们就可以更少地依赖刻板印象等知觉偏差去理解别人。例如，员工在为了共同的目标工作时，进行亲密、频繁的互动，相互依赖、相互合作，从而产生移情。移情（Empathy）是指一个人对另一个人的情感、思想以及所处情境的理解力和敏感度。对他人的移情能力可以让我们更加敏锐地察觉到造成他人绩效表现和行为的原因，从而减少知觉偏差。

2．乔哈里窗口

乔哈里窗口（Johari Window）是了解自己、增进与同事共同理解的一个广受欢迎的模型。由约瑟夫·鲁夫特（Joseph Luft）和哈里·英格拉姆（Harry Ingram）提出的这一模型，根据个体价值观、信仰和经验是否为自己和其他人所知，将个体的信息分到四个“窗口”，即开放区、盲区、隐藏区及未知区，具体如图 5-1 所示。

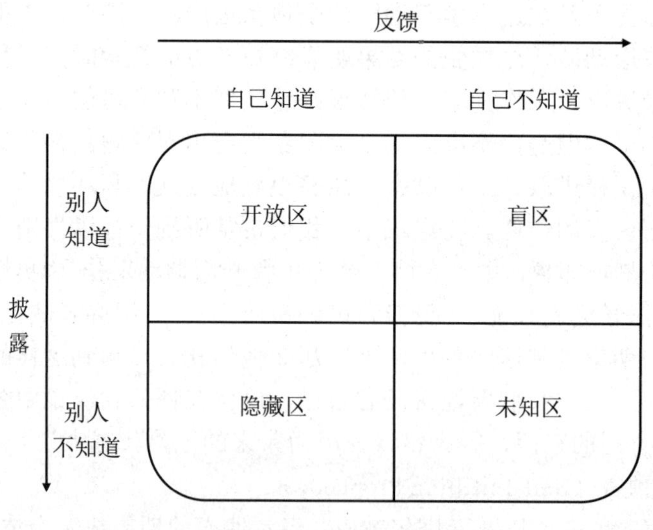

图 5-1　乔哈里窗口

开放区包括自己知道而别人也知道的信息，如你和你的同事都知道你有高超的计算机技术。盲区包括别人知道而自己没有意识到内容，例如，你的同事发现你在小组讨论时总喜欢打断别人的发言，而你自己却没意识到。你自己知道而别人不知道的信息则在隐藏区，这是我们每个人的私密空间。最后，未知区则蕴藏着你自己和别人都未发现的关于你自己的价值观、信仰和经验。

乔哈里窗口的主要目标是扩大开放区，让你和同事都能更加了解彼此的知觉观点和局限，通过频繁、开放地与同事进行对话来实现沟通，从而使来自不同文化背景的人们有机会进行更多的交流，可以克服文化差异，更好地理解他人的行为。

此外，我们还要根据客观因素评价他人，避免匆忙做判断而得出错误的结论。与一线员工一起工作、与职员和客户保持密切联系，是帮助管理人员改进他们知觉的有效方法。

第二节　组织中的归因

通过知觉，人们可以基本了解自己或者他人的行为及相关信息，但人们不会满足于知觉别人的行为，还想深入探究人们为什么这么做。领导表扬了一名员工，是因为他出色的业绩还是因为善于奉承？我们无时无刻、有意无意地探求着行为表面之下的原因。人们对自己和他人行为背后的原因进行探究就是归因。

一、归因理论

归因是我们知觉世界的重要组成部分，它用因果关系将世界的各个部分联系起来，影响着我们的情绪和行为。当我们观察人时，总是试图解释他以某种方式行动的原因。而我们对于个体活动的知觉和判断，又在很大程度上受到我们对其内部状态假设的影响。

归因理论（Attribution Theory）认为，我们对个体的不同判断取决于我们对其行为做出何种归因。一般而言，当我们观察到某一个体的行为时，总是试图判断它是由内部原因还是外部原因引起的。

内因是指那些个体自己控制范围内的原因，外因则是个体无法控制的情境因素。对于一名上班迟到的员工，如果你把迟到归因于他在昨天晚会上玩到凌晨而睡过了头，那就是内部归因；但如果你认为迟到的原因是他常走的路线交通堵塞，那就是外部归因。

那么人们到底是如何进行归因的呢？下面介绍两种最有影响力的归因理论。

（一）凯利的归因理论

在归因理论中，最著名的是美国心理学家凯利（H. Kelly）提出的归因模型，又称为因果推断模型。根据归因理论的创始人海德（F. Heider）提出的共变原则，即分析哪些因素与此结果是协同变化的，凯利提出了一个试图解释归因过程的理论。在凯利的理论中，行为的原因有可能来自三个方面，即知觉者本人的特点、知觉对象的特点和行为发生的环境。归因就是在这三者中判断出能够说明行为发生的主要原因。但是，这种判断在很大程度上取决于三个因素，即区别性、一致性和一贯性信息，如表 5-1 所示。

表 5-1 三种行为信息的共变和归因

行为信息			归因类型
区别性	一贯性	一致性	
低	高	低	活动者
高	高	高	刺激对象
高	低	低	环境

区别性（Distinctiveness）是指个体在不同情境下是否表现出不同的行为。一名今天迟到的员工是否也常常被同事抱怨为“逃避工作之人”？我们想了解的是这种行为是否不同于平常。如果是，则观察者可能会对行为进行外部归因；如果否，则可能将活动归于内部原因。

观察者需要考察一个人活动的一贯性（Consistency）。不论时间怎样变化，此人是否都表现出相同的行为呢？如果一名员工并不是在所有情境下都上班迟到 10 分钟（例如，她有好几个月从未迟到过），则表明这是一个特例；而如果他经常迟到（例如，他每周都会迟到两三次），则说明迟到行为是固定模式中的一部分。行为的一贯性越高，观察者越倾向于对其作内部归因。

如果每个人面对相似情境都有相同的反应，就说该行为表现出一致性（Consensus）。例如，所有走相同路线上班的员工都迟到了，则这一迟到行为就符合上述标准。从归因的观点来看，如果一致性高，我们很可能对迟到行为进行外部归因；如果走相同路线的其他员工都准点到达了，就会断定迟到的原因来自内部。

（二）维纳的三维归因理论

美国心理学家维纳（Weiner）认为，人们可能把自己的成功和失败归因于四个因素：努力程度、能力、任务难度和运气。这些因素又可根据内外因、稳定与否和是否可控分成三个维度。其中，努力程度和能力属于内因，任务难度和运气属于外因；能力和任务难度属于稳定因素，努力和运气属于不稳定因素；努力程度是可控的，而任务难度和运气则是不可控制的。具体如表 5-2 所示。

表 5-2 维纳的归因模型

归因维度	归因因素			
	努力	能力	任务难度	运气
内外因	内因	内因	外因	外因
稳定性	不稳定	稳定	稳定	不稳定
可控性	可控	可控或不可控	不可控	不可控

人们对于成功和失败的归因模式会对随后产生的心理感受和自我评价产生极大的影响。将成功归因为内因，则会使人感到自豪和满意，若归结为外因，则会产生意外和感激；将失败归因为内因，会使人产生内疚和无助感，归结为外部，则会气愤；将成功归因为稳定因素，会提高积极性，预期未来还会成功，相反则可能变得悲观；将成功归为可以控制的，可以增强自信，而把失败归结为不可控原因，则可以避免一些消极情绪的

产生。

二、归因偏差

归因研究还有一项很有趣的发现，即人们常常存在归因错误或偏差。常见的归因偏差有以下几种。

（一）基本归因偏差（Fundamental Attribution Bias）

当评价他人的行为时，总是倾向于低估外部因素的影响，而高估内部或个人因素的影响，这被称为基本归因偏差。这种现象解释了下面这种情况：当销售人员的业绩不佳时，销售经理更倾向于归因于下属自身的问题而不是其他客观的原因。

对于基本归因偏差有两种解释：第一种解释是，行动者和观察者的着眼点不同。行动者对于自身的行为很难作深入观察，于是把行动的原因归于外部；相反，观察者则倾向于把注意力集中于行动者，从内部寻找原因。第二种解释是，行动者与观察者的信息来源不同。观察者由于不太了解行为者过去的行为方式，自然容易假设行动者当前的行为方式与过去保持一致，于是倾向于把原因归于行动者自身。

（二）自利性偏差（Self-serving Bias）

个体和组织还倾向于把成功归因于内部因素（如能力或者努力），而把失败归因为外部因素（如运气或者同事不支持），这称为自利性偏差。例如，当伊拉克战争似乎进展顺利时，美国白宫扬言“任务完成”。但是，当没有发现大规模杀伤性武器，战争短期内也不会结束时，白宫官员又立刻谴责情报部门工作的失败。

这种归因偏差不利于个体对自己的行为和能力做出准确评价，而且失败后的责任推卸易于引发不良的人际关系。但是，也有研究者认为那些将成功归因为内在因素的人们倾向于对他们未来的行为持有更高的期待并更渴望取得成功，从而给自己设置更具挑战性的目标。

归因偏差因人而异。高自我接受的人不太会将他人的行为归结为消极因素，也较少使用自利性归因偏差。由于归因有很大的主观性，因此我们在对某人的行为进行归因时进行广泛的比较是个不错的主意，收集多个人对同一个人的评价，从而获得比较客观、全面的信息。从这种意义上说，360 度考评是一种很好的选择，即对同一个雇员的评价不仅来自上级主管，还有同事、客户等的评价，有助于避免归因偏差。

归因偏差在不同文化中是否都普遍存在呢？尽管目前我们尚不能对这一问题做出明确回答，但初步的证据表明归因偏差存在着文化差异。例如，对韩国管理者进行的研究发现，与自利性偏差正好相反，他们倾向于主动承担群体失败的责任——“因为我不是一个称职的领导人”，而不是把失败归因于群体成员。归因理论在很大程度上以美国人和西欧人的实验研究为基础，但对韩国人的研究则提醒我们，在将这些研究成果运用于其他文化群体时应该慎重。

第三节　知觉和归因原理在管理中的应用

组织中的人们经常需要互相推断对方的意图和行为原因。管理者要评价下属的工作绩效和造成绩效高低的原因，员工也要评价同事在工作中的努力和贡献。面临一项决策，组织领导者需要进行归因并做出正确的判断，作为一个整体的组织也希望展示给公众一个良好的形象。组织的这些日常活动都需要知觉和归因的参与。本节分别介绍有关的知觉和归因原理在管理中的应用问题。

【资料】

来自办公室设计的微妙信号

办公室设计——灯光、颜色、家具及其他物体的位置影响客户、供应商、未来的雇员和参观者的知觉。同时，办公室的设计会以不同方式影响雇员行为。

办公室布局——谁挨着谁会影响个体的知觉和组织的最为看重的功效。例如，办公室依楼层设置，最高层管理者占据最高层最理想的办公空间，依此类推，也传达出组织看重地位的信息。办公室家具的布置也会影响到对一个公司的知觉。

一项研究表明，参观者会根据接待处座椅是面对面排列还是相互间有合理的角度会引起对一个组织非常不同的印象。把座椅放成面对面排列的组织——更刻板、紧张和老谋深算；用合理的角度布置座椅的组织——热情、友好且更平和。参观者们宁愿与“热情友好”的公司做生意。

对工作场所的研究一致表明，花卉和植物增加了热情和友好的知觉。在墙上挂一些艺术品通常有正面效果，但一些图画的内容可能会有反面作用。例如，对一个总是招不到女性员工的公司进行研究，发现遍布公司大楼的男人骑在马背上的图画留给未来的女员工的知觉是一个冷淡、敌意、不友善的公司形象。

（来源：百度文库，http://wenku.baidu.com/link?url=ICshbPrw5Hsw5qaZxFrbrmRTo0apbtgtDmeA-H83Chx6K8RG416bhAUJUEh3IKxglFB2DHbckRt7dNj9irNpU52y82w9HN9t5qpyhHHswhy）

一、知觉原理在管理中的应用

（一）招聘面试和绩效评估

1．招聘面试

对任何组织来说，聘用人员主要的方式是招聘面试。可以这样说，几乎没有人未经面试就被聘用。研究表明，面试考官常常做出不正确的知觉判断，而且面试考官之间的评价一致性常常很低，也就是说，不同面试考官看到的是同一求职者的不同方面，因而对同一个人就会得出不同的结论。

对面试考官来说，通常最初印象会很快占据主导地位，因此在面试一开始暴露的消极信息会比晚些时候暴露的同样的信息影响更大。研究表明，面试开始四五分钟后，绝大多数面试考官的决策几乎不再发生变化。因此，面试中早期出现的信息远比晚期出现的信息占有更大的权重。而判定某个人为“优秀的求职者”更可能因为他没有令人不满的特点，而不是因为他具有令人赞赏的特点。

对于你所认为的优秀求职者，其他人的意见可能截然相反。由于面试常常缺乏结构化，面试考官在求职者身上寻求的信息往往各不相同，因而对同一求职者的判断也会有很大差异。如果在聘用决策中聘用面试是一种重要的方式（通常都是如此），你就应该明白知觉偏差会影响聘用决策，并最终影响整个组织的劳动力质量。

2．员工的绩效评估

员工的绩效评估在很大程度上也依赖于知觉过程。员工的未来与其评估成绩密切相关——这中间最明显的结果有晋升、加薪和持续聘用。绩效评估体现了对员工工作的评价。尽管有些绩效的评估可以是客观的（如对销售人员在自己的推销区域中创下的销售额进行评估），但工作很多是以主观方式进行评估的。主观评估更易于实施，并给了管理者更大的决定权，而且很多工作本身也不适于客观测量。在评估员工时，管理者所使用的主观指标以及评估者认为的“好”或“差”的特点或行为，都会显著影响评估结果。当管理者出现知觉偏差时，就容易做出错误的决策并采取不适当的管理措施，这样会损害员工或组织的效果。

【资料】

麦当劳重拾升势

管理者的所有决策和行动都是以他们的主观感知为基础的。当这些感知比较准确、接近事物的真实面貌时，就有利于做出正确的决策和采取适当的行动。20世纪80年代和90年代，像麦当劳、必胜客这样的快餐连锁店看到了顾客的健康意识在提高，就在他们的菜单中加入了沙拉棒和低脂主菜。而肯德基、汉堡王则花了很长时间才意识到消费者需求的这一变化，所以错过了企业扩张的最好时机。麦当劳无疑是一家以经营汉堡和炸薯条为主的餐馆。但这一世界最大的餐饮品牌在应对人们日益强烈的抵制肥胖症的情绪时，找到了一种武器——沙拉。绿色蔬菜拌沙拉酱把妈妈们以及其他年轻女性纷纷吸引到店里。而麦当劳在20世纪90年代所疏远的正是这些顾客，因为麦当劳当时不愿意做汉堡以外的其他尝试。今天，这份沙拉所起的作用不仅仅是提升利润，它还让这家总部位于伊利诺伊州奥克布鲁克的公司重塑了形象，成为一个人们可以真正买到健康食品的地方。在曼哈顿市中心拥有7家麦当劳餐馆的欧文·克鲁格说：“情况发生了全面好转。”

（来源：网易商业报道，http://biz.163.com/41116/0/15A71OP200020QDS.html）

（二）印象管理

正如前文中提到的，第一印象在人际交往中非常重要，大多数人都想给别人留下一个好印象，这就需要进行印象管理，它是指个体的一种系统性尝试，以在他人眼中产生和保持良好印象为目的，采取适当的方式行动。

印象管理策略大概可以分为两类：一类是自我美化，即传达自身的积极信息，努力增加自己的吸引力；另一类则是他人美化，即通过各种途径努力使对方感到良好。前者是希望自己看起来更有竞争力，而后者则是为了让别人喜欢自己。我们可以通过修饰容貌、穿着等方法美化自己，也可以对自己进行一些肯定描述，还可以利用自己与重要人物的关系间接地提高自己的形象。常用的他人美化的方法有赞赏他人、称赞他人的特质或业绩、称赞他人所属的组织，从而引发他人积极的情绪和反应，使对方感觉良好，进而使对方更喜欢自己。

不仅个体需要塑造自己的良好形象，组织也需要培养良好的公司形象。有研究证明，公司的形象与人们寻求被它雇佣的兴趣密切相关。一家公司的声望越高，大学毕业生选择应聘该公司的兴趣也越高。由于公司必须有效地雇佣潜在的员工才可能顺利运作，因此了解到底哪些因素会影响公司形象非常重要。研究者发现，公司形象与人们拥有的关于它的信息数量呈正相关。一般来说，较长的招聘广告与更积极的形象相关，也就是说，除了广告内容，广告的长度也很重要。由于招聘广告通常会强调被公司雇佣的优点，因此更长的广告列出的优点更多，可以制造更深刻的正面形象，从而使人们更愿意把这家公司作为潜在的工作场所。

【资料】

苹果公司的史蒂夫·乔布斯

熟悉计算机的人，大概没有人不知道那只被咬了一口的苹果。苹果公司（Apple Inc.）自创立之初仅仅10年时间，就占领了世界市场8%以上的份额，让IBM这样的大牌公司着实吃了一惊。又一个10年之后，当众人都在为这个苹果敲响丧钟时，它却再一次迸发出亮丽绚烂的火花。这不得不说是一个商界奇迹。而总裁史蒂夫·乔布斯（SteveJobs）先是公司的创建者、后是救世者的形象更是名扬四海，谱写了创业史上的神话。不管你是他的崇拜者还是厌恶者，都会对乔布斯的领袖魅力所折服。

那只被咬了一口的苹果，真正的含义取自背叛上帝的亚当和夏娃偷吃的禁果，暗喻苹果电脑是PC领域的叛逆者。这种形象也恰如其分地勾画了乔布斯本人的特点。乔布斯成长于美国张扬个性的20世纪60年代，他从小特立独行，刻意塑造一个不同寻常的形象，执意要成为人们心目中的“叛逆者”。尽管有父母的悉心照顾，但他却努力使自己看起来像个四处流浪了多年的孤儿。他的很多行为在外人看来十分古怪，离经叛道。例如，上大学没多久却又退学；与同伴一起远赴印度要进入修道院修行；在进入阿塔利（Atari）公司时，他每顿饭只吃酸奶和水果，并相信这种饮食习惯可以免去洗澡的麻烦。即使在苹果公司蓬勃发展的时代，乔布斯也总是一副不修边幅的外表出现在众人面前。人们对他的描述是“瘦削、邋遢、留着长发、满面风尘、穿着破牛仔服、脚上趿着拖鞋。甚至在吃饭时也会把脏脚丫放在桌上，晃来晃去”。这与企业界那种西装革履的正统形象格格不入，也触怒了华尔街的不少名人。

乔布斯的管理方式曾被戏称为“愤怒管理”（Anger-management），他喜怒无常，经常在公司里上蹿下跳，对自己的手下大喊大叫，甚至在与雇员谈话时，一句话不投机就把人辞掉。他粗暴，常出言不逊，脏话连篇。他独断专行，用他的话说，“要么照着去做，要么滚蛋”。正是这种特立独行的风格和排他的绝对主义，使得 Mac 机得以诞生。但是，这种管理方式也显然不利于一家公司长期稳定地发展。终于，喜怒无常、骄傲粗鲁的乔布斯在 1985 年初权力争斗失败，被 John Sculley 扫地出门。

1998 年 8 月，乔布斯受命于危难之中、回到苹果任职临时 CEO 时，人们看到了多年风风雨雨对乔布斯的改变。他依然带着一贯的自信和坚韧，但同时又多了一份成熟和平和。工作也比以前人性化多了，他在具体的工作中并不过多插手，而更多地关注于需要进行协调的工作，如在财政、市场和交易等方面。20 年前帮助苹果创造奇迹的硅谷公关之王里吉斯·麦肯纳（Regis Mckenna）说：“乔布斯成熟了。你知道我是怎么判断的？因为他一回到苹果，就虚心地向许多人请教，而且认真地听取了意见。他已从失败中学会了许多东西。”

在他的带领下推出的 iMac 大获成功,使公司迎来自 1995 年后的第一个盈利财年。接着，又推出了全新 iMacDV.G4、iBook，在短短的一段时间里竟然推出这么多成功出色的新产品，令人目不暇接。1999 年，美国“洛杉矶时报”评选出了“本世纪经济领域 50 名最有影响力人物”，史蒂夫·乔布斯与另一名苹果公司创办人沃兹尼克并列第 5 名。史蒂夫·乔布斯也曾是“洛杉矶时报”排行榜前 10 名的企业家之一。

（资料来源：百度文库，http://wenku.baidu.com/link?url=mVF9X_wjlL6KYaHNWMSgdcpeZGXOB65r7ORPldVW_IhIzMLqhqqDuMGBJE2fL-9_tRloNrvxe2CTQAfdxeGSlv6JnSml6nAiZR4xJJm2Dri)

二、归因原理在管理中的应用

归因理论已经普遍应用于管理的各个环节，许多研究对组织管理中的问题从归因角度给出了更加具有适应性的解决方案。下面从几个方面简单介绍归因理论在管理中的应用。

（一）归因与管理决策

首先，归因过程存在于问题的确认和诊断阶段。所谓问题诊断就是要弄清问题产生的原因。例如，一个企业的产品销售不畅，这就是一个需要制定决策加以解决的问题。要解决这个问题，首先就要分析产品滞销的原因：是产品本身的质量问题，还是产品供大于求，抑或是广告宣传的力度不够？不同的原因将导致随后选择不同的行动方案。其次，在行动方案的补充和修改阶段，对决策执行结果的归因也是很重要的。一项决策取得了良好的结果，并不意味着这项决策就一定会被坚持下去，这要看管理者如何对所取得的结果进行归因。如果管理者将所取得的成功归因于决策以外的某种偶然的因素，他很可能不会坚持原先的决策，而是根据新的情况采取新的决策。同样地，即便一项决策的执行效果不好，也不一定意味着这种决策会被放弃，这要看管理者如何对所得到的不良结果进行归因：是决策本身有问题，还是执行决策有问题？如果是前者，将会导致决策改变；如果是后者，原先的决策就会被维持下去，并在执行过程中得到更好的贯彻。由此可见，在管理决策活动中，若能对所发生的事情、所出现的结果随时随地做出理性的、客观的归因判断，那么决策将总是正确的、可靠的。然而，如前所述，人们的归因过程并不总是理性的、客观的，对管理者来说同样如此。因此，运用归因研究所揭示的原理指导管理决策无疑是有益的。

另外，有研究证明组织管理者不同的归因偏向、归因风格等会作用于组织绩效，对组织决策造成方向性的影响，甚至形成其相应的组织文化。因此，对于组织决策者来说，应该尽量避免由于自己的归因风格造成的归因偏差，尽量做出无偏的归因；对于组织来说，则应该尽量广纳具有不同归因风格的成员，以便各自的归因偏向能够被抵消或平衡，从而有利于组织最后做出正确的决策。

（二）归因与激励

在实际的管理活动中，激励包含两个方面：一方面是如何从正面强化或提高员工的工作动机；另一方面是如何从反面预防员工工作动机的降低。前者是在正常情况下遇到的问题，这里称其为正面的激励；后者是当员工遇到挫折时面临的问题，则称为反面的激励。

不同于需要层次理论、双因素理论和期望理论等，从物质、环境等外在方面的改善来强化、调动个体的积极性，归因理论既不要求增加工资奖金，也不要求改善环境条件，它强调通过改变员工对所发生事件的归因认知来激励和引导其行为，因此属于认知的或内在的激励论。有些时候，我们发现仅仅是物质奖励并不能有效地达到激励作用，这种提高“外部动机”的方式很可能损坏到“内部动机”。组织有时可以通过引导员工对现有状况或者政策改革做出适当的归因，从而达到提高员工工作动机的目的。

反面激励，主要是通过归因使组织成员更加正面、积极地应对挫折，达到预防工作动机降低的目的。引起个体产生挫折感的原因有来自组织环境的，也有来自员工自身的。这就需要组织管理者对症下药，通过改善环境或者引导成员正确认识自身原因，削弱员工的挫折感，避免工作动机降低。

（三）归因与冲突管理

冲突是组织中不可避免的一种现象，它存在于各种团体和组织中。冲突产生的原因众多，资源有限、沟通不畅、知觉差异、职责不清、相互竞争、环境变化等都会导致组织内部成员之间的冲突。冲突的表现形式也较为复杂，其负面力量可能会对整个组织造成严重的打击。因此，冲突管理成为组织研究的重要内容。

归因理论假设人们在冲突情况下的反应在很大程度上取决于个人的归因方式，也就是说，归因是决定冲突发展的主要因素。研究显示，悲观的人更容易把他们的问题归因于其他当事人或环境；与此相反，对于客观事物的评价，他们则把责任归因于他人的恶劣品质。在一个冲突事件上，当事人也可能把冲突归因于他人处理冲突的能力。例如，在冲突发生时一方离开了房间，那么他就有可能被人认为没有处理冲突的能力；事实上，他很可能只是出去整理一下思路。

一般而言，大多数人认为自己是理智的，并认为别人是不理智的。理解他人的观点需要时间、耐心、同情和技巧。西勒斯（Sillers）指出，当事人倾向于把责任过多地归因于他们的同伴或对手的企图及个人品质；但谈到自己时，当事人则往往把产生冲突的原因归为不稳定的因素、环境的原因等，而不是其自身的内部原因。因此，在冲突中当事人可能把自己的行为归因于压力，而把对方的行为归因于不理智。

在冲突发生时，可以通过积极归因来避免冲突的进一步升级。例如，更加理性地倾听对方的解释，更多从外部的、不可控制的原因给出自己的有效解释。另外，归因的时机选择也很关键。例如，在谈判情境中，应该事先让对手了解你的困难处境，在拒绝他人的要求时，应该在拒绝他之前让他知道你拒绝他的原因，这样可以避免对方愤怒情绪的引发和冲突的产生。

本章小结

1. 社会知觉是个体收集、整合和揭示关于他人信息的过程，人们的行为是以社会知觉而不是现实为基础的。自我知觉是人们对自己的认识，包括自我概念和自尊。人们对自我的认识不一定准确。尽管自尊高有一些优点，但自尊过高会造成自利性偏差，对组织造成不利影响。

2. 人们对他人的判断存在一些系统偏差，包括第一印象、选择性知觉、晕轮效应、对比效应、投射作用、刻板印象以及自我实现预言等。

3. 刻板印象是人们对某个特定群体成员持有的固定看法。刻板印象有一定的根据，优点在于节省认知资源。但是，刻板印象常常造成人们忽视个体差异，产生判断偏差。

4. 归因是人们解释自己和他人行为原因的过程。归因推断理论认为，人们根据行为推测他人的特点，常常依据区别性、一致性和一贯性信息解释行为的原因。

5. 常见的归因偏差包括基本归因偏差和自利性偏差。在组织招聘面试和绩效评估中很容易受到知觉偏差和归因偏差的影响，必须对这些偏差加以识别和排除。

6. 人们希望控制他人对自己的印象。印象管理的策略包括两类：一类是自我美化，即传递自己的积极信息；另一类是他人美化，即让对方感觉愉快，从而喜欢自己。

复习题

一、名词解释

自尊　　人际知觉　　晕轮效应　　归因偏差　　自利性偏差

二、单项选择题

1. 下列不影响知觉形成的因素是（　　）。

A．知觉者的特点　　B．知觉对象的特点

C．知觉情境的特点　　D．第一印象

2．下列不属于社会认知偏差的是（　　）。

A．刻板印象　B．选择性知觉　C．晕轮效应　D．自利性偏差

三、判断题

1．低自尊的个体更愿意冒风险，从而选择地位高的职业，并且比高自尊的个体更有可能选择非常规的或非传统的工作。（　　）

2．由于我们周围有过多的刺激，因而用有限的资源去关注那些对自己重要的信息是具有适应意义的。我们的关注点并不是随机选择的，而是观察者依据自己的兴趣、背景、经验和态度进行的主动选择。（　　）

3．内因是指那些个体自己控制范围内的原因；外因则是个体无法控制的情境因素。（　　）

4．归因理论假设人们在冲突情况下的反应在很大程度上取决于个人的行为方式，也就是说，个人行为是决定冲突发展的主要因素。（　　）

四、简答论述题

1．试分析影响人际知觉的因素。

2．试述社会知觉偏差及其在组织管理中的表现。

3．举例说明如何纠正组织情境中的知觉偏差。

4．试述归因偏差及其在组织管理中的表现。

5．举例说明如何纠正组织情境中的归因偏差。

6．试述印象管理的概念、种类和一般方法。

7．分析印象管理的优点和缺点。

五、案例分析题

这是一节五年级的体育课，正在进行的教学内容是50米快速跑。教师将全班学生分成了男女各两组进行分组练习，同时为了激发学生的兴趣，调动学生的积极性，教师在练习前提出了要求，即男女两对中没有战胜各自对手的要做立卧撑五个。刚开始，学生还为了比赛中的胜负争论，如谁抢跑了、谁跑的时候脚踩线了等，练习了几次后，学生中出现不协调的因素。“老师，太不公平了，我要求换人，”循声望去，一名男生指着身旁的同学叫嚷着，一脸的懊丧，他的叫嚷得到全班大多数“失败者”的附和，原来与其一同跑的是校田径队的集训队员，他虽几经努力都以失败而告终，自信心不免受到不小的打击。教师问道：“你认为与谁比公平？”面对教师的提问，学生迅速作出了回答与选择，指着身后一名小胖子并脸上带着一丝“坏笑”，说：“我要和他比。”于是“失败者们”纷纷提出换人要求，一时间乱作了一团，教师很快使学生安定了下来，对学生们说了这么一席话。“如果是比赛，你能因为对手的强大而要求调换对手或者是拒绝比赛吗？”“不能。”学生的回答是坚决的。“什么是虽败犹荣？相信大家都懂，能与强者同场竞技是一种荣耀，什么是强者，就是困难面前不低头、永不言败，即使明知是失败的结果，也要冲上去与之争个高低，这才是强者。”听完老师的话那些要求换对手的学生不再言语了，

只是接下来的练习更具竞争性。那名学生又一次输了，他一边做立卧撑一边说："我就不信赢不了你。"

（来源：http://www.jxteacher.com/cq/column3779/f3c5574d-f705-459e-a35a-af1269a32411.html）

思考与讨论：

试用社会知觉偏差和归因理论来对学生和老师的行为进行分析。

参考文献

[1] 顾琴轩．组织行为学[M]．上海：上海人民出版社，2007.

[2] 申林．组织行为学与人事心理[M]．长沙：湖南师范大学出版社，2007.

[3] 孙健敏，李原．组织行为学[M]．上海：复旦大学出版社，2005.

[4] 斯蒂芬·P.罗宾斯．组织行为学[M]．第10版．孙健敏，李原，译．北京：中国人民大学出版社，2005.

[5] 威廉·詹姆斯．心理学原理[M]．田平，译．北京：中国城市出版社，2010.

[6] 张爱卿．当代组织行为学理论与实践[M]．北京：人民邮电出版社，2006.

[7] 罗伯特·B.登哈特，珍妮特·V.登哈特，玛丽亚·P.阿里斯蒂格塔．公共组织行为学[M]．越丽江，译．北京：中国人民大学出版社，2007.

[8] Dearborn D C, Simon H A. Selective perception: A note on the departmental identifications of executives[J]. Sociometry, 1958(21): 140-144.

[9] Richard W J, Carol D A, Gary L G. Workforce 2020: work and workers in the 21st century[M]. Hudson Institute, 1997.

第六章　组织中的决策

学习目标

- 了解组织决策的基本流程
- 区分不同的组织决策类型
- 掌握决策的不同模型
- 了解个体和群体在决策中容易出现的偏差

引例：决策失误的泰坦尼克

1912 年 4 月 14 日，号称“不沉之城”的泰坦尼克号载着 2 224 名乘客和船员撞上冰山，1 513 人葬身冰海。事故分析显示，尽管当时有 4 条信息显示前方可能有冰山，而且一名瞭望员提出要借助双筒望远镜，但根本未被理睬。船长爱德华·史密斯是一名支配型又受尊敬的领导者，他命令船只在黑夜中全速前进。一种无懈可击的错觉告诉人们：“就连上帝本人也无法使这艘船沉没。”在群体压力下，船员们斥责那名不能使用肉眼的瞭望员，这名瞭望员消除了他的疑虑。另外，泰坦尼克号上的电报员也没能把最后也是最完整的一条冰山警报传达给船长。

（来源：张志勇，乐国安，侯玉波译，2006）

泰坦尼克号的悲剧在一定程度上是群体决策的结果。在这一决策中，出现了严重妨碍群体决策有效性的不利因素。本章将分析组织中的决策过程和决策模型，并探讨个体及群体的决策偏差和障碍问题。

第一节　决 策 过 程

决策通常被定义为从多个备选方案中做出选择的过程。它是组织中最重要的管理活动之一。作为管理者，需要做出的决策大到决定组织目标、所提供的产品和服务、财务运作方式，小到生产日程安排、招聘新员工等。这些决定如何做出？有什么方法可以改进决策呢？

一、决策的基本步骤

多数研究者将决策分解为一系列阶段，用于描述个人或群体的决策过程。获得 1978

年诺贝尔经济学奖的赫伯特·西蒙（H. Simon）是研究人类判断和决策过程的心理学家，他曾将决策过程分为三个阶段：第一阶段从事智力活动，对环境进行搜索，确定决策情境；第二阶段从事设计活动，探索、发展和分析可能发生的行为序列；第三阶段从事选择活动，在可能的行为序列中选择一个的决策。研究者分别提出了各自的决策阶段划分（如 Mintzberg，1976；Harrison，1987，1999），这些阶段划分对理解组织决策的本质特点很有帮助。一个较为全面的模型将决策过程分为八个基本阶段，其中前六个阶段属于决策规划，即理解问题和做决定的过程；后两个阶段属于决策实施，即执行所做决策的过程（Wedley & Field，1983；Nutt，1993）。需要注意的是，并非所有决策都遵循全部八个阶段的模式，有的阶段可能被跳过，有的阶段可能联合进行，有的阶段可能会反复进行。下面分别介绍这八个阶段。

1．问题识别

决策经常是对问题做出回应，识别问题则是它的第一步，即发现问题的存在。例如，管理者发现公司不足以支付员工的薪水，这时他认识到问题的存在，需要做出决策。识别问题并不像表面上看这么简单。研究发现，人们经常歪曲、遗漏、忽视或低估某些周围的信息，而这些信息提供了有关问题存在的重要线索。第五章中曾谈到，人们并不总是准确地知觉社会情境，而且如果知道问题真相会让自己不安，就会在潜意识里忽略这些问题。否定问题的存在是有效应对它的第一个障碍。很多不良决策都是由于决策者忽视问题或者定义了一个错误的问题而造成的。

2．定义目标

在认识到问题存在之后，需要确定解决问题所要达到的目标。例如，如果问题被定义为没有足够的现金，那么目标就是增加可用的现金储备。任何可能达到这一目标的方法都应该考虑。

3．进行预决策

预决策是关于如何做决策的决定。当分析了存在的问题和情境之后，管理者可能选择自己独自决策，也可能委托他人决策，还有可能让群体决策。进行预决策时，应该注意不同的情境需要不同的决策方式。管理者经常依赖自己的直觉或经验来做预决策。但是，近年来已经开发出计算机程序来帮助人们做预决策。这种决策支持系统（DSS）主要基于现有的社会科学研究成果，对人们的决策过程很有帮助，尤其是可以帮助人们产生大量备选解决方案。

4．开发备选方案

在识别可能的解决方案时，人们主要依赖于过去曾经有效的方法。例如，解决资金短缺问题的可能方案包括削减劳动力、出售不必要的设备和材料，或者增加销售。

5．评估备选方案

备选方案一旦确定，就需要对它们进行评估和比较，力图选出最优的方案。在可选方案中，有些可能有效性更高，有些可能实施起来比较困难。例如，增加销售可以增加收入，但实施起来并不那么容易，它只是一种可能的方案，并不是马上就可以实行的。

6．做出选择

当评估了多个方案之后，选择一个可以接受的方案。尽管理性决策模型假定人们会选择最优的方案，但我们将会看到，现实中的决策往往由于各种条件限制，只会选择可以接受或合理的解决方案，并不一定是最佳的。

7. 执行选择

做出选择之后，实施选中的方案。

8. 追踪调查

检验决策实施的有效性对组织来说非常重要。在决策实施之后，要注意问题是否解决，有没有产生新的问题。也就是说，必须积极寻找解决方案有效性的反馈信息。因此，决策是一个循环往复的过程，如果问题没有解决，那么决策过程还要进行下去。

另一个被经常用到的决策过程模型是哈里森（Harrison）的决策模型。他把做出选择作为决策过程的最后一步，将决策分为六个阶段：第一，界定问题，当事件的理想状态与现实状态存在差距时，问题便出现了；第二，确定决策标准，即确定选项优劣的标准；第三，给标准分配权重，并非所有标准都同等重要，需要排列它们的优先顺序；第四，开发备选方案，即列出所有可能的解决方案；第五，评估备选方案，将备选方案根据阶段二和三确定的标准进行评估；第六，选择最佳方案，计算出在各项标准上总分最高的方案，并选择这一方案。

上述每种决策模型都明确界定了各个阶段，并从第一阶段开始一直到最后一个阶段。但需要注意的是，决策是一个动态的过程，几乎每个阶段都可能发生跳过、停留或重复等现象。并且，下文将会提到，现实中的决策往往并非完全理性，不一定会严格遵循每一阶段直至选出最佳解决方法。尽管如此，这些决策模型还是提供了分析组织中复杂决策过程的有效工具。

【资料】

小猫毁掉司令部

第一次世界大战期间，法国曾和德国交战。法军一个旅司令部在前线构筑了一座极其隐蔽的地下指挥部。不幸的是，他们只注意了人员的隐蔽，而忽略了某位长官养的一只猫。当时，德军的一个参谋人员在观察战场时发现：每天早上八九点钟左右，都有一只小猫在法军阵地后的一座坟包上晒太阳。他立刻向主要指挥官做了汇报。主要指挥官召开了高级参谋会议，参加会议的人中有几个人认为这里大有文章，但另一名高级指挥官却认为这是小题大做，为一只猫开会讨论不值得，他发言后，其他人什么都不说了。主持会议的高级指挥官没有办法，只好让参加会议的人都写一份自己的看法，他将这些书面材料整理出来。最终做出了如下判断：第一，这只猫不是野猫，野猫白天不出来，更不会在炮火隆隆的阵地上出没；第二，猫的栖身处就在坟包附近，很可能是一个地下掩蔽部，因为周围没有人家；第三，这只猫是相当名贵的波斯品种，在打仗时还有条件玩这种猫的绝不会是普通的下级军官。据此，他断定那个掩蔽部一定是法军的高级指挥所。随后，德军集中6个炮兵营的火力，对那里实施突袭。

事后查明，德军的判断完全正确，这是法军地下指挥所，其内的人员全部阵亡。

（来源：智库文档，http://doc.mbalib.com/view/71161b3eefa9aabf67a8ab255f48e056.html）

二、决策类型

组织中有很多决策类型，根据决策问题的性质、复杂程度、可控程度和组织中什么人参与决策的标准来划分，可分为以下几类决策。

（一）程序化决策和非程序化决策

程序化决策（Programmed Decisions）涉及组织管理中的例行问题，根据组织中规定的标准和程序对组织活动中重复出现的问题加以解决。例如，当组织中某个员工的计算机出现问题时，他会找 IT 部门寻求帮助。程序化决策所解决的问题的背景、特点及规律比较相似，决策者可以从以往的经验中总结出规律，因此，参与程序化决策的一般是基层员工。

非程序化决策（Nonprogrammed Decisions）指的是没有现成解决方案，为解决独一无二的新问题所进行的决策，如新产品的开发及新市场的开拓。由于非程序化决策缺乏可以借鉴的经验或资料，决策者通常感到缺乏经验，因此需要充分发挥决策者的洞察、分析、想象力和创造能力。

战略决策（Strategic Decisions）是非程序化决策的一种。顾名思义，这类决策与组织的发展战略有关，对组织有重要的长远意义。战略决策反映了特定方式指导组织的致模式，需要根据基本的组织价值观或者使命进行决策。

程序化决策和非程序化决策有以下三个方面的不同：一是要完成的任务不同，前者是常规的重复出现的问题，而后者是独特任务；二是对组织政策的依赖程度不同，前者是依靠组织的政策制度来进行决策，而后者需要决策者发挥自身的创新性进行决策；三是决策者不同，前者通常由基层员工完成，而后者通常由高层管理者完成。

（二）确定性决策、风险性决策和不确定性决策

如果在做决策之前能够了解到关于该决策的所有信息，并根据这些信息来预测某个决策的后果，那么决策将会变得很容易。然而这样的情况是不可能出现的，因此不确定性是影响决策的重要因素。人们经常用渴望的结果出现的概率来表示风险。例如，医学研究者报告长期接触放射性物质可能导致患癌的几率是 88%；动物学家报告有约 9 000 只候鸟从 A 区迁徙到 B 区。以上提及的数据都属于客观概率（Objective Probabilities），它们是基于具体和实证的数据的。还有很多决策基于主观概率（Subjective Probabilities），即对即将发生的事件的个人信念和预感。例如，赌徒会下注在某个最近在他脑海中经常出现的数字，并相信从这个数字上赢钱的概率比其他数字都要高，很明显，这样的概率都是很主观的。

根据决策的不确定性程度和环境的可控程度，决策可分成确定性决策、风险性决策和不确定性决策。

（1）确定性决策是指在稳定、可控条件下所进行的决策行为。在确定性决策条件下，决策者掌握有关决策的准确信息，了解可选择的方案将来可能发生的情况和后果，在无重大变化的情况下，只要比较各种方案，便可做出决策。一般确定性决策由基层管理者做出。

（2）风险性决策是指决策环境不稳定，但是各种决策结果发生的概率一般是可知的。在风险决策的条件下，决策事件未来的多种自然状态的发生是随机的，决策者不能确保某个方案的结果一定出现，但可根据类似事件的资料来推算出某种结果出现的概率。这种决策有一定的风险，主要来自自然状态的概率是估计值。

（3）不确定性决策是指在决策环境不稳定条件下进行的决策。在不确定决策下，决策者无法确定或难以确定事件未来多种自然状态下的概率，不了解有几种可能的方案，更不了解各种方案的结果发生的可能性。这种决策由于没有掌握信息或者没有可参考的资料，因此只能凭借决策者的经验和主观感觉来做出决策。

不确定性决策意味着高风险，因此并不受组织的欢迎。然而，组织的高层管理者经常会遇到这样的决策难题。此时，组织会通过与其他组织建立联系，降低所在商业环境中其他组织的不可预测性，因为一个组织对另一个组织将怎么做知道的越多，它在做决策时的确定性就越高。飞速发展的计算机与互联网技术也为不确定性决策提供了大量最新的信息，因为一般认为信息能够降低不确定性。

【资料】

艾森豪威尔的英明决策

1944 年 6 月 4 日，盟军集中 45 个师、1 万多架飞机、各型舰船几千艘，即将开始规模宏大的诺曼底登陆作战。就在这关键时刻，在大西洋上的气象船和气象飞机却发来令人烦恼的消息：今后三天，英吉利海峡将在低压槽控制之下，舰船出航十分危险。盟军最高统帅艾森豪威尔陷入沉思。这时，盟军联合气象组负责人、气象学家斯塔格提出一份预报，有一个冷锋正向英吉利海峡移动，在冷锋过后和低压槽到来之前，可能会出现一段较好的天气。当时，联合气象组对 6 日的天气又作了一次较为详细的预报：上午晴，夜间转阴。这种天气虽不理想，但能满足登陆的基本条件。艾森豪威尔沉思片刻，果断做出最后决定："好，我们行动吧！"诺曼底登陆最终获得了成功。

（来源：百度文库，http://wenku.baidu.com/view/6af0601922791688848 6d72c.html）

（三）组织管理严密的决策和充分授权的决策

传统管理中，组织中除了最常规、最琐碎的决策之外，所有的决策都由管理者做出。一般模式是下属收集信息并汇报给管理者，管理者根据这些信息及自己的经验来进行决策。这种组织严密的决策也被称为自上而下的决策（Top-down Decision Making），即决策权在管理者手中，基层员工很少有机会做决策。

然而，现在越来越多的组织开始采取充分授权的决策（Empowered Decision），也叫参与式决策（Participative Decision Making），是指把决策权交给那些可能受决策影响的人或让他们参与到决策当中。这类决策允许低层职员做出独立决策，而不需要获得上级的批准。充分授权决策有以下几个优点：首先，员工对自己的工作最了解，因此知道什么决策比较好；其次，由于是自己的决策，员工对其的执行力更强，并且乐于承担决策的后果；最后，给员工一定的授权可提高员工的工作积极性和组织归属感。当然，不仅可以授权给个人，也可以授权给工作团队。很多公司施行高度授权的自我管理小组（Self-management Teams）制度。自我管理小组是指由数人（几人至十几人）组成一个小组，共同完成一项相对完整的工作，小组成员自己决定任务分配方式和任务轮换，自己承担管理责任，如制订工作进度计划（人员安排、轮休等）、采购计划甚至临时工雇用计划，以及决定工作方法等。有研究表明，参与程度与生产效率存在正相关关系。

参与式决策的形式多样，可以是所有与决策有关的人员全部参与，也可以部分人参与；可以参与决策过程的所有阶段，也可以只参与部分阶段；可以是短期的，也可以是长期的。不同形式的参与对生产效率和员工的满意度的影响是不一样的。一般来说，个体或者团体越有经验，任务越开放和非结构化，需要参与的程度就越高。

【资料】

麦肯锡：让员工参与企业决策

麦肯锡公司积极提倡让员工参与企业决策，很多企业的重大问题都由员工提出方案，再由集体讨论进行最终决策。具体做法是：首先建立一个思考问题的基本模式，然后寻求解决问题的捷径，并恪守“20/80 法则”，优先处理最关键的 20%。例如，一个公司领导为了实现公司股票上市的计划，需要设定公司的营业额目标、询问员工对目标的信心、考虑影响目标实现的困难因素所在，然后从员工的回答中将问题进行收集和归类，并运用“20/80 法则”选取其中最重要的若干问题，征求解决方案。

麦肯锡要求所有员工都必须提供自己的思考过程和解决方案，不能推卸责任。员工在敲主管办公室的门之前，必须就相关问题提出至少三个解决方案。

在集体讨论中，麦肯锡有以下四大原则。

（1）谢绝批评：就这一目标，公司鼓励每一位员工畅谈自己的想法，无论他的想法如何，其他任何人都不能批评他。

（2）自由联想。员工可以自由大胆地提出各种具体方案。

（3）允许“搭便车”。在思考这一问题时，一个人提出的方案可能会给其他人以启发，其他人可以参考这个方案的思路进一步思考。

（4）分类整合。当所有人都提出自己的想法和意见之后，公司就把大家的想法和建议进行分类和整合，然后从中选出最佳方案。

麦肯锡公司采用这样的全员决策制，充分激励了员工的积极性和创造性，使得公司始终保持着强劲的发展势头。

（来源：百度空间，http://hi.baidu.com/face6969/item/d3a4caf52e57371cd89e72c5）

三、决策差异

（一）决策的个体差异

个体做决策的方式并不一样，有人确定解决方案的时间比别人长，有人更乐于冒险，有人更关注给他人留下的印象，有人强调不惜任何代价的成功，有人更依赖逻辑和分析，有人更有直觉和创造力等。研究发现，人们的决策风格有所不同。这些风格反映了人们如何认知周围世界、如何处理信息等方面的区别。有人提出了区分人的决策风格的两个维度：思维方式和个体对模糊的忍耐性。在思维方式维度上，有的人是理性和逻辑的，对信息进行序列加工；另一些人是直觉和创造的，从整体上认知事物。在个体对模糊的耐受性维度上，模糊耐受性低的人需要结构化信息，从而使模糊性降到最低水平，而模糊耐受性高的个体则可以在不确定的环境中工作，在同一时间进行多种思考。这两个维度的交叉就形成了图 6-1 所示的四种主要的决策风格。

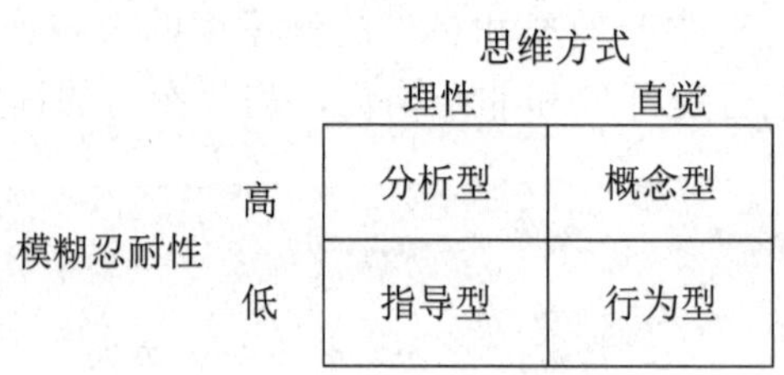

图 6-1　决策风格模型

（1）分析型的个体对模糊的耐受性高，希望得到更多的信息，考虑更多的备选方案，同时使用更多的时间进行决策。分析型的管理者属于认真的决策者，能够适应和处理新的、意想不到的情境。

（2）指导型的个体难以容忍模糊性，并且寻求理性。这种决策者有效率和有逻辑，但是他们对效率的关注导致他们在收集很少的信息和评估少量的选项之后就做出决定。指导型的个体迅速做出决定，并关注短期效果。

（3）概念型的个体倾向于使用来自多个来源的数据，考虑很多备选项，并根据直觉进行决策。他们关注长期效果，善于发现创新的问题解决方案。

（4）行为型的个体则关注组织中的人们及其发展。他们关心下属的幸福感，愿意接受他人的建议。他们倾向于短期效果，并且在决策中对数据的使用不予重视。这类管理者努力避免冲突和寻求被接纳。

研究表明，多数管理者并非只属于一种类型。通常管理者存在两种或更多不同的决策风格，一种占主导，其他是辅助。一些管理者几乎完全依赖于主导风格，而更灵活的管理者则可以根据情境进行调整。但是，通常个体的主导风格影响很大，不同主导决策风格的个体之间可能会发生冲突。例如，高度指导型的管理者可能很难接受一名缓慢的、谨慎的分析型风格的下属。

研究者发展了决策风格量表，用于测量个体的决策风格的相对强度。个体在某一决策风格上的分数越高，这一风格主导该个体决策的可能性就越大。使用决策风格量表的研究得出了有价值的结果。例如，若公司总裁在每一类型上的得分几乎是一样的，这意味着他们没有主导风格，而是能够在不同类型间来回转换。而不同群体的主导决策风格也可能是不一样的。例如，军队领导并不像通常所认为的那样高度专制，而是有较高的概念型风格得分。这些不同的风格各有其优缺点。例如，指导型的决策者通常快速决策，但往往比较独裁；概念型的决策者愿意冒险、喜欢创新，但决策时往往犹豫不决。人们的人格及人际技能的不同，造成他们以不同的方式进行决策。

另外，决策有一定的性别差异。研究发现，女性在决策时分析问题的时间更长，她们往往在决策前过度分析问题，决策后又反复讨论已做的决定。这样做的优点是对问题的细致考虑，缺点是造成决策难以做出，以及对过去决策的后悔。对决策风格的分析除了提供理解个体差异的框架之外，还可以解释相同智商的管理者在分析了相同的信息之后决策过程和最终的选择完全不同的原因。认识人们的决策风格还可以帮助理解组织中的社会交往。

【资料】

布里丹毛驴效应

布里丹养了一头小毛驴，他每天要向附近的农民买一堆草料来喂。这天，送草的农民出于对哲学家的景仰，额外多送了一堆草料放在旁边。这下子，毛驴站在两堆数量、质量和与它的距离完全相等的干草之间，可为难坏了。它虽然享有充分的选择自由，但由于两堆干草价值相等，客观上无法分辨优劣，于是它左看看、右瞅瞅，始终无法分清究竟选择哪一堆好。于是，这头可怜的毛驴就这样站在原地，一会儿考虑数量，一会儿考虑质量，一会儿分析颜色，一会儿分析新鲜度，犹犹豫豫，来来回回，在无所适从中活活地饿死了。

那头毛驴最终之所以饿死，原因就在于它左右都不想放弃，不懂得如何决策。人们把这种决策过程中犹豫不定、迟疑不决的现象称为“布里丹毛驴效应”。

（来源：互动百科，http://www.baike.com/wiki/%E5%B8%83%E9%87%8C%E4%B8%B9%E6%AF%9B%E9%A9%B4%E6%95%88%E5%BA%94）

（二）决策的文化差异

尽管不同文化背景下遵循的基本决策步骤差别不大，但是决策的方式有较大差异。决策者的文化背景影响其对问题的选择和分析的深度、对逻辑和理性的重视程度，以及组织决策由个体管理者独断做出还是由群体共同做出等。

首先，不同文化的时间观念有较大差异。如果一名美国人正在管理一个大型建筑项目，他发现最重要的供应商之一交付必需材料的时间要推迟几个月，这名美国人很可能会考虑更换一个供应商。但如果是在泰国、印度尼西亚或马来西亚，管理者很可能会接受这一点，允许项目推迟。也就是说，对于美国、加拿大或西欧的管理者来说，这种情境会被知觉为需要决策的问题，但泰国、印度尼西亚或马来西亚的管理者根本就不会认为这是问题。由于决策过程开始于问题识别，所以必须注意的是，并非所有人都把同样的情境知觉为问题。另一个文化差异也与时间有关，表现在决策所花费的时间上。在美国，好的决策者的标志之一是他很果断，也就是说，乐意做出重要决策并且毫不迟疑。但是，在其他一些文化下，时间的紧迫感不被重视。例如，在埃及，事情越重要，决策者就被期望花越多的时间去考虑。在整个中东，迅速做出决定会被认为过度草率。

不同文化之间强调的决策主体也有所不同。例如，在美国，人们高度重视个人主义，通常是个体决策。但是，在集体主义文化下，如日本，如果不先赢得同事的同意，就自己做出决定会被认为不可思议。什么人做决策也有文化差异。例如，在瑞典，决策可能涉及的所有员工都要参与决策；但在印度，看重的是专制决策，如果管理者咨询下属的意见，会被认为是软弱的表现。

第二节 决策模型

一、理性假设与标准决策模型

理性决策模型的前提是来自古典经济学理论的理性假设，该假设认为人是理性的，有能力做出最优化的决策。在这基础上，可发展出一系列的具体假设。

（1）问题清晰。问题是清楚明确的，它假设决策者对于决策情境拥有完整、全面的信息。

（2）所有选项已知。它假设决策者可以确定所有的相关标准，并能列出所有的可行性方案。更进一步，决策者还知道各个方案的可能结果。

（3）偏好明确。它假定决策标准和备选方案的价值可以量化和排序，以反映它们的重要性。

（4）偏好稳定。它假定具体的决策标准是恒定的，分配给它们的权重也是稳定的，不随时间而改变。

（5）没有时间和费用的限制。理性决策者可以获得有关标准和备选方案方面的丰富信息，因为它假定没有时间和费用的限制。

（6）最终选择效果最佳。理性的决策者将选择评估分数最高的方案。

也就是说，这种决策是在具体的限定条件下做出稳定的、价值最大化的选择。在理性假设基础上建立的决策模型被称为标准决策模型，其中比较著名的是约翰·冯·诺依曼（John von Neumann）和奥斯卡·摩根斯坦（Oskar Morgenstern）在 1944 年提出的期望效用理论模型。该模型提供了一套明确的公理，包括有序性、占优性、相消性、可传递性、连续性和恒定性等。根据这些公理和公式可以准确地推算出各类决策的数学预测结果。

标准决策模型在现实中的应用往往遇到各种限制，因为我们几乎不可能获得所有与决策有关的信息，并且偏好不明确和不稳定导致真实的决策并不吻合要求结果最优化的标准化决策模型。只有当决策者面临只有少数几个行动选项的简单问题，且搜索和评估备选方案的成本很低时，标准决策模型才能勉强地解释人们的决策行为。但在实际问题中，这样的情况少之又少，因此催生了其他的决策模型。

二、有限理性假设和描述决策模型

设想一下，你要购买一辆汽车，按照标准决策模型的要求，你要搜集满足你最低标准要求的所有汽车的信息，然后选择你所要求的汽车的价格、性能、质量性价比最高的那一款车，从而达到价值的最大化。然而，搜集所有满足你的最低要求的汽车信息所耗费的时间和精力是难以预料的，因为这样的搜索可能牵涉到上百个汽车性能参数，因此，标准决策模型几乎不可能完整地应用在实际中。西蒙在他的著作《管理行为》（*Administrative Behavior*）中提出，实际上人们是不能完全掌握所有信息的，那么人们就不能在理性经济人假设的基础上制定政策。那么，人们在现实中是如何进行决策的呢？例如，一位人力资源经理需要招聘一位行政助理，常用的做法是录用面试中表现最好的应聘者，并停止招聘，而不可能面试所有可能的候选人再去决定最佳人选。为了解释这种现实的决策过程，西蒙提出了有限理性假设。该假设认为，现实世界充满不确定性，人类的理性资源和认知能力是有限的，不可能掌握全部的信息并选出最佳的选项（Kahneman，2003）。因此，当面对复杂问题时，决策者的做法是把问题降到一个容易理解的水平，并且寻求符合要求的解决方式，而不是最佳的解决方式。

在有限理性假设基础上衍生出来的决策模型被称作描述性决策模型或行为决策模型，该决策模型试图描述人类真实的决策过程或行为的模型。理解该模型需要注意以下几点。

（1）决策者构建模型时，为了容易理解，只抽取问题中的重点，而并非抓住问题的所有方面，然后个体可以在简化模型中进行理性行为。

（2）决策者遵循的是满意原则而非最优化原则，他们在进行抉择的时候不需要首先确定所有可能的方案，一般来说，遇到满意的方案便选择该方案并停止对其他方案的分析和搜索。

（3）决策者使用相对简单的经验原则，或者根据习惯来进行决策，这些技术对思维能力要求并不高。

西蒙的有限理性假设突破了长久以来理性假设的制约，更好地描述了人们是如何在实际中做决策的。然而这个模型也存在一定的局限性，它没有说明决策偏差是如何产生的，也不能预测人们在面临多个选项时到底会选择哪一个。后来卡尼曼（Daniel Kahneman）和特韦斯基（Amos Tversky）在1979年共同提出的前景理论（Prospect Theory）为解决以上两个问题提供了新的视角。

【资料】

满意原则与最优化原则

两个饿得快要断气的人，爬到一块玉米地的边上，这些玉米正好帮助他们恢复体力和重新获得生命。其中的一人追求最优，他的想法是，既然要填肚子，那么最好的方式就是找到一个最大的玉米，找到它就能延续生命。于是他在玉米地里不停地爬行、寻觅。最大的玉米还没有找到，他就饿死在寻找的途中了。另一个人追求满意，他想：只要能填肚子，一个比较大的玉米就行。于是，在他的手所能触及的范围内，摘下来一个最大的玉米。吃下去之后，体力便恢复了一点；于是他在能力所允许活动的范围内继续寻找，再找到一个最大的玉米吃下去……他终于得救了，体力也完全恢复了。最后，这块地里最大的玉米被不断寻找满意的他得到了。

（来源：百度文库，http://wenku.baidu.com/link?url=3Bd6BvJIP-3eOAX2_qbo4ouK_FL4cugiVhUClOwRv_fhbO_ShVv6vdd43vCJvH4aVFJ7JEFTdQIkEhAlOcL34GS4an36NXrjWAmFzNKcwb_）

三、前景理论

Kahneman 和 Tversky（1979）提出的前景理论解释了人们如何评估备选项以及如何做出决定。该理论的核心理论揭示了决策者对风险的态度受风险以何种形式出现的影响。图 6-2 是前景理论的价值函数，其中横坐标代表事物的客观状态，右侧是正值（收益），左侧是负值（损失），纵坐标表示主观上对客观状态变化的心理反应，也叫做价值。

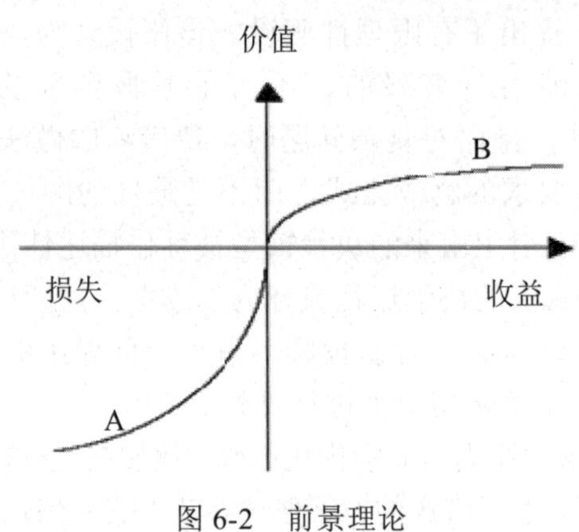

图 6-2　前景理论

根据图 6-2，我们可获得三个关于前景理论的要点。

（一）价值函数呈“S”形

收益和损失的价值函数都是曲线，表明客观事物引起的价值感并不是与客观的得失状态完全相对应的。收益的价值曲线（B）表示人们对正面事件的反应，从图 6-2 中可看出随着横坐标的增大，曲线的斜率越来越小，这说明随着收益的增加，每单位收益带来的满足感逐渐降低。换而言之，获得 100 元的满足感并不等于获得 50 元的满足感的两倍。请选择以下选项中的一项：

A．100%赚 100 元；

B．50%赚 200 元。

大部分人都会选择 A，但其实 A 和 B 的获益概率是等价的，为什么人们不选择 B 呢？Kahneman 和 Tversky 认为，在面对收益时，人们是回避风险的。

损失的价值函数曲线（A）的斜率也随着横坐标向左伸延而变小，这说明随着损失金额的增加，每单位损失造成的损失感逐渐减少。也就是说，损失 100 的损失感并不等于损失 50 元的两倍。请选择以下选项中的一项：

A．100%亏 100 元；

B．50%亏 200 元。

由于人们在面临损失时是偏好冒险的，因此大部分人会选择 B。

（二）损失曲线比收益曲线的斜率大

由于损失的价值函数比收益的价值函数斜率要更大，因此损失比收益更加突出。也就是说，同样是 100 元，损失比收益的感受更加强烈。有研究认为，同样的损失和收益，前者对心理的冲击比后者要大一倍以上。因此，人们有回避损失的趋势。回避损失会使人们拥有的物品的价值增加，人们会以比购买价更高的价格来定价自己拥有的物品，因为损失的感觉比获得同一件东西的感觉更强烈。这一效用也被应用在商品促销中，商家承诺提供退款保证，以吸引消费者购买商品，但是，人们一旦拥有产品之后，放弃产品就意味着损失，因此大部分消费者选择不退还。

（三）中心点的位置

损失和获利是相对参照点而言的，改变评价事物的参照点，就会改变对风险的态度，从而影响人们的决策。请看下面的例子：

有一名赌徒，今天在赌场里不太走运，已经输掉了 2 000 元了，现在有一个赌局，他面临以下的抉择：

A．100% 赢 1 000 元；

B．50%赢 2 000，50%输 2 000。

如果你是这位赌徒，你将怎么选择呢？

其实如何选择重点在于中心参照点的设置。如果你将已经输掉的 2 000 元放进这个决策之中，那么在账面上你已经损失了 2 000 元，那么 A 就变成了一定输 1 000 元，B 就变成了 50%不输钱和 50%输 4 000 元，按照在损失的情况下偏好风险，你应该选 B。然而，如果你把这个赌局看成是新的开始，原来输掉的 2 000 元不在你的计算之内，根据损失厌恶，你应该选择 A。由此我们可以看出，对于各个选项的描述方式会很大程度上影响人们的决策，Kahneman 和 Tversky 将其称为框架效应（Framing Effect）。

前景理论可以很好地对人们的决策行为和结果进行预测，是一个应用性很强的描述决策模型。此外，Kahneman 和 Tversky 还研究了人们决策时所使用的方式。他们认为，在时间和信息不完整等不确定的决策情境下，人们会使用启发式（Heuristics）而不是系统的完全的分析方法。启发式是指能够提供捷径的一些非正式的经验法则，它们能够降低做决策的复杂性。Kahneman 和 Tversky 提出的启发式包括代表性启发式（Representative Heuristic）、易得性启发式（Availability Heuristic）、锚定和调整启发式（Anchoring and Adjustment Heuristic）等。这些启发式可以帮助人们用很少的时间和努力达到令人满意的结果，甚至很接近标准决策模型确定的最优方案。但是，使用启发式也有可能导致一些可以预测的偏差。

【资料】

加几个鸡蛋？

有两家卖粥的小店。左边的这个和右边的那个每天的顾客相差不多，都是川流不息，人进人出的。然而晚上结账的时候，左边的这个总是比右边的那个多出百十元来。天天如此。

于是，我走进了右边那个粥店。服务员小姐微笑地把我迎进去，给我盛好一碗粥。问我："加不加鸡蛋？"我说"加"。于是她给我加了一个鸡蛋。每进来一个顾客，服务员都要问一句："加不加鸡蛋？"也有说加的，也有说不加的，大概各占一半。

我又走进左边那个小店。服务小姐同样微笑着把我迎进去，给我盛好一碗粥。问我："加一个鸡蛋还是加两个鸡蛋？"我笑了，说："加一个。"再进来一个顾客，服务员又问一句："加一个鸡蛋还是加两个鸡蛋？"爱吃鸡蛋的就要求加两个，不爱吃的就要求加一个。也有要求不加的，但是很少。一天下来，左边这个小店就要比右边那个多卖出很多鸡蛋。

这个故事道出了一个有趣的心理现象，在心理学上称为"锚定和调整启发式"。"锚定和调整启发式"是人们在做决策和判断时经常采用的一种方法，即先把自己"锚定"在某个事物上，然后再在这个基础上进行调整。

在前一种情况下，顾客是在"加不加鸡蛋"上进行选择（或者说调整），而后一种情况下，顾客是在"加一个鸡蛋还是加两个鸡蛋"上进行选择（或者说调整），由于人们往往不能调整得很充分，所以出现了左边的小店的日营业额比右边小店多出百十元来的情况。

（来源：新浪微博，http://blog.sina.com.cn/s/blog_4b6477010100z355.html）

第三节 个体决策

一、个体决策的理性与直觉

一般认为，决策者在面临问题时如果能够认真地分析及推理，那么经过严密的逻辑思考后做出的决定是比较好的决策。但是，由于人类的认知功能的限制，不可能对所有决策都进行这样严密而耗费认知资源的思考。例如，要买一瓶矿泉水，我们也没有必要了解市面上所有的矿泉水之后才决定买哪一瓶。很多时候，我们是根据直觉做出判断的，并且这样的决策很可能优于理性分析后做出的决策。

心理学研究认为，人类思维中只有部分是可控的，即有意识的，而其他部分是自动化的，即无意识的。有研究者认为，无意识的信息加工可以产生瞬间的直觉。右脑拥护者认为，重要的决策可以采用直觉来进行，并不一定需要用系统的逻辑思考进行决策。

对于直觉（Intuition），有许多不同的理解。Agor（1989）认为直觉是使决策者快速而有准备地知道并认识在给定环境下可能发生的事情的一种能力。Behling 等人认为直觉是指从经验中提取精华的无意识过程，它并不一定要脱离理性分析而独立运作。Isenberg（1984）认为直觉是习得行为序列的顺利和自动执行。Simon（1987）认为直觉是成为固定习惯的分析能力和识别后的快速反应能力。从以上定义我们可以得出关于直觉的以下结论：首先，直觉是非常迅速的；其次，直觉以经验为基础，并在此基础上产生；最后，直觉在决策中很可能发挥积极作用。因此，直觉并不是神奇的第六感，而是建立在多年的经验基础之上的，并开始于对问题的辨认和识别。

在早些年代，学者曾经就管理者如何计划和制定决策进行争论。争论的一方认为计划应该系统地、一步一步地完成，而另一方认为管理者的工作很难在现实中这样来完成。管理者都倾向于收集信息并以一种理性的方式来制定决策，然而理性并不代表循序渐进（Agor，1986）。管理者经常要处理许多重大问题，因此，他们更加趋向于综合数据而并非分析数据，因为管理者需要寻找“大画面”来重新定义问题，并把问题与许多措施联系在一起。管理者工作节奏快，要做许多事情，然而经常会被打扰，因此他们没有多少时间静下来思考、计划或者系统地制定决策。并且，直觉并非是非理性的、冲动的，在一定程度上，我们可以凭借直觉来做决策，因为理性分析的力量被我们高估了。

管理者何时最有可能使用直觉决策的方法呢？有以下八种情况：存在高不确定性时；极少有先例存在时；变化难以科学地预测时；“事实”有限时；事实不足以明确指明前进道路时；分析性数据用途不大时；需要从存在的几个可行方案中选择一个，而每一个的评价都良好时；时间有限，并且存在提出正确决策的压力时。

虽然直觉受到了一定程度的认可，但使用直觉的人们却不会轻易承认自己在运用它，尤其是在北美、英国及其他推崇决策理性分析的文化中。具有较强的直觉能力的人们通常不会告诉同事他们如何得出结论。由于理性分析仍然是被社会赞许的，所以直觉能力经常被伪装或者隐藏。一位高层管理人员曾经说过：“有时人们必须为自己的关键决策穿上‘数据的外套’，以使它容易被接受或者符合别人的口味，不过这种修饰常常发生在做出决策之后。”

【资料】

消防队长依赖直觉做出正确的决策

俄亥俄州克利夫兰的一名消防队队长和他们手下面对着一栋后部起火的房子。队长让他的喷水小组进入屋内。他们站在起居室里，向着从厨房中冒出的浓烟和火苗喷水，然而，火势刚被扑灭不久，便再次来袭并继续燃烧。他们再次把火扑灭，但火很快又燃起来了，并且比以前更加猛烈。就在消防队员退出并重新组队进入时，队长忽然有一种不详的预感。他命令所有人撤离现场，就在他的队员刚刚走上街道时，起居室的地板突然坍塌，如果队员仍然呆在房里，他们都会掉进地下室熊熊燃烧的火焰中。

为什么消防队长会做出撤离的命令？因为火情情况与他的预期非常不符。由于大部分火焰在起居室的地板下燃烧，因此消防队员的攻势并没有对火情造成太大的影响。另外，屋内异常灼热，相比可见的火势来说实在是太热了。另一个说明这并非小型的厨房火灾的线索是，从厨房喷出的火焰听起来声音很小，但灼热的火苗却声音很大。消防队长凭直觉感到地板被下面巨大的火焰所笼罩。

老消防员积累了大量经验，他们可以下意识地对火情进行分类，并以此确定自己的反应。他们寻找情境中的模式或线索，来决定他们一步又一步的行动。

（来源：Breen，2000；Robbins，2005）

二、个体决策偏差

由于人们是不可能完全按照理性假设来进行决策的，因此，在决策时我们经常采用启发式来节省认知资源和简化决策程序。一般来说，启发式能帮助我们快速地做出令人满意的决策。然而，它们也有可能造成严重的偏差和对理性的偏离。下面介绍最常见的决策偏差。

（一）过度自信偏差（Over Confidence Bias）

过度自信偏差在决策中非常常见，它可能带来的危险也是最大的。Buehler、Griffin 和 Ross 曾做过一个有趣的研究，他们让心理系的学生尽可能准确地估计完成一篇论文需要的时间，包括：平均时间；一切进展顺利的情况下完成论文需要的时间；遇到了一切可能发生的困难的情况下完成论文需要的时间。这些学生估计，一般情况下，完成一篇论文平均需要 34 天；如果一切顺利，完成论文需要 28 天；如果进展不畅，完成论文需要 49 天。那么结果究竟如何呢？这些学生完成他们的论文竟然花了 56 天——就算所有人都遇上了最困难的情形，与他们的估计相比，依然相差甚远，显然，这是过度自信作祟。

在组织中，一个有趣的研究发现是，那些智力和人际能力最弱的人最有可能高估自己的绩效和能力。也就是说，管理人员和雇员的知识越丰富，产生过度自信的可能性就越小。当组织成员考虑自己专业领域之外的问题时，过度自信更有可能出现。

（二）证真性偏差（Confirmation Bias）

理性决策过程假定我们是客观地搜集信息的，但实际上并不是这样。我们总是带有选择性地搜集信息，可以说，我们所搜集到的都是我们愿意搜集的信息——这些信息能够验证我们的观点。证真性偏差是选择性知觉的一种特定形式，人们寻求能够证实自己过去选择的信息，忽视那些与自己的判断和决策相抵触的信息。人们还倾向于接受与自己预先形成的观点相一致的信息，对那些挑战这些观点的信息则持批评态度。证真性偏差让我们过多地关注支持性信息而忽视相反的信息，因为我们总是希望看到自己想看到、听到自己想听到的内容。

（三）锚定偏差（Anchoring Bias）

锚定偏差是指把信息固定在初始信息的倾向。一旦固定，我们就无法对接下来的信息做出全面的判断。之所以会有这种偏差，是因为我们的大脑给予了最先接收到的信息过多的关注。因此，相对于后来接收到的信息，初始印象、想法、价格和评估所占有的权重过高。

在广告、管理、政治、房地产等对说服技能要求很高的领域中，锚定偏差被广泛利用，一开始就采取一种极端的立场，试图锚定人们的态度。商业上一个很现实的例子就是商品的明码标价和定位：商场里商品的标价对顾客的心理价位有一种锚定作用，在讨价还价时，顾客很难摆脱所标价格的影响。不仅如此，超市里一种商品摆放在什么位置，也会影响顾客的授受程度和心理价位。例如，如果把一种新饮料摆放在货架上可口可乐和百氏可乐中间，那么顾客很可能以这两种饮料大体相同的价格接受它。相反，如果把它与价格低廉的饮料摆放在一起，即使它质量很好，人们也很难接受它。

在面试和谈判中，锚定偏差也在起作用。例如与新雇主讨论工资时，你的回答一般会让这个雇主所提供的工资锚定在此。我们在参与谈判时，应该记住不能过分看重对方首次提出的条件，而我们也可以适当抬高自己首次开出的条件，但需要注意的是，这个锚一定要和自身条件相匹配。

（四）易得性偏差（Availability Bias）

易得性偏差是指人们倾向于基于那些容易获得的信息做出的判断。一些生动的、最近发生的事件总会唤起我们的情绪，更加容易从我们的记忆中被提取出来。例如，2014年3月8日马航客机失联的消息让人们增加了对航空安全的担忧，人们认为乘坐飞机与其他交通工具相比更加危险。然而事实并非如此，从事故发生率来说，乘坐飞机远比乘坐汽车安全得多，只不过因为媒体总是对空难给予更多的关注，因此我们倾向于高估空难的风险，而低估车祸的风险。在组织中进行年度业绩评估时，管理者更容易重视员工最近的行为表现而不是半年甚至9个月之前的行为表现。

（五）代表性偏差（Representative Bias）

如果你的邻居是一个传统而害羞的女性，你认为她可能从事的职业是律师、生意人还是图书管理员呢？相信大部分人猜测她是一位图书管理员，因为图书管理员的典型性格就是传统而害羞。这种根据当前刺激或者事件与已有范畴或概念的相似程度来进行的判断和决策就是代表性启发式。这种启发式固然有一定的道理，但是使用它时很容易忽略基础比率，即在总人口中特定刺激或事件出现的概率。就像上面那个例子，生意人的数目是图书管理员的几十倍，因此你的判断很可能是错的。管理者常常将对一项新产品状况的预测与过去产品的成功联系起来。再如，如果从同一所大学毕业的3名学生都是业绩不良者，那么管理者可能会质疑来自同所大学的求职者的能力。

（六）随机性错误（Randomness Error）

大多数人认为，我们在一定程度上能够控制这个世界及我们的命运。当然，我们确实可以通过理性决策来控制未来的很大一部分，但是这个世界有很多随机事件，人们认为自己能够预测和控制随机事件的倾向就是我们所说的随机性错误。

随机性错误的常见表现是相关错觉（Illusory Correlation）。在一项实验中，被试者被告知某两个事件之间可能存在联系，当由计算机控制两个事件交替随机出现时，被试者大都反映他们确实发现了某种规律。但事实上，这两个事件只是随机出现，并无任何关系。另一个随机错误的常见表现是控制错觉（Illusion of Control），认为各种随机事件受自己影响。这是驱使赌徒不断赌博的动力，也是令许多人为不可能完成的事努力拼搏的原因。在赌博中，掷色子的人希望掷出小点时出手轻柔，而希望掷出大点时出手较重。赌徒一旦赢了就归因于自己的技术或预见能力，如果输了就是“差一点就成功了”或者“倒霉”。

当我们试图对某个事件赋予意义时，决策就会受到影响。最糟糕的情况是，我们把自己主观赋予的联系变成了迷信。几乎所有人都有一定的迷信行为，然而当它影响到日常的判断或者使重要决策出现偏差时，这种迷信就是有害的。

（七）框架效应（Framing Effect）

框架效应是指问题的呈现方式影响人们决策的现象。假设美国正流行一种罕见的病毒，预计 600 人感染了这种病毒。现有两种与疾病作斗争的方案可供选择。假定对各方案所产生后果的精确估算如下：

情境一：对第一组被试者（共 152 人）叙述下面情境：如果采用 A 方案，200 人将生还；如果采用 B 方案，有 1/3 的机会 600 人将生还，而有 2/3 的机会无人生还。

情境二：对第二组被试者（共 155 人）叙述同样的情境，同时将解决方案改为 C 和 D：如果采用 C 方案，400 人将死去；如果采用 D 方案，有 1/3 的机会无人死去，而有 2/3 的机会 600 人死去。

在情境一中，有 72%的被试者选择了 A 方案，28%的被试者选择了 B 方案；在情境二中，22%的被试者选择了 C 方案，78%的被试者选择了 D 方案。但实质上情境一和情境二中的方案是一样的，只是改变了描述方式而已。但也正是由于这小小的语言形式的改变，使得人们的认知参照点发生了改变，由情境一的“收益”心态改为情境二的“损失”心态。在情境一中被试者把救活看作是收益，把死亡看作是损失。参照点不同，人们对待风险的态度是不同的。当面临收益时，人们会小心翼翼地选择风险规避；当面临损失时，人们甘愿冒风险。因此，情境一中表现为风险规避，而情境二中则倾向于风险寻求。需要注意的是，这里的收益和损失完全是以认知参照点为依据的，参照点不一样，人们决策的方式也不一样。

框架效应得到了很多研究的证实。认识这一效应的重要意义在于，它告诉我们，框架会在很大程度上影响决策者是回避风险还是趋近风险。如果仅从避免损失的角度来考虑问题，决策者可能做出过于冒险的决定，以避免承受确定的损失。这种决策倾向常常导致失败，要避免这一问题的出现，决策者应该从不同的角度来看待问题，不仅考虑可能带来的损失，还要考虑可能带来的收益。

（八）承诺升级（Escalation of Commitment）

承诺升级对管理决策具有重大的意义。管理者常常为了证明自己的最初决策是正确的而继续投入大量资源给那个一开始就注定失败的决策，很多组织因此蒙受了巨大的损失。理性决策理论认为，在对各种备选方案进行评估时，应该考虑方案的未来收益，而不是考虑沉没成本（Sunk Cost），因为沉没成本是不能挽回的成本。而决策者往往对沉没成本念念不忘，并企图将其变成“可挽回”的而并非“沉没”的。

对于组织来说，在一些情况下可以避免承诺的不断升级。首先，当可用于进一步投资的资金有限，且失败的威胁非常明显时，决策者容易终止失败的投资；其次，当决策者能够分散先前失败的责任时，他们也倾向于终止继续投入，也就是说，如果人们认为自己是需要对失败负责的众多人之一时，他们不会再主张为先前的失败继续投资；最后，当人们很清楚投入的总量已经超过了预期的收益时，他们也不会继续投入。

【资料】

沉没成本

2001 年诺贝尔经济学奖获得者之一的美国经济学家斯蒂格利茨用一个生活中的例子来说明什么是沉没成本。他说："假如你花 7 美元买了一张电影票，你怀疑这个电影是否值 7 美元。看了半个小时后，你最担心的事被证实了：影片糟透了。你应该离开影院吗？在做这个决定时，你应当忽视那 7 美元。它是沉没成本，无论你离开影院与否，钱都不会再收回。"斯蒂格利茨在这里不但生动地说明了什么是沉没成本，而且还指明了我们对待沉没成本应持怎样的态度。

（来源：智库百科，http://wiki.mbalib.com/wiki/%E6%B2%89%E6%B2%A1%E6%88%90%E6%9C%AC）

（九）事后通偏差（Hindsight Bias）

事后通偏差是指当人们实际上已经知道某一事件的结果时，易于错误地认为，他们早已准确地预测了事件的结果。当一些事情发生且我们已经获得关于结果的准确反馈时，我们似乎很容易认为这一结果本来就很明显（Guibaut 等，2004）。例如，在一场比赛结束后，人们往往认为他们在比赛前已经成功预测了谁将获胜，但在比赛之前让他们作判断的话，他们不会认为自己有这么高的准确性。

出现事后通偏差的原因是，我们并不善于回忆在我们弄清楚事件的真实结果之前是如何看待这一不确定事件的，而似乎很擅长在后来所知道的结果的基础上高估预先知道的概率，进而重构过去。因此，事后通偏差似乎是选择性记忆和对早期的预测进行重构的结果。

事后通偏差使人们不能从过去的经验中吸取教训，而高估自己的预见性，并且对未来决策的准确性变得过度自信。例如，你真实的预测准确率可能只有 40%，但你认为有 90%，那么你实际上已经变得过度自信了，并且对自己的预测能力深信不疑。

三、改进个体决策

人们不能完全理性地分析信息来做出决策，并且在运用启发式中经常产生各种偏差，那么如何改进个体决策呢？著名的组织行为学专家斯蒂芬·P.罗宾斯（Stephen P Robbins）提出了以下建议。

（1）分析情境。调整决策风格以适应所在的民族文化与组织的评估和奖励标准。如果所在的国家并不看重理性，那么就不要强迫人们非要运用理性决策模型，更没有必要试图在决策中表现出理性。同样，组织在强调冒险、团队等方面也各有差异，应该调整自己的决策风格以确保它与组织文化相匹配。

（2）关注偏差。偏差让决策质量大打折扣，所以需要了解偏差的存在，并努力减少它对决策的影响。详细建议如下。

- 目标聚焦。没有目标，就无法保持理性。你不知道需要什么信息，哪些信息是相关的，哪些是不相关的，就很难在备选方案中做出选择，更容易后悔自己做出的选择。清晰的目标使得决策更加容易，能够帮助你减少与目标不符的选项。

- 寻找违背你的信念的信息。抵消过度自信、证真性偏差和事后通偏差的一个有效方法是积极寻找与你的信念或者假设相矛盾的信息。当我们尽可能全面考虑各种可能出现错误的情况时，也就是向自作聪明的倾向提出了挑战。
- 不要试图给随机事件创造意义。受过教育的人总会寻找因果关系。当问题出现时，我们会问为什么。当我们找不到理由时，就会创造理由。我们不得不承认，在生活中总有无法控制的事情。这时，我们就问一下自己，是能有意义地解释行为模式，还是这些行为模式纯属偶然。
- 增加备选方案。无论你有多少可以识别的选项，你的最终选择都几乎与你已有选项集合中最好的一个差不多。这说明，我们要增加决策的备选方案，创造性地开发更广范围的多样化的选项。所产生的备选方案越多，越具有多样性，找到最优选择的机会就越多。

（3）理性分析与直觉判断相结合。在做决策时，这两种方法并不互相冲突。同时运用两者，将会切实地改善决策的有效性。在累积管理经验的过程中，你会感觉到，自己在运用理性分析工具进行决策过程中，直觉能力也得到了提高。

（4）努力提高你的创造性，包括为解决问题寻求更多创造性的解决方案，尝试以新方法看待老问题，使用类比手法。另外，努力清理工作和组织中那些可能影响创造力发挥的障碍。

第四节　群 体 决 策

在现代组织中，越来越多地用到群体决策。组织中越重要的决策越是经常用到群体决策，如由委员会、研究小组、特别工作组或评估小组做出的决策。这样做有很多的好处，但是否就意味着群体决策一定优于个体决策呢？下文将给出回答。

一、群体决策与个体决策

俗语说："三个臭皮匠顶一个诸葛亮。"人们认为，群体决策能够避免个人偏见，群体中的个体在相互沟通与鼓励的过程中能够产生更多的解决方案；群体成员对决策有更高的承诺。然而，这些优点并不一定代表群体决策优于个体决策。

群体决策涉及多个个体甚至是团体的利益，如何达成最终的一致是许多研究者关心的问题。可以对群体成员的最初观点与最终的组织决策进行比较，从而得知最终的群体决策是根据什么规则得到的。一般采用以下几种规则来制定群体决策。

（1）多数决定原则（Majority-wins Rule），即采纳群体中大部分成员所持的意见。

（2）真理决定原则（Truth-wins Rule），即随着越来越多的成员认识到它的正确性，正确的决策将会出现。

（3）2/3 多数原则（Two-thirds-majority Rule），即得到 2/3 或以上成员支持的决定将被采纳。

（4）首先转换原则（First-shift Rule），即群体倾向于采纳群体成员观点第一次发生转变时的决策。

研究表明，这些决策规则可以说明 80%的组织决策（Stasser 等，1989）。当任务不存在客观正确的决策时，即决策反映的是一种偏好时，主要采用多数决定原则；而在有一个正确答案的智力型任务上，主要采用真理决定原则。

群体决策之所以广泛流行，是因为它有很多优点。

（1）群体决策能够利用更多的知识优势，借助成员的不同背景以获得更多的信息。特别是在异质的群体进行决策时，能够发挥各个成员的优势，对各自的弱点进行弥补，使决策更加有效。

（2）群体决策能够形成更多的可行性方案，群体中知识、经验和创造力都更加丰富，因此会产生单一个体无法得到的备选方案，并且能够使决策更加有代表性。

（3）群体决策容易得到普遍的认同，有助于决策的顺利实施。由于决策群体的成员具有广泛的代表性，所形成的决策是在综合各成员意见的基础上形成的对问题趋于一致的看法，因而有利于决策实施有关的部门或人员的理解和接受，在实施中也容易得到各部门的相互支持与配合，从而在很大程度上提高决策实施的质量。

（4）群体决策有利于使人们勇于承担风险。有关学者研究表明，在群体决策的情况下，许多人都比个人决策时更敢于承担更大的风险。

群体决策虽然具有上述明显的优点，但也有一些缺点，如果不加以妥善处理，就会影响决策的质量。

（1）消耗时间与金钱。组织一个群体并做出决策要花费时间与金钱，而群体决策制定过程中成员之间的反复交换意见和相互影响常常导致低效率，从而造成更大的浪费。

（2）在最小共同基础上的妥协。当群体较小、决策问题较为简单、各种观点比较一致时，容易做出决策；但如果不是这样，形成的决策往往是在最小共同点上的一致。这样制定的决策一般不像个体制定的决策那样有利和积极。

（3）群体内部存在从众压力，所以在群体决策过程中会抑制不同观点、少数派以求得表面上的一致。屈从压力会削弱群体中的批判精神，导致决策质量的下降。

（4）责任不清。群体决策应由群体成员分担责任，但实际上谁对最后的结果负责并不清楚。群体中的每个人通常不会有在个体决策时所具有的那种责任感，因为没有一个人能在实际上或逻辑上感到个人要对群体的行动负责，所以个人的责任都被冲淡了。

群体决策与个体决策各有优缺点，那么什么时候群体决策优于个体决策呢？一般来说，在重大、复杂的、开放性的问题上，既应该又适合采用群体决策。例如，一家公司正在决定是否应该与另一家公司合并，这一决策的重要性使得任何一个人都无法承担决策的后果和责任，其复杂性使得任何一个人（即使是专家）都没有足够的智慧和能力做出明智决策，其开放性使得群体观点的多样性能够得以充分发挥，因此群体可以做得更好。群体决策应该遵循以下原则：首先，努力形成一个以能够促进创造性思考过程的决策者为领导、有与问题相关的不同种类的人才广泛参与的群体结构，以使组织能够获得所有相关领域的知识。有时，还可以邀请那些不受组织制约的外部专家参与。其次，促使群体中的每个成员承担起和大家一起探索的群体角色，每个群体成员都能够全身心地投入，群体气氛包容开放。

而在相对不重要的、简单的或者封闭性的决策任务上，群体决策的优势就不一定能够发挥出来了。假如有一个需要做判断的简单问题，它有一个容易证实的答案。在这种情况下，群体有可能比个体做得好，但那是因为群体中的某个人可能知道正确答案，是他为群体完成了任务，也就是说，群体只是增加了知道正确答案的可能性。但是，如果群体非常大，那么很可能会影响拥有所需知识的个体完成任务。事实上，在某些知识竞赛中，单独工作不受他人干扰的专家的效率很可能超过群体。

二、群体决策误区

重要和复杂的决定一般交给群体做决策。一般认为，集合群体中各个人的知识和资源，并遵循前文所述的原则的话，那么群体决策确实优于个体决策。然而，有研究表明，群体决策也存在各种各样的误区，损害决策的质量。群体决策常见的误区包括群体极化（Group Polarization）和群体盲思（Collective Blindness）。

（一）群体极化（Group Polarization）

这一概念最早是由 James Stoner（1961）提出来的。群体极化是指群体成员中原已存在的倾向性得到加强，使一种观点或态度从原来的群体平均水平加强到具有支配性地位的现象。群体极化假设指出，群体的讨论可以使群体中多数人同意的意见得到加强，使原来同意这一意见的人更相信意见的正确性。这样，原先群体支持的意见，讨论后会变得更为支持；而原先群体反对的意见，讨论后反对的程度也更强，最终使群体的意见出现极端化倾向。而个人在参与群体讨论时，由于受群体气氛的影响，也会出现支持极端化决策的心理倾向。

这种群体决策极端化的倾向可以区分为两种情况：一种叫冒险偏移（Risky Shift），是指参与过群体讨论之后，个体更愿意采用高风险方案。对于为什么会出现冒险偏移现象，有多种解释。有些学者认为，在群体讨论中，群体成员相互之间变得更加熟悉了，随着他们之间的融洽相处，他们会变得更加勇敢和大胆。另一些学者则认为，美国社会崇尚冒险，我们敬慕那些敢于冒险的人，群体讨论激励成员向别人表明自己至少与同伴一样愿意冒险。不过，最有道理的一种说法是，群体决策分散了责任，使得任何一个人都不用单独对最后的选择负责任，因为没有一个成员能够承担全部责任，所以会更冒险。另一种群体极化现象叫谨慎偏移（Cautious Shift），是指在某些决策中，个体参与过群体讨论之后，更愿意采用保守方案，即群体讨论会加强成员的初始平均倾向，使得群体的观点向更极端的方向转移。也就是说，群体讨论会使冒险者变得更冒险，保守者变得更保守，从而极化最初的观点。后来，研究者将上述两种现象称为选择转移（Choice Shift），而更普遍的称呼是群体极化。

群体极化具有双重的意义：从积极的一面来看，它能促进群体意见一致，增强群体内聚力和群体行为。从消极的一面来看，它能使错误的判断和决定更趋极端，群体极化似乎很容易在一个具有强烈群体意识的群体内产生，也许是在这样的群体中，其成员对群体意见常做出比实际情况更一致和极端的错误决定。

对于为何存在群体极化现象，有以下三大理论解释：一是群体决策规则，即群体决策的原则（如少数服从多数）将有助于极化现象的产生。此类解释主张，人们在团体中做冒险决定将觉得较自在，因为其行动的责任已分散至所有成员身上。二是社会比较（Social Comparison），其观点是群体成员会将其意见与群体其他成员相互比较。一种想要被群体所接受及喜爱的需求，将使个体顺从群体的一般意见。三是信息影响论（Informational Influence），是指人们听取群体讨论时的争论以获得新信息（Burnstein &Vinokur，1975）。由于这些论点倾向于支持成员的最初观点，人们会听到更多支持其主张的理由。群体可使成员确信其原来的观点，因此导致更加极端的意见。

（二）群体盲思（Collective Blindness）

美国心理学家 J. Janis 分析了美国历史上若干重大决策成败的案例后，发现了一种群体盲思的现象。群体盲思是指参与到一个统一群体中的人们的一种思想作风，在这个群体中，人为地追求思想一致比现实地评价各种可能行动方案更重要。Janis 把群体盲思定义为："由于群体内的压力而造成的心理效率、现实检验以及道德判断的退化。" Janis 最初分析的四个案例——珍珠港事件、朝鲜战争、越南战争的升级及水门事件，都是群体思维的典型案例。群体盲思的表现有以下几个方面。

（1）无懈可击的错觉（Illusion of Invulnerability）。这种错觉使得群体成员认为自己的决策是无懈可击的，因此对自己的决策非常自信，看不到潜在的危险和警告。

（2）集体合理化（Collective Rationalization）。群体认为已经做出的决策是合理化的。当群体形成一致意见后，他们会花时间使决策合理化，而不是对他们进行重新审视。

（3）毋庸置疑的信念（Unquestioned Belief）。成员相信群体所做出的决策是正义的，不存在伦理道德问题，因此忽视道德上的挑战。

（4）刻板印象（Stereotype）。倾向于认为任何反对他们的个人或群体都是邪恶的和难以沟通协调的，故不屑与之争论；或者认为这些人或者群体过于软弱、愚蠢、不能够保护自己，而自己群体既定的方案则会获胜。

（5）对异议者施加压力（Direct Pressure）。群体不欣赏不同的意见和看法，对于怀疑群体立场和计划的人，群体总是立即给予反击，但常常不是以证据来反驳，而是冷嘲热讽。为了获得群体的认可，多数人在面对这种嘲弄时会变得没有主见而与群体保持一致。

（6）自我审查（Self-censorship）。成员对于议题有疑虑时总是保持沉默，忽视自己心中所产生的疑虑，认为自己没有权力可以去质疑多数人的决定或智能。

（7）全体一致的错觉（Illusion of Unanimity）。这是群体压力和自我压抑的结果，使群体的意见看起来是一致的，并由此造成群体统一的错觉。表面的一致性又会使群体决策合理化，这种由于缺乏不同的意见而造成的统一的错觉，甚至可以使很多荒谬、罪恶的行动合理化。

（8）心灵守卫（Self-appointed Mind-guards）。某些成员会有意地扣留或者隐藏那些不利于群体决策的信息和资料，或者是限制成员提出不同的意见，以此来保护决策的合法性和影响力。

在现实中，我们常常会发现一些群体决策的表现和结果是令人大失所望的。例如，很多人所熟知的 1961 年美国侵略古巴的“猪湾事件”，就是这样一个例子。这是肯尼迪总统和他的高级智囊团做出的一项无论在军事上还是在政治上都没有任何根据的决策，并充分暴露出群体决策受到了群体社会心理因素的影响。猪湾入侵并没有推翻古巴卡斯特罗政府，却白白葬送了 1 400 名美军中央情报局苦心训练的古巴流亡反对派成员，而且还使古巴更加紧密地向苏联靠拢。不但在政治上有这样的问题，对大公司的重大商业决策分析表明，高层管理群体对市场条件变化的失察将导致它们濒临灾难的边缘。而问题常常表现为高凝聚力群体的成员对群体的决定非常自信，根本不会对这些决定产生任何怀疑，结果是他们从众于群体，停止个人的批判性思考。当群体成员彼此非常忠诚时，他们会忽略那些来自其他来源的有用信息，仅仅因为这些信息可能会挑战群体的决定。

为了有效避免群体盲思的发生，Janis 在他的《群体决策》一书中提出了以下十种具体的操作方法。

（1）群体成员懂得群体思维现象及其产生的原因和后果。

（2）领导者应当保持公正，不要偏向任何立场（防止形成不成熟的倾向）。

（3）领导者应该引导每一位成员对提出的意见进行批评性评价，并鼓励提出反对意见和质疑。

（4）应该指定一位或多位成员充当反对者的角色，专门提出反对意见。

（5）时常将群体分成小组，先让他们分别聚会拟议，然后再全体聚会交流分歧。

（6）如果问题涉及与对手群体的关系，则应花时间充分研究一切警告性信息，并确认对方会采取的各种可能行动。

（7）预备决议后，应召开“第二次机会”会议，并要求每位成员提出自己的疑问。

（8）决议达成前，请群体之外的专家与会，并请他们对群体意见提出挑战。

（9）每个群体成员都应当向可信赖的有关人士就群体意向交换意见，并将他们的反应反馈给群体。

（10）几个不同的独立小组分别同时就有关问题进行决议，最后决议在此基础上形成，以避免群体思维的不良影响。

【资料】

珍珠港事件

1941 年 12 月的珍珠港被袭击事件使美国也加入到了第二次世界大战中，事件发生之前的几个星期，夏威夷的军事指挥收到了一条可靠消息：日本计划袭击美国在太平洋上的某个地方。之后军事情报失去了与日本航空母舰的无线电联系，那时航空母舰正径直朝夏威夷前进。空中侦察队本来应该能够侦查出航空母舰的位置或者至少发出几分钟的警报。但自以为是的司令官们完全无动于衷，结果直到日军开始对这个毫无防备的基地发动袭击，警报才被拉响。袭击后美军损失了 18 艘舰艇、170 艘飞机，以及 2 400 条生命。

（来源：张志勇，乐国安，侯玉波，2006）

三、改进组织决策

个体决策偏差会阻碍组织做出有效的决策，如果能够认识到这些偏差的存在，组织的决策效率和质量就能得到提高。前文已经提出了改进个体决策的建议，下面补充几个组织成员经常犯的错误，如果能够避免这些错误，群体在解决创造性问题时犯的错误就会减少：一是过分追求迅速找到解决方案；二是执着于第一个想到的方案，不去深刻地评估后果；三是迅速改变主意，采取出现的第一个新观点；四是回避从事手头的任务。这类训练方法可以提高个体的决策技能，从而改进组织决策。

阻碍组织做出有效决策的第二个因素是群体决策的偏差，其中主要包括群体极化和群体盲思。前文已介绍它们的威胁和表现，并提出了预防方法，这里不加赘述。

组织本身的一些限制也会影响决策。其中包括以下五个：一是时间限制，许多决策是在时间紧迫的条件下完成的，在这种情况下，决策者试图迅速做出决定，因而限制了对信息的搜索和对各种可能性的考虑；二是“保全面子”（Face-saving）的压力，即决策者可能做出使他们显得面子上好看的决策；三是管理者的决策会受绩效评估标准和奖励体系的影响；四是过去做出的决策通常作为前提条件，限制当前的决策；五是组织的正式规则，多数组织都设立各种规章制度来保证个体取得较高的业绩水平，然而同时也限制了决策者的选择权。

韦伯的研究表明，以下几个因素也会影响决策质量。一是年龄，一般来讲，年龄较低的组使用群体决策效果好；随着年龄增长，群体决策与优秀选择的差距加大；不同类型人的群体决策得分接近。二是规模，通常认为5～11个人能得到比较正确的结论；2～5个人能够得到相对比较一致的意见；人数再多可能双方的意见差距就会显现出来。研究发现，若以意见一致为重点，2～5个人合适；若以质量一致为重点，5～11个人合适。三是程序，也就是决策过程中采取什么样的程序。四是人际关系，团队成员彼此之间有没有成见、偏见，或相互干扰的人际因素能促使群体做出质量较高的决策。这些也会影响到群体决策的效果。组织在进行群体决策的时候可以调整以上因素，以使决策最好。

最后，一些计算机化的决策工具也可用于帮助管理者改进决策。其中帮助个人做决策的是决策支持系统（Decision Support Systems，DSS），一种协助人们做决策的资讯系统，协助人们规划与解决各种行动方案，通常以交谈式的方法来解决半结构性（Semi-structured）或非结构性（Non-structured）的问题，帮助人类做出的决策，其强调的是支援而非替代人类进行决策。它是一个动态系统，随着决策者的使用，系统会发生变化。它也可以针对决策者制定决策的方式量身定做。协助群体进行决策的系统叫群体决策支持系统（Group Decision Support Systems，GDSS），它利用便捷的网络通信技术在多位决策者之间沟通信息，提供良好的协商与综合决策环境，以支持需要集体做出决定的重要决策。有研究表明，群体决策支持系统可以提供防止群体思维的有效方法（Gallupe，DeSnactis & Dickson，1988；Jessup，Connolly & Galegher，1990）。

本章小结

1．决策是指从多个备选方案中做出选择的过程，它包括问题识别、定义目标、进行预决策、开发备选方案、评估备选方案、做出选择、执行选择和追踪调查等八个阶段。

2．决策具有一定的个体差异和文化差异。根据个体的思维方式和对模糊的忍耐性，可以划分出四种主要的决策风格，分别是指导型、分析型、概念型和行为型。不同文化背景下的人们对时间的看法和使用的决策主体有所不同。

3．根据决策的常规性，组织决策可以分为程序化决策与非程序化决策；根据包含的风险不同，可以分为确定性决策、风险性决策和不确定决策；根据组织中做出决策的主体不同，可以分为组织管理严密的决策和充分授权的决策。

4．由传统经济学的理性假设派生而来的标准决策模型强调人们的理性和信息的确定性，追求最优化的结果。西蒙的有限理性假设认为，人们的理性资源不足以保证做出最优化的决策，因而应该追求满意的而非最优的结果。Kahneman 和 Tversky 提出的前景理论更准确地描述了人们的实际决策行为。

5．人们的创造性存在个体差异，组织中的激励可以提高创造性决策。直觉决策是自动的，在某些情况下，直觉决策可以提高决策水平。

6．个体决策存在很多可以预测的偏差，包括过度自信、证真性偏差、易得性偏差、代表性偏差、锚定偏差、事后通偏差、随机性错误、承诺升级、框架效应等。改进个体决策的方法有：分析情境、关注偏差、结合理性分析与直觉、提高创造性。减少决策偏差的方法有：目标聚焦、寻找违背自己信念的信息、避免从随机事件中寻找意义、增加备选方案。

7．群体决策有许多规则。群体决策既有优点又有缺点，是否采用群体决策取决于具体的决策情境和衡量决策效果的标准。

8．危害群体决策的两种常见现象是群体极化和群体盲思。群体讨论会加强群体成员的初始倾向，造成更极端的观点。当群体凝聚力非常高且相对不受外界影响时，很容易出现群体盲思。Janis 探讨了群体盲思的可能原因、主要症状，并提出了避免群体盲思的建议。

9．改进组织决策的方法有：改进个体决策、训练群体成员、避免群体极化和群体盲思的不利影响、去除组织本身的限制因素、使用计算机化的决策工具等。

复习题

一、名词解释

决策　　决策风格　　有限理性　　描述决策模型　　前景理论　　决策偏差　　群体极化　　群体盲思

二、单项选择题

1．以下不属于参与式决策形式的选项是（　　）。

A．可长期参与也可短期参与　　B．可参与所有阶段也可参与部分阶段

C．可全部人员参与也可部分人员参与　　D．可自愿参与也可强迫参与

2．Kahneman 和 Tversky 提出的启发式不包括（　　）。

A．代表性启发式　　B．易得性启发式

C．锚定和调整启发式　　D．满意性启发式

三、判断题

1．根据决策的不确定性程度和环境的可控程度，决策可分成确定性决策、风险性决策和不确定性决策。（　　）

2．战略决策是程序化决策的一种。（　　）

3．管理者在高度不确定、极少有先例、变化难以预测、事实有限、时间有限、分析性数据用途不大等情况下最有可能实施直觉决策的方法。（　　）

4．多数决定原则、真理决定原则、2/3 多数原则、首先转换原则都是群体决策的规则。（　　）

四、简答论述题

1．简述决策的八个基本阶段。

2．简述程序化决策与非程序化决策及其异同。

3．简述充分授权决策的优点。

4．简述几种主要的个体决策偏差以及改进的建议和方法。

5．简述群体决策的优缺点。

6．简述群体盲思的表现及有效避免的具体操作方法。

五、案例分析题

群体思维与挑战者号的灾难

1986 年 1 月，当美国宇航局（NASA）决定发射挑战者号航天飞机时，群体盲思很显然地导致了悲剧的发生（Esser & Lindoerfer，1989）。考虑到零度以下的气温会对设备造成损害，在 Morton Thiokol 制造航天飞机火箭加速器的工程师们，以及在 Rockwell International 制造绕行太空船的工程师们都反对这次发射。Thiokol 的工程师们担心低温会使火箭四个部分之间的橡胶封口变脆，以至于不能封住过热的气体。公司的高层专家在回忆中都提到，在这次注定失败的任务执行之前的几个月，他们已经警告说无论封口能否封住，飞船就像一个“跳球”，如果飞行失败了，“结果将是最高阶层带来的灾难”（Magnuson，1986）。

在发射前一天晚上的电话讨论中，工程师们向拿不定主意的高管们以及宇航局的官员们提出了他们的看法。宇航局的官员们原本就很希望将这次已经被耽搁的发射继续进行下去。一个 Thiokol 的官员后来证实说：“我们都陷入思考的过程，试图找出一些迹象

来证明它们（加速器）确实不能工作。但我们并不能完全证明它们不能工作。”结果就形成了无懈可击的错觉。

从众压力也在期间起了作用。宇航局的一位官员解释说：“我的天，Thiokol，你希望我们什么时候发射，明年 4 月？”Thiokol 的首席执行官宣布说：“我们需要做出一个管理决策，”然后他要求自己的工程师兼副总经理“摘下工程师的帽子，换上管理者的帽子”。

为营造一致同意错觉，这位执行官只让管理官员投票，而把工程师排除在外。做出继续执行任务的决策后，一名工程师曾提出让一位宇航局的官员再考虑一下：“如果这次发射出了任何意外，我肯定不愿意做那个不得不当众解释为什么要进行这次发射的人。”

最后，出于心理防御，做出最后决定的宇航局的首席执行官根本不在乎工程师们的观点，也不理会 Rockwell 官员们所持的保留意见。他在排除了异议的情况下，自信地将挑战者号送上了它的悲剧之旅。

2003 年，宇航局由于专家顾问小组警告其航天飞船因老化而存在的安全隐患而撤销了 5 个顾问成员资格之后，灾难再次降临（Broad & Hules，2002）。宇航局说这只是为了吸收新鲜血液，但是几名顾问成员认为是当局企图压制他们所提出的批评意见，而且宇航局对他们的担忧漠然置之，当哥伦比亚号在返回地球途中发生断裂事故时，这一切显得更为可信了。哥伦比亚号事故调查小组（2003）总结道：“技术的原因与组织的原因在哥伦比亚号事故中不分伯仲，泡沫材料撞击上升中的航天飞机与事故关系密切，而宇航局的组织文化也是一样难逃罪责。”另一个同样重要的原因是组织内的阻碍者“屏蔽了关键安全信息的有效沟通，抑制了专家意见中的不同声音”。

（来源：http://www.psychspace.com/psych/viewnews-8712）

思考与讨论：

1．结合案例指出组织本身的哪些限制因素会影响决策？

2．案例中的群体决策出现了哪些误区？具体表现在哪些方面？

3．结合案例谈谈应该如何避免群体决策的误区？

管理游戏

老师随机抽签将全班同学分为几组，给出任务，例如，在规定时间内，以组为单位得到最终统一的结论“谁是班上最受欢迎的同学”。要求每位同学观察本组的完成时间和进度，描述每个人的决策角色，以及每个组是如何得到统一结论的，最后每组派出一个人到讲台前发言。

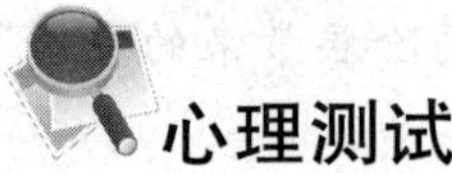

心理测试

决策风格测试

1．我的主要目标是（　　）。

A. 拥有一个职位　　B. 在我的领域成为最优异者
C. 使我的工作获得认同　　D. 在工作中感觉到安全

2. 我喜欢的工作是（　　）。
A. 技术性的并且能清楚定义的　　B. 有相当多的变化
C. 允许单独行动的　　D. 与人合作的

3. 我希望为我工作的人是（　　）。
A. 高效率的　　B. 很有能力的
C. 忠诚且有责任心的　　D. 能接纳建议的

4. 在工作中我寻找（　　）。
A. 切实的结果　　B. 最好的解决办法
C. 新的方法和意见　　D. 一个良好的工作环境

5. 我可以很好地和别人沟通（　　）。
A. 在一个直接的面对面的场合　　B. 在书面上的时候
C. 在小组讨论时　　D. 在正式的会议上

6. 在我的计划中我强调（　　）。
A. 当前问题　　B. 实现目标
C. 未来目标　　D. 员工职业生涯的发展

7. 当面临要解决的问题我会（　　）。
A. 依赖经过证实是可行的方法　　B. 仔细分析
C. 寻求创新的方法　　D. 凭直觉处理

8. 当要使用信息时我倾向于（　　）。
A. 具体事实　　B. 精确而完整的数据
C. 覆盖面广的多种选择　　D. 容易理解的有限数据

9. 当我不能很确定做什么时我会（　　）。
A. 凭直觉　　B. 搜集证据
C. 寻找一种可能的折衷方法　　D. 在做出决策之前等待

10. 无论如何我都会避免（　　）。
A. 长时间的争辩　　B. 未完成的工作
C. 使用数字和公式　　D. 和其他人发生冲突

11. 我特别擅长（　　）。
A. 记忆数据和事实　　B. 解决困难的问题
C. 发现机遇　　D. 与别人合作

12. 当时间变得重要时我会（　　）。
A. 很快地决定和行动　　B. 按部就班
C. 反对压力　　D. 寻求指引和支持

13. 在社交场合我通常会（　　）。
A. 和其他人谈话　　B. 思考别人的话
C. 观察将要发生什么事情　　D. 聆听别人的谈话

14. 我会擅长记忆（　　）。

A. 人的名字　B. 我到过的地方　C. 人的相貌　D. 人的性格

15. 我的工作使我（　　）。

A. 影响别人的权力　B. 能面对挑战性的工作任务

C. 实现个人目标　D. 得到集体的接纳和认同

16. 我能和（　　）一起很好地工作。

A. 充满野心和力量的人　B. 自信的人

C. 思路开阔的人　D. 有礼貌并值得信任的人

17. 在压力下我会（　　）。

A. 变得焦虑　B. 全神贯注于面临的问题

C. 变得灰心丧气　D. 变得健忘

18. 其他人认为我是一个（　　）。

A. 好勇斗狠的人　B. 循规蹈矩的人

C. 富于想象的人　D. 友善的乐于助人的人

19. 我决策的风格是（　　）。

A. 现实而直接的　B. 系统而抽象的

C. 广泛而富有弹性的　D. 能体会到别人的需要

20. 我不喜欢（　　）。

A. 失去控制　B. 沉闷地工作　C. 循规蹈矩　D. 被拒绝

评分表：

项目 分值 题号	A	B	C	D	项目 分值 题号	A	B	C	D
1	1	4	8	2	11	1	2	8	4
2	8	2	1	4	12	8	2	1	4
3	2	4	8	1	13	2	4	1	8
4	8	4	1	2	14	1	8	2	4
5	8	1	4	2	15	2	1	4	8
6	4	8	2	1	16	1	2	8	4
7	2	8	4	1	17	8	4	2	1
8	2	8	1	4	18	1	8	4	2
9	4	8	2	1	19	8	4	2	1
10	4	8	1	2	20	8	4	2	1
合计 分值					合计 分值				
类型	定向	分析	概念	行为	类型	定向	分析	概念	行为

各型分析

（1）定向型：办事效率高，是一个砌砖者，能早来晚归，一丝不苟。

（2）分析型：办事效率较定向型低，稳健、沉着、冷静，是一个砌墙者，能按时上下班，有管理能力，但也有官僚主义的特点。

（3）概念型：视野开阔，创新意识强，不注重细节，不专守时间规则，是一个纵火犯，管理能力较上差。

（4）行为型：人缘好，无主观主义意见，是一个跟屁虫，适合做综合方面的管理和基层管理。

（来源：百度文库，http://wenku.baidu.com/link?url=KRimN2CdWJ7YEujzI8ukbuEiRk_hIZv2_kMJN2cCYXx_tto62PJx0lZ7rTip2e4FEbXvtOb7iwuiyCtacD7dzcFt0hJPJNZlaQhzVtpHpki）

参考文献

[1] Harold Koontz．管理学[M]．郝国华，译．北京：经济科学出版社，1993.

[2] 汪克夷，易学东，刘荣．管理学[M]．大连：大连理工大学出版社，2004.

[3] 戴维·迈尔斯．社会心理学[M]．张志勇，乐国安，侯玉波，译．北京：人民邮电出版社，2006.

[4] 斯蒂芬·P.罗宾斯．组织行为学精要[M]．郑晓明，译．北京：机械工业出版社，2014.

[5] Simon H A．管理行为[M]．詹正茂，译．北京：机械工业出版社，2004.

[6] Agor W H. How top executives use their intuition to make important decisions[J]. Business Horizons, 1986,(29):49-53.

[7] Agor W H. Intuition in organizations[M]. Newbruy Park, CA: Sage Publication, 1989.

[8] Buehler R, Griffin D, Ross M. Exploring the "planning fallacy": Why people underestimate their task completion times[J]. Journal of Personality and Social Psychology , 1994, 67(3): 366-381.

[9] Behling O, Eckel N L. Making sense out of intuition[J]. Academy of Management Executive, 1991,5(1): 46-54.

[10] Guilbaut R L, Bryant F B, Brockway J H, et al. A meta-analysis of research on hindsight bias[J]. Basic and Applied Social Psychology, 2004(26): 103-117.

[11] Gallupe R B, Desanctis G, Dickson G W. Computer-based support for group problem-finding: An experimental investigation[J]. M IS Quarterly, 1988,12(2): 277-298.

[12] Harrison G W, Morgan P B. Search intensity in experiments[J]. Economic Journal, 1990(100): 478-86.

[13] Janis I L. Groupthink[J]. Psychology Today, 1971(4): 46-76.

[14] Janis I L. Victims of groupthink: A psychological study of foreign policy decision and fiascoes[M]. Boston, MA: Houghton Mifflin, 1972.

[15] Janis I L. Groupthink: Psychological studies of policy decisions and fiascoes[M]. Boston, MA: Houghton Mifflin, 1982.

[16] Jessup L M, Connolly T, Galegher J. The effects of anonymity on GDSS group process with an idea-generating task[J]. M IS Quarterly, 1990,14 (3): 313-321.

[17] Kahneman D, Tversky A. Subjective probability: A judgment of representativeness[J]. Cognitive Psychology, 1972(3): 430-454.

[18] Kahneman D, Tversky A. On the psychology of prediction[J]. Psychological Review, 1973(80): 237-251.

[19] Kahneman D, Tversky A. Prospect theory: An analysis of decision under risk[J]. Econometrica, 1979(47): 263-291.

[20] Kahneman D. Maps of bounded rationality: Psychology for behavioral economics[J]. The American Economic Review, 2003,93(5): 1449-1475.

[21] Mintzberg H, Raisinghani D, Theoret A. The structure of 'unstructured' decision processes[J]. Administrative Science Quarterly, 1976(21): 246-275.

[22] Nutt P C. The formulation processes and tactics used in organizational decision making[J]. Organization Science, 1993a(4): 226-51.

[23] Nutt P C. The identification of solution ideas during organizational decision making[J]. Management Science, 1993b (39): 1071-85.

[24] Simon H A. A behavioral model of rational choice[J]. The Quarterly Journal of Economics, 1955,69(1): 99-118.

[25] Simon H A. Administrative Behavior（3rd Ed.）[M]. New York, NY: Macmillan, 1976.

[26] Stasser G, Taylor L A, Hanna C. Information sampling in structured and unstructured discussions of three and six person groups[J]. Journal of Personality and Social Psychology, 1989,57(1): 67-78.

[27] Stoner J A F. A comparison of individual and group decisions involving risk[M]. (Unpublished master's thesis). Massachusetts Institute of Technology, Cambridge, MA, 1961.

[28] Tversky A, Kahneman D. The framing of decisions and the psychology of choice[J]. Science, 1981(211): 453-458.

[29] Von N J, Morgenstern O. Theory of games and economic behavior[M]. Princeton, NJ: Princeton University Press, 1944.

[30] Wedley W C, Field R H G. A prededsion support system[J]. Academy of Management Review, 1984,9(4): 696-703.

第四篇　情绪管理

第七章　情绪劳动与管理

学习目标

- 掌握情绪劳动的概念、策略和作用
- 了解情绪劳动中的心理健康问题
- 了解工作倦怠和员工援助计划

引例：齐达内与情绪控制

齐达内曾说："当我走进体育场时，有时感觉一切已经注定，正如剧本已经写好。"

那部名为《齐达内：一幅21世纪肖像》的纪实电影结尾也如此：皇马主场对比利亚雷亚尔的比赛结束前最后几分钟，齐达内与对方球员发生冲突，被裁判红牌罚下。

那是7月9日晚上的世界杯决赛上，同样是在最后补时期间，同样是因为与对方球员发生冲突，齐达内拿到了有可能是他足球生涯中最后一张红牌。

如果没有那张红牌，最后的结果也许会不同。但就算最终落败，齐达内也可以在掌声中光荣离去。但他的情绪失控毁了一切，他只能在前途未卜的时候在一片震惊中遗憾地提前离去，没有掌声，没有拥抱，没有欢呼，他甚至没有出席颁奖仪式。一代大师的绝唱，就这样带着难以理解的缺憾落幕。

法国心理分析专家梅利耶·萨勒米说："身心方面的疲劳和肩上过重的担子促使齐达内在对手的言语挑衅面前精神失控，尤其是齐达内性格内向，这样的人在某些情况下比那些性格外向善于宣泄的人更容易突然爆发。"一时的情绪失控给齐达内带来了巨大的损失和终生的遗憾，可见学会情绪控制对每个人来说是何等重要。

（来源：佚名，2006）

传统上劳动被分为两类——体力劳动和脑力劳动。情绪这一影响人们生活和工作的重要心理因素一直没有得到足够的重视，一直到20世纪70年代末，随着情绪问题在企业管理中频繁出现，理论工作者和实际工作者才把研究的兴趣逐渐转移到组织中的情绪问题上来。尤其近几年，随着服务业在整个国民经济中的比重不断提高，越来越多的企业要求员工在与服务对象的接触中，适当掩藏和控制内心的真实情感而表现出所需要的情感。在这种情况下，情绪劳动（Emotional Labor）成为了研究者们的新的关注点。情绪作为一种不可见的资源是员工工作内容不可分割的组成部分，应被纳入薪酬计量中。本章将对情绪劳动的相关内容进行阐述，然后对由此引发的员工心理健康及其管理问题进行探讨。

第一节　情绪劳动概述

一、情绪劳动的概念

可以说，我们每个人的世界都充满着情绪劳动。面对怒气汹汹的客户、同事间发生冲突、好心的建议让别人误解、领导挑剔的批评，你会如何应对呢？一般来说，我们会控制和调节自己的情绪，从而达到使工作顺利进行下去的目标。我们所做的这些都是情绪劳动，可以说，古往今来我们每个人都进行过情绪劳动。

情绪劳动（Emotional Labor）的概念最早由霍奇柴尔德（Hochschild，1979）提出。1983 年，霍奇柴尔德对 Delta 航空公司的空乘进行调查后，在《情绪管理的探索》一书中正式使用了情绪劳动一词，将其定义为“个人致力于情绪管理，以便在公众面前创造一个大家可以看到的面部表情和身体动作”。她从戏剧表演的角度来阐述情绪劳动，认为员工在白天工作时就像是舞台上的演员，扮演着特定的角色。她对空乘进行观察，发现她们被要求扮演顾客希望的所有行为：友好又有礼貌，保障舒适和安全，时刻保持冷静，更重要的是做所有的事都要保持微笑。她认为我们个人的感受已经被赋予了商业价值，被兑换成了工资和小费，具有了交换价值，正像体力和脑力具有交换价值一样。

随后，又有许多学者对情绪劳动的内涵进行界定。莫里斯和费德曼（Morris & Feldman，1996）认为，情绪劳动是指人际交往中为了表达出组织所期望的情绪，员工必须进行的努力、计划和控制等活动。第芬多夫和格罗斯朗德（Diefendorff & Gosserand，2003）则更直接地将情绪劳动定义为：为了响应组织有关情绪表现规则以完成组织工作任务而对个人情绪表现进行管理的过程。一直到现在为止，情绪劳动的概念也没有统一，但是我们从以上各种概念可以看出，情绪劳动应具备以下几个要素。

（1）情绪劳动需在与顾客面对面、声音对声音的互动中完成。

（2）情绪表达要用来影响他人的情绪、态度和行为。

（3）情绪的表现要遵循一定的规则。

因此，综合以上内容，可以将情绪劳动的定义总结为：为了获得一定报酬而对自己的情绪进行控制，以营造出公众可以观察并接收的面部和身体上的动作表现。

【资料】

领薪水来微笑

迪士尼乐园给员工的教科书里有这样一段话：“我们在迪士尼乐园里会疲倦，但是永远也不能厌烦，而且即使这一天很辛苦，我们也要表现出快乐的样子。必须展现真诚的笑容，必须发自内心……请记住：我是领薪水来微笑的。”

（来源：孙柏，2008）

二、情绪劳动的结构

关于情绪劳动的维度，莫里斯和费德曼（Morris & Feldman，1996）认为，根据工作的内容不同，可以将情绪劳动划分为以下四个维度。

（1）情绪表达频率，即在工作中要求表现情绪的次数。太频繁的情绪表达要求会使员工感到疲惫。

（2）对表达规则的注意水平（包括持续性和强度）。如果人际交往中需要长时间运用更强烈的情绪，员工将付出更多的情绪劳动。研究表明，投入短时间交往的注意力和努力少于投入长时间交往的注意力和努力。在短时间的交往中，情绪可能表现得不太强烈，而在长时间的交往中情绪表现则更复杂、更需要努力。这就意味着，在长时间的面对面交往中，员工必须随着顾客的情绪反应不断调整自己的情绪，一味地微笑或一味地严肃都是不合适的。因此，对于长时间交往，必须付出更多的情绪劳动。

（3）情绪的多样性，即在情绪劳动中表现出不同的情绪，如喜怒、爱憎、冷漠或同情等。不同职业对情绪多样性的要求是不同的，一些职业（如幼儿教师、护士）要求比较丰富的情绪表现，如教师通常要表现出和蔼、友善，而面对学生的错误行为时应该表现不满甚至气愤。有些职业对情绪的要求则比较单一，如法官必须表现出一贯的威严、独立和公正。情绪的多样性也包括表达同一情绪的不同强度，如满意是一种比快乐、幸福更强的情绪。一般认为，要求表现较多情绪的劳动，其情绪劳动强度就比较高。

（4）情绪失调。对于这一维度，不同的研究者有不同的看法，有的研究者把它看成是情绪劳动的维度，有的把它看成是情绪劳动的后果，还有的把它看成是一定社会环境中的张力。如果员工被要求表现他们实际上无法真正体验到的情绪，就有可能产生情绪失调。情绪失调也可被看作是一种个人角色冲突，是情绪劳动的负面结果。如果长期不能体验到应该体验到的心情，就有可能使虚伪成为一种习惯，长此以往会导致个人角色与自己的真实情感相背离，从而产生自卑和压抑。有研究者认为，可以从情绪失调程度和情绪努力程度（即努力改变自己的情绪使之与组织期望的情绪相匹配）两个方面来对情绪劳动进行衡量。

三、情绪劳动的策略

阿什福斯和赫胥黎（Ashforth & Humphrey，1993）在霍奇柴尔德（Hochschild）研究的基础上，根据员工情绪劳动时所动用的情绪资源层次不同，把情绪劳动策略划分为三种：自主调节、表层扮演和深层扮演。

（1）自主调节（Automatic Regulation）。这种策略把情绪看作是一种自主的体验过程。例如，当医生看到一个被病痛折磨的病人时，他可能首先想到的不是“这是我的工作，我应该去帮助她”，而是本能地“想去帮助她”。尽管最后表现出来的都是对病人的治疗，但这种行为更多的是一种“不由自主”的条件反射行为。这种行为被认为是自发的情感行为，是情绪劳动者在外界相关因素刺激下的一种本能反应。

（2）表层扮演（Surface Acting）。医生每天接触很多这种经受痛苦与死亡折磨的病人和家属，且日复一日、天天如此，他们会有怎样的反应呢？在情绪劳动频率很高的情况下，如果总是要求员工“自然地”投入其中，由于情绪资源的有限性，员工很可能出现情感的“透支”。因此，在高度的情感密集型环境下，太多的外界刺激降低了员工对情感的敏感性，他们可能会逐渐变得麻木起来。但为了完成自己的工作，尽到职责，情绪劳动者也不能完全对服务对象熟视无睹或麻木不仁。他们需要通过面部表情、语言、声音及姿态等可以感知的方式来表现其承担的工作应付出的情感性劳动。与前一种自主调节行为不同，这些表现出来的情感并不是其内心真正的情感，也就是说，这种情感只是一种表面现象，甚至可能是一种伪装。这种类型的情绪劳动被称为表层的情感行为，也有研究者将这种表面的情感行为称为“职业情感”。表层扮演即当个体感知到的情绪与组织要求不一致时，个体通过面部表情、声音等改变外部表现，而个体内部感受并不改变。

（3）深层扮演（Deep Acting）。如果医生长时间运用表层扮演策略又会面临这样的问题：如果一些被服务者发现情绪劳动者对他们的服务仅是一种职业的伪装，那么他们的满意度就会降低，并最终影响他们对服务质量的评价。因此，要在自发的情感和职业情感之间取得平衡，既不过分耗费自己的情感资源又不因缺乏真心而降低被服务者的满意程度，需要把握好工作情感上的“真”与“假”分寸。为了解决这一问题，研究者提出了“深层扮演”概念，即情绪劳动者在工作中有意识地管理自己的情感，一方面意识到自己的角色，明白自己正在工作，从而做出恰当的情感表达；另一方面，要适当调整自己内心真实的情感和情绪，将一些强度很高的情感转化为强度较小的情感，并适当控制情感的持续时间，在不影响对服务质量评价的情况下，减少自身情感的损耗。

与情绪劳动紧密相连的一个重要因素就是组织的规则。一般来说，每个组织对员工情绪劳动的作用都有这样的共识：员工的积极情绪有利于组织发展，消极情绪有害于组织发展。因此，提倡积极情绪、遏制消极情绪成为组织情绪表现规则的主要内容。组织情绪表现规则可以通过图 7-1 所示的两个维度进行划分。

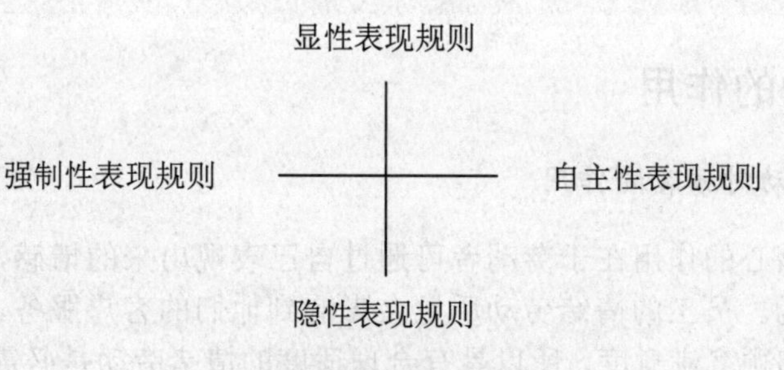

图 7-1　组织情绪表现规则

情绪表现规则包含情绪的表现性维度和情绪的自主性维度。这两个维度都是由不同程度的内容组成的连续体。表现性维度的一端是显性表现规则，指组织内部明文规定工作中期待员工表现的情绪，如公司倡导微笑式服务、家庭式服务等；另一端是隐性表现规则，指组织虽然期待员工工作中表现出某种情绪，但并没有明文规定，而是希望员工能感同身受、潜移默化地表现在自己的行为中。例如，组织希望员工见到领导时有恭顺、殷勤的表现，这一点不可能列在组织的规章制度中，但却是组织希望员工表现的行为。情绪的自主性维度，一端是强制性表现规则，是指组织强制性地要求员工工作中表现出的某种情绪；另一端是自主性表现规则，指员工工作过程中自然流露出的某种情绪。这两个维度相互结合就构成了员工在面对情绪规则时的不同应对状态，如表 7-1 所示。

表 7-1　对组织不同表现规则的应对状态

	显性表现规则	隐性表现规则
自主性表现规则	认同	内化
强制性表现规则	顺从	应激

【资料】

海底捞的“变态”服务

在顾客管理方面，海底捞从一开始就实行服务差异化战略，始终坚持“顾客至上、服务至上”的经营理念。海底捞通过释放员工的创造潜能，致力于为顾客提供个性化的特色“五星级”服务。绝大多数去过海底捞的顾客都认为海底捞的成功源于员工的“变态”服务。不可否认，海底捞的服务确实达到了“变态”的程度。在海底捞就餐，顾客会发现服务员的微笑是真诚的、热情的、发自内心的，人们可以享受服务员时不时送上来的免费水果、甜点和饮料，随时主动帮助顾客涮锅和清理杯盘。看到顾客戴着眼镜，服务员会主动递上眼镜布；发现顾客带有手机，服务员会送上特质的塑料袋。服务员会给长发的女生递皮筋，会背腿脚不方便的老人去洗手间。洗手间门外不仅有免费的牙刷和护手霜，还有专门的服务人员，随手递上的洗手液和热毛巾。在海底捞，排队等餐的人有时候跟用餐的人一样多，顾客在等候区可以吃零食、玩桌牌、美甲、擦皮鞋等。这就是为什么顾客愿意去海底捞，还极力向亲朋好友推荐的原因。

（来源：刘庚乙，2013）

四、情绪劳动的作用

（一）情绪劳动对顾客的作用

情绪劳动最核心的作用在于劳动者可通过自己表现出来的情感，影响顾客的态度、情绪、情感及行为。员工的情绪劳动质量会影响到他们的客户服务，客户服务又会影响业务重复的水平和顾客满意度，所以具有合理适度的情绪劳动是必需的。对于顾客而言，消费过程满意与否不仅仅取决于产品和服务的功能，还取决于整个消费过程中的心理体验。这一方面来自适当的产品或服务设计、恰当的消费环境，另一方面来自服务人员的情绪劳动。服务人员恰当的言谈举止、真实的情感投入丰富了顾客的消费体验，满足了顾客的情感需求，使他们产生了积极的情感体验，创造了一份美好的回忆。

（二）情绪劳动对企业的影响

随着信息技术的进步和产品的日益丰富，企业仅仅通过产品的功能性服务已经很难完全满足顾客的需求。顾客越来越重视特定消费经历对内心情感和思想的触动。新加坡航空公司在此方面有相当成功的经验。该公司十分注重选拔、培养和留用周到细致的空中小姐，她们美丽的笑容和对顾客周到细致的关怀与服务，使新加坡航空公司创造出“一种全新的飞行体验”，为此公司为她们支付高薪，提拔重用。可见，为顾客创造美好的情感体验是企业增强自身竞争优势的途径之一。这就需要企业做好服务人员的选拔、任用及培养等工作，并通过建立情感性的企业文化和相应的制度激励服务人员的情绪劳动，增强顾客的消费体验，从而提高顾客的满意感和忠诚度。

（三）情绪劳动对服务人员自身的影响

情绪劳动有时让员工面临困境，在内部总有一些不喜欢的同事，但却不得不伪装出友好；在外部当面对服务对象时，提供有质量的客户服务是对员工提出的要求，也需要大量的感情投入。这种投入很容易使他们过度消耗自身的情感资源，经常会让员工情绪失调。随着时间的推移，这会导致员工工作倦怠，降低工作绩效与工作满意度，表现出抱怨、精神压抑甚至人格解体等行为，产生心理问题。但是，如果这些付出可以得到企业的奖励，如更多的报酬和精神上的鼓励等，或者如果服务对象给予了积极的反馈，甚至彼此之间建立起良好的个人关系，那么服务人员的工作满意感就会相应提高。因此，建议企业将员工付出的情绪资源纳入薪酬计量之中，同时给予他们更多精神上的关怀，使情绪作为一种可再生资源不断地投入到工作中去。

（四）情绪劳动与工作的对应

不同的工作对情绪劳动的要求高低是不同的。按照认知与情绪劳动要求高低可以有如表 7-2 所示的工作组合。但是对情绪要求较高的工作的报酬却并不一定获得高薪，也就是说，情绪劳动的回报会因其他条件的不同而不同。有研究发现对于那些有认知要求的工作来说，增加的情绪要求会带来更多的薪酬；但对于那些没有认知要求的工作来说，有情绪要求反而会使报酬降低。为什么只有认知要求的工作才能获得情绪报酬呢？解释之一可能是很难找到既愿意又有能力做这些工作的人。

表 7-2　情绪与认知结合的工作类型

	低情绪劳动要求	高情绪劳动要求
低认知要求	修理工、应急事务处理人、数据处理人员	出纳员、票据收款人、儿童保育员
高认知要求	物理学者、天文学家、统计学家	管理人员、律师、注册护士

第二节　情绪劳动与员工心理健康

长期以来，企业较多关注的是员工的身体健康，对心理健康问题有所忽视，对职业心理保健投入较少。但是近年来，随着全球化竞争时代的到来，人们的工作、生活节奏越来越快，数字时代大量信息的冲击、人口爆炸带来的严峻的就业形势、生态环境的恶化、林林总总的诱惑和选择、对职业发展和企业前景的疑惑、未来社会政治经济发展预期的不确定性，都使劳动者的心理健康问题凸显出来。压抑、抑郁、焦虑、烦躁、苦闷、不满、失眠、恐惧、无助、痛苦等心理亚健康、不健康的状况像幽灵一样时时困扰着上至管理层、下至普通员工，严重时可以使得企业停滞不前，在严重的“内耗”中走向灭亡。

一、情绪劳动中的心理健康问题

情绪劳动者时刻进行着情感强化和情感置换的过程：一方面要增强自己和服务对象之间的亲密感，把陌生的服务对象想象成自己的朋友和亲人，对待他们像对待自己的亲人一样；另一方面则要隐藏自己的真实情感，正确表达企业需要的情感。即使员工不喜欢甚至讨厌某个人，但一旦这个人成为自己的服务对象，就要流露出高兴、快乐的表情。在这种情况下，员工长时间压抑自己的真情实感，很可能出现一些不良的后果。社会学家和心理学家在研究了快餐店、航空公司、银行、酒店、医院等行业从事服务工作的员工之后发现，情绪劳动者在进行角色转换过程中，存在以下问题。

（一）角色混淆

长期从事情绪劳动的员工要按照企业要求掩藏个人的真实情绪进行角色转换，他们可能分不清楚哪些情感是属于自己的情感，哪些情感是与工作相关的情感。例如，餐馆服务人员在与顾客交往的过程中，始终保持友善的微笑、愉快的心情，活跃就餐气氛，镇定地应付突发事件和尴尬局面。在下班以后，他们可能仍然分不清哪一份情感是与工作相关的，哪一份感情是他们自己真实的情感，甚至说不清自己的真实感受，或者总感觉自己的情感不是特别真实。长此以往，员工就会感到工作压力或对工作产生厌倦。

（二）角色冲突

服务性行业常常有许多明文规定的制度和情感服务条例来规范员工的言行举止，员工为了更好地履行这些规则，往往会将它内化为个人的行为准则。在下班后，如果员工不能及时转换角色，就会导致工作状态下和生活状态下的角色冲突。例如，银行出纳的工作繁忙而紧张，排队等候的顾客经常对他们言语粗暴，因此银行出纳在 8 小时工作中始终处于极度消极的情感状态。在下班后，如果他们能及时调整工作上的压抑与紧张的情绪，在轻松祥和的家庭氛围中保持积极的心态，就可以在相当程度上减少对心理健康的损害；如果不能，就会把消极情绪带回家，影响家庭的氛围和和睦。

（三）角色分离

为了给顾客提供个性化的服务，企业往往要求员工与顾客之间建立一种“虚拟关系”，增进亲密程度，建立顾客对企业的信任感与归宿感。然而，长时间、高强度的情绪劳动可能导致与企业期望相反的效果。员工的工作角色与其自身的感受出现分离与脱节，员工不能表现自己的真实情感，顾客体会到的只是一种职业化的服务，而不是一种发自内心的关怀。

【资料】

"伪装情绪"的代价

曾经有个心理学的实验很有趣：经过统计学规律挑选的两组人去看电影片段，每组人看完都用握力器去测试力量和持续时间。这个影片是引起负情绪的，也就是悲伤、愤怒等。第一组人没有任何观看要求，第二组人被要求始终保持微笑。当然，两组人都是坐着的，不用任何体力的劳动。结果第二组人的握力能力和持续时间显著低于第一组人。在类似的一些实验中，科学家还发现，第二组人的算术差错率也显著高于第一组人。这个实验说明当我们被要求"伪装情绪"时，心智、身体的能量都是被消耗的。

（来源：客户世界，http://www.ccmw.net/article/18006)

二、情绪劳动与工作倦怠

员工在工作中会遇到各种各样的压力与应激，相应地会产生各种工作问题和情绪问题，最终会影响员工本人的心理健康，其中影响最持久、危害最大的就是工作倦怠。

（一）工作倦怠的概念

工作倦怠（Job Burnout）也称职业倦怠，在国内也有翻译为工作耗竭、职业枯竭等。工作倦怠最早是由精神病学家弗洛登伯格（Freudenberger，1974）提出来的，主要用来描述护理人员由于长期面临情感和人际压力而产生的认知与情感上的反应，着重从临床角度来描述工作倦怠感的症状及治疗。美国著名的工作倦怠问题研究专家马斯拉奇（Maslach，1986）最初将工作倦怠定义为"在以人为服务对象的职业领域中，个体的一种情感耗竭、去人格化和个人成就感降低的症状"。

从概念中可以看出，工作倦怠包括情感耗竭、去人格化和个人成就感降低三个维度。情感耗竭是指情绪劳动者由于角色负担过重、角色冲突强烈等问题而心情烦闷，甚至长期精神压抑，感觉自己已经被"掏空"，无法再继续付出的状态。这在医护人员的情绪劳动中出现的频率相当高。去人格化是指在需要投入的情绪劳动频率过高、持续时间较长的服务中，情绪劳动者容易将服务对象当作一个需要服务的物体而不是有情有义的人来看待。情感表达因此成为一种程序化的无意识反应，他们表面上所表现出来的情感反应与内心的实际感受完全分离，他们的微笑和热情都只是为了完成分内工作而做出的一种机械动作。个人成就感降低是指个体对自己进行负性评价的趋势，个体对于所从事工作的胜任感和从工作中获得的成就感降低，经常感觉到自己的工作缺乏进步，甚至是在原有的水平上有所降低。

一般而言，需要经常与人打交道的职业产生的应激频率和强度较高，最容易产生倦怠问题。图 7-2 按照与人接触的频率和强度两个维度，对不同职业进行了归类，并指出了这些职业可能诱发心理健康的程度。

人际接触频率		低	高
	高	招待员 销售代表 图书管理员 救济代表 （中度倦怠）	社会工作者 客户服务代表 学校教师 护士 （高度倦怠）
	低	研究物理学家 森林巡逻员 炼油厂操作员 实验技工 （低度倦怠）	护理人员 公共辩护人 消防队员 警探 （中度倦怠）

人际接触强度

图 7-2　根据人际接触的频数和强度来预测工作倦怠水平

【资料】

“微笑性抑郁”

涂女士所在的单位提倡优质服务、争做标兵，让顾客给员工的服务打分。为了给顾客留下好印象，涂女士只能保持微笑，有时一天下来因为笑的时间太长了，脸上的肌肉都会时不时地抽搐。刚开始，涂女士还能坚持。但是，每天不仅要面对顾客简单而又重复的问题，还要面对一些无理纠缠的人，没过多久，她就变得郁郁寡欢起来，害怕顾客投诉，害怕和别人打交道。下班回家之后，涂女士也高兴不起来，懒得做饭、照管孩子，很想发脾气，芝麻绿豆大的事都会和丈夫大吵大闹。但第二天回到单位，她却还得保持微笑，结果心情越来越紧张。

（来源：王锋，2006）

（二）工作倦怠的影响因素

在工作中有很多因素都会影响到员工的工作倦怠，根据已有的大量研究，所有的因素可以归为四类：个体变量、工作变量、组织变量和环境变量，如表 7-3 所示。

表 7-3　工作倦怠的前因变量类型

变　量	类　型
个体变量	五大人格因素、外向性、工作价值观、情绪智力、自尊、控制点、自我效能
工作变量	工作要求、工作资源、工作压力、工作特征
组织变量	分配公平和程序公平、组织承诺、角色冲突、角色模糊、领导风格、职位认可、组织气氛
环境变量	社会支持

1．个体变量

在所有被研究的人口统计学变量中，年龄与倦怠的相关性最为稳定。年轻员工报告的倦怠水平高于 30 或 40 岁以上的员工。性别变量不是倦怠的良好预测指标。比较一致的观点认为，男性具有较高的情感人格解体倾向，而女性则具有较高的情感耗竭分数。这些结果可能与性别角色偏见有关，但也可能反映了性别与职业的混淆（警察更多的为男性，护士更多的为女性）。至于婚姻状况，未婚者（尤其是男性）与已婚者相比，更有可能产生倦怠，而单身者比离异者体验更高的倦怠。一些研究发现，高教育水平人士具有较高的工作倦怠，而低教育水平人士则报告较高的工作应激水平，考虑到教育水平与其他变量，如职业和地位的混淆，很难对这种结果做出解释。

2．工作变量

蒋奖、许燕（2004）的研究认为，不同来源的压力源对工作倦怠的三个维度具有不同的预测作用。例如，工作负荷对情绪衰竭具有正向预测作用；角色模糊、人际关系对去人格化有正向预测作用；角色模糊、角色冲突对职业效能具有正向预测作用；日常烦忧、管理角色对职业效能具有负向预测作用。刘晓明（2004）的研究结果认为，工作压力将导致中小学教师出现情绪衰竭和去人格化。

3．组织变量

李超平、时勘（2003）的研究发现，在控制了人口统计学变量之后，分配公平和程序公平都对工作倦怠具有较强的预测作用。进一步的优势分析发现，分配公平对情绪衰竭具有较强的预测能力，程序公平对于去人格化具有较强的预测能力。林峰在关于领导工作倦怠的研究中发现，变革型领导风格对工作倦怠的影响主要集中于耗竭和疏离维度，交易型领导风格对工作倦怠的影响主要集中于无效能感维度；对于内控型的员工，变革型领导风格比交易型领导风格更有助于降低工作倦怠的水平，而对于外控型的员工，交易型领导风格比变革型领导风格更有助于降低工作倦怠的水平。李金波等（2006）研究结果显示，组织承诺对工作倦怠产生明显的影响，并且组织承诺对情感衰竭和消极怠慢的影响更大。组织承诺中的规范承诺对工作倦怠的三个维度均产生显著的负效应，而感情承诺则对消极怠慢有着显著的负效应。

4．环境变量

徐富明等（2005）在对中小学教师的工作倦怠的研究中发现，中小学教师的工作倦怠和其所拥有的社会支持之间存在着显著的负相关。

第三节　情绪劳动的管理

一、工作倦怠的干预措施

国内外研究结果都表明工作倦怠对个人和组织有破坏性的消极负面影响，因此必须对员工的工作倦怠进行干预。干预措施可以从个体因素、工作因素、组织因素、环境因素四个方面进行。

（一）个体因素

从个体因素来看，首先，帮助员工认识自己的情绪。员工个人往往对于自己的情绪没有明确的认知，企业可以利用宣传栏、内部刊物、自助卡、健康知识讲座等多种形式使员工关注心理健康、正视情绪问题。同时定期由专业人员采用专业的情绪评估方法评估员工情绪质量，并找出情绪问题产生的原因，对症下药，及时将问题解决于萌芽状态。其次，对员工进行情绪管理培训。将心理学的理论、理念、方法和技术应用到企业日常管理和企业拓展训练活动中，通过设置系列课程，如压力管理挫折应对、心态调整、社会支持、人际沟通技巧等，对员工进行心理卫生的自律训练、性格分析和心理检查，使其了解职业心理健康知识，掌握调整情绪的基本方法，增强心理承受能力。

【资料】

认识自我情绪的方法

一、情绪记录法

做一个自我情绪的有心人。你不妨抽出一至两天或一个星期时间，有意识地留意、记录自己的情绪变化过程。可以根据情绪类型、时间、地点、环境、人物、过程、原因、影响等项目为自己列一个情绪记录表，连续记录自己的情绪状况。再回过头来看看记录，你会有新的感受。

二、情绪反思法

你可以利用你的情绪记录表反思自己的情绪，也可以在一段情绪过程之后反思自己的情绪反应是否得当、为什么会有这样的情绪、这种情绪有什么负面影响、今后应该如何防止类似情绪、如何控制类似不良情绪的蔓延。

三、情绪恳谈法

通过与你的家人、上司、下属、朋友等恳谈，征求他们对你的情绪管理的看法和意见，借助他人的眼光认识自己的情绪状况。

四、情绪测试法

借助专业情绪测试软件工具或咨询专业人士，获取有关自我情绪认知与管理的方法、建议。

（来源：余玲艳，2006）

（二）工作因素

从工作因素来讲，招聘、甄选、任用这些环节之前或之后必须注意工作本身对员工情绪智力的要求，尽量做到匹配。在人力资源管理部门对企业内的各职位进行工作分析时，要充分考虑到每个职位对人员情绪管理能力的不同要求，最终得出每个岗位上含有情绪智力需求的职位描述和任职资格。在企业的员工招聘与甄选过程中，加入对情绪智力的考察环节，要尽量做到在工作中考虑情绪智力的科学的配置和任用。

【资料】

一线客服人员招聘案例

在日本一家公司里，应聘服务代表的最后一关就是由主管和应聘者在一个房间里进行单独的面谈。谈话很短，通常一两句话还没有说完，主管就会说：对不起，我还有一件事情急需处理，请您稍等，我马上回来。其实，他是去找公司另外几个人来考验应聘者。这些人和应聘者不认识，敲门进来后，他们会向应聘者提出几个问题，这些问题往往是他无法回答的，如财务室在几楼或者洗手间在哪里，以测试应聘者如何回答，而他的回答会记入面试表格。

应聘者通常会有以下三种回答。

第一种回答是“不知道”。这样回答的人会被直接排除掉。

第二种回答一般是：对不起，我不知道，我是来面试的。这样回答的人会被留下来，算是合格了。

第三种回答是：对不起，我不知道，我是来面试的，我去帮你问问吧。然后他可能会跑到其他办公室去问其他人，然后告诉询问者。这样回答的人被认为有很强的服务导向，这种人会被安排在服务任务最艰巨的岗位。

（来源：赵敏，2004）

（三）组织因素

从组织因素来讲，主要有以下三个措施。

（1）对工作中的员工要做好工作培训和工作维护，增加社会支持。及时做好情绪评估是情绪管理的第一步。例如，用拓展训练等方式提高员工们的情绪管理能力，并加入对个别岗位有针对性的情绪智力训练。在制订员工援助计划时，可通过在企业内部设立专门的不良情绪宣泄场所和心理咨询室，帮助员工及时、有效地发泄不良情绪、减小工作压力、调整心理状态、培养情绪管理能力，更好地为实现组织目标及个人目标而工作。

（2）创造一种沟通无限的工作氛围。通过经常性的沟通，缓解并化解员工的消极情绪。其途径可分为正式沟通与非正式沟通两种系统。

（3）关心员工的生活。员工毕竟是生活在家庭中的，因此组织帮助其解决所面对的家庭问题，有助于培养正面的情绪。

（四）环境因素

从环境因素来看主要有以下两个措施。

（1）去除不良环境对员工情绪的影响。环境因素包括硬环境和软环境。企业的硬环境主要是工作环境，包括工作场所的美化、整洁等。由于受条件限制，许多企业员工仍处在肮脏、混杂的工作环境中，心境和情绪容易失控。企业的软环境主要指企业内部管理，包括人际关系的和谐性、利益关系的合理性和员工的稳定性等。有些企业用人不当、分配不公、是非颠倒、风气不正，导致员工心灰意冷。

（2）倡导积极有效的组织文化。组织文化引导组织的发展方向、价值观念和行为方式，从而塑造组织的工作气氛。组织文化的核心就是价值观，而价值观则会在深层次上调整员工的情感。

二、员工援助计划

（一）员工援助计划的概念

员工援助计划（Employee Assistance Program，EAP），是由组织为其成员设置的一项长期的、系统的援助和福利计划。它通过专业人员对组织的诊断、建议和对员工及其家属的指导、培训和咨询，帮助员工解决自我及其家庭成员的各种心理和行为问题，从而提高员工在企业中的工作绩效。完整的 EAP 可以分成三个部分：第一部分针对造成问题的外部压力源，即减少或消除不适当的管理和环境因素；第二部分是处理压力所造成的反应，即缓解情绪、行为及生理等方面症状；第三部分是改变个体自身的弱点，即改变不合理的信念、行为模式和生活方式等。如今，EAP 已经发展成一种综合性的服务，其内容包括压力管理、职业心理健康、裁员心理危机、灾难性事件、职业生涯发展、健康生活方式、法律纠纷、理财问题、饮食习惯、减肥等各个方面。解决这些问题的核心目的在于使员工在纷繁复杂的个人问题中解脱出来，减轻员工压力，增进其心理健康。

（二）员工援助计划的实施程序

EAP 实施程序通常包括以下几个步骤。

（1）把脉与诊治。由专业人员采用专业的心理健康评估方法评估员工心理生活质量现状及其问题产生的原因，针对造成问题的外部压力源本身去处理，即减少或消除不适当的管理和环境因素。

（2）宣传与推广。搞好职业心理健康宣传，利用海报、自助卡、健康知识讲座等多种形式，引导员工对心理健康形成正确认识，鼓励其遇到心理困扰问题时积极寻求帮助。

（3）改善环境。一方面改善工作硬环境——物理环境；另一方面通过组织结构变革、领导力培训、团队建设、工作轮换、员工生涯规划等手段改善工作的软环境，从而在企业内部建立起支持性的工作环境，丰富员工的工作内容，指明员工的发展方向，消除问题的诱因。

（4）全员培训。开展员工和管理者培训，通过压力管理、挫折应对、保持积极情绪等一系列培训，帮助员工掌握提高心理素质的基本方法，增强对心理问题的抵抗力。

（5）心理咨询。组织多种形式的员工心理咨询，对受心理问题困扰的员工提供咨询热线、网上咨询、团体辅导、个人面询等多种形式的服务，改变个体自身的弱点，即改变不合理的信念、行为模式和生活方式等。

（三）实施员工援助计划的作用

EAP 在美国非常普及，企业、政府部门和军队都广泛采用此类服务。目前，在美国有 1/4 以上的企业员工常年享受 EAP 服务，大多数员工超过 500 人的企业目前已有 EAP 服务，员工数在 100～490 人的企业 70%以上也有 EAP，并且这个数据还在不断增加中。

目前，世界财富 500 强中，有 90%以上的企业总部为员工提供 EAP 服务。英国、加拿大、法国、澳大利亚、日本等国家的许多企业、政府部门和军队均广泛开展了此项服务。EAP 已成为帮助组织成员缓解精神压力、改善生活方式、促进身心健康，进而提高企业工作效率的一种重要方式。EAP 在员工个人、管理人员和组织机构上的作用如表 7-4 所示。

表 7-4　EAP 在个人以及管理人员和组织层面上的作用

员工个人	管理人员	组织机构
改善家庭/工作关系	减少来自员工的投诉	改善管理效果
降低失业率	有效地处理与员工下属之间的关系	降低缺勤率
提高工作绩效和满意度	避免涉入私人问题，提供错误建议	提高生产率
更融洽地和他人相处	有更多的时间关注其他问题	减少招聘成本
减少酗酒、吸烟及其他服用药物等成瘾问题	提高追求目标，改善员工关系	减少培训费用
改正不良习惯	更有效地领导整个团队	提高公司士气
挽救生命	……	减少赔偿投诉

EAP 得到广泛应用的具体效果可归纳为以下三个方面。

（1）企业通过 EAP 可以维持员工的身心健康，减少企业医疗保健费用的支出，降低离职缺勤率，节省招聘费用，从而降低成本。据英国专家研究显示，每年由于压力造成的健康问题通过直接的医疗费用和间接的工作缺勤等形式造成的损失达整个 GDP 的 10%。正是在这种情况下，企业纷纷寻找出路，通过 EAP 维持员工的身心健康来抑制医疗费的增加。事实证明，EAP 为企业创造了可观的效益。据美国健康和人文服务部 1995 年的资料，在美国对 EAP 每投资 1 美元，将有 5～7 美元的回报。美国威达信集团公司（Marsh & Mclennon）曾对 50 家企业做过调查，在引进 EAP 之后，员工的缺勤率降低了 21%，工作中的事故率降低了 17%，而生产率提高了 14%；1990 年，麦道公司（McDonnell Douglas）对经济增长的研究报告显示，实施 EAP 项目 4 年来，共节约成本 510 万美元；美国一家拥有 7 万员工的信托银行引进 EAP 之后，仅仅一年该行在病假的花费上就节约了 739 870 美元的成本；摩托罗拉日本公司在引进 EAP 之后，平均降低了 40%的病假率。

（2）企业通过 EAP 提供健康咨询活动及各种健康服务，可以培养员工积极健康的生活方式，提高员工满意度，提升劳动生产率。人是竞争的第一要素，员工的身心健康是企业的最大财富，并且企业发展对员工在体能、智能和心理素质等方面也提出了更高的要求。为此，要求企业提供健身设施，鼓励员工参加体能训练，给员工提供营养配餐及帮助员工克服生活上的一些不良习惯。由于员工的工作业绩与身心状态有密切的关系，并且组织环境、安全保障程度、人际关系、个人前途等，都会对员工工作绩效产生影响。因此，EAP 服务提倡关心人、爱护人、激励人、安慰人，为员工创造一个和谐的工作环境，以此提高员工满意度及增进组织的工作绩效。

（3）EAP 服务有助于建立“以人为本”的积极、健康的企业文化。企业文化是企业发展的精神动力，它的核心是对人的重视和尊重。EAP 不仅强调员工的心理因素，而且把全面关心员工的身心健康和机能的正常发展作为目标。EAP 不只把员工看成是管理的对象，更重要的是作为伙伴和朋友，强调采用体贴、关怀的方式构筑企业和谐的气氛。

EAP 不仅注意减轻员工在企业的压力（如提供升职机会、安全保障等），而且努力帮助员工解决企业之外的压力（如协助员工购房、教育子女等）。EAP 不仅重视人力资源管理方面的软件开发（如激励、诱导等），而且重视与人力资源管理有关的硬件开发（如兴建健身设施、提供服务项目等）。EAP 服务可以使员工产生对企业的认同感，增强员工对企业的忠诚度，从而使企业员工在心理上产生一种凝聚力。

在我国，员工援助计划的研究和应用尚处于起步阶段。2001 年 3 月，国内诞生了第一个完整的 EAP 项目——联想客户服务部的员工帮助计划。同年 10 月，北京成立了一家专门的 EAP 服务机构——易普斯企业咨询服务中心，这表明我国的 EAP 发展逐渐迈向了专业化和商业化的道路。2004 年 7 月，上海市徐汇区人民政府举行了 EAP 计划启动仪式，EAP 在政府机构登堂入室。近年来，EAP 的应用范围正在逐步扩大，由最初的外资企业发展到政府部门、军队等其他领域。我国企业十分需要 EAP，压力和情绪管理已经成为当今和未来企业管理中最紧迫的课题之一。对 EAP 与日俱增的需求和 EAP 在我国发展的滞后形成强烈反差，EAP 在我国发展的潜力巨大。

【资料】

EAP 案例

J 女士今年 42 岁，是某机关的干部。此时，她正坐在办公室独自思索，近年来有好几件烦心的事困扰着她。首先是家里的事，她的儿子今年上初中后，性格有些变化，不太容易沟通，J 女士也不知道怎么跟他进行恰当的交流。昨天晚上，看到他只顾看电视，不做功课，J 女士就说了他几句，谁知儿子竟然摔门而出。J 女士感到孩子很难教育。

其次，秘书最近不知怎么了，魂不守舍，工作经常出错，J 女士百忙之中抽时间找她谈了几次，并没有收到什么效果。由于秘书的失误，J 女士不得不给上级领导道了好几次歉。

另外，J 女士下属的一个科长新上任，下属中有个老资格的科员不服从安排，科长一气之下找到 J 女士，要求将那个科员调离本科室。

要解决这些问题，J 女士觉得自己并不在行，但又不得不同时面对，真令她感到头痛。突然，她想到曾听好朋友提到的 EAP 专家，抱着试试看的心理，拨通了 EAP 专家的咨询电话。接电话的是一位态度和蔼的女士，她听完 J 女士的诉说后给出了两点建议：第一，安排家庭教育专家与 J 女士联系，一起约时间探讨孩子教育的问题；第二，请 J 女士的秘书和那位科长直接与 EAP 联系。通过 EAP 专家的帮助，J 女士明白了孩子正处在第二反抗期，并从专家那里学到了不少知识。EAP 的人际关系专家在与科长的面对面交流中，对他目前面临的问题和自身的性格弱点作了全面的分析，使他感到受益匪浅。秘书在与 EAP 专家交流后，做事认真多了，错误也少了很多。

J 女士把许多与人心理有关的工作交给 EAP 的专家处理，她自己则集中精力处理直接与工作有关的事宜，没过多久，J 女士就因表现出色而受到了嘉奖。

（来源：道克巴巴，http://www.doc88.com/p-997232180739.html ）

本章小结

1．情绪劳动是指为了获得一定报酬而对自己的情绪进行控制，以营造出公众可以观察并接收的面部和身体上的动作表现。

2．情绪劳动划分为四个维度：情绪表达频率、对表达规则的注意水平、情绪的多样性、情绪失调。

3．情绪劳动策略划分为三种：自主调节、表层扮演和深层扮演。

4．情绪劳动会影响到员工的心理健康和工作倦怠。

5．影响员工的工作倦怠的因素可以归为四类：个体变量、工作变量、组织变量和环境变量。

6．对员工的工作倦怠进行干预可以从个体因素、工作因素、组织因素、环境因素四个方面进行。

7．员工援助计划（Employee Assistance Program，EAP）是由组织为其成员设置的一项长期的、系统的援助和福利计划。

复习题

一、名词解释

情绪劳动　　工作倦怠　　员工援助计划

二、单项选择题

1．银行内负责办理储蓄业务的员工，必须表现出礼貌和耐心；酒店的服务员，即使被惹怒了，也要表现出微笑来迎合顾客。这属于（　　）。

A．脑力劳动　　B．体力劳动　　C．情绪劳动　　D．生理力劳动

2．情绪劳动的概念最早由（　　）于 1979 年提出，并在 1983 年对 Delta 航空公司的空乘的调查后，在《情绪管理的探索》一书中正式提出。

A．霍奇柴尔德（Hochschild）

B．莫里斯和费德曼（Morris & Feldman）

C．第芬多夫和格罗斯朗德（Diefendorff & Gosserand）

D．阿什福斯和赫胥黎（Ashforth & Humphrey）

3．当医生看到一个被病痛折磨的病人，他可能首先想到的不是“这是我的工作，我应该去帮助她”，而是本能地“想去帮助她”。这属于情绪劳动策略中的（　　）。

A．表层扮演　　B．自主调节　　C．深层扮演　　D．情绪调节

4．在组织情绪表现规则中，员工对于显性规则维度及强制表现维度的应对状态是（　　）。

A．认同　　B．内化　　C．顺从　　D．应激

5．银行出纳下班后不能及时调整工作上的压抑紧张的情绪，把消极情绪带回家，影响家庭的氛围和和睦。这属于情绪劳动者在进行角色转换过程中出现的（　　）问题。

A．角色混淆　　B．角色冲突　　C．角色分离　　D．角色模糊

6．情绪劳动者由于角色负担过重、角色冲突强烈等问题而心情烦闷，甚至长期精神压抑，感觉自己已经被“掏空”，无法再继续付出的状态指的是（　　）。

A．情感耗竭　　B．人格解体　　C．个人成就感降低　　D．情感麻木

三、判断题

1．霍奇柴尔德（Hochschild）认为我们个人的感受已经被赋予了商业价值，被兑换成了工资和小费，具有了交换价值。（　　）

2．情绪劳动需在与顾客面对面、声音对声音的互动中完成。（　　）

3．深层扮演即当个体感知到的情绪与组织要求不一致时，个体通过面部表情、声音等改变外部表现，而个体内部感受并不改变。（　　）

4．情绪劳动一定是员工工作过程中自然流露出的某种情绪。（　　）

5．一般而言，不经常与人打交道的职业产生的应激频率和强度较高，最容易产生倦怠问题。（　　）

6．目前，很多企业已经将员工付出的情绪资源纳入薪酬计量之中。（　　）

7．EAP 是指员工援助计划，目的是帮助那些有心理疾病的员工解决心理问题。（　　）

四、简答论述题

1．有哪些工作对情绪劳动的要求较高，哪些工作对情绪劳动的要求较低？请举例。

2．请简要阐述情绪劳动的策略。

3．情绪劳动有哪些作用？

4．为什么情绪劳动会导致心理问题？

5．请举例说明什么是工作倦怠。

6．影响工作倦怠的因素有哪些？

7．如何预防工作倦怠？

8．EAP 的实施程序有哪些步骤？

9．员工援助计划有什么作用？

五、案例分析题

云宏，在外资企业工作 11 年，现在是该公司的销售部经理。11 年来他一直非常勤奋，孜孜不倦。每天加班加到最晚，工作身先士卒，达不到业绩誓不罢休。然而云宏一直有一个坏毛病，就是脾气特别不好，动辄向下属发脾气，还常常抱怨其他部门和同事合作度不够。私底下，云宏也常常觉得自己很累，偶尔跟好友闲谈的时候也常常提出疑问：“我这样生活到底值不值得？”虽然他很迷惘，但不敢做太大的改变，因为他认为现在的一切都是通过这样的生活方式得到的。

（来源：熊勇清，2011）

思考与讨论：

1．你认为在以后的工作中云宏会遇到哪些问题？

2．你认为应该如何解决这些问题？

小测试

你进入工作倦怠期了吗？

以下 10 个问题中，回答“是”加 1 分，“否”不加分。看看你最后的得分就知道你目前是否进入了工作倦怠期：

1. 经常跟朋友抱怨工作中的烦恼吗？
2. 因害怕被公司辞退而提心吊胆吗？
3. 工作时把每天当作最后一天来过吗？
4. 上班时经常神情疲惫或精神不集中吗？
5. 你最近记忆力一直在减退吗？
6. 你希望可以每天睡到自然醒吗？
7. 当工作出现竞争时，你害怕或者故意避免参与竞争吗？
8. 对工作的新异事物敏感度降低，常感觉力不从心吗？
9. 你忽然觉得失去了工作的乐趣，想得过且过吗？
10. 对于工作，你已找不到想达到的目标，每天都感到很累吗？

解析：

A 类型　得分 0～3 分

你目前还没进入工作倦怠期。这份工作对你来说，每天都充满着希望和生机，它让你的生活充满了乐趣，你享受工作带给你的满足感和成就感。这种心态非常难得，要努力把这种心态保持下去！

B 类型　得分 4～6 分

你目前即将进入工作倦怠期。这份工作对你来说，有些小情绪在波动。在别人眼中，你是个很情绪化的人。你会因为犯的一个小错误或是一个小挫折而感到沮丧，自信心受到打击，也会因为别人的一句话而感到烦心。如果你把这些放在心里，天天想着这些必将进入倦怠期。任何人在职场都会有不如意的地方，重要的是如何去避免下一次的错误，不要每天担忧那些无用的事情。让自己放轻松，用平常心去面对工作，远离倦怠期。

C 类型　得分 7～10 分

你目前已经进入工作倦怠期。这份工作让你想要逃离，每天面对堆积如山的文件时，你想到了放弃或是离开，但还没有下定决心去或留，因为没有另外一个出口。但你在工作时，把每一个工作日当成最后一个工作日而让自己努力去做，却常常觉得压力太大，想要远离这一切。目前，你要调整好自己对工作的态度，对职业生涯进行科学的规划，创造工作中崭新的乐趣和奋斗力，不要让外界的因素左右自己的态度，努力创造新的快乐和满足点。

（来源：悦读文摘，2008 年 02 期）

参考文献

[1] 谷向东，郑日昌．员工帮助计划：解决组织中心理健康的途径[J]．中国心理卫生杂志，2004，18（6）：398-399.

[2] 郭慧．员工援助计划（EAP）及其在我国企业中的应用[J]．科技情报开发与经济，2007（1）：196.

[3] 侯典牧，刘翔平．组织变革中员工的情绪管理[J]．中外健康文摘，2008（3）：185-187.

[4] 蒋奖，许燕．银行职员职业倦怠状况与压力水平的关系[J]．中国临床心理学杂志，2004，12（2）：78.

[5] 蒋奖，张西超，许燕．银行职员的工作倦怠与身心健康、工作满意度的探讨[J]．中国心理卫生杂志，2004，18（3）：197-199.

[6] 李超平，时勘．分配公平与程序公平对工作倦怠的影响[J]．心理学报，2003，35（5）：682-683.

[7] 李国瑞，何小蕾．情绪智力研究的现状及发展趋势[J]．心理科学，2003，26（5）：917-918.

[8] 李金波，许百华，左伍衡．影响工作倦怠形成的组织情境因素分析[J]．中国临床心理学杂志，2006，14（2）：148.

[9] 李清，程利国．员工帮助计划（EAP）：提高企业员工心理健康的有效途径[J]．闽江学院学报，2004，25（2）：125-128.

[10] 刘晓明．职业压力、教学效能感与中小学教师职业倦怠的关系[J]．心理发展与教育，2004，20（2）：56-61.

[11] 刘轩，包海兰，章建石．企业员工职业倦怠及其与组织公民行为关系的研究[J]．中国健康心理学杂志，2006，14（3）：330-333.

[12] 李永鑫，李艺敏．护士倦怠与自尊、健康和离职意向的相关性研究[J]．中华护理杂志，2007，42（5）：392-395.

[13] 刘庚乙．情绪劳动视角的服务业员工管理策略研究——以海底捞为例[D]．青岛：中国海洋大学，2013.

[14] 马淑蕾，黄敏儿．情绪劳动：表层动作与深层动作，哪一种效果更好？[J]．心理学报，2006，38（2）：262-270.

[15] 彭正敏，林绚晖，张继明，等．情绪智力的能力模型[J]．心理科学进展，2004，12（6）.

[16] 石庆新．论我国实施 EAP 的制约因素及其对策[J]．无锡商业职业技术学院学报，2008（5）：35.

[17] 孙柏．让客户“听到”微笑[J]．金融博览（银行客户），2008（5）：85.

[18] 王端阳．慎在“气头上”[J]．人力资源，2012（9）：89.

[19] 王锋．“职业微笑人群”笑中藏着抑郁[N]．新民晚报，2006-06-21（A1-14）．

[20] 王雁飞．国外员工援助计划相关研究述评[J]．心理科学进展，2005，13（2）：219-226．

[21] 文书生．西方情绪劳动研究综述[J]．外国经济与管理，2004，26（4）：13-19．

[22] 熊勇清．组织行为管理：原理·实务·案例[M]．长沙：湖南人民出版社，2011．

[23] 徐富明，朱从书．中小学教师的职业倦怠与工作压力、自尊和控制点关系研究[J]．心理学探新，2005，25（1）：74-77．

[24] 徐富明，朱从书，邵来成．中小学教师的工作倦怠与相关因素的关系研究[J]．心理科学，2005，28（5）：12-41．

[25] 佚名．齐达内与情绪控制[J]．意林，2006（16）：38．

[26] 佚名．你进入工作倦怠期了吗？[J]．悦读文摘，2008（2）：60．

[27] 余玲艳．员工情绪管理[M]．北京：东方出版社，2006．

[28] 俞文钊．人力资源管理心理学[M]．上海：上海教育出版社，2005．

[29] 曾垂凯，时勘．大五人格因素与企业职工工作倦怠的关系[J]．中国临床心理学杂志，2007，15（6）：615-616．

[30] 赵敏．客户情绪管理：实例与技巧[M]．北京：中国经济出版社，2004．

[31] 张宇，刘蓉晖．人力资源管理中的情绪管理[J]．中国人力资源开发，2008（6）：98．

[32] 朱烨，赵延君．浅析员工的情绪管理[J]．人才开发，2007（9）：19-20．

[33] Ashforth B E, Humphrey R H. Emotional labor in service roles: The influence of identity[J]. Academy of Management Review, 1993, 18(1): 88-115.

[34] Barger P B, Grandey A A. Service with a smile and encounter satisfaction: emotional contagion and appraisal mechanisms[J]. Academy of Management Journal, 2006(49): 1229-1238.

[35] Barrick M R, Mount M K. The big five personality dimensions and job performance: a meta –analysis[J]. Personnel psychology, 1991, 44(1): 1-26.

[36] Diefendorff J M, Gosserand R H. Understanding the emotional labor process: A control theory perspective[J]. Journal of Organizational Behavior, 2003, 24(8): 945-959.

[37] Freudenberger H J. Staff Burn-Out[J]. Journal of Social Issues, 1974, 30(1): 159-165.

[38] Glomb T M, Kammeyer-Mueller J D, Rotundo M. Emotional Labor Demands and Compensating Wage Differentials[J]. Journal of Applied Psychology, 2004, 89(4): 700-14.

[39] Grandey A A. When “the show must go on” : Surface acting and deep acting as determinants of emotional exhaustion and peer-rated service delivery[J]. Academy of Management Journal, 2003, 46(1): 86-96.

[40] Grandey A A, Fisk G M, Manila A S, et al. Is “service with a smile” enough? Authenticity of positive displays during service encounters[J]. Organizational Behavior and Human Decision Processes, 2005, 96(1): 38-55.

[41] Grandey A A, Fisk G M, Steiner D. Must "Service With a Smile" be stressful? The Moderating role of personal control for American and French employees[J]. Journal of Applied Psychology, 2005, 90(5): 893-904.

[42] Hochschild A R. Emotion work, feeling rules and social structure[J]. American Journal of Sociology, 1979, 85(3): 551-575.

[43] Hochschild A R. The Managed Heart: Commercialization of human feeling[M]. Berkeley, CA: University of California Press, 1983.

[44] Kruml S M, Gedde S D. Exploring the dimensions of emotional labor[J]. Management Communication Quarterly, 2000,14(1): 8-49.

[45] Maslach C. Stress, burnout and the workaholic syndrome[M] //Kilburg R, Thoreson R, Nathan P. Professionals in distress: Issues, syndromes and solutions in psychology. Washington, DC: American Psychological Association, 1986: 53-75.

[46] Morris J A, Feldman D C. The dimensions, antecedents and consequences of emotional labor[J]. Academy of Management Review, 1996,21(4): 986-1010.

[47] Muchinsky P M. Emotions in the workplace: the neglect of organizational behavior[J]. Journal of Organizational Behavior, 2000, 21(7): 801-805, 817-823.

[48] Rafaeli A, Sutton R I. Expression of emotion as part of the work role[J]. Academy of Management Review, 1987, 12(1): 23-37.

[49] Tsai W-C, Huang Y-M. Mechanisms Linking Employee Affective Delivery and Customer Behavioral Intentions[J]. Journal of Applied Psychology, 2002, 87(5): 1001-1008.

[50] Zapi D. Emotion work and psychological well-being a review of the literature and some considerations[J]. Human Conceptual Resource Management Review, 2002, 12(2): 237-268.

第八章　员工卷入与管理

学习目标

- 掌握心理契约的概念及类型
- 掌握组织承诺的概念及类型
- 理解心理契约和组织承诺对工作的影响及管理方法
- 掌握工作价值观的结构和管理
- 理解工作满意度的概念及影响因素

引例：员工的心理参与和卷入对企业的重要性

美国大陆航空公司（Continental Airlines）在20世纪80年代服务质量糟糕，在业内名声很差，员工们都不敢也不愿穿着制服去别的地方，更羞于告诉别人自己在那儿工作。企业两次宣告破产，员工对企业缺乏认同感、满意感和忠诚度。20世纪90年代中期，戈登·贝休恩（Gordon Bethune）成为大陆航空公司的CEO，提出了“员工不喜欢在那儿工作的企业不会成功”的管理理念，得到了方方面面的贯彻实施。在不到三年的时间里，大陆航空公司无论是利润、服务还是员工满意感都得到了根本改善。企业的服务好，顾客的回头率高，企业的制服和其他各种印有企业标志的T恤和物品重新成为员工们的骄傲，效益也发生了翻天覆地的变化。

（来源：http://www.doc88.com/p-6993720562343.html）

大陆航空公司由衰至盛的发展轨迹告诉我们，员工在心理上对企业的认同、接受及由此派生出来的积极情感（如自豪感）是一种无形的力量，可以使员工发自内心地为公司着想，为顾客服务，是企业盈利的关键所在。所谓员工卷入是指员工对组织事件和组织发展心理上的有效参与，表现为对组织的发自内心的关心和自愿为组织服务的良好态度。它常常不能直接从员工外在的工作表现推断出来，也就是说，员工外在的工作表现并不一定意味着心理上的有效参与或卷入，他完全可能迫于规章制度的压力、出于自身利益的考虑而表现出良好的工作行为，而内心深处并不喜欢和关心工作。有卷入地工作和无卷入地工作是两个不同层次的工作境界，也将导致不同的工作绩效和组织的不同发展结果。本章拟对与员工卷入有关的几种心理现象加以解析，并探讨它们在组织中的表现及对组织行为的影响。其中，心理契约和工作价值观可以视为员工卷入的心理前提和条件，而组织承诺和工作满意度可以视为员工卷入的心理后果和表现。也就是说，组织可以通过对员工心理契约和工作价值观的培养、教育和管理，达到员工较高的组织承诺和工作满意度，从而实现员工有效的心理参与和卷入。

第一节 心理契约

一、心理契约的概念

契约是双方或多方当事人基于平等自愿原则而订立的具有法律效力的条文或文书，为私法自治的主要表现。提到契约，人们常会想到明确的、正式的、具有法律效力的协议和文件。那么，心理契约是什么呢？心理契约最早是由哈佛大学商学院教授阿吉里斯（Argyris，1960）提出来的。他强调在雇佣关系中，员工与雇主之间除了正式的经济契约规定的内容外，还存在着隐含的、非正式的、未公开说明的相互期望和期许，是雇佣双方各自对于对方责任的共同认知。其后这一问题被广为关注并引发了一系列研究。多数研究者都认为心理契约是组织与其成员对于双方责任与义务的期望，它有个体期望和组织期望两个水平。但是，因为组织在作为契约中的一方时，其主体性并不明确，所以后来的研究多倾向于从个体角度出发，而将组织作为心理契约形成的背景来看待。心理契约的研究在20世纪80年代中期以后成为组织心理学研究的一个热点问题。

对于如何界定心理契约这一概念，存在不同的观点。其中比较有代表性的是谢恩（Schein，1980）的定义：心理契约是“在组织中每个成员和不同的管理者，以及其他人之间，在任何时候都存在的没有明文规定的一整套期望。”有的期望是比较明确的，如企业员工对薪水的期望，而有的期望则可能是不明确的，如对长期晋升的期望等。总体来看，相对于传统的工作合同而言，心理契约具有以下几个特点。

（1）主观隐蔽性。心理契约大多是非正式的，并且是隐含的，而不是公开的。因此，它本质上是主观的。心理契约没有形成正式的文字记录，而是以心理期望的方式埋藏在契约双方的内心深处，期望着对方去理解、估测。由于这种心理契约是一种主观感觉，个体对于他与组织之间的相互关系有自己的体验与见解，所以往往会造成自己的期望与组织的理解不一致。

（2）不确定性。正式雇佣契约的内容、职责、权利都是明确、固定的，不能随契约一方的主观意愿改变而改变。例如，供电公司与客户间的契约是非常正式、具体的，公司必须保证不断供电，同时客户定期支付电费。而心理契约的本质是一种心理期望，它会随着工作的社会环境和个人心态的变化而发生变化。人们在一个组织中工作的时间越长，心理契约所涵盖的范围就越广，在雇员和组织之间的关系上，相互期望和义务的隐含内容就越多。这也使心理契约的内容具有更大的不确定性。

（3）双向性。心理契约是组织与组织成员之间建立的一种双向性的联系，一方面是员工对自己在组织中的权利、发展等方面的期望，而另一方面是指组织对于员工忠诚、责任等方面的期望。可以说，组织与组织成员在心理契约中都处于主体地位，是完全平等的。因此，组织与组织成员在向对方提出期望和要求的同时，应多注意双向沟通，尽量去领会并满足对方对自己的期望。只有通过契约双方的相互交流、相互沟通，对组织与个人的发展达成共识，营造良好的工作环境，才能发挥心理契约的激励作用。

（4）动态性。心理契约的主观性与不确定性，决定了它具有动态发展的特点，这就要求心理契约双方根据环境变化和企业发展来确定心理契约的内涵。心理契约没有固定的模式与统一的标准，适用于一个组织的心理契约不一定适用于另一个组织。例如，许多过去在心理契约中非常重要的因素，如员工以忠诚、遵从和努力为条件换来的工作稳定感，正在逐渐减弱或占据次要位置；而一些新的内容，如对灵活性、公平性、变革创新、不断尝试的要求，在心理契约中所占的比重越来越大。因此，个人和组织都需要根据组织内外环境的变化不断调整和完善心理契约。

二、心理契约的内容

心理契约概念的界定也相应地影响到了心理契约的内容。早期对心理契约内容的探讨着重员工和组织的相互要求，如组织对员工的理解、认同、工资保障和长期雇佣，以及员工对工作的胜任和忠诚等。

卢梭（Rousseau，1989）明确心理契约的具体定义后，在1990年从实证角度对员工心理契约内容进行探讨，发现员工心理契约中的雇主责任有提升、高额报酬、绩效奖励、培训、长期工作保障、职业发展和人事支持等七个方面。员工心理契约中的雇员责任有加班工作、忠诚、自愿从事职责外的工作、离职前预先通知、接受内部工作调整、不帮助竞争对手、保守公司商业秘密和在公司至少工作两年等八个方面。

赫里欧和曼宁（Herriot & Manning，1997）以管理者代表组织，用关键事件技术和比例分层抽样方法对英国各地区、各行业的184名管理者和184名员工的心理契约内容进行研究。结果发现，两类心理契约中的组织责任项目有培训、公正、关怀、协商、信任、友善、理解、安全、永恒一致、薪资、福利和工作稳定等十二个类别。员工责任项目有守时、务业、诚实、忠诚、爱护资产、体现组织形象和互助等七个方面。比较研究表明，双方对“组织责任”的要求在友善、理解、福利、安全、薪资和工作稳定等六个方面有差异，其中员工比较强调安全、薪资和工作稳定，而组织则比较强调友善、理解和福利。双方对“员工责任”的要求在忠诚、爱护资产和体现组织形象三个方面存在差异，其中员工比较强调爱护资产、体现组织形象，而组织更强调忠诚。这是一项既从双边责任又从双方视角对心理契约内容的全面探讨。

心理契约的具体内容随着经济的发展也在发生着改变。安德森和夏克（Anderson & Schalk，1998）概括了心理契约内容上发生的变化，如表8-1所示。

表8-1　心理契约内容的变化

特　点	过去构成	当前构成
关注的焦点	工作安全性，连续性，对组织忠诚	相互交换的可能性，未来雇佣的可能性
形式	结构化的，可预测的，稳定的	无固定结构，灵活的，可以广泛协商的
建构基础	传统，公平性，社会评判	市场导向，能力与技能，附加值（增值）的可能性
雇主职责	工作稳定，工作安全，培训，职业发展前景	对于附加价值的公正奖励

续表

特　点	过 去 构 成	当 前 构 成
雇员职责	忠诚，全勤，服从权威，令人满意的工作绩效	创业精神，技术革新，锐意变革，不断尝试，优异的工作绩效
契约关系	正规化，大多数通过工会或中介代理机构	认为双方服务的交换（内部及外部）是个人责任
职业生涯管理	组织职责，通过人事部门的输入来规划和促进职业生涯的内螺旋发展	个人职责，通过个人的再培训和再学习而形成职业生涯的外螺旋发展

波特·马金等人（2000）详细分析了心理契约和经济契约之间的区别，概括出两种契约内容的基本差异，如表 8-2 所示。

表 8-2　经济契约与心理契约内容上的基本差异

类　别	员工关注的内容	组织关注的内容
经济契约	金钱	工作
心理契约	体谅	品德

一般来说，心理契约所包含的大部分内容，都可以体现在“体谅”与“品德”这两大范畴内。在“体谅”之下，个体期望在工作活动中的任何变革执行之前，他们有协商的权利。例如，在重新安排工作、引入灵活性的工作时间或提出“不许吸烟”的政策时，都应该有商量的余地。作为对这种体谅的回报，他们可以表现出更多的有利于组织要求的品德行为，包括如果工作负荷突然增加，他们有做额外工作的愿望，或在与别人谈论其组织时，更多地谈到它的优点，支持它的目标。

需要指出的是，上述研究只是众多研究中的几项，并不能代表所有研究。心理契约作为“一整套期望”是一个复杂的心理结构，针对其内容进行的研究的结果因为研究者对心理契约的认识以及研究的背景不同也不尽相同。而且，众多的研究还表明，心理契约的内容会因年龄、性别、工作年限、组织规模和组织性质的不同而有所差异。

【资料】

心理契约的 EAR 循环

心理契约管理的目的，就是通过人力资源管理实现员工的工作满意度，并进而实现员工对组织的强烈归属感和对工作的高度投入。因此，企业要想实现对人力资源的最有效配置，就必须全面介入心理契约的 EAR 循环，通过影响 EAR 循环来实现对员工的期望。所谓 EAR 循环，是指心理契约建立（Establishing，E 阶段）、调整（Adjusting，A 阶段）和实现（Realization，R 阶段）的过程。

在 E 阶段，企业应了解员工的期望，并使员工明确企业及其所在部门的现状及未来几年内的发展状况，从而帮助其建立一个合理预期，促使其趋同预期而努力工作。

在 A 阶段，心理契约建立在对企业未来预测的基础上，当现实与预测产生偏差时，调整不可避免。企业应及时与员工沟通，告诉其现在出现了什么新情况，所以期望其进行调整。特别当企业的状况发生重大改变以致引起员工的心理剧烈波动时，高层的及时沟通能降低员工的心理负担，降低负面影响。

在 R 阶段，企业应及时考察实现程度，了解员工的合理预期在多大程度上已变为现实：工作环境是否如所希望的那样变好了？是否接受了应有的培训？职务变动了吗？薪水提高了吗？哪些期望已经实现？实现的原因是什么？尚未实现的是源自员工的能力问题，还是企业方面的原因？这样一系列问题找到答案以后，企业就将随着员工进入下一个阶段的 EAR 循环。

简而言之，虽然"心理契约"只存在于员工的心中，但它的无形规约能使企业与员工在动态的条件下保持良好、稳定的关系，使员工视自己为人力资源开发的主体，将个体的发展充分整合到企业的发展之中。因此，只有充分把握心理契约，参与员工 EAR 循环过程的始终，企业才能创造出永远充满活力的组织。

（来源：MBA 智库百科，http://wiki.mbalib.com/wiki/%E5%BF%83%E7%90%86%E5%A5%91%E7%BA%A6）

三、心理契约的类型

卢梭（Rousseau）在 1995 年从雇员与雇主契约期限是"长期的"还是"短期的"，以及绩效要求是"明确界定的"还是"没有明确界定的"两个角度进行组合，把心理契约划分为交易型（Transactional）、关系型（Relational）、平衡型（Balanced）和变动型（Transitional）四种类型，如图 8-1 所示。

契约期限 \ 绩效要求	明确界定的	没有明确界定的
短期的	交易型： （如圣诞节期间商店临时雇员的心理契约） 1．明确的和确定的契约条款 2．易离职或高离职 3．低成员承诺 4．自由达成新契约 5．完全用不着学习 6．高的整合或认同	变动型： （如机构精简期间或组织合并、重组期间雇员的心理契约） 1．模糊的和不确定的契约条款 2．高离职或易终止 3．不确定
长期的	平衡型： （如高卷入度团队成员的心理契约） 1．高团队承诺 2．高的整合或认同 3．正进行开发活动	关系型： （如家族企业成员的心理契约） 1．高团队承诺 2．高情感承诺 3．高的整合或认同 4．稳定

图 8-1　Rousseau 的心理契约四类型及特征

心理契约中存在两种独立的成分：交易型契约和关系型契约。交易型契约包括员工与雇主之间明确的经济交换。交易型契约是短期的，以比较纯粹的经济或物质为导向，并且会引起双方有限的卷入。交易型契约通常发生在一个较短的具体的时间段内。关系型契约是长期的、广泛的，因为它不是纯粹的经济交换，还包括对组织的忠诚以及在组织中的安全和成长（Morrison & Robinson，1997；Rousseau & McLean Parks，1993）。关系型契约，通常是基于非经济的，或者说社会情感的交换。它没有局限在一段具体的时间内，并且随着时间的变化，关系型契约可能会改变（Rousseau，1990）。关系型契约以信任、尊重和忠诚为主（De Meuse et al.，2001）。

具有交易型和变动型心理契约的员工非常容易流失。交易型的员工具有工作任务明确、流动率高、对组织承诺和认同感低的特点，如临时雇佣人员。在组织中应尽量少设相应的职位，在可能的情况下，相关工作任务进行外包处理。这类员工的心理契约中，对组织责任而言，短期报酬及承诺的时效要求较高，而对长期的福利关注不多，企业要有针对性地制定薪酬政策，实行动态的管理。临时聘用人员可以根据工作表现而转变成长期合同甚至固定合同人员，提高他们对组织的认同感。

变动型的员工具有较高的工作不确定性、较高的不稳定性和较高的流动率，如处于组织减员或公司购并过程中的员工。因此，当组织在进行购并或组织结构调整时，应对其中比较优秀的员工尽快明确工作任务，或者尽快签订劳动合同。

平衡型的员工具有较高的组织承诺和组织认同感，能够不断自我开发，协作感也比较强，在组织中工作的时间较长，如骨干团队中的成员。关系型的员工除具有平衡型的特点外，还具有强烈的身份感和稳定性强的特点，在组织中工作的时间很长，如家族企业中的成员或企业高层管理者。

具有平衡型和关系型特征的员工是企业的核心员工，并且在企业工作的时间较长，对企业的商业模式、客户资源等都比较了解。他们的心理契约违背后，对组织的情感投入减少，交易型成分加强，严重的甚至终止自己的工作，而这些员工一旦流失，导致的人力资源重置成本是非常高的，对企业的伤害也非常大。

四、心理契约对工作的影响

尽管心理契约是内隐的，但它却是组织行为的一个重要决定因素。Shore（1998）等人认为，心理契约在组织中的作用有三个方面：一是可以减少雇佣双方的不安全感，因为正式协议不可能涉及雇佣关系的方方面面，而心理契约可以填补正式协议留下的空白；二是可以规范雇员的行为，雇员以组织对自己所负的责任来衡量自己对待组织的每一行为，以其作为调节自己行为的标准；三是可使雇员对发生在组织中的事件产生情感性的反应。

现有研究得到比较一致的结果认为，心理契约的违背会对员工的态度和行为产生负面的影响。一般来说，当组织的成员感到组织实际履行的义务与被期望执行的义务之间出现差异时，违约现象就发生了。心理契约的违背会导致强烈的情绪反应和被背叛的感觉。程度较轻的违背会带来高离职率、低工作满意度、低信任度等后果，并将导致契约的交易性增强，即组织成员更多地关注金钱与物质方面的眼前利益。有研究指出，这种交易型关系的进一步破坏可能会导致三种行为结果，即公开谈判、调整工作投入或辞职。无论哪一种结果对组织都是不利的。值得注意的是，许多研究都已经表明，心理契约的违背现象相当普遍，最高可达 50%以上。

【资料】

他们为什么辞职？

A 学校是某知名教育集团在广州办的一所分校，学校 2002 年 5 月聘到的 7 名新教师，到 2002 年 10 月就有 4 名离开了 A 学校。为什么 A 学校面临如此尴尬的局面呢？通过访问几位从 A 学校辞职的新教师，发现了此问题的真正原因。

据从 A 学校出走的×教师说，他们刚刚投入到工作岗位的时候特别兴奋，都在想自己将怎样在 A 学校发展自己。可是两个星期过去了，学校许诺的相关培训却没有进行，只是把他和其他几位新教师随意地安排到几个学校老教师办公桌旁边，让他们自己先熟悉环境。然而，每位老教师每天又都有自己的工作，他们大部分人自然也没有热情和时间去指导或帮助这些新教师。偶尔有些老教师觉得应该让这些新教师做点什么的时候，也无非是帮助整理一下过期的书刊或擦洗一下办公桌。转眼间已经过去两个多月了，等到第 3 个月底的时候，×教师和其他新教师一样都在猜测明天就应该有正式的工作或指导老师了。可是第 4 个月眼看就过去了，学校并没意识到这些新教师的情绪并做出相应反应。实在忍无可忍了，×教师就主动去找学校人事主管询问有关情况。然而学校人事主管给的答案却令×教师等人非常失望："你们不用干活还照样拿基本工资应该是很不错了！你们还有什么牢骚可言？"被主管给奚落了一顿，×教师很不服气，就径直找招聘他们进来的学校副校长，副校长的解释是："当时我们招聘你们进来的时候是为了成立一个新部门。但现在广州这边的情况要受学校总部的管理，由于目前有关培训你们的专用软件和配套硬件还没有到位，所以只有让你们先耐心等待一下！说不定，下个月的某个时候你们就可以正常上班了！"听完学校副校长的解释后，这些教师都很气愤，用×教师话说"我们感觉到好像是被这所学校给欺骗了！"充分权衡之后，×教师等 4 名新教师没有给学校打任何招呼，仅仅给负责人力资源管理的副校长留下一封信就辞职走人了。

新招聘的教师与 A 学校之间的心理契约遭到了违背。在开始招聘新教师时，学校为了招聘到优秀的教师，往往会过高地估计自己的实际运作情况，以及对周围的环境做出过于乐观的预测，来向应聘人员传递自己学校在未来利好的消息。这时，A 学校在人才市场上向应聘人员传递的信息很自然被应聘者视为其向未来新教师做出的承诺。应该说，这时出现了对心理契约有关内容理解的不一致：应聘人员认为 A 学校实际上做出了承诺，而 A 学校却认为这只是传递了一个利好信息，并不是自己向未来新教师所做出的肯定承诺。随着新教师进入 A 学校，心理契约双方相互之间都更加关注对方的行为表现。然而，三个月时间已经过去了，所有新招聘的教师并没有接受到像 A 学校招聘人员开始所承诺的培训。这时的新教师就会充满各种猜测和不祥预感。而在第 4 个月底，忍无可忍的新教师主动向 A 学校的有关人员询问情况时，A 学校有关人员的解释不但没能化解新教师对 A 学校的种种猜疑，反而进一步强化了新教师以前的猜疑。这样一来，新教师坚信他们与 A 学校之间的心理契约真正遭到了违背，随之不辞而别。

（来源：袁小平，2005）

五、心理契约的管理

如何能让员工为组织的发展付出更多的努力、承担更多的责任，并且同时提高员工的工作满意，减少流动性，增强对企业的情感承诺呢？心理契约的管理作为人力资源管理的一部分，对此起着很大的作用。心理契约可以作为一项管理工具，帮助企业形成和发展更加积极的雇佣关系。因此，应该根据心理契约的发展情况进行心理契约的动态管理。

（一）心理契约的构建

心理契约的建立以个体与组织之间相互期望的条件为前提，因此招聘过程中传递真实有效的信息是建立心理契约的基础。调查表明，新员工在刚开始工作的几个月里有很高的离职率。其主要原因是工作无法满足新员工的期望，也就是说，其心理契约遭到了破坏。招聘环节在某种程度上需要为此负一定的责任，因为为了吸引更多的人来应聘，招聘人员通常只宣传工作好的一面。许多企业在招聘时为了吸引到更多的人才往往夸大薪酬福利、职业培训与发展机会，应聘的人怀着美好的愿望与组织达成了心理契约。可是当他们真正进入企业工作后，会发现情况并非如此。新员工感到心理契约被破坏，从而对组织产生怀疑，甚至选择离开。为了在雇佣的初始阶段得到一个满意的心理契约，人力资源管理人员需要把真实的工作情况告诉应聘者，即在招聘过程中应给应聘者真实地介绍组织现在的结构、劳务合同的主要内容、新员工的工作项目和职责以及工作的具体要求等，让员工对组织有个相对真实的总体印象。有研究表明，真实的招聘过程虽然在一定程度上降低了应聘者的接受率，但它却有效地减少了离职率，并在一定程度上降低了员工对工作的期望值，增进了工作满意度及对组织的忠诚度。

（二）心理契约的调适

新员工进入企业后，企业管理者应加强与他们的沟通，促进相互了解，实现心理契约方面的彼此了解和相互适应。理解歧义是心理契约违背的一个重要原因，因为心理契约的形式是主观的。员工和企业双方对契约内容的理解难免会存在偏差，因此，沟通对于培养员工的忠诚度具有重要的意义。首先，沟通提供了一种释放情绪的表达机制，员工可以通过沟通来表达自己的挫折感和满足感，在坦诚表达情感、互相鼓励的过程中建立和增进感情，从而培养员工的信任度。其次，沟通便于上级与下级间相互了解，减少因为理解歧义而带来的消极情感。新老员工的交流也有助于心理契约的调适。新员工进入企业后，管理者应该提供在日常工作之外交流的机会，例如一个部门内的人员的工作交流或者是组织一次讲座，也可以是外出参观或小规模、小范围的出游等，让新老员工有私下交流的机会，让心理契约明晰化。

（三）心理契约的修补

由于企业环境条件的不断变化和人们对心理契约的理解歧义，心理契约违背几乎是不可避免的。当发生心理契约违背时，企业应该采取有效措施，对心理契约进行修补，以免员工忠诚度下降。首先，当心理契约遭到破坏时，做出合理解释。觉察到心理契约的变化、破坏和违背，并不一定就会导致员工情绪和行为方面的变化，起关键作用的是员工对心理契约变化、破坏和违背所做出的解释，这个解释的过程实际上是一个归因和对公平性认识的过程。如果员工归因于双方对心理契约的理解不同，公平性的作用似乎就不存在了；而归因于企业组织故意违反契约，公平性的作用就很重要。因此，当企业确实因为各种困难无法兑现当初对员工的承诺时，管理人员不能推诿或遮掩回避，而应当及时地向员工作出解释和说明，以求得员工的理解和谅解。其次，采取补偿措施，降低心理契约违背的负面影响。在员工知觉到企业没有履行某个承诺时，如果企业能及时在其他方面给予补偿，员工对该补偿项目的接受程度可以抵偿未履行的项目，心理契约违背就不会影响员工的忠诚度。

（四）心理契约的维护

心理契约受文化环境的影响。良好的企业文化无疑给达成与维持心理契约创造了良好的氛围、空间，增强了员工努力工作的热情与信念，激发企业与员工共同信守契约所默示的各自对应的承诺。另外，要对员工增加有关组织文化和价值观的培训，使员工更多地了解组织的意图和动机。组织文化是组织的人格化，员工心理契约的“个性”与组织文化的“共性”保持良好的互动关系可以推动组织前进，减少组织中的内耗。

第二节　组织承诺

一、组织承诺的概念

组织承诺（Organizational Commitment）是指组织成员对组织的承诺，是当代组织行为学领域中的一个重要概念。特别是近十余年以来，这个领域引起了包括心理学、组织行为学、人力资源管理等领域研究者的广泛兴趣。

组织承诺这一概念最早是由 Becker（1960）提出来的。他将承诺定义为由单方投入（Side-bet）产生的维持“活动一致性”的倾向。在组织中，这种单方投入可以指一切有价值的东西，如福利、精力和已经掌握的只能用于特定组织的技能等。他认为组织承诺是员工随着其对组织的“单方投入”的增加而不得不继续留在该组织的一种心理现象。这种观点脱胎于社会交换理论与公平理论，完全以报偿—成本的功利性来探讨组织承诺，认为组织成员常会比较自己对组织的贡献与从组织中所获得的报酬的关系。如果成员经过计算评估，认为这种交换过程对自己有利，那么个人对组织的承诺就会提高；反之，则对组织的承诺就会降低。Becker 将随着工作年限的增加而增多的退休金，与随工作年限增加而可获得的组织管理权，合称为附属利益。个人会把这些附属利益当作交换性组织承诺的积极要素，并且不愿意损失这些利益，因而愿意留在组织中。

具体来说，组织承诺是指员工随着对组织单方面的投入增加而产生的一种心甘情愿地参与组织各种活动的情感，是一个人对组织的认同和投入程度。组织承诺表现为：一是希望加入某个组织；二是愿意保留某个组织的成员资格；三是信仰组织的价值观并接受组织目标；四是愿意为组织的利益做出自己的贡献。

组织承诺的影响因素包括组织因素和个人因素两类。组织因素包括岗位认同、组织发展前景、人际关系等。个人因素包括性别、年龄、学历、专业知识及个性特征等。以往的研究表明，组织因素如岗位认同、组织发展前景、人际关系、福利待遇、个人在组织内的发展前景、晋升机会等与组织承诺呈正相关；在个人因素方面，女性员工的组织承诺高于男性员工，年龄的大小与组织承诺呈正相关，学历和专业知识与组织承诺呈负相关。

【资料】

员工忠诚度的不断下降

沃顿商学院管理学教授马修·比德维尔（Matthew Bidwell）将员工忠诚度这一术语分为两个部分：“一部分是将雇主的最佳利益放在心上，另一部分则是一直保持跟随同一个雇主的状态。”他表示，管理学专家将这称为“组织承诺”。

Metlife 在 2012 年 3 月发布的第十次年度员工福利、趋势和态度调查报告显示，员工的忠诚度处于七年来的最低点。该调查称，有 1/3 的员工打算在年底前辞去当前工作。Careerbuilder.com 在 2011 年发布的一份报道称，有 76%的全职员工在没有主动寻找新工作的前提下，只要一有合适的机会就会选择离开当前的工作场所。另有研究显示，正常情况下各地企业每年的员工流失率在 20%～50%之间。

沃顿商学院管理学教授亚当·科布（Adam Cobb）认为，“人们谈论工作场所中的忠诚性问题时，必须考虑到这是一种双向行为”，“我对企业的忠诚度是依企业对我的忠诚度而定的，但是企业在这种双向行为中却占据着明显的优势。设想一下这么一个世界，在这个世界中企业负责照顾它们的员工，忠诚是相互的，那么员工跳槽的情况也许就不会像现在一样频繁了。”

而有时候，人们也会选择成本更大的行为，例如虽然换了工作之后的工资可能会更高，我们仍有可能不去换工作。这是因为我们会将人际关系及其他的福祉问题纳入到考虑范围之中。当我们与公司或是同事建立关系之后，离开这里的选择就会产生社会成本。在很受公司或是老板的重视时，员工在面临去留的选择时就会好好斟酌一番了。

（来源：世界经理人，http://www.ceconline.com/hr/ma/8800064184/01/）

二、组织承诺的类型

加拿大学者 Meyer 与 Allen 对以前诸多研究者关于组织承诺的研究结果进行了全面

的分析和回顾，并在实证研究的基础上提出了组织承诺的三个类型：情感承诺、持续承诺和规范承诺。

（一）情感承诺

情感承诺（Affective Commitment）是指员工对组织的感情依赖、认同和投入，员工对组织所表现出来的忠诚和努力工作，主要是由于对组织有深厚的感情，而出于非物质利益的考虑。

情感承诺水平高的员工留在组织中是因为认同组织的一切，并愿意协助组织达到目标。当组织面临变革时，员工会对他们的个人价值是否仍能与他们为之工作的组织价值保持一致产生怀疑。当出现这样的情况时，他们可能会问自己是否仍然属于这个组织，如果他们认为自己不再属于变革后的组织的话，就会辞职。

（二）持续承诺

持续承诺（Continuance Commitment）是指员工对离开组织所带来的损失的认知，是员工为了不失去多年投入所换来的待遇而不得不继续留在该组织内的一种承诺。

人们在一个组织中供职的时间越长，他们在此付出的就越多，而一旦他们离开，其损失也就越多（如退休金、亲密的友谊等）。许多人仅仅因为不愿意失去这些而宁愿保留原来的工作。一般来说，这些人具有高度的持续承诺。然而，有迹象表明，当今员工的持续承诺水平已经不像以往那么高了。传统上，人们找到一份工作以后便终生为之努力，许多人终生从事同一份工作，这种情形在今天已经很难见到了。

（三）规范承诺

规范承诺（Normative Commitment）反映的是员工对继续留在组织的义务感，它是员工因为受到了长期的社会影响形成的社会责任而留在组织内的承诺。规范承诺水平较高的员工非常关心自己一旦离职，其他员工会有什么想法。他们不愿意让老板失望，担心同事可能会由于他们的离职而看不起他们。

三、组织承诺对工作的影响

（一）组织承诺对员工离职行为的影响

根据 Price 的离职行为模型，组织承诺影响离职意向，而离职意向影响离职行为。也就是说，离职意向在组织承诺和离职行为间起中介作用。组织承诺对离职意向的影响受个人特质及家庭、地域等非工作因素的影响，而离职意向是否导致离职行为受劳动力市场及组织制度约束力的影响，如图 8-2 所示。

袁凌、王烨、陈俊（2007）利用 Price 的离职行为模型，对组织承诺与离职行为之间的关系进行分析，发现企业员工的情感承诺高是导致企业员工留职以图长远发展的重要原因，而持续承诺高的员工，也会因为当前的福利待遇而不愿离开相对稳定的环境。

也有后续研究表明，组织承诺可以有效降低员工的离职意向和离职率，而且无论哪种组织承诺类型均对离职意向产生显著的直接影响，其中尤以持续承诺的影响更大。由此可见，提高员工的组织承诺是降低员工离职意向和离职率的一项有效措施，而经济因素在影响员工的离职行为中起关键的作用。

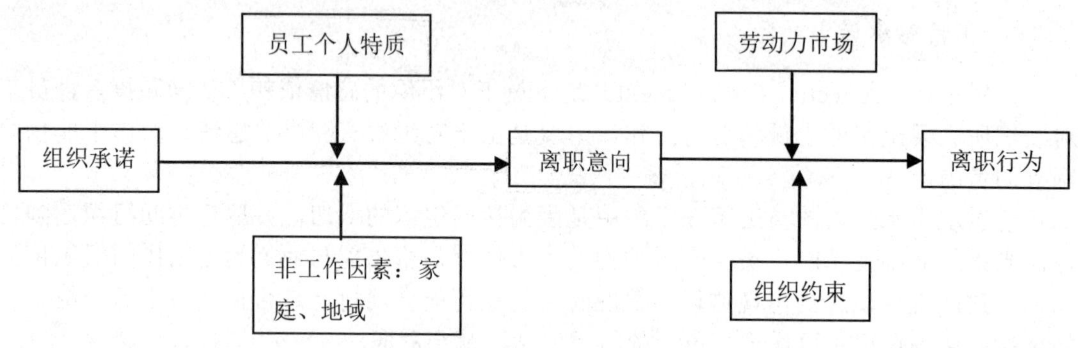

图 8-2　组织承诺影响员工离职行为的运行机理

（二）组织承诺对员工绩效的影响

韩翼（2007）利用组织承诺的三因素模型探讨组织承诺对角色内和角色外绩效的影响时发现，一方面情感承诺对角色内绩效和角色外绩效有直接正效应，即对组织情感深厚的员工的角色内绩效和角色外绩效都比较高；另一方面，感情承诺通过规范承诺对角色内绩效和角色外绩效进行间接的正影响，即规范承诺高的员工对组织更有感情，并产生积极的行为。也就是说，规范承诺在情感承诺与角色内绩效和角色外绩效之间起中介作用，而持续承诺与角色内绩效不相关，与角色外绩效相关。

李金波、许百华、张延燕等人（2006）的研究也发现，员工的组织承诺对其工作行为的影响主要通过情感承诺和持续承诺对角色内行为的影响来实现。三种组织承诺形式（情感承诺、持续承诺和规范承诺）对工作绩效产生显著的影响，只是影响绩效的方式有些不一致。情感承诺主要影响周边绩效，规范承诺主要影响任务绩效，而持续承诺则对两种绩效都有显著的影响。

（三）组织承诺对个体行为的影响

组织承诺的束缚力在不同因素之间产生的作用是不均衡的。个体因为期望而产生的情感承诺会使他们产生更强的依附组织的倾向。现实组织中存在大量的事件对人的行为产生影响，当个体以情感承诺为主时，他们受到的影响（干扰）会比较小，从而能够专注于自己稳定的行为表现，而以持续承诺为主的个体，则更可能偏离“束缚”，表现出和承诺不一致的行为。例如，当克莱斯勒公司处于财政危机时，公司的执行总裁李·艾柯卡（Lee Iacocca）将自己的年薪降到 1 美元，充分表现了他对公司的忠诚。在现实生活中，许多员工在公司遇到危机时，表现出了与企业同生死、共患难的勇气和决心，这些都是高组织承诺的直接后果。因此，可以说组织承诺是企业最宝贵的财富，特别是在企业处于危难情况时，员工高度的组织承诺更显得弥足珍贵，可谓“一诺千金”。

（四）组织承诺对负向结果变量的影响

对组织情感承诺过高的个体往往伴随着高水平的工作压力、经常性的工作—家庭冲突、耗尽，甚至存在“过劳死”的现象。因此，要特别关注心理承诺对个体的负面影响。

四、组织承诺的管理

组织承诺对组织员工的行为产生显著的影响，尤其是情感承诺高的员工能够表现出更好的工作绩效。那么，组织在日常的管理实践中可以通过哪些途径来建设和培养员工的情感承诺呢？

（一）通过招聘甄选合格的员工

一个组织在招聘员工时，建立员工情感承诺是第一道环节，对那些希望和员工建立起长期稳定关系的组织来说，需要考察以下三个方面。

（1）要注意鉴别出那些有频繁跳槽经历的人，详细考察他们离职的原因是什么。因为在这类群体中，有相当一部分人很难对一个组织建立起稳定的承诺关系，他们或者是为了追求一种多变的生活，或者是通过频繁的跳槽来达到薪酬的不断增加。这类群体的个性和价值观决定了他们很难保证稳定地在一个组织中工作。

（2）要考察应聘者和组织之间价值观（特别是核心价值观）的匹配程度。如果个体和组织之间的价值观取向差异很大，那么进入组织后会觉得很难适应，也不能建立起对组织的情感承诺。

（3）通过现实工作预览的方法来甄选那些可能建立高情感承诺的员工，也就是说，通过一些具体的事例告诉应聘者，尤其是如实地告诉他们将要面临的挑战，这样一些应聘者会通过自我判断而选择退出，而最终进入组织的员工也通过现实工作预览，对组织有了比较切实的了解和期望。这种方法有助于他们更快地适应组织中的生活，进而为建立情感承诺打下基础。

（二）通过内部晋升来培养情感承诺

组织应该偏重从内部晋升来培养情感承诺。在晋升标准中，明确地要求员工要全身心地融入到组织的文化中去，这样，那些在组织中工作多年并对组织有深厚感情的员工会有更大的机会得到晋升，而且他们晋升之后又会起到将组织的理念进一步传承下去的中坚作用。

（三）通过培训和宣传来培养情感承诺

在员工刚进入组织的半年内，对周围的事物最敏感，接受新事物的可能性也最大。因此，组织对新员工加入组织不久后就要开展细致的培训活动，向新进入的员工灌输组织的价值观、行为规范和历史传统。抓好这一阶段的培训工作，员工对组织的情感承诺就会有大幅度的提升。另外，举办宣传组织理念的活动来培养员工的情感承诺。例如，日本的很多公司常利用齐唱公司歌、齐颂公司理念的方法来培养员工对公司的归属感；联想公司将员工符合公司理念的优秀表现制成漂亮的幻灯片、卡片，通过公司内部网络在全体员工中传阅，公开表扬这些员工的具体行为，起到了培养员工情感承诺的作用。

（四）通过沟通和支持来培养组织承诺

对多数员工而言，情感承诺是通过具体的人来建立的，组织中的上下级之间、同事之间的沟通和支持非常重要，尤其是各级领导对下属的言行显得特别重要。领导采用正确的沟通方式，让下属感受到来自领导的工作支持，可以增强员工的情感承诺；相反，糟糕的沟通和领导方式会极大地损害员工的情感承诺。例如，联想公司推行了“不称总”运动，下级可以直呼上级的名字，拉近了上下级的距离；公司还按部门定期组织部门内的交流沟通活动，大家可以在轻松的氛围中讨论工作和生活，增强了部门的凝聚力。

第三节　工作价值观

工作占据了人们大部分的时间，甚至成为大多数人生活中最主要的内容。那么，人们究竟是为了什么而工作的呢？在工作中最看重的又是什么呢？这就涉及人们的工作价值观了。工作价值观不仅影响个人行为，还影响群体行为和整个组织行为，进而影响组织的绩效与发展。

一、工作价值观的概念

价值观是人们的观念，是大家衡量自己的行为与目标时的参照点与选择标准。价值观代表一系列的基本信念。工作价值观是个人价值系统的一部分，其含义是从价值观的含义延伸而来，与生活的价值观有密切关系（Kinnane and Gaubinger，1963）。工作价值观可以说是一般价值概念的特殊用法，是指个人对于一般性工作的态度而不是对某一特定工作的态度，是经由社会化的过程，逐步累积经验而形成的（Wollack，Goodale，Wijting and Smith.et al.，1981）。

简单地说，工作价值观是主体对于工作意义的认识，包括工作倾向（Work Preference）、工作需求和职业伦理系统等，是一个人对工作所追求的条件、程度及目标水平。不同的研究者对工作价值观的理解和界定不尽相同，但都倾向于价值观主要具有以下的特质：一是个人据以评断工作的准则；二是包含许多概念的价值体系，彼此之间的重要程度的次序；三是反映需求与满足之间的一致性；四是指引工作行为的方向与目的。

不同学者的定义大致可以归纳为两种倾向：一种是倾向于从需求满足的角度来界定工作价值观；另一种则倾向于从信念、态度、偏好等心理特征的角度来定义。综合这两种取向，可以认为工作价值观是指员工关于自己能够从工作中获得什么成果及在工作上应该如何表现的信念。它既反映了员工想要通过工作达到的外在目标，又反映了员工想要通过工作实现的内在价值。工作价值观是整个人生观、价值观的重要组成部分，在个性心理结构中居于更加核心和基础的地位，是一种较为本质的、稳定的工作态度，因而对人的影响也更加持久而广泛。

二、工作价值观的结构

不同的研究者对工作价值观的结构维度有不同的看法。下面我们简单介绍几种有代表性的观点。

罗基奇（Rokeach）认为，价值观包括终极价值观和工具性价值观。终极价值观是个体努力追求的最终存在状态，如世界的和平与美好、平等、智慧和舒适的生活。根据赋予的权限不同，可以将终极价值观分为以自我为中心的和以社会为中心的两种。工具性价值观是指那些有助于实现终极价值目标的行为模式，包括以道德为中心的和以能力为中心的两种。以道德为中心的工具性价值观包括行为模式中诸如诚实和责任感之类的内容；以能力为中心的工具性价值观则主要包括行为模式中诸如符合逻辑和自我控制之类的内容。通常情况下，管理者更关注工具性价值观，因为它能塑造员工的行为，使其与组织价值观相一致。

赛普尔将工作价值观划分为三大类：一是内在工作价值，是指工作本身的性质和内容带来的内在满足和价值感；二是外在工作价值，是指工作结果给他人或社会带来的价值；三是外在报酬，即工作给自己带来的外部回报。赛普尔根据自己的理论建立了“工作价值问卷（WVI）”，包括十五个因子。宁维卫（1996）对 WVI 进行了修订，制定了 WVI 中国版，通过因素分析得到不同人群的五因素（进取心、经济价值、社会贡献、声望、人际关系）工作价值观结构。

最常用的工作价值观结构模型是把工作价值观分为内在工作价值观与外在工作价值观两大因素（见表 8-3）。内在价值观是和工作本身特质相关的工作价值观；外在价值观是和工作结果有关的工作价值观。

表 8-3　内在与外在工作价值观比较

内在工作价值观	外在工作价值观
有趣的工作	薪水
具有挑战性的工作	工作保障
学习新事物	工作福利
重大贡献	社会地位
工作潜力完全发挥	与社会接触
责任感与自主能力	家庭时间
发挥创造力	休闲时间

那么在现实情况下，员工的工作价值观究竟是怎样的呢？下面的阅读材料就是一项关于我国员工工作价值观调查的结果。从中可以看出，中国员工在工作中最看重的是内在价值观，而不是薪水、福利等外在价值观。

【资料】

你为“什么”而工作

2005 年 3 月—4 月，中国人力资源开发网与新浪文化、雅虎财经等媒体合作，通过在线调查的方式，开展了一项题为《2005 年——你为“什么”而工作》的调查，共收到 7 632 份有效问卷。

调查显示，“被人尊重”得到了 78.3%公众的认同，成为最被看重的工作价值观。此外，分别有超过七成受访者表示希望“自己在工作方面有影响力”（76.6%）、“工作对个人成长有帮助”（74.4%）、“工作上有成就感”（73.1%）和“工作能够得到认可”（72.9%）。

调查发现，女性、年轻人、普通员工以及在国有企业工作的人，在对工作价值的判断上更注重“自己的工作能否得到认可”；而男性、年长者、管理者以及在民营企业或外企工作的人则更关注自己“对工作是否有足够的影响力”。此外，年轻人更看重“工作对个人成长是否有帮助”，年长者对“工作上的成就感”更为重视，而政府机关或事业单位的人则希望“工作稳定”。

调查中，研究人员采用聚类分析的方法，根据工作价值观的不同把员工分成六类：工作满足型、理想主义型、安逸享乐型、随波逐流型、回报驱动型以及创业型。

分析发现，30.3%的被调查者属于“理想主义型”，他们对工作条件、工作活动、工作回报以及工作上的尊重与影响力都非常注重；22.4%的人属于“创业型”，他们对工作条件少有挑剔，希望从事有意义和有成就感的工作，能有足够的自由与影响力来把工作做好；22.1%的人属于“回报驱动型”，他们看重工作所带来的回报，这种回报包括物质上、精神上等各个方面。

有 33.3%的女性属于“理想型”，而男性中这一比例只有 27.3%。相反，“创业型”的男性占 25.9%，女性只有 19.1%。此外，“安逸型”女性的比例也超过男性，这表明女性更希望工作稳定，不需要加班加点，工作时间安排能符合她们的个人需要。

比起年长者（19.8%），更多的年轻人（24.3%）属于“创业型”，而学历越高者，越注重“创业”与“回报”，学历越低的人越看重“安逸享受”，越容易“随波逐流”。

在外商独资企业工作的人中，“理想主义型”（35.5%）的比例是最高的；民营企业中，“工作满足型”（8.5%）和“创业型”（26.4%）的人数比例最高；而事业单位或政府机关中，“安逸享受型”（17.8%）和“随波逐流型”（8.8%）的人相对较多。另外，还分别有 22.7%的国有企业职工和 22.4%的政府机关或事业单位职工属于“回报驱动型”。

从这一调查结果可以发现，中国人在工作中最看重的并不是“薪资”“福利”等外部回报，也不是“工作稳定”“工作环境”等外界条件，而是一些“内在的回报”。

（来源：http://zqb.cyol.com/gb/zqb/2005-05/16/content_4347.htm）

三、工作价值观的管理

既然工作价值观在组织相关研究中占有如此重要的地位，那么如何管理员工的工作价值观才能更好地提高组织绩效，达到组织和个人的双赢呢？

（一）性别与工作价值观管理

以往的研究表明，工作价值观在性别变量上存在差异。由于文化传统对男女两性的要求和影响是不同的，女性更重视社会适应方面的问题，表现在：一方面，受我国传统的“男主外、女主内”的文化影响，女性员工在渴望独立、渴望成功、追求自身价值的同时，在对家庭的回归和对生活质量的要求上，比男性有更强烈的愿望，因此女性更加重视工作与生活平衡；另一方面，女性的传统心理更加细腻、敏感，更注重工作对心理和精神因素的影响，而男性的传统心理趋向坚强、粗犷，对工作带来的心理感受不如女性敏感，或者对工作压力带来的负面心理影响的忍受力更强，因此男女在和谐愉悦维度上差异显著，女性更加重视和渴望和谐愉悦的心理感受。这些研究也告诉管理者，除了平等对待男女员工在职业之路上的追求和发展之外，在管理价值观方面，还应更重视女性员工的社会适应方面的问题。

（二）年龄与工作价值观管理

有研究表明，工作价值观的形成与发展深受社会历史发展的影响，不同年龄群体所经历的社会事件和由此带来的人生体验与感知积累不同，导致工作价值观在不同的社会发展阶段有不同的内涵。例如，30 岁及以下员工与 50 岁以上员工由于社会阅历等方面存在着较大的差异，导致对自我发展认知差异较大。

因此，作为管理者，应越来越重视员工的工作与生活的协调及对员工的自我发展愿望的“投资”。随着时代的发展、新老员工的更替，30 岁及以下的员工会逐渐成为组织的中坚力量，且会有更年轻的员工加入组织，过重的工作任务加班过多、压力过大，看起来可能会节约组织的成本、促进员工成熟，但不满足这部分员工的工作与生活平衡的愿望，因而未必是组织的最佳选择；开展继续教育、培训、晋升、精神鼓励等，以满足这部分员工的自我发展的愿望，可以更好地实现组织目标，达到员工和组织的双赢。

（三）职位和工作价值观管理

有研究表明，处于组织较高层次的管理人员最重视尊重与声望，对工作与生活平衡及和谐愉悦维度的重视程度不太高；行政服务人员既重视工作生活平衡，又重视和谐愉悦；技术操作人员对尊重、声望及和谐愉悦的重视程度均较低。也就是说，组织层次较高的员工更重视需要层次较高的精神感受。因此，对于不同组织层次的员工，管理者应满足其不同需要层次的精神感受。

综上所述，由于工作价值观是多维度、多结构的，管理员工的工作价值观也应该从多个角度出发，才能更有针对性并取得更好的效果。

另外，从工作价值观对员工忠诚度的影响这一角度出发，提出以下员工价值观的管理对策。

（1）从员工招聘开始，注意选择有积极的工作价值观导向的员工，建立员工工作价值观档案。招聘是企业选择人才的第一步，企业要想拥有忠诚的员工，就要把好招聘这一关。考察了解员工的工作价值观，选择能够与本企业的企业文化和企业目标相一致和融合的员工，并为招聘到的员工建立工作价值观档案，方便日后根据员工的价值观采取有针对性的激励措施，满足员工需求，增强他们对企业的忠诚感和归属感。

（2）进行企业文化和价值观的宣讲，从精神上鼓舞员工。在员工入职之后，要对他们进行企业文化的培训和宣讲工作，帮助他们深入地了解企业文化的本质和精髓，参照企业的价值观调整自己的工作价值观，并尽快地融入到企业中去。要让员工明白认同企业文化，建立与企业目标一致的目标是保证今后工作能够顺利开展并不断进步的基础。当员工的工作价值观与企业需要的价值观和企业的奋斗目标和谐统一时，员工的价值才能得到最大的发挥。

【资料】

工作价值观与组织行为之间的相关研究

一、组织公民行为

从管理的角度来看，组织公民行为代表了员工的额外工作，尽管个人的组织公民行为很微弱，但是当许多个体都有组织公民行为时就会对组织产生很大的影响。Moorman 和 Blakely 研究发现了组织公民行为和工作价值观中的集体主义维度有显著的正相关关系。Furnham 的研究结果表明，工作价值观的某些维度与个性特征中的遵从和礼貌是相关的，而这些特征与组织公民行为中的礼貌、帮助别人和运动员精神这些维度是相似的，即工作价值观和与组织公民行为相似的个性特征之间呈正相关。Merrens 和 Greenberg 的研究结果都发现，当企业文化和个体的工作价值观相近时，个体即使是受到了一定程度的不公平对待，也可能从事更多的角色之外的行为。

二、组织承诺

Putti 基于新加坡的样本对工作价值观和组织承诺之间的关系进行了分析，结果发现，内在的工作价值观比外在的工作价值观与组织承诺相关程度更高。Mottaz 也得出了相同的结论。Glenga Stephen J. Vodanovich 的研究表明，内在工作价值观与规范承诺有显著的相关关系，而外在工作价值观与持续承诺有显著的相关关系。Elizur 的研究结果表明，工作价值观中认知性和工具性的价值观与组织承诺均呈正相关，其中工资与组织承诺的正相关尤其明显。

三、工作满意度

Rounds 的研究结果表明，工作价值观对工作满意度有较强的预测作用。Knoop 研究发现，工作价值观和工作满意度也是显著相关的。Blood 以美国空军 448 位飞行员为研究对象，研究工作价值观与工作满足之间的相关性，研究结果发现，工作价值观的多个维度和工作满意度呈正相关。Revlin et al.的研究结果表明，当员工工作价值观与上司越接近时，则员工的工作满意度与组织承诺也会越高。

四、工作绩效

大多数研究者认为，工作价值观与工作绩效有显著的相关关系。Fishbein 提出一个概念模式来说明工作价值观对工作态度及工作表现的影响。他认为工作价值观会先影响工作满意度，进而影响行为和行为本身所表示出来的结果，即工作绩效。Locke 指出，个体的工作价值观会影响其工作意愿或目标，并进而影响其努力程度与工作表现。

（来源：赵辉，2011）

第四节　工作满意度

在当今的管理心理学中，工作满意度是使用最为广泛的术语之一。随着经济全球化趋势的到来，人们比以往任何时候都更加强烈地意识到，企业不仅要追求效率和利润最大化，也要追求员工满意度的最大化，达到以利益为中心和以人为中心的双重管理目标。

一、工作满意度的概念及影响因素

（一）工作满意度的概念

最早进行工作满意度研究的是工业社会学的创始人、人际关系理论的代表梅奥，他在 1927—1932 年间所做的举世闻名的霍桑实验（the Hawthorne Experiments）正是最早的工作满意度研究。其后不同的研究者也做出了大量的努力来研究工作满意度，但因为其理论构架和研究对象不同，对其的定义也不尽相同。台湾学者徐光中（1977）将工作满意度的概念归纳为以下三大类。

（1）综合性的定义（Overall Satisfaction）：对工作满意度做一般性的解释，认为工作满意度只是一个单一的概念，主要针对整体工作满意而言，也就是工作者对其工作和有关环境所抱持的一种态度，或者说工作者对其全部工作角色的情感反应。

（2）差距性的定义（Exception Discrepancy）：主要指工作满意的程度，是在工作环境中工作者所得的报酬与其预期应得的报酬的差距范围。工作者期望所得和实际所得的差距越小，工作满意程度越高。这种定义也被称为需求缺陷性（Need Deficiency）定义。

（3）参考架构性的定义（Frame of Reference）：此定义将工作满意度视为工作者根据一定的参考框架对于工作的特性加以解释后所得到的结果，持此类定义的学者认为组织或工作情况下的客观特征并不是影响人的态度及行为的最重要的因素，反而人们对这些客观特征的主观知觉与解释才是最重要的因素，而且这种知觉与解释会受个人自我参考框架的影响。

一般来说，工作满意度（Job Satisfaction）指个体对其工作的总体态度。它属于工作态度之一，近年来由于管理实践的需要，工作满意度被越来越多的研究者所重视。个体的工作满意度水平越高，他对待工作的态度就越积极；反之，个体对自己的工作不满意，就可能对工作持有消极态度。当人们说到员工态度时，多数情况下就是指工作满意度。

（二）工作满意度的影响因素

哪些与工作相关的变量会影响员工工作满意度呢？员工是否对整个工作满意涉及许

多方面，如工作本身是否富有智慧和挑战性，个人是否获得了公平的报酬，工作环境是否舒适，工作中与同事、领导的关系是否友好等。具体来说，影响员工工作满意度的因素可以分为以下几个方面。

1. 工作性质

对于员工来说，工作满意度的高低就工作性质而言，主要体现在以下三个方面。

（1）工作能否给个体带来一定的挑战。具备一定的挑战性的工作能够给个体提供充分展示自己的技术和能力的机会，因而在适度挑战的情况下，多数个体都将会感到愉快和满意。

（2）工作任务是否能够变化。一份能够提供多样化任务的工作会让个体保持新鲜感和适度紧张，也只有这样保持适度变化的工作才能带来工作的持久满足感。

（3）工作是否具有一定的自由度。对工作方法和工作速度拥有一定的自主权可能使得个体对工作具有更多的掌控感，从而更容易对工作产生满意的态度。

2. 工作环境

工作环境主要包括以下几方面。

（1）工作空间质量，即对工作场所的物理条件、企业所处地区的环境的满意程度。

（2）工作作息制度，即合理的上班与下班时间、加班制度等。

（3）资源配备齐全度，即工作必需的条件、设备及其他资源是否配备齐全、够用。

（4）福利待遇满意度，即对薪资、福利、医疗和保险、假期、休假的满意程度。

3. 人际关系

人际关系主要是指工作中是否获得了领导的信任和支持，是否拥有友好的、支持性的同事，是否得到下属的尊重等。人们都有社会交往的需要，如果工作能够满足这种需要，大多数人都会产生满意感。

4. 报酬和晋升

报酬不仅能够满足个人的生存、发展需要，更重要的是能够满足个人的成就需要——它是个人工作的最直接、最明确的认同方式。对于员工来说，报酬与满意之间并不是简单的正相关，员工对于报酬是否满意取决于个人对自己所做贡献的期望报酬与实际报酬之间的关系。若期望得到满足则会产生较高的工作满意度，否则产生较低的工作满意度。此外，报酬是否让个体满意还受到员工对分配制度和薪酬制度的公平性认识的影响。若员工认为制度体系和分配过程都是公平、公正的，则会带来较高的工作满意感。晋升不仅能带来工作内容和报酬的变化，而且有助于个人自我价值的提升，这种自我价值的信息包括物质性的，如工作条件的改善，也包括社会性的，如社会声望和地位的提高。

5. 领导风格

勒温等人发现不同的领导风格对员工的满意度有着不同的影响。一般来说，以员工为中心的领导风格和民主参与式的领导能使员工产生更多的工作满意感。因为在这种领导风格下，员工感到自己是被重视的，是组织的真正成员，这种想法和感受反过来会大大提高他们的工作积极性，从而带来更高的工作满意度。

6. 个人因素

个人的人格、能力、价值观、年龄、性别、工作经验等都会影响员工的工作满意度，其中比较著名的是霍兰德的人格与工作匹配理论。该理论认为，若员工的人格与其职业高度匹配则会给个体带来更多的满意感。年长者通常比年轻人的工作满意度要高，但有趣的是，工作满意度并非随年龄的增长而保持同样的增长速度。对男性来说，通常在三十多岁时（当他们取得初步成功时）对自己的工作更为满意，在四十多岁时（此时他们大多放弃了自己的梦想）工作满意度稍有下降，然而在五十多岁时（他们已经安于生活的现状）工作满意度会再次回升。对女性而言，不存在中年的稳定期。另外，有工作经验的人比没有工作经验的新手对工作更满意。

【资料】

大五人格与工作满意度

Judge，Heller 和 Mount 经过元分析发现，神经质与工作满意度的相关最强，紧接着是责任心和外倾性，宜人性和经验开放性与工作满意度的相关很弱。神经质和外倾性与工作满意度的平均相关显著，且在跨研究中取得一致的结果。尽管责任心和宜人性与工作满意度的平均相关也显著，但并未取得一致的结果（在约 10%的研究中，责任心与工作满意度的相关为零或为负）。他们还发现，外倾性、责任心和神经质都是工作满意度的显著预测源，而大五模型与工作满意度的负相关显著。在对调节变量的分析中，他们发现，有些测量工作满意度的方法会令人格与工作满意度间的相关高些；间接测量人格的方法令人格与工作满意度的关系有增强的趋势；而横向和纵贯研究对结果并没太大影响。

员工的人格不仅影响着其自身的工作满意度，还很可能影响着他们下属的工作满意度以及下属对他们的满意感。Judge 和 Bono 在研究大五人格特质和领导有效性的关系时发现，管理者的外倾性和宜人性与下属对他们的满意感显著正相关，但并没发现管理者的大五人格与其下属的工作满意度有显著关系。孟慧以中国员工为样本所得的结论正好相反：管理者的大五人格与下属对他们的满意感无显著相关，但责任心和宜人性与下属的工作满意度显著正相关。这种差异是由不同的文化背景还是研究设计的差异造成的还不得而知，研究员工的人格对相关他人工作满意度的影响，是工作满意度研究的新课题。

（来源：张兴贵，郭杨，2008）

二、工作满意度对工作的影响

（一）工作满意度与工作绩效

最近所有的研究都明确地表明了工作满意度与工作绩效之间的确存在着某种因果关系。

1．满意度提升绩效

这样的观点隐含着这样的假设，即“好的东西都会聚到一起”以及“快乐的员工是有效率的员工”。其工作的重点不是直接去面对员工的绩效问题，即便出现了绩效问题，其指导思想也是如何有效地提高工作满意度，进而解决绩效上的问题。用这样的思想去解决工作中的问题有其现实的意义，尤其对于管理者们来说，这意味着最少的阻力。

2. 绩效提升满意度

根据这种观点，满意度被作为绩效的一个影响因素而不是原因。不同的绩效决定了不同的报酬，而不同的报酬则又反过来产生不同的满意感。换句话讲，就是报酬组成因变量，满意度被认为是与绩效挂钩的报酬的一种函数。

3. 满意度与绩效并无内在的因果关系，而是通过其他因素相互间接作用的。这个所谓的其他间接因素就是报酬（Rewards）（Porter and Lawler，1971）。按照这种观点，当报酬产生了满意感之后，这个基于绩效的报酬随后便会对接下来的绩效完成产生作用。也就是说，它们两者之间没有内在的直接的关系。

人们一般倾向于认为工作满意度高导致了高的工作绩效，正所谓“快乐的工人是生产率最高的人”。然而工作满意度和工作绩效之间是否真的存在如此简单而直接的联系呢？众多研究表明并非如此。如果将工作满意度和工作绩效各自看作一个维度，分别都有高和低两种状态。那么两者之间的关系可能存在四种组合：高满意度与高绩效、高满意度与低绩效、低满意度与高绩效、低满意度与低绩效。

（二）工作满意度与工作行为

1. 工作满意度与组织公民行为

如第四章所述，组织公民行为（Organizational Citizenship Behavior，OCB）是员工自觉表现出来的、在组织正式薪酬体系中没有得到明确或直接确认的、整体而言有益于组织成效的个体行为（Organ，1988）。OCB 能使组织所拥有的资源摆脱束缚，投入到各种生产活动之中，促进同事与管理人员生产效率的提高和有效协调团队成员与工作群体之间的活动等。

哪些人更多地表现出组织公民行为呢？研究表明，感到满意的员工更可能采取积极的心态来谈论组织、帮助他人，所做的工作也比期望的更多；另外，他们更倾向于主动承担正式要求之外的更多的责任，因为他们希望回报自己的积极体验。近年来，越来越多的研究表明，工作满意度对 OCB 的影响是通过公平感起作用的。总体而言，两者呈中度相关，但在控制了公平这一因素之后，两者无相关关系。从工作满意感与组织公民行为关系探讨中，可以得出这样的结论：工作满意感是一个来自公平待遇等结果的概念。工作满意感与组织公民行为之间并没有直接的相关，而是通过中间变量——公平因素将两者相互联系在一起。

2. 工作满意感与员工离职倾向

当员工对工作不满意时，他们会尽量逃避和远离工作，这种现象就叫做员工离职（Employee Withdrawal）。员工离职的两种主要形式是缺勤和跳槽。员工通过逃避或放弃现有工作来表达对工作的不满。

那么，员工对工作越是不满意，他们就越可能缺勤吗？研究发现，情况并非如此。也就是说，员工不满意程度与缺勤率之间的相关程度并不是很高。这表明工作不满意可能只是影响员工缺勤率的众多因素之一。例如，即使人们真的不喜欢他们的工作，但如果他们认为工作对于维持自己的生计或完成一个重大项目有重要意义的话，他们也可能不会选择缺勤。另一方面，一些员工可能非常不喜欢他们的工作，但他们只会在工作中“偷懒”或消极怠工以表示自己的不满，而不是选择缺勤。

员工离职的另一种极端形式是跳槽。员工对工作的满意度越低，他们考虑辞职的可能性就越大，同时付诸实施的可能性也越大。但研究发现，员工对工作不满意与跳槽意向之间有较高的相关性，而与实际的跳槽行为之间只有中等偏下的相关性。很多员工的个人因素，如职业经验、经济状况让他们难以最终做出跳槽的决定。

一些研究表明，员工的经济状况以及找到一份可以接受的新工作的可能性是影响员工跳槽的重要因素。由此，研究者们推测，失业率对于员工工作满意度及员工流动率之间的关系有一定的预测作用。在失业率低的条件下，工作满意度和员工流动率的相关程度要高一些。这是因为，当失业率低时，人们认为他们还有许多其他的工作机会，于是当对目前的工作不满意时，就倾向于辞职去寻找另一份工作。相反，高失业率限制了员工选择其他工作的机会，他们宁愿保持原有的工作，尽管他们或许对这份工作很不满意。因此，失业率越高，工作满意度和员工流动率的相关性越低。

三、工作满意度的提高

既然工作满意度与组织各种变量都存在或多或少的关联，那么如何提高员工的工作满意度呢？我们可以从影响工作满意度的几个方面的因素着手。

（1）让工作变得更加有趣。与那些无趣和令人烦恼的工作相比，人们对他们所喜欢的工作更满意。虽然有些工作本质上就是令人厌烦的，但是几乎所有工作都可以注入一定程度的趣味。实际上，各个企业和组织都在使用一些极富创意的技巧来让工作变得更有趣。例如，让员工在工作休息期间玩击鼓传花的游戏；拍摄别人在工作时间里幽默的瞬间并张贴在布告栏里；组织员工开展讲笑话比赛，并在午餐休息时进行评比。这些技巧可能不会使工作本身变得更令人满意，但可以通过增加工作场所的趣味来降低员工对工作的不满。

（2）组织公平。如前所述，公平感是工作满意感的前提条件。如果员工认为组织的薪资体系和分配制度等不公平，就会对工作产生强烈不满；如果员工无参与决策的权利，培训、晋升机制和运作程序不公开、不透明，也会引起员工的不满；管理层在与员工交流互动过程中居高临下、态度粗暴，也会影响员工的满意度。因此，加强组织的分配公平、程序公平和人际互动公平建设，尽可能实现分配体系和其他组织程序的公开化、透明化，是降低员工对工作不满情绪的关键所在。

（3）让员工从事感兴趣的工作。人们都有自己的兴趣和爱好，但这些很少能够在工作中得到满足。研究表明，员工从事的工作越符合他们的个人兴趣，他们对工作就越满意。现在许多企业，如美国电话电报公司、IBM、福特汽车公司、壳牌石油公司和柯达公司等，都在为员工提供系统的测试和咨询，以便他们的工作职位能够与他们的技能和兴趣相匹配。其他一些公司，如可口可乐公司、迪士尼公司等，甚至为员工提供个人化的咨询，让他们识别自己的个人兴趣和职业兴趣，并使两者尽可能匹配。

（4）避免乏味的重复性工作。研究发现，多数从事乏味的重复性工作的员工工作满意度很低。如果允许员工在工作中通过自己的方式取得成功，那么他们对自己的工作就会更加满意。

本章小结

1．员工卷入是指员工对组织事件和组织发展心理上的有效参与。心理契约、工作价值观可以视为员工卷入的心理前提和条件，而组织承诺和工作满意度可以视为员工卷入的心理后果和表现。

2．心理契约是指在组织中，每个成员和不同的管理者以及其他人之间，在任何时候都存在的没有明文规定的一整套期望。心理契约与经济契约不同，其本质是对无形的心理内容的期望。

3．工作价值观是指员工关于自己能够从工作中获得什么成果及在工作上应该如何表现的信念。它既反映了员工想要通过工作达到的外在目标，又反映了员工想要通过工作实现的内在价值。最常用的工作价值观结构模型是把工作价值观分为内在工作价值观和外在工作价值观两大因素。激发员工的内在工作价值观实际上就是发掘工作的价值和意义，可以通过各种方法帮助员工从工作本身获得意义和价值。

4．组织承诺是指员工心甘情愿地参与组织各种活动的情感，是一个人对组织的认同和投入程度。有三种不同形式的组织承诺，即情感承诺、持续承诺和规范承诺。一般可以从类型和过程两个方面加强员工组织承诺的管理。

5．工作满意度是指个体对其工作的总体态度。影响工作满意度的因素主要有工作环境、工作群体、工作内容、企业背景、个人观念等。工作满意度与员工离职率、工作绩效有一定的相关性，但相关程度并不太高，这其中有多方面的原因。尽管如此，提高员工的工作满意度仍然是管理工作的重要内容之一。让工作变得更加有趣，做到组织公正，让员工从事感兴趣的工作，避免乏味的重复性工作，均可以帮助管理者提高员工的工作满意度。

复习题

一、名词解释

心理契约　　组织承诺　　工作价值观　　工作满意度

二、单项选择题

1．下列不属于 Rousseau（1995）划分的心理契约类型的是（　　）。

A．长期型　　B．交易型　　C．关系型　　D．变动型

2．下列不是组织承诺类型的是（　　）。

A．情感承诺　　B．持续承诺　　C．规范承诺　　D．角色承诺

三、判断题

1. 交易型的员工具有工作任务明确、流动率高、对组织承诺和认同感低的特点。这类员工的心理契约中，对组织责任而言，短期报酬及承诺的时效要求较高，而对长期的福利关注不多。（　　）

2. 组织在日常的管理实践中可以通过招聘甄选合格的员工、内部晋升、培训和宣传，以及沟通和支持来建设和培养员工的情感承诺。（　　）

3. 内在价值观是和工作结果有关的工作价值观；外在价值观是和工作本身特质相关的工作价值观。（　　）

4. 工作满意度指个体对其工作的总体态度。个体的工作满意度水平越高，他对待工作的态度就越积极；反之，个体对自己的工作不满意，就可能对工作持有消极态度。当人们说到员工态度时，多数情况下就是指工作满意度。（　　）

四、简答论述题

1. 十几年前，人们大多希望能有一份稳定的工作，组织也希望员工能忠诚于自己，但现在员工与组织之间的心理契约似乎发生了变化。你认为现在的员工与组织之间的心理契约发生了哪些变化？将来的趋势会怎样？

2. 有人说“为了生活而工作”，也有人说“为了工作而生活”。你同意哪种观点？为什么？

3. 一名员工对他的工作和组织非常不满意，但却没有试图跳槽去寻找一份新的工作。你如何理解他的行为？这名员工在工作中会有什么表现？

4. 一名员工对工作各方面都很满意，却没有获得良好的工作绩效，为什么？

五、案例分析题

职业精神

随着国家市场经济和民主政治的逐渐发展，随着民众思想观念的不断开放和进步，人们对职业精神的谈论也越来越多了，甚至可以说，社会正在呼唤职业精神。但是，到底什么是职业精神，却还众说纷纭，莫衷一是。

思想家们早已论证了一个观点：对契约的尊重是现代社会存在的根基。树立对每一份契约，尤其是小的契约负责的精神是法治的出发点。同样，树立对每一份工作契约，哪怕是不起眼的工作契约负责的观念是职业精神的精髓。

一个成功人士在大学毕业时曾陷入困境。他曾一度在一个小公司里只能干打扫卫生的活。但他说，即使是扫地，我也要让人知道，我是扫得最好的，我对得起这个小饭碗。毫不奇怪的是，他现在拥有自己的大型企业。

职业精神的难能可贵，不仅在于对“小”的工作契约一丝不苟的信守，还在于对每一份工作契约始终如一的尊重。美国前贸易代表巴尔舍夫斯基就是这样一个令人敬佩的职业女性。

1997 年，克林顿总统想任命巴尔舍夫斯基为贸易代表时遭到了国会的反对，因为根据美国 1995 年的一项法律，凡曾为外国代理过与美国发生的贸易谈判和贸易争端的人都不得出任美国贸易代表或副代表。而巴尔舍夫斯基在华盛顿法律事务所时曾为加拿大木材业的利益和美国打过多场官司。但是，最终议员们还是相信她有足够的职业操守来处理利益冲突，以“特别豁免”的方式，使这项法律不用于巴尔舍夫斯基身上。在美国人看来，一贯对自己的雇主高度负责的巴尔舍夫斯基女士，也必定会对雇佣她的美国政府负责。

她果然没有让自己的新雇主失望。她以在国际贸易谈判中强硬的作风而获得“龙女士”的绰号（英文的 dragon“龙”一词有严厉而警惕的守护者的意思）。由她经手操办的贸易协定将近300个，她制定和落实的贸易政策、协议使美国的出口在5年里增加了50%。

据说，巴尔舍夫斯基最近被一家中国公司聘为律师，正与美国方面打贸易纠纷的官司。毫无疑问，一贯对自己的雇主高度负责的巴尔舍夫斯基女士，也必定会对雇佣她的中国公司负责。

对每一份工作契约负责，对每一个雇主负责，我们相信这样的人才是真正具有职业精神的人，这样的人才会对更大的责任负责，这样的人才会赢得光荣和梦想！

（来源：IT 英才网，http://news.cnithr.com/1259824081/74202/1/0.html）

思考与讨论：

1．你认为巴尔舍夫斯基拥有怎样的职业精神？

2．你认为企业应如何管理员工的心理契约？

参考文献

[1] 韩翼．组织承诺维度及其对角色和角色外绩效的影响[J]．中国管理科学，2007（15）：131-136．

[2] 李金波，许百华，张延燕．组织承诺对员工行为和工作绩效的影响研究[J]．人类工效学，2006，12（3）：17-19．

[3] 宁维卫. 中国城市青年职业价值观研究[J]. 成都大学学报（社会科学版），1996（4）.

[4] 波特·马金，等．组织和心理契约[M]．王新超，译．北京：北京大学出版社，2000．

[5] 袁凌，王烨，陈俊．组织承诺对员工离职行为影响的实证研究[J]．湖南大学学报，2007，34（6）：85-88．

[6] 袁小平. 从一则案例分析来谈心理契约的管理[J]. 现代中小学教育，2005（131）：70-72．

[7] 张兴贵，郭杨．心理科学进展[J]．工作满意度研究的特质取向，2008，16（1）：143-153．

[8] 赵辉．国外工作价值观研究综述[J]．燕山大学学报，2011，12（2）．

[9] Allen N J, Meyer J P. The measurement and antecedents of affective, continuance and normative commitment to the organization[J]. Journal of Occupational Psychology, 1990,63(4): 1-18.

[10] Anderson N, Schalk R. The psychological contract in retrospect and prospect[J].

Journal of Organizational Behavior, 1998(19): 637-647.

[11] Argyris C. Understanding organizational behavior[M]. Homewood, IL: The Dorsey Press, 1960.

[12] Becker H S. Notes on the Concept of Commitment[J]. American Journal of Sociology, 1960(66): 32-42.

[13] De Meuse K P, Bergman T J, Lester S W. An investigation of the relational component of thepsychological contract across time, generation, and employment status[J]. J Manag Issue, 2001, 13(1):102-18.

[14] Herriot P, Manning W E G, KIDD J M. The content of the psychological contract[J]. British Journal of Management, 1997(8): 151-162.

[15] Kinnane J F, Gaubinger J R. Life values and work values[J]. Journal of Counseling Psychology, 1963,10(4): 362-367.

[16] Meyer J P, Allen N J. A three-component conceptualization of organizational commitment[J]. Human Resource Management Review, 1991, 1(1): 61-89.

[17] Morrison E W, Robinson S L. When employees feel betrayed: A model of how psychological contract violation develops[J]. Academy of Management Review, 1997(22): 226-256.

[18] Organ D W. Organizational citizenship behavior: The good soldier syndrome[M]. Lexington, MA: Lexington Books, 1988.

[19] Porter L W, Lawler E E, Hackman J R. Behavior in organizations[M]. New York: McGraw-Hill, 1975.

[20] Price J L. Handbook of organizational commitment measurement[M]. NewYork: International Journal of Manpower, 1982: 301-558.

[21] Rokeach M, Regan J F. The Role of Values in the Counseling Situation[J]. Personnel & Guidance Journal, 1980, 58 (9).

[22] Rousseau D M. Psychological and implied contracts in organizations[J]. Employee Responsibilities and Rights Journal, 1989(2): 121-139.

[23] Rousseau D M. Psychological contracts in organizations: Understanding written and unwritten agreements[M]. California: Sage, 1995.

[24] Rousseau D M, McLean P J. The contracts of individuals and organizations[J]. Research in Organizational Behavior, 1993(15): 1-43.

[25] Schein E H. Organizational Psychology[M]. Englewood Cliffs, NJ: Prentice Hall, 1980.

[26] Shore L M, Barksdale K. Examining degree of balance and level of obligation in the employment relationship: A social exchange approach[J]. Journal of Organizational Behavior, 1998(19): 731-744.

[27] Wollack S, Goodale J G, Wijting J P, Smith P C. Development of the survey of work values[J]. Journal of Applied Psychology, 1971, 55(4): 331-338.

第五篇 行为管理

第九章　领导概述

学习目标

- 理解领导及其内涵
- 认识领导的功能与影响力
- 掌握领导有效性的不同理论
- 掌握当代领导有效性理论

引例：华人首富——李嘉诚的成功领导

李嘉诚是当今最杰出的华人之一。他赤手空拳创出一个跨国大企业。对于这个时代的人来说，李嘉诚完全可以称得上是一个财富神话，他享有“华人首富”的美誉数十年，更是早已进入“世界十大富豪”的行列，始终是年轻人学习的榜样。李嘉诚先生成功的原因有很多，其中一个原因就是李嘉诚的领导艺术。在几十年的商海搏战中，随着李嘉诚每一个重大决策的出炉，他所驾驭的这艘“商船”便跨越式地前进一大步。李嘉诚的经营管理哲学更多地汲取了中国传统文化中积极的一面，是在企业追求绩效和利润的过程中，对传统理念和智慧的活用，以谋深计远的智慧保证了重大决策的成功率。有人说，李嘉诚的成功是时运所致。也许，时代给了他很多的机会，可时至今日，大浪淘沙，同时代的不少塑胶大腕、地产大王已经被浩浩荡荡的商业大潮所吞没，而李嘉诚却不仅能够站稳脚跟，更是鹤立群雄，创业58年无亏损。可见，这“超人传奇”背后并非全然靠时运，而是必有其高明独到的经商谋略。李嘉诚的成功，正是源于他的中国式领导与经营管理。

一家企业有一位成功的领导人，企业就有希望，即使是小企业，也一样能够打开一个局面，越做越大。相反，企业的领导人失败的话，企业就不会有任何发展的希望。作为生意人、企业家，要踏上成功之路，就应该好好学习领导的艺术。

李嘉诚成功有三个显著特点：首先，成功领导都有明确的始终如一的目标。这种“目的性”和“方向感”是领导行为的基础，决定了具体行动和政策的成败。其次，领导要不断进步，终身学习。麦克斯威尔博士指出，成功的领导者从内心深处感到学习的重要性，他们永不满足，永不懈怠，终身学习，不断进取。在世界形势飞速变化的今天，只有不断学习才能适应环境的变化。最后，领导要为他人“增加价值”。事实上，一个好的领导者，一定会主动帮助下属，提升下属，全方位地影响下属。他有一种让下属迅速成长与进步的热情和渴望，并具备这样的能力和魄力。

李嘉诚成功领导与影响他人的三大原则：首先，正如麦克斯威尔博士指出的，领导的影响力首先来源于他对别人的尊重，而妄自尊大、故步自封、唯我独尊、武断专横的领导低估人、忽略人，视人为机器来操控和支配，这样的领导不会有什么影响力。其次，领导者要善于倾听，要有换位思考的同理心。好的领导者总是好的倾听者，只有先听，充分理解对方的情况，才能正确决策，并合理地使用激励手段，从而达到影响追随者的目的。最后，领导要不断提升自己，不断提高自己的领导才能，持续增加自己的“附加值”，否则他们没有能力领导新形势下的员工和下属。

（来源：百度文库，http://wenku.baidu.com/view/de1c576ea45177232f60a23a.html）

第一节　领导的概念与功能

一、领导的概念

尽管从 20 世纪 30 年代起，领导学已被纳入科学领域并得到系统的研究，但关于领导的定义，不同的学者从不同的角度或侧面做出了不同的论述，概括起来，比较具有代表性的看法有以下几种。

（1）领导是一种行为过程。泰瑞（G. R. Terry）认为：“领导是影响人们自动地达成群体目标而努力的一种行为。”斯托格狄尔（R. M. Stogdill）认为：“领导是对一个组织起来的团体为确立目标和实现目标所进行的活动施加影响的过程。”赫姆菲尔（J. K. Hemphil）认为：“领导是指挥群体在相互作用的活动中解决共同问题的过程。”

（2）领导是一种影响力。坦南鲍姆（R. Tannenbaum）认为：“领导就是在某种情况下，经过意见交流过程所实现出来的一种为了达成某个目标的影响力。”阿吉里斯（C. Argyris）指出：“领导即有效的影响。为了施加有效的影响，领导者需要对自己的影响进行实地的了解”。理查德·L. 达夫特（Richard L. Daft）认为：“领导是在领导者和追随者之间有影响力的一种关系。”

（3）领导是一种权力。杜平（R. Dupin）认为：“领导即行使权威与决定。”科·杨（K. Young）认为：“领导是一种统治形式，其下属或多或少地愿意接受另一个人的指挥和控制。”弗兰奇（J. French）认为：“领导是一个人所具有并施加于别人的控制力。”

（4）领导是一门艺术。孔兹（H. koontz）认为：“领导是一门促使其部属充满信心、满怀热情来完成他们的任务的艺术。”

从上述各种定义中可以看出，对领导这个概念的认识颇不一致，但各位学者的表述有助于全面理解领导的定义与实质。

（1）领导的本质是一种人与人之间的关系。领导者实施领导行为的过程，实质上就是领导者通过人际交互作用，影响团体每一个成员，激发集体和个人共同努力。

（2）领导是有目的的活动。领导行为的目的是领导者指引和影响被领导者实现团体或组织的目标。

（3）领导行为是一个动态的过程。这个过程由三方面相关的因素构成，即领导者、被领导者和组织环境。其中，领导者是起主导作用的因素，被领导者、组织环境是影响领导有效性的重要因素。领导行为是由这三个因素组成的复合函数，用公式表示为：领导行为=f(领导者×被领导者×组织环境)。因此，在研究领导行为时，必须充分考虑各种因素的作用及相互关系。

根据上述分析，我们可以把领导表述为：领导是指引和影响个人或组织，在一定条件下，实现某种目标的行动过程。其中，把实施指引和影响的人称为领导者，把接受指引和影响的人称为被领导者，一定的条件是指所处的组织环境因素。

另外，我们还要把领导与管理、领导者区别开来。

（1）“领导”与“管理”的区别。领导偏重于决策与用人，而管理侧重于执行决策、组织力量完成组织目标。管理是建立在合法的、有报酬的和强制性权力的基础上对下属下达命令的行为。领导除建立在合法的、有报酬的和强制性权力的基础之上外，更多的是建立在领导者的影响力、专长及模范作用等基础之上。

（2）“领导”与“领导者”的区别。在英语里，“领导”（Leadship）与“领导者”（Leader）是两个不同的单词。在汉语里，“领导”既是名词又可作动词，通常人们习惯把领导者称为领导，把领导者的行为也称为领导。事实上，领导者是实施领导行为的人，而领导则是领导者实施领导行为的过程。在这里，领导行为是关键，正是领导行为造就了领导者。凡是实施了领导行为的人都是真正意义上的领导者，凡是没有实施领导行为的人都不是真正意义上的领导者。

【资料】

领导者做正确的事，管理者正确地做事

本尼斯担任辛辛那提大学校长的时候，有一天凌晨四点还在处理堆积如山的文件，幡然醒悟到了领导与管理的区别：“我决定了，我想当领导型而非管理型的大学校长。这是个重要的区别。许多组织管理得很好，却领导得很差。它们擅长处理所有的日常工作，却从来没有先问问这些日常工作是否该做。”后来，本尼斯做了一个著名的概括：“领导者做正确的事，管理者正确地做事。”

（来源：百度文库，http://wenku.baidu.com/view/8a477299ad51f01dc281f167.html）

二、领导的功能

领导者在领导活动中所表现出来的行为就是领导行为。领导行为的影响和作用表现为领导功能。通常，领导的功能表现为以下几个方面。

（一）计划功能

在人们的集体活动中，需要有头脑清晰、胸怀全局、能高瞻远瞩的领导者来帮助人们认清所处环境，明确活动目标和实现目标的途径。因此，领导者有责任计划组织这些活动的开展。具体地说，计划工作包括规定将来评定组织成绩的标准，建立各种规章和业务处理的程序，制订工作计划，对执行决策过程中的条件和环境进行分析与预测。了解组织和环境正在发生和可能或将要发生的变化，并引导组织成员认识和适应这种变化。

（二）组织功能

在集体活动中，即使有了明确的计划，由于每一位成员的能力、态度、性格、地位等不同，加上各种外部因素的干扰，人们在思想上发生各种分歧、行动上出现偏离目标的情况也是不可避免的。因此，需要领导者来协调人们之间的关系，把大家团结起来，朝着共同的目标前进。具体地说，领导的组织工作包括设立组织开展业务所需的各个部门，给组织的员工分派工作，对下属进行授权，建立职权指挥系统，明确交换和沟通的渠道，对所管辖人员的工作进行协调。

（三）人事功能

人事工作是通过确定劳动力的需求，招聘和选拔人员，使他们能有效地完成自己的工作，并补充、充实组织机构的职位。具体地说，领导的人事工作包括进行人员的招聘和选拔，设立衡量员工工作绩效的标准，训练和培养员工，对员工的业务水平进行辅导，评定员工的业绩，对成绩优异的员工进行奖励。

（四）激励功能

激励功能是领导的主要功能之一。领导者各项决策的制定、组织目标的实现都是借助于发挥和调动团队与员工的积极性来完成的。任何一位领导者，如果不能有效地发挥激励功能，即使目标决策再好、组织设计再合理、管理制度再完善、管理手段再科学，也难以实现既定的目标，也不能算是一个好的领导者。领导的激励功能主要包括以下四个方面。

（1）领导者的“榜样”激励。领导者以身作则在职工中起模范带头作用，对于调动职工的积极性是至关重要的，无论是哪一级领导均是如此。管理实践表明，若领导者自身对组织目标缺乏信心或缺乏实干精神，或者以权谋私、不忠于职守，必然会大大挫伤职工的积极性。

（2）使用“员工参与”激励。领导者要善于将员工的个人目标与组织目标相统一，实行参与式的民主管理，鼓励员工参与目标制定和决策的积极性，创造有利于员工参与的组织和团队氛围，从而达到激励员工的目的。

（3）实行“素质提高”激励。首先，领导者要鼓励员工确立个人发展目标和职业生涯规划，激发员工的成就需要和自我实现需要；其次，组织要努力创造条件为员工提供各种在职培训和外出培训机会，提高他们的业务能力，这样既为组织的发展培养了后备人才，也能起到激励员工的效果。

（4）需要“满足”激励。激励的因素很多，合理地满足职工的多种需要（如物质需要、安全需要、精神文化需要、社会交往需要、尊重荣誉需要、劳动成就需要等）是激发被领导者实现组织目标热情的关键因素。但在满足职工的多种需要时要根据职工的贡献与绩效综合分析、合理调配。

【资料】

拿破仑的激励艺术

1799年，法军从叙利亚向埃及撤退时，由于鼠疫猖獗，法军患者甚多，其他伤病员也不少。拿破仑在撤退的命令中明确规定，把所有的骡马和车辆全部用来运载伤病员，全体高级将领都要徒步行军，不准有任何特殊。当时，管理马匹的军官认为总司令应当例外，去请示拿破仑留下那匹马。拿破仑当场勃然大怒，大声喊道："全体步行，我第一个走！难道你不知道命令吗？"这个举动迅速传遍全军，产生了巨大的影响力。正是拿破仑本人的坚毅、勇敢和在关键时刻的以身作则，对于保持和提高部队的士气及战斗力起到了巨大的甚至是决定性的作用。一个优秀的领导者应该通过自己的示范行为，激发下属的积极性，给下属以信心和力量。

（来源：智库文档，http://doc.mbalib.com/view/71161b3eefa9aabf67a8ab255f48e056.html）

（五）控制功能

控制工作是对业绩进行衡量与矫正，以便确保组织目标能够实现和为达到目标所制定的计划能够得以完成。具体地说，领导的控制工作包括对各项业务设定完成情况的标准，并按期检查员工的工作是否达到了规定的标准。如果没有达到，要分析其中的原因，如因客观因素或员工本人能力不足，要适时修正和采取调整措施；如因员工个人热情不高，要采取适当的方法对其进行激励。

三、领导者的影响力

领导者进行有效管理的前提是必须具备影响力。所谓影响力是指一个人在与他人交往中影响和改变他人心理与行为的能力。它包括权力性影响力和非权力性影响力两个方面。

（一）权力性影响力

权力性影响力又称强制性影响力，是指领导者借助其作为权力的拥有者这一特殊角色而对他人产生的一种强制性的影响力。

权力性影响力有四个特点：权力性影响力具有强制性和不可抗拒性，以服从为前提；权力性影响力的大小和权力大小成正比；权力性影响力只与权力有关，而与本人因素无关；权力性影响力产生的激励是有限的，会使人们产生服从感、敬畏感和敬重感。

构成权力性影响力的因素包括以下三个。

（1）传统因素。主要是指人们对领导者的一种传统观念，认为领导者是不同于常人的特殊群体，他们有权、有才干。由于受这种传统观念的影响，人们就会对领导者产生服从感。这种传统附加给领导者的力量会给领导者的言行增加影响力。

（2）职位因素。领导者具有一定的职位就自然拥有一定的权力，并使下属产生敬畏心理。通常，职位越高，权力越大，影响力也越大。

（3）资历因素。主要是指领导者以往的生活阅历、工作经验也会对别人产生较大的影响力。资历因素会使被领导者产生一种敬重感，在一定条件下也会影响领导的有效性。资历较深的领导者更容易通过其言行去影响他的下属，因为他的言行容易在人们的心理上占有重要的位置，更易让人信服。由于资历因素主要与一个人过去所任的职位有关，是一种历史的产物，因此它存在于领导者实施领导行为之前，并且它产生的影响力在性质上仍然属于强制性影响力范围。

（二）非权力性影响力

非权力性影响力又称自然性影响力，这种影响力不是组织赋予的，而是由自身因素在被领导者对领导者的崇敬、信服的基础上产生的。

非权力性影响力的特点是：非权力性影响力不具备法定性质，是自然性的；非权力性影响力完全依赖领导者的个人修养来决定其在被领导者心目中的形象与地位；非权力性影响力比权力性影响力有更强、更持久的影响力量。

构成非权力性影响力的因素主要包括以下四个。

（1）品格因素，是指反映在领导者一切言行之中的道德、品行、人格、作风等。优良的品格会给领导者带来巨大的影响力，使人产生敬爱感，增强领导者对人们的吸引力，促使人们去效仿他。领导者的职位无论有多高，一旦他的品格出了问题，其影响力就会大大地下降。

（2）能力因素，是指身居领导地位的人应该具备与其职位相符的能力和才干。如果凭借其才能给组织的发展带来了成功的希望，就会使人们对他产生敬佩感。

（3）知识因素。如果领导者具有广博的知识面，专业技术知识也很扎实，就会使被领导者对其产生信赖感，自觉地服从与执行领导者的命令和指示，从而增强其影响力。这种影响力可以称为专长权力。一个具备专长权力的领导者比不具有这种影响力的人，在行使权力上具备更加优越的条件。

（4）情感因素。如果领导者与下级具有比较良好的感情关系，如领导者能时刻关怀与体贴下属、把下属的冷暖温饱经常放在心上、经常从下属的需要出发去考虑问题，真正体现以人为本的管理思想，这样的领导者就容易给人一种亲切感，其影响力往往也比较大。相反，如果领导者与下属关系紧张，在实际的工作中处处体现的是个人意志，一味地发号施令，不把员工的利益作为出发点，就会给双方造成心理距离，使被领导者觉得其不可亲近，从而大大降低领导者的影响力。

领导者实施领导，靠的是影响力，因此领导者的影响力越大越好。由于领导者的影响力是由权力性影响力和非权力件影响力两个方面构成的，而权力性影响力总是相对稳定的，所以非权力性影响力比权力性影响力具有更重要的意义，是提高领导者影响力的关键。

【资料】

曼德拉的豁达

2000 年，南非全国警察总署发生了这样一件严重的种族歧视事件：在总部大楼的一间办公室里，当工作人员开启计算机时，计算机屏幕上的曼德拉头像竟逐渐变成了“大猩猩”，全国警察总监和公安部长闻之勃然大怒，南非人民也因此义愤填膺。消息传到曼德拉的耳朵里，他反而非常平静，对这件事并不“过分在意”，“我的尊严并不会因此而受到损害”，并表示警察总署出现了这类问题，看来需要整肃纪律了。几天后，在参加南非地方选举投票时，当投票站的工作人员例行公事地看着曼德拉身份证上的照片与其本人对照时，曼德拉慈祥地一笑：“你看我像大猩猩吗？”逗得在场的人笑得合不拢嘴。不久，在南非东部农村地区一所新建学校的竣工典礼上，曼德拉不无幽默地对孩子们说：“看到你们有这样的好学校，连大猩猩都十分高兴。”话音刚落，数百名孩子笑得前仰后合，曼德拉也会心地笑了。巧用别人对自己的恶作剧，反用幽默活跃气氛，在这里，幽默成为曼德拉博大胸怀的自然写照，书写着一个坦荡而豁达的胸襟，体现着一种包容万事万物的海量。

（来源：百度文库，http://wenku.baidu.com/view/6089a6795acfa1c7aa00cccb.html）

第二节　传统领导有效性理论

传统领导有效性理论的发展经过了三个阶段：第一个阶段主要是研究领导者的个人特性，以期预测选拔具备什么素质的人作为领导最合适，即领导者特质理论；第二个阶段是试图根据领导者所采取的行为来解释领导，探求有效领导行为方式和风格，即领导行为理论；第三个阶段主要探讨领导的有效性是由领导者、被领导者及其组织环境因素共同决定的，要根据具体情况来选择领导方式，于是出现了权变领导理论。

一、领导有效性的特质理论

20 世纪 30 年代的领导理论研究多集中在领导者特质上，认为具有某种特质者相对来说能做好领导工作；反之，不具备此种良好特质者，则不会成为有效的领导者，由此产生了以领导者特质为研究重点的领导特质理论。有效领导者应具有什么样的特质，仁者见仁，智者见智，每个人都对领导者有不同的期望。

亨利（W. Henry，1949）在调查研究的基础上指出，成功的领导者应具备十二种品质：（1）成就需要强烈，能把工作成就看成最大的乐趣；（2）干劲大，工作积极努力，希望承担富有挑战性工作；（3）用积极的态度对待上级，尊重上级，与上级关系较好；（4）组织能力强，有较强的预测能力；（5）决断力强；（6）自信心强；（7）思维敏捷，富于进取心；（8）竭力避免失败，不断地接受新的任务，树立新的奋斗目标，驱使自己前进；（9）讲求实际，重视现在；（10）眼睛向上，对上级亲近而对下级较疏远；（11）对父母没有情感上的牵扯；（12）效力于组织，忠于职守。

斯托格第尔（R. M. Stogdill）认为应从身体特征、智能特征、个性特征、社会背景特征、与工作相关的特征、社会交往特征等六个方面来考察领导者的特质。

然而，随着研究的深入和实践的反馈，传统特质理论受到了各方面的质疑，归纳起来，主要反映在以下四个方面。

（1）据有关统计，自 1940—1947 年的 124 项研究中，所得出的天才领导者的个人特质众说纷纭，但各特质之间的相关性不大，有的甚至产生了矛盾。

（2）进一步的研究发现，领导者与被领导者、卓有成效的领导者与平庸的领导者有量的差别，但并不存在质的差异。例如，斯托格第尔 1948 年研究了 19 个成功的领导者，其中有 11 个人比一般人情绪稳定，有 3 个人情绪不稳定，还有 5 个人情绪稳定性与普通人相同。

（3）许多被认为具有天才领导者特质的人并没有成为领导者。

（4）随着研究的展开和深入，被当作领导者特质的条目越来越多，而且有不断增多之势，这导致理论上的争执和混乱。由于在传统的特质研究中出现了上述种种问题，许多心理学家逐渐认识到在领导特质问题的研究中，遗传决定论的观点是错误的，应该抛弃这种唯心主义的观点。于是出现了现代领导特质理论，现代领导特质理论认为，领导者的特质不是与生俱来的，而是在后天社会实践培养和锻炼中形成并不断增强的。主张现代特质理论的学者提出了不少富有见地的观点。

美国管理协会曾对在事业上取得成功的 1 800 名管理人员进行了调查，发现成功的管理人员一般具有下列二十种品质和能力：工作效率高；有主动进取精神；善于分析问题；有概括能力；有很强的判断能力；有自信心；能帮助别人提高工作能力；能以自己的行为影响别人；善于用权；善于调动他人的积极性；善于利用谈心做工作；热情关心别人；能使别人积极而乐观地工作；能实行集体领导；能自我克制；能自主做出决策；能客观地听取各方面的意见；对自己有正确估价，能以他人之长补自己之短；勤俭；具有管理领域的专业技能和管理知识。

日本企业界认为，有效的领导者应具备十项品德和十项能力。十项品德为使命感、责任感、信赖性、积极性、忠诚老实、进取心、忍耐性、公平、热情和勇气。十项能力为思维决定能力、规划能力、判断能力、创造能力、洞察能力、劝说能力、理解能力、解决问题能力、培养下级能力和调动积极性能力。

通观美国、日本学者对企业领导人特质的研究，虽然在提法和表述上各有千秋，但是从中我们能够发现以下几项共同点。

（1）了解部属。一个优秀的领导者必须了解他的下级，及时掌握下级人员的心理状态，对于他们的需要、希望、问题与困难，及时给予关怀和解决。

（2）尊重人格。领导者应尊重部属人员的人格与自尊心，善于控制自己的情绪，尽量避免当众训斥下属。

（3）善于激励。企业职工对于他们的劳动或工作，不仅希望得到合理的报酬，而且珍惜领导的肯定和表扬。作为领导者必须善于运用激励手段去调动员工内在的积极性。

（4）以身作则。领导者不能只追求个人的利益，而且自己的品行要端正，信仰要坚定，不能放纵自己，凡事以身作则。

（5）精明果断。领导者每天面临的工作任务是错综复杂的，并且往往在匆忙中必须表态或做出决定。为此，领导者必须有敏锐的观察力、果断的判断力，一旦做出决策，不可轻易改变。

上述领导特质理论，无论是传统特质理论还是现代特质理论，都从某些方面为选拔与培训领导者提供了依据，但已有的研究还没证实哪些特质是成为成功领导者必需的条件。以上理论只是说明一个领导者具备哪些特质会有较大的机会有效地领导下属，领导的成败除了受领导者的特质影响外，还受领导行为、环境等因素的影响，单纯的特质理论对解释领导有效性来说并不充分。

二、领导有效性的行为理论

由于领导特质的研究有其局限性，加上行为主义心理学的崛起，20 世纪 40 年代末至 60 年代，研究者开始把目光转向具体的领导者的行为上，他们想了解有效的领导者是否在行为上有独特之处。以当代的两个人为例，西贝尔系统公司（Siebel System）的首席执行官汤姆·西贝尔和甲骨文公司的首席执行官拉里·埃里森（Larry Ellison）都成功地领导各自的公司走出了困境，而且他们都依赖同一种领导风格——严厉、强硬和专制。这是否表明专制行为是大多数领导者所偏爱的风格呢？为了回答这一问题，下面介绍三种不同的行为理论。

（一）领导行为四分图模式

1945 年，美国俄亥俄州立大学工商企业研究所在斯多基尔和沙特尔两位教授的领导下开展了一项范围广泛的关于领导问题的调查。一开始，他们列举了一千多种刻画领导行为的因素，通过筛选，最后概括为“抓组织”“关心人”两大类。“抓组织”是指领导者把工作重点放在组织设计、明确职责与关系、沟通途径、确定实现工作目标的进程等方面。“关心人”是指领导者关心下级、善于倾听下级的意见，并积极在员工之间建立互相尊重、互相信任的人际关系。概括来讲，“抓组织”是以工作为中心，“关心人”是以人际关系为中心。按照这两类内容，他们设计了“领导行为描述问卷”。问卷中“抓组织”和“关心人”两项各列出 15 个问题，分发调查。调查结果表明，两类领导行为在同一个领导者身上有时一致，有时并不一致。因此，他们认为领导行为是两类行为的具体结合。领导行为可以用两度空间的“四分图”来表示（见图 9-1）。这个四分图是从两个角度考察领导行为的首次尝试，为以后进行领导行为研究开辟了一条新途径。

从图 9-1 中可以看出，领导行为可分为四种情况：一是低组织、低关心人的领导者，对组织和人都不关心，这种领导方式的效果比较差；二是高组织、低关心人的领导者，最关心的是工作任务；三是高组织、高关心人的领导者，对工作和人都比较关心，这种领导方式的效果比较好；四是低组织、高关心人的领导者，较为关心领导者与下级之间的合作，重视互相信任和互相尊重的气氛。当然，四种领导行为哪种最好、哪种最差，不能一概而论，要视具体情况而定。

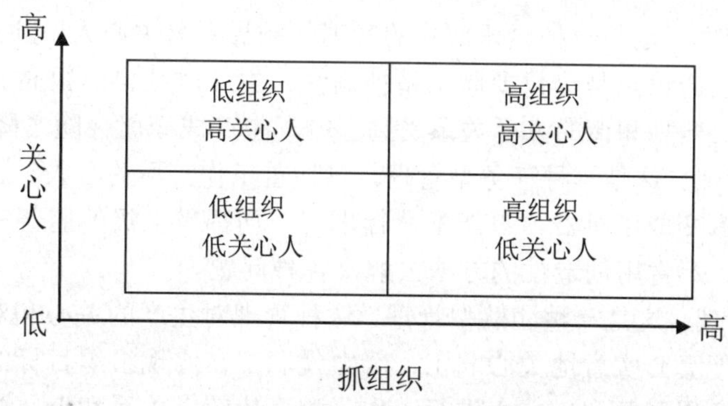

图 9-1　领导行为四分图

（二）管理方格理论

管理方格理论是美国得克萨斯州立大学心理学教授布莱克和莫顿（Blake & Mouton，1964）提出的。这是一张对等分的方格图，横坐标表示管理者对生产的关心，纵坐标表示管理者对人的关心。当评价管理人员的工作时，就按其两方面的行为，在图上找出交叉点，这个交叉点就是他的类型。例如，某管理者关心人的程度高达 9，而关心工作的程度很低，只有 1，这样两者的交叉点便是 1.9，他便是 1.9 型的领导人。由此类推，可得出 81 种领导行为的类型（见图 9-2）。

根据管理方格图，布莱克还列举了五种典型的管理方式。

（1）1.1 型管理。这种类型的领导者是贫乏型管理者，他们对生产任务的关心和对职工的关心都很差。他们实际上是饱食终日、无所用心的人。这种情况一般很少出现。

（2）5.5 型管理。这是一种中庸型管理，既不过分偏重人的因素，也不过分偏重工作和任务，努力保持和谐的妥协。

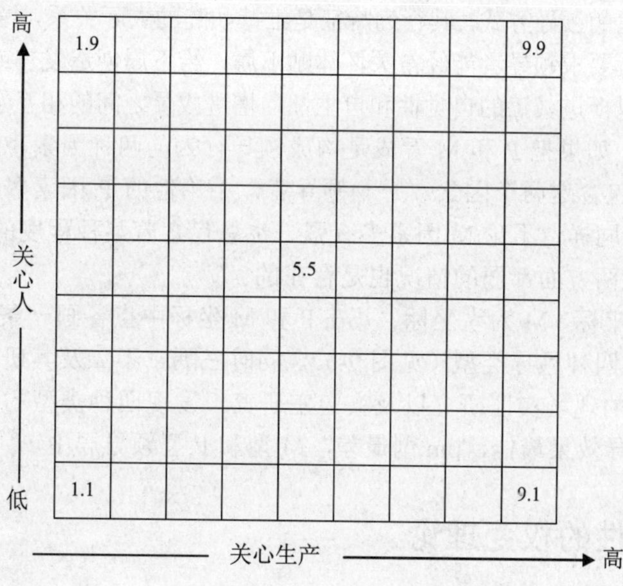

图 9-2　管理方格图

（3）1.9 型管理。这是一种俱乐部式的管理，领导者只关心人，注意搞好人际关系，使人感到满意。它的论点是，只要职工精神愉快，生产成绩自然很高。这种管理的结果可能是很脆弱的，一旦和谐的人际关系受到影响，生产成绩就会随之降低。

（4）9.1 型管理。这是一种任务型管理，只注重工作，不关心人。这样的领导是独裁式的领导，职工都变成了机器，只能奉命行事，一切都受上级的监督和控制，从而使职工失去进取精神，不肯用创造性的方法去解决各种问题。

（5）9.9 型管理。这是一种团队型管理，这种管理对生产的关心和对职工的关心都达到了最高。领导能真心实意地关心职工，努力使职工在实现组织目标的同时满足个人的需要。而职工能运用智慧和创造力进行工作，相互依赖、关系和谐，共同努力去实现企业的组织目标。这种管理可以获得以下良好的结果：增加竞争能力和盈利能力；改善各单位之间的相互关系；充分发挥集体精神的管理；减少职工的摩擦，增进职工间的相互了解和谅解；促进职工的创造力和对工作的责任感。

绝大多数参加这项研究工作的专家认为，9.9 型领导人最好，其次是 5.5 型领导人。而布莱克和莫顿则认为，不能一概而论，而应根据环境的变化而定，以最能获得工作效果的类型为最好。

（三）PM 领导行为类型理论

PM 领导行为类型理论是由日本大阪大学的心理学教授三隅二不二提出的。三隅二不二认为领导方式可分为两大类：一类是以绩效为导向（Performance Directed）的领导方式，简称为 P 型领导；另一类是以维持群体关系为导向（Maintenance Directed）的领导方式，简称为 M 型领导。二者合起来，称为 PM 理论。

P 型领导是指以执行任务为主的领导方式，其行为特征是将组织中的每一个成员的注意力引向目标，使问题明确化，因而要求领导者具有较强的计划能力和组织能力。M 型领导是以维持群体关系为主的领导方式，其行为特征是维持和睦的人际关系，缓和工作中可能产生的对立和抗争，这就要求领导者能经常关怀体贴下属，给下属创造发言或表达意见的机会，满足下属的需求，以促进员工的自觉性和自主性，增进成员之间的相互了解与交流。

PM 理论认为，如果把 P 和 M 看成是构成领导行为的两种因素，那么领导者的任何一种领导行为总会包含这两个因素。一个领导者，不论他的 P 因素多么强，总包含有某种强度的 M 因素；同样，不论 M 因素多么强，也总包含着某种程度的 P 因素。此外，P 和 M 两方面都强或两方面都弱的情况也是存在的。

如果以 P 为横坐标，M 为纵坐标，并在 P 和 M 坐标中点各画一条平行线，就可划分出 PM、P、M、pm 四种领导类型（见图 9-3）。同时三隅二不二及其研究小组还对四种领导类型进行了大量的现场实证研究以及实验室研究，发现四种类型的领导效果存在差异性，其中 PM 型领导效果最佳，pm 型最差，M 型和 P 型领导居中。

三、领导有效性的权变理论

由于单独对领导者的特质或领导者的行为加以探讨，所得的结果并不能令人满意，自1960年以后，一些研究领导的学者在领导的特质理论及行为理论的基础上，进一步发展出权变理论。该理论认为领导研究应包括领导者、被领导者和情境三个方面。他们相信有效的领导是受领导者的特质、领导行为、被领导者的特质和领导时的情境因素等共同影响的，主要研究成果有费德勒的有效领导权变模型、豪斯的路径—目标理论、弗罗姆与耶顿的领导—参与模型和卡曼的领导生命周期理论。

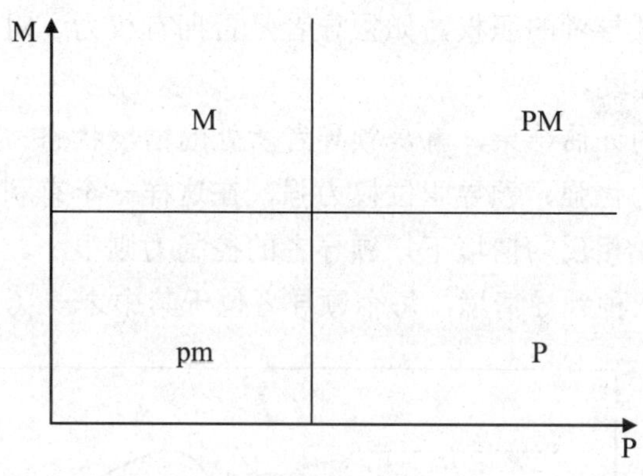

图9-3　PM领导行为类型图

（一）费德勒的有效领导权变模型

费德勒（F.Fiedler）在20世纪50年代末提出了第一个综合的权变模型。他认为，任何一种领导类型都可能是有效的，也可能是无效的，关键是看它是否适合于特定的领导环境。因此，对领导行为有效性的考察或预测，要从三个方面进行：确定领导者的行为风格；确定领导的具体情境；确定领导风格与具体情境是否匹配。

1．确定领导者的行为风格

费德勒相信，影响领导成功的一个关键因素是个体的基本领导风格，因此他首先试图了解这种基本风格。为了达到此目的，他设计了最难共事者问卷（Least Preferred Co-worker Questionnaire，LPC），用以测量个体是任务取向型还是关系取向型。LPC问卷由16组对照形容词构成（如快乐—不快乐、高效—低效、开放—防备、助人—敌意等）。费德勒让做答者回想自己共事过的所有同事，并找出一个最难共事者，在16组形容词中按1～8等级对他进行评估。费德勒认为，在LPC问卷的回答基础上，可以判断出人们最基本的领导风格。如果以相对积极的词汇描述最难共事者（LPC得分高），则回答者很乐于与同事形成友好的人际关系，也就是说，如果你把最难共事的同事描述得比较积极，那么你就是关系取向型。与此相对照，如果你对最难共事的同事看法比较消极（LPC得分低），可能你感兴趣的主要是生产率，那么你就是任务取向型。另外，大约有16%的回答者的分数处于中间状态，很难被划入任务取向型和关系取向型中进行预测，因而下面的讨论都是针对其余84%的人进行的，他们在LPC上的得分偏高或偏低。费德勒认为，一个人的领导风格是固定不变的，如果情境要求任务取向型的领导者，而在此领导岗位上的领导者却是关系取向型的，那么要想达到最佳效果有两种办法：一是替换领导者以适应情境；二是改变情境以适应领导者。

2．确定领导的具体情境

费德勒分离了三个情境因素，他认为这是决定领导行为有效性的关键：一是领导与被领导者的关系，如双方的信任程度、被领导者对领导的忠诚、尊重和追随程度；二是任务结构，即工作任务的程序化（结构化）程度，如工作是常规的还是非常规的、工作规范明确与否；三是领导者的职权，如领导者是否拥有权力、对下属是否能直接控制、被上级和组织支持的程度。

对上述三个变量的评估结果，就是领导者所处的情境状态。如果领导者与被领导者的关系很好、任务结构化强、领导职位权力强，在这样一个有利的情境中，领导者拥有较高的控制和影响力；相反的情境下，领导者的控制力则很小。费德勒对三个情境变量综合分析后，得到了八种领导情境，每个领导者位于其中之一（见图 9-4）。

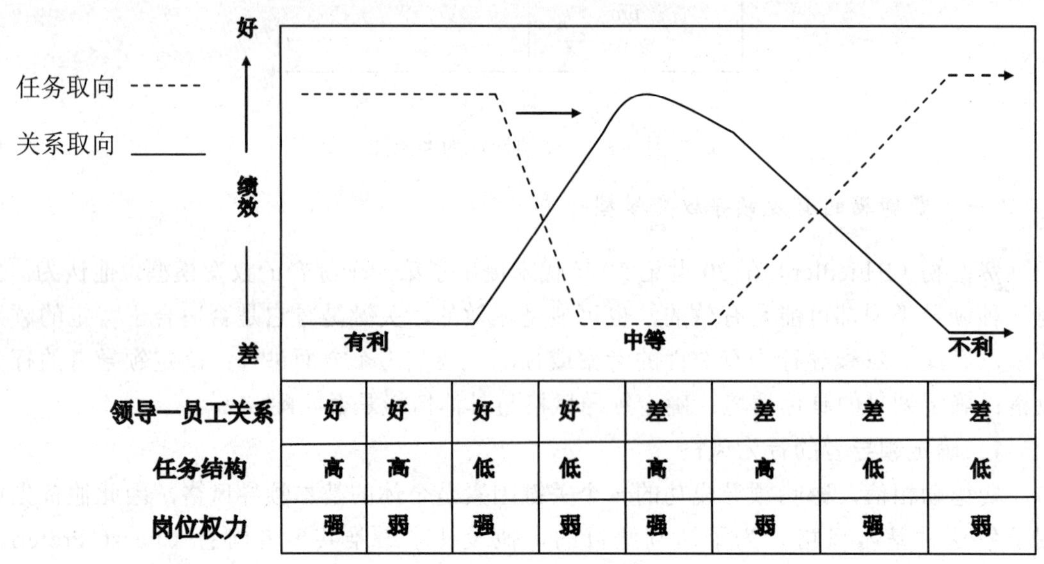

领导—员工关系	好	好	好	好	差	差	差	差
任务结构	高	高	低	低	高	高	低	低
岗位权力	强	弱	强	弱	强	弱	强	弱

图 9-4　费德勒模型图

3．确定领导风格与具体情境是否匹配

在确定了领导者固有的行为风格和对其领导情境进行评估后，利用费德勒建立的匹配模型，可以得知和预测领导效果。费德勒的研究结论是：在非常有利和非常不利的情境下，任务取向型的领导者的行为会比关系取向型的领导者更有效；关系取向型的领导者在中等有利的情境中工作绩效会更好。

大量的研究对费德勒模型的总体效度提供了支持，并得出了相当积极的结论。但这一模型在实践应用中也存在着缺陷，需要进一步改进。例如，一些研究对 LPC 量表的使用方法提出质疑，而三个情境因素在实践中的评估也过于复杂，即很难确定领导者与被领导者的关系、工作任务的结构化以及领导者究竟有多大的权力。

【资料】

盖洛普与米德的领导风格

M 公司的首席执行官盖洛普说："员工也是我们的顾客，所以我们必须超越他们的期望。"盖洛普用一种公开的、友善的和平易近人的风格来领导员工。即使与多达 800 名员工相处时，她同样知道他们中大多数人的名字并每天和他们保持联系。谁要是想讨论问题只要进入办公室找她就行了。M 公司为员工提供了全面的福利保障，其中甚至包括兼职人员。公司还为怀孕女职工提供 26 周的假期，该员工参加会议时公司付费请人为其照顾孩子。任何员工都可以任何理由离职一个月。盖洛普也实行一些超出员工想象的振奋人心的行动，如感恩节的免费火鸡、跳跃式滑雪、徒步远足等项目。她甚至资助一位员工免费去巴哈马州旅游，这使她为许多人所知。盖洛普相信满足员工的需求是运转一个成功企业的重要组成部分。在 M 公司中，她的这种风格很有效。

与盖洛普在 M 公司的领导风格相比，曾在西点军校做过教授，现为 P 公司首席执行官的米德则是另一种风格。此人继承了巴顿将军那种"精密计划、粗暴执行"的风格。米德的强硬管理风格包括为部门经理在每件事上都设置似乎不可能达到的目标，这些事情包括资本回报率和工作安全等。他要求公司中五个部门的经理每月在公开的论坛上公布自己部门的业绩情况，看看它们是否达到了预期的目标。在他们将这些汇报删除之前，米德在他办公室门上悬挂了一个执行绞刑的绳套。米德过去总是说："第一个走过我办公室的经理要考虑一下他是否完成了当月目标，否则他就要小心自己的脖子，看看绳套合不合适。"米德的这种风格使部门经理们感到巨大的压力，但是他坚持说自己的做法是有效的——那些部门经理大多数都能实现那些看上去不可能实现的目标。

盖洛普的领导风格对人与生产同时予以高度关注。与此相反，米德则非常关心生产，对人几乎不关心。两种风格都很成功，因为两者各自所处的环境不同。

（来源：智库文档，http://doc.mbalib.com/view/bced68317158ab764d2ed0c5b13b9adb.html）

（二）豪斯的路径—目标理论

路径—目标理论是加拿大多伦多大学伊迈斯(M.G.Evans)提出，后由豪斯(R.J.House)开发确立的，它是最受推崇的领导行为理论之一。这一理论采用俄亥俄州立大学的结构和关系两个维度观点同激励的期望理论相结合，认为领导者的主要任务是提供必要的支持以帮助下属达到他们的目标，并确保他们的目标与群体和组织的目标相互配合、协调一致。所谓"路径—目标"，意味着为下属清理实现目标过程中的各种路障和危险，使下属的工作更为顺利。

在路径—目标理论中，存在四种领导行为：一是指导型（结构维度），即让下属清楚对他的期望，以及完成工作的方法、程序和时间等；二是支持型（关系维度），即对下属亲切友善，关心他们的需求；三是参与型，即与下属共同磋商，在决策前充分考虑下属的建议；四是成就取向型，即设定富有挑战性的目标，期望下属充分实现自己的最佳水平。

与费德勒的领导行为观点相反，豪斯认为领导者是弹性灵活的，同一领导者可以根据不同的情境表现出任何一种领导风格。如图 9-5 所示，路径—目标理论提出了两类情境或权变变量作为领导行为与结果之间关系的中间变量：一是下属控制以外的环境因素，如任务结构、正式权力系统、工作群体等，这一权变因素决定了领导者采用哪一种行为最有效；二是下属的个人特征，如经验、能力、内控型还是外控型的个性特征等，这些因素决定了环境因素与领导行为的相互作用，当领导行为与下属特点不适应时，领导效果则不佳。

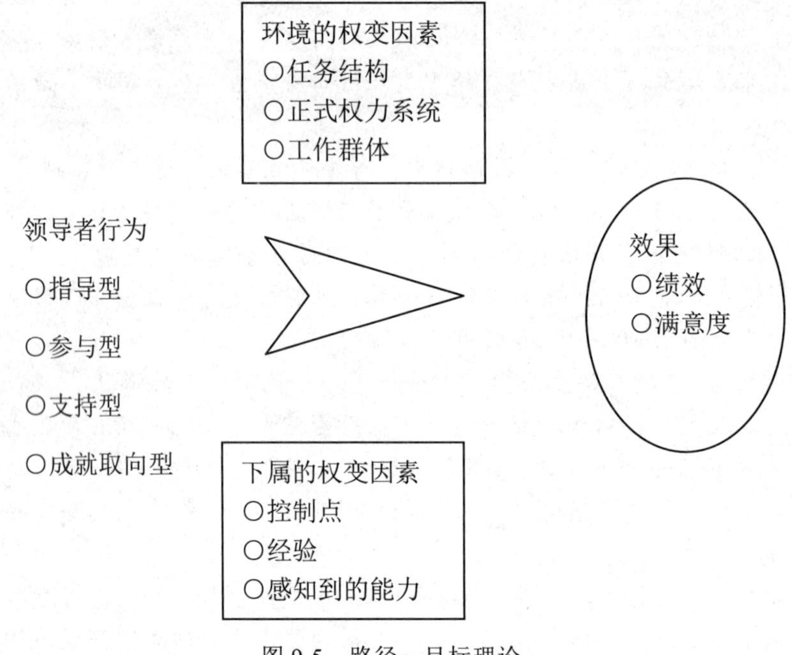

图 9-5　路径—目标理论

路径—目标理论的逻辑得到许多研究的证实，即领导者若能补偿员工本人或工作情境中所缺乏的东西，员工的工作绩效和工作满意感会大大提高。但是，如果工作结构明确、任务清晰，而且员工也有能力和经验，则不必进行指导，否则员工会认为这种指导性行为不仅多余，而且是干扰和侵犯。

（三）弗罗姆与耶顿的领导—参与模型

维克多·弗罗姆（Victor Vroom）和菲利普·耶顿（Phillip Yetton）提出了领导—参与模型（Leader-participation Model）。该模型将领导行为与参与决策联系起来，提出有效的领导者应根据不同情况，让职工不同程度地参与决策，领导方式主要取决于下属参与决策的程度。

领导—参与模型与费德勒模型的区别在于：费德勒模型将领导人的行为特点看成固定不变的，主张根据不同环境选择不同的领导人；而领导—参与模型则认为领导模式不是机械的，而应根据环境的具体需要随时变动。领导—参与模型是规范化的，采用决策树的形式提出一系列应遵循的连续规划，以确定在不同情境下参与决策的方式和程序（见图 9-6）。

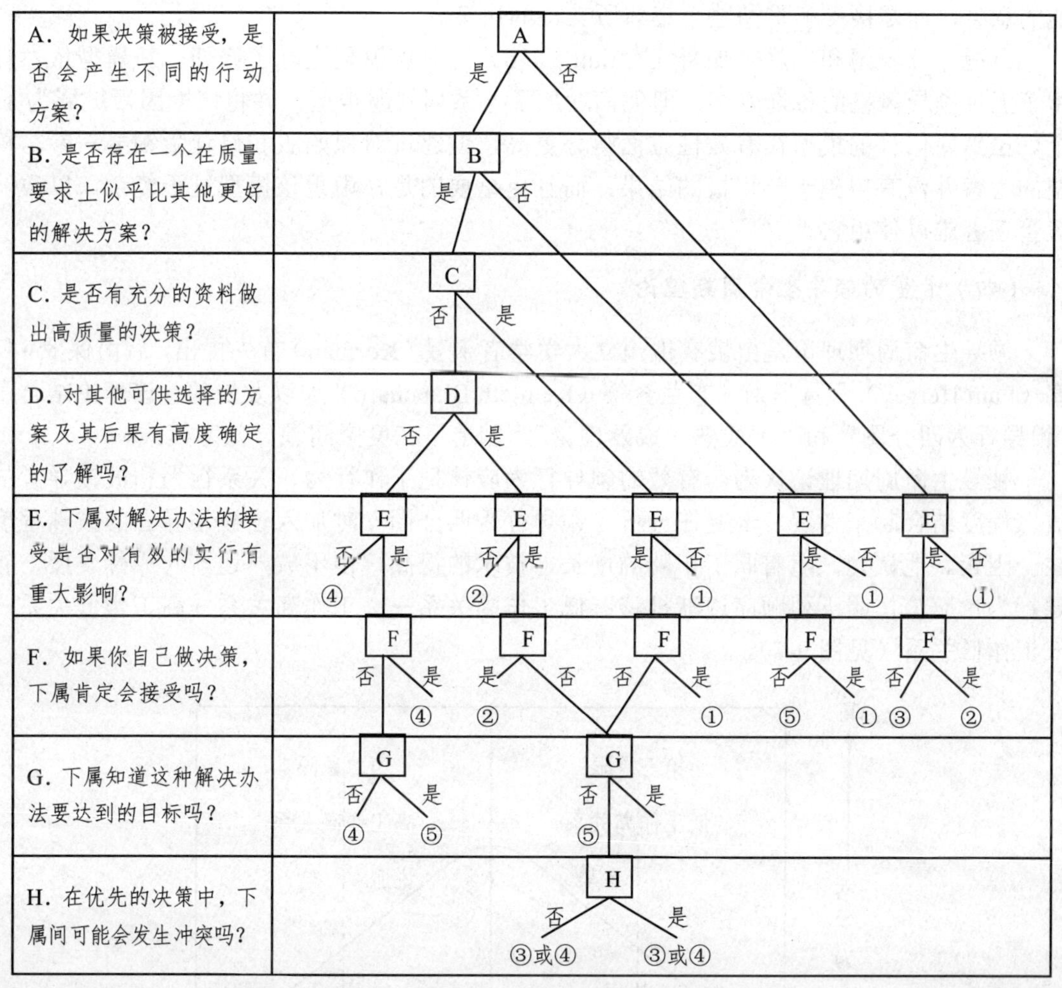

图 9-6　弗罗姆与耶顿的领导—参与模型

弗罗姆和耶顿认为，领导在进行决策时，可能会遇到图 9-6 中 A～H 这八种情境因素。领导者分析自己所面临的情境，可以在决策树上选择一种最有效的方式，有以下五种领导方式可供选择。

① 领导者运用手头的资料，自己做出决策，单独解决问题。

② 领导者从下级那里取得必要的供决策所用的信息资料，然后自己做出决策。向下级收集资料时，可能说明原因，也可能不说明原因。下级只是提供资料，并不提供或者评价解决问题的方案。

③ 领导者与个别有关的下级直接接触，获得他们对决策的意见。但这些下级并不属于决策成员，领导者在决策时可能接纳也可能不接纳下级的意见。

④ 领导者把决策意图告诉下级，让下级集体讨论，提出意见和建议，然后领导者做

出也许考虑、也许不考虑下级意见的决策。

⑤ 让下级集体了解问题，并且领导者与下级共同提出和评价可供选择的方案，尽量取得解决问题的一致意见，领导者只是以决策成员的身份参与讨论，并不强求下级遵从他的意见，而是接受和贯彻整个集体所支持的决策。

最近，弗罗姆和亚瑟·加哥（Arthur Jago）又对该模型进行了修订。新模型依然保留了五种领导风格的备选方案，但他们增加了一系列问题类型，并将情境因素扩展为12个。虽然新修订的模型在有效性方面得分更高，但通过对原始版和修订版领导—参与模型的考察并没有得到十分积极的结果，而且更重要的是，由于该模型过于复杂，以致一般管理者难以使用它。

（四）卡曼的领导生命周期理论

领导生命周期理论是由俄亥俄州立大学学者卡曼（Korman）首先提出，后由保罗·何塞（Paul Hersey）和肯尼斯·布兰查德（Kenneth Blanchard）加以发展的。该理论结合了“领导行为四分图”和“不成熟—成熟理论”，创造了三度空间领导效率模式。

领导生命周期理论认为，有效的领导行为应该把工作行为、关系行为和被领导者的成熟程度结合起来考察。卡曼在分析“领导行为四分图”时加入了被领导者的成熟程度这一因素。他认为，随着职工年龄的增长、技术的提高，由不成熟逐渐向成熟发展，领导行为也应该按照下列顺序逐渐推移：低工作高关系→高工作高关系→高工作低关系→低工作低关系（见图9-7）。

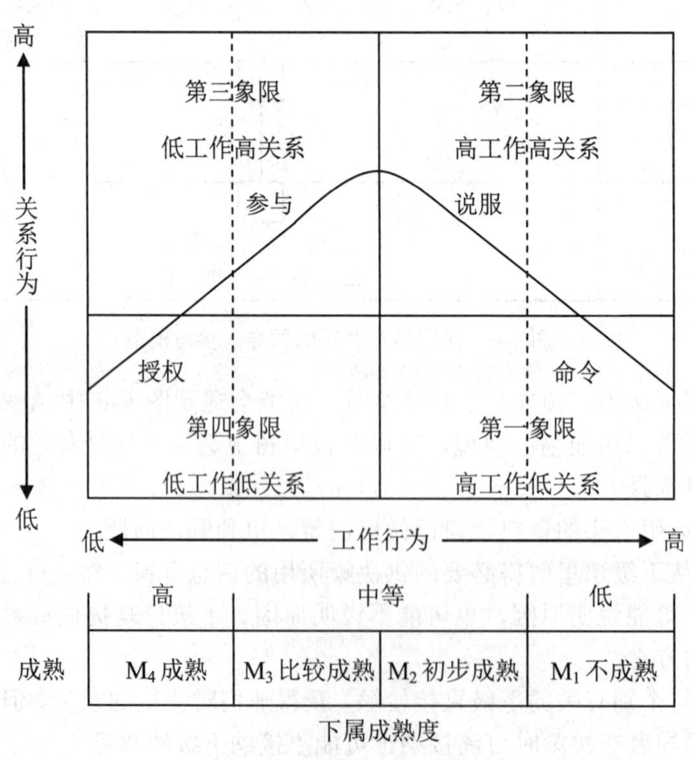

图9-7 领导生命周期模型

在图 9-7 中，模型上面部分的曲线表示变动着的领导方式，其中横坐标代表以抓工作为主的工作行为，纵坐标代表以关心人为主的关系行为；下面部分表示下级的成熟度，右边代表不成熟，由右向左逐渐成熟，分别用 M_1、M_2、M_3、M_4 表示不成熟、初步成熟、比较成熟、成熟四种不同的成熟程度。按照下级不同的成熟程度，领导方式大致分为四种，用四个象限来表示。

第一象限：命令型领导。当下级处于不成熟阶段时，领导者应采用高工作低关系的领导行为类型，以单项沟通方式向下级规定任务：干什么，怎样干。

第二象限：说服型领导。当下级进入初步成熟阶段时，领导者应采用高工作高关系的领导行为类型，领导者与下级通过双向沟通的方式，相互交流信息，相互支持。

第三象限：参与型领导。当下级进入比较成熟阶段时，领导者应采用高关系低工作的领导行为类型。领导者与下级通过双向沟通的方式，相互交流信息，相互支持，并欢迎下级参与决策，通过鼓励的方式激励下级努力工作。

第四象限：授权型。当下级发展到成熟阶段时，领导者应采用低工作低关系的领导行为类型。成熟度达到这个阶段的下级一般具有担负起工作重任的能力和愿望，所以领导者可授权给下级，只要起到监督保证作用即可，让下级“各行其是”。这样，他们取得工作成果后会有胜任感和成就感。

另外，何塞和布兰查德还对模型中的每个部分都赋予了特定的含义。

（1）工作行为：表示领导者采取单项沟通方式向下属人员说明应该干什么，在何时、何地、用何种方法去完成任务。

（2）关系行为：表示领导者采取双向沟通的方式，通过心理关怀、社会情感培养等措施指导下属，并照顾他们的福利。

（3）成熟度：指成熟的动机，负责的意愿和能力，具有组织经验和受过一定教育。年龄是一个成熟的因素，但不是唯一的，更不是重要的。这里所说的成熟度是指心理上的，而非生理上的。

（4）有效的领导方式：表示领导方式能够适应环境，对于各种特定的情境，能够做出正确的决定。

（5）无效的领导方式：表示领导方式不能适应规定的环境，对于各种特定的情境，不能提供正确的领导。

尽管从目前的研究资料看，对领导生命周期理论的结论还存在一些争议，但是这一理论自提出以来一直被广大管理专家推崇，并常常作为主要的培训重点而应用。例如，北美银行、美孚石油公司、施乐公司等都采用此模型。

第三节　当代领导有效性理论

20 世纪 80 年代以来，随着全球化的进程，企业组织和公共组织都面临全球化和知识经济的新情境，组织需要快速地发展，而组织间的竞争也日趋激烈，在这种急剧变革的组织环境中，原有的领导方式也面临挑战。一些学者或从原有角度进行深化或从其他角度进行丰富，从而提出了一些新的领导理论。有代表性的理论有魅力型领导理论、交换型和变革型领导理论、内隐领导理论、服务型领导理论和诚信领导理论等。

一、魅力型领导理论

1977 年，罗伯特·豪斯（R. House）在《1976 年的魅力型领导方式理论》中，以观察过程的可检验性为前提，提出魅力型领导理论。该理论认为“魅力”一词应从领导者对追随者的影响，或领导者与下属关系的角度来进行描述。因此，魅力型领导是指领导者通过自身的卓越才能和超凡魅力来影响下属，从而使既定目标得以实现。

魅力型领导的特点可以归纳为：自信、远大的理想和目标、清楚的表达能力、对目标的坚定信念、不循规蹈矩、变革的代言人、对环境的敏感性。罗伯特·豪斯等人的研究表明，魅力型领导与部下的高绩效和高工作满意度之间有着显著的相关性，即魅力型领导的部下会因受到激励而付出更多的工作努力，并获得更高的业绩，因而具有更高的满意度。

美国南加州大学马歇尔商学院的杰伊·康格（Jay A. Conger）等人认为，具有魅力的领导人和不具有魅力的领导人存在性格差异，主要表现为表 9-1 所示的几个方面。

表 9-1　具有魅力的领导人和不具有魅力的领导人的性格差异

性 格 维 度	不具有魅力的领导者	具有魅力的领导者
亲切度	分享观点，从而使领导亲切	分享观点和理想愿景使得领导亲切，并成为值得尊敬的英雄
可信赖程度	对说服中的说话艺术不感兴趣	会花费大量的成本和面对极大风险进行热情的说服
和现状的关系	试图保持现状	创造革新的气氛
未来目标	将目标限制在与现状差别不大的范围	与现状有很大差别的理想
清晰度	对领导的目标和动机不是很清晰	对领导的前景和动机有很清楚的认识，并且具有灵感
竞争	在已经存在的结构中采用可获得的方法实现目标	采用超出现存秩序的非传统的方法
行为	传统的，与公认标准一致的	非传统的，与公认标准相反的
影响	基于来自于职务的权力	超越职位，来自专家权力以及对领导的尊敬和赞赏的个人权利

魅力型领导已成为领导理论研究的新焦点。它强调愿景的建立、使命的承担与领导魅力的重建，这不仅能获得下属追随和忠诚，更能获得下属的尊敬、信赖和崇拜，更能激发组织成员追求自我实现目标。但时至今日，有关魅力型领导的研究仍相当有限，尚属初创阶段。

【资料】

杨元庆领袖魅力的产生

联想集团在 1993 年由于国外计算机的冲击，第一次没有完成预定的目标。这引发了“联想”历史上一次重要的组织变革——实行事业部制，实现了从大船结构向舰队结构的转变。1994 年，杨元庆受命于危难之时，出任微机事业部经理。1994 年之前，“联想”实行的是直销、分销和代理相结合的渠道策略，出现了渠道矛盾。杨元庆上任后，第一举措就是渠道变革，将原来近 200 人的渠道部门减少到 18 人——就是后来广为“联想人”称颂的“18 棵青松”，实行全面的代理政策，促进了渠道的快速成长。

1996 年，在多人不赞成的情况下，杨元庆果断实行全面降价，并与国际技术同步推出奔腾机，在连续三次降价的战役中打了漂亮的一仗。后来在 1997 年等一些重大的风险决策中，杨元庆都取得了出乎意料的成功，大大提升了联想的竞争力，也使得杨元庆的领导魅力逐渐产生和增强。

（来源：豆丁网，http://www.docin.com/p-401081917.html）

二、交换型和变革型领导理论

20 世纪 80 年代以来，交换型领导与变革型领导一直是领导理论研究的重要内容。美国政治学家詹姆斯·麦克格雷格·伯恩斯（James Macgregor Burns）在 1978 年撰写的《领导力》一书中划分出了两种领导过程类型——交换型领导与变革型领导，认为前者的特征是强调交换，后者的特征是强调改变。1985 年，巴斯（Bernard M. Bass）提出了一个范围更广、更为精确的交换型和变革型领导学说，认为交换型领导和变革型领导并不是一个连续体的两端，而是两个独立的概念，各有不同的内涵。

变革型领导是指领导者通过让员工意识到所承担任务的重要意义和责任，激发下属的高层次需要或扩展下属的需要和愿望，使下属为团队、组织和更大的组织利益超越个人利益。Avolio 认为变革型领导包含以下四个维度。

（1）领导魅力，指领导者给追随者树立榜样，追随者认同领导者，并愿意效仿领导者。领导者通常有较高的道德标准、价值观念和道德行为，并给追随者提供目标愿景，给追随者一种使命感。

（2）感召力，指领导者对追随者寄予很高的期望，通过动机激励使他们投身于实现组织愿景的事业中去。在实践中，领导者利用信念和情绪感染力来凝聚组织成员，以取得比个人利益更大的成就，因此这种因素增强了团队精神。

（3）智力激发，指领导者激发其追随者创造和革新的意识，对其自身和领导者的信念与价值观提出质疑，对组织的信念和价值观也提出质疑；领导者支持追随者尝试新理论、创造新方法来解决组织的问题，鼓励追随者独立思考和解决问题。

（4）个人化关怀，指领导者创造一种支持性氛围，仔细聆听追随者的个体需求，在帮助个体自我实现时扮演教练和建议者的角色，帮助追随者实现其自身的需求和发展。

具备以上四个维度的领导者通常具有强烈的价值观和理想，他们能成功激励追随者超越个人利益，达到组织既定的目标。但变革型领导也有一些缺陷和不足：缺乏清晰的概念划分；理论基础主要来自对西方大型企业的高层领导的研究；有时将领导力更多地视为个性品质而非对人们的指示行为，并且显得不够民主，有高人一等的优越感等。

与之相对，交换型领导则重视下属的责任，阐明对下属的期望和下属必须完成的任务，以及下属达到预期标准后所能获取的回报。交换型领导的主要特征有以下两个。

（1）权宜酬赏。权宜酬赏是交换型领导者的主要领导方式，它是指领导者与下属交换的过程。在这一过程中，领导者向下属提供一定的报酬以换取下属的服从和工作。就任务分配及相应条件的报酬，交换型领导者会尽量与下属达成一致协议。

（2）例外管理。例外管理是指对下属工作中出现的错误和偏差进行纠正。它包括积极的例外管理和消极的例外管理。积极的例外管理是指领导者一般在问题发生前密切监督员工行为以防止问题的产生，并对可能偏离规范的员工行为加以纠正。消极的例外管理则是指领导者往往在问题已经发生或者标准未能满足需要时才采取行动，对下属进行批评或惩罚。

交换型领导与变革型领导的分歧在于前者的特征是强调“交换”，后者的特征是强调“改变”。交换型领导通过与员工的交换而获得合作，并监督这种交换关系，而变革型领导者以魅力和预测性沟通为基础，在愿景的实现过程中同时使个体在工作能力、道德水平上得到提升和自我完善。表 9-2 列出了交换型领导和变革型领导的一些具体区别。

表 9-2　交换型领导和变革型领导的区别

变革型领导的强调内容	交换型领导的强调内容
愿景、使命	计划
传达愿景	分配责任
引起动机和激发鼓舞	控制和问题解决
创造变革和革新	创造例行事项和均衡
赋予成员自主力	权力维持
创造承诺	创造顺从
刺激额外的努力	强调契约性责任
对成员感兴趣并靠直觉	重视理性、减少领导者对成员的依附
对环境有前瞻做法	对环境的回应

（来源：彭建华，段万春，陈朝良，2004）

交换型领导与变革型领导是共存的、互动的。交换型领导并非一定过时，而变革型领导也绝非灵丹妙药。采取什么样的领导方式，还必须因人、因时、因地进行灵活的选择。

【资料】

杰克·韦尔奇的创新变革领导力

韦尔奇就任GE掌门人时，美国经济正处于衰退中，高利率和强势美元更加剧了这一问题，使得美国出现了大萧条以来最高的失业率。公司业绩表现不佳，股票市值在近十年中几乎下降了一半。为了提高通用电气多元化业务的绩效，这位新上任的CEO提出“比最好做得更好”的口号，而且计划在未来五年内开展一系列大规模、深层次的改革。

韦尔奇是极具反叛性格的人，他从不相信教条，不相信一成不变的东西，即使它曾经被证明是多么有效。因此，他上任的第一件事情就是毁掉这个杰出典范——包括公司的业务组合、行政系统、不胜枚举的管理和传统，以及特有的公司文化。当然，韦尔奇毁掉了原来的GE，他同时也重新塑造了一个全新的GE，一个更强大、更有竞争力、更有价值、更受人瞩目的GE。

（来源：百度文库，http://wenku.baidu.com/view/b77aa6b9d1f34693daef3ea2.html）

三、内隐领导理论

我们知道，领导是指领导者和被领导者之间在特定组织情境中交互作用和影响的过程。那么被领导者是如何看待领导者、如何理解领导者的行为、对领导者做出什么样的反应呢？近年来，关于下属员工对其上司领导行为的知觉判断过程逐渐成为领导研究的一个热点。研究者们假定，员工在与其上司交往的过程中，头脑中往往存在某种“理想化”的领导者特质或行为。在理论研究中，员工的这种心理预期被称为“内隐领导理论”，即被领导者“内心”关于领导者和领导行为的概念、看法、观点和信念体系。

（一）内隐领导理论的加工方式

1．识别基础的加工和推论基础的加工

当判断目标是不是领导时，我们会根据目标人物的行动、特质等特征是否与知觉者的内隐领导理论相匹配来判断。这种基于目标人物的特征及领导原型识别进行的加工就是识别基础的加工。洛德等的研究发现，个体对目标领导的评价依赖于目标与个体原型的匹配，证明了识别基础的加工。内隐领导理论的另一种加工方式是，根据与个体或者情境相关的任何结果推断目标人物是不是领导，这就是推论基础的加工。

2．自动加工和控制加工

对领导的知觉可以通过自动加工，也可以通过控制加工。前者不需要意识参与，不会与其他认知任务相互作用，并且只要最小的努力；后者则是需要意识的、有意的、会与其他认知任务发生相互作用的、需要努力的加工。

在领导知觉中，识别基础的加工—推论基础的加工与自动加工—控制加工的组合形成四种加工：一是自动的、识别为基础的加工，即通过面对面的交往进行原型匹配的加工；二是自动的、推论基础的加工，即知觉引导的、包含简化的原因分析的加工；三是控制的、识别基础的加工，即利用社会性的交流信息进行原型匹配的加工；四是控制的、推论基础的加工，即逻辑基础的，同时包含了复杂的原因分析。

（二）内隐领导理论的因素构成

关于内隐领导理论的因素构成，国内外学者进行了大量的探讨。在国外，格雷夫斯（Graves，1982）发现了美国人内隐领导理论的三维结构，即工作热情、参与和激励。奥夫曼（Offerman，1986）发现了美国人内隐领导理论的八维结构，即感受性、献身精神、专制、魅力、吸引力、男性气质、智力和力量。霍姆伯格和阿卡伯姆（Holmberg & S. Akerblom，2000）发现了瑞典人内隐领导理论的十二个结构主题，即表现、行动、有魅力、有预见性、诚实、谦逊、实用主义、团队建设、平等、共识、企业家观念及程序化，并提出了杰出领导者的六大主题，即行动、合作、平等、表达能力、热心和激励。关于中国人的内隐领导理论研究，起步较晚，研究成果也较少。从我们掌握的资料来看，有代表性的研究成果主要有郑伯壎、刘兆明对华人内隐领导行为与工作动机关系的研究和凌文辁等人建构中国领导行为 CPM 模型的研究等。

内隐领导理论是一种信息加工导向的领导理论。一直以来，内隐领导理论的研究集中于知觉者如何形成对领导的知觉。然而，领导是一个个体（即领导者）对另一个个体（即下属）的行为、思维和情感的影响过程。因此，要理解领导过程不能仅限于研究下属对领导的知觉，而且也要研究领导如何影响下属对领导的知觉。总之，内隐领导理论仍是一个值得研究的丰富的研究领域，借鉴多样性的研究方法如现场研究和质的研究等，将会促进该领域研究的发展。

四、服务型领导理论

（一）服务型领导理论的概念

服务型领导（Servant Leadership）又称为仆人型领导，是指超越个人利益，努力去满足追随者的生理、心理和情感需求的领导活动。Greenleaf（1977）在《做一个像仆人的领导者》一文中最早提出了“服务型领导”概念，其理论灵感来自《通往东方的旅程》（1956）一书。该书讲述一群人结队进行长途旅行的故事，团队中有一个叫做 Leo 的人，他负责照顾团队中的其他人，像仆人一样帮助他们做一些杂事，为团队成员带来舒适和方便。当 Leo 留在团队时，旅行进行得非常顺利，而当 Leo 离开团队时，这群人则陷入了混乱不堪的状况，最终不得不放弃旅行。Greenleaf （1977）认为 Leo 是一个领导者，但是本质上是一个仆人和服务者，虽然 Leo 最初并没有成为领导者的动机，但是因为服务于他人，领导力被赋予到他的身上使其成为团队的真正领导者。

（二）服务型领导理论的因素构成

Page 和 Wong（2000）最初收集了有关服务型领导的 200 个项目，将其中的冗余项目予以删除，得到 99 个项目，其后通过试验性类别标签法分析这 99 个项目，最终形成 12 个分类标签，各分类标签都由 5～11 个项目构成。Page 和 Wong 对 12 个标签进行了分类，形成了服务型领导的构成维度：（1）特征维度，是领导者具有服务意识、正直的品格以及服务他人的承诺。此维度主要强调领导者所具有的人格特质，包括正直、谦卑、服务三个分类标签。（2）关系维度，是领导者通过向他人提供帮助和服务获得他人的信任，从而与追随者之间建立良好的人际关系以形成领导力，包括关照他人、向他人授权、发展他人三个分类标签。（3）任务维度，指完成领导者的工作职责，如制定未来远景规划、做出重要决策等，包括远景、目标设置、领导三个分类标签。（4）过程维度，指提高组织的程序，如团队建设、树立榜样等，包括榜样、团队建设及分享决策权三个分类标签。

Dennis 和 Winston（2003）认为 Page 和 Wong 的研究存在缺陷，如没有采用因素分析、没有分析量表的信度等。他们采用 Page 和 Wong 的 99 个项目的量表，共收集 529 份有效问卷，对于问卷采用主成分分析的方法，删除双重负荷和结构明显不合理的项目，得到由 20 个项目组成的服务型领导的概念结构，共由三个因子组成，即授权因子、服务因子和远景因子。

【资料】

仆人型领导范例：星巴克

星巴克创始人舒尔茨·霍华德说："对我而言，最重要的不是利润，不是销售额，也不是连锁店的数量，而是热情、责任，以及对众人的爱。"

在星巴克，每个管理者必须学会真心帮助和服务下属，进而让顾客得到期望的梦幻服务和体验。星巴克有个信条：只有员工的满意，才能带来顾客的满意，进而带来顾客的忠诚。事实证明，正是员工的满意推动了星巴克的快速发展，也使星巴克成为当年美国最受尊重的十家公司之一。

（来源：搜狐博客，http://blog.sohu.com/people/!Y2hpbmE2NjAxQHNvaHUuY29t/138098273.html）

五、诚信领导理论

在如今这个变动不居和充满挑战的时代，组织为了求生存、谋发展，其领导者的自信、乐观、满怀希望、富有正义感及韧性等特点就显得尤为重要。此外，近年来出现的一系列公司丑闻和管理渎职现象，也引发了人们对领导者道德问题的思考。鉴于此，组织行为学家 Luthans 等人（2003）以领导学、伦理学、积极心理学及积极组织学等领域的相关研究为基础，提出了诚信领导（Authentic Leadership）理论。

诚信领导是指一种把领导者的积极心理能力与高度发展的组织情境结合起来发挥作用的过程。诚信领导者对自己、对他人都是真诚的，他们自信、乐观、充满希望、富有韧性，具有高尚的品德并且是未来导向的。

诚信领导由以下四个维度构成。

（1）自我意识。自我意识是指对个体自己的个人特征、价值观、动机、情感及认知的意识和信赖。具体到诚信领导者而言，了解自我、忠于自我是他们的本质特征。另外，积极的自我概念和高水平的情绪智力对真实的自我意识也具有显著的预测效度。

（2）无偏见加工。无偏见加工指主体在对与自我相关的信息进行加工时，能够不否认、不歪曲自我知识、内部经验及外部评价信息。

（3）诚信行为。诚信行为是指个人是否以一种与其真我（True Self）相一致的方式行事。诚信行事意味着个人的行为与其价值观、偏好和需要具有一致性，而不是仅仅为了取悦他人或通过虚假行为去达到趋利避害的目的。诚信领导者对自我表达行为与周边环境之间的适合性非常敏感，对自己的行为可能带来的影响也具有清醒的意识。领导者的他人导向型自我监控程度越低，越有可能表现出诚信行为。

（4）诚信关系导向。诚信关系导向是指重视并努力达到关系中的坦率、诚信，是一个自我展现和发展相互亲密及信任的积极过程。

进入 21 世纪，领导理论变革的钟声已经敲响，这一变革的目标在于发现真正的领导者在哪里，如何赋予领导者社会发展的能力。如果我们多做一点深层的思考，就会惊奇地发现，在一些情境中，领导不仅是重要的，而且是有效的；在另一些情境中，领导却是无关紧要的，是没有什么效果甚至是有副作用的。这是因为在现代社会，员工受教育的程度普遍提高，个人的能力和素质明显增强，他们对领导者的依赖程度明显下降，被领导者在许多方面替代了领导者，许多被领导者不仅能够参与重大决策，而且能够替代领导者直接地去做许多具体的业务上的决策。另外，工作任务的常规化和程序化以及组织文化和规章制度的凝聚与约束作用，也会减少对领导者的依赖。总之，我们要突破传统理论的个体化取向，重视团队合作、共享领导，使领导更加科学化和艺术化，这将是 21 世纪领导理论研究的重点。

本章小结

1. 领导是指引和影响个人或组织，在一定条件下，实现某种目标的行动过程。实施指引和影响的人称为领导者，接受指引和影响的人称为被领导者，一定的条件是指所处的环境因素。

2. 领导者在领导活动中所表现出来的行为就是领导行为，领导行为的影响和作用称为领导功能，通常领导的功能表现在计划功能、组织功能、人事功能、激励功能和控制功能五个方面。

3. 领导者进行有效管理的前提是必须具备影响力。所谓影响力是指一个人在与他人交往中影响和改变他人心理与行为的能力，包括权力性影响力和非权力性影响力。

4. 传统的领导有效性理论可分为领导的特质理论、行为理论和权变理论。特质理论强调领导者自身要有一定数量的、独特的并且能与他人区别开来的品质与特征；行为理论强调领导者的行为方式或类型的重要性；权变理论以领导有效性权变模型、路径—目标领导理论、生命周期理论为代表，强调领导者、被领导者和情境条件三者的匹配关系。

5. 当代领导理论包括魅力型领导理论、交换型和变革型领导理论、内隐领导理论、服务型领导理论、诚信领导理论等。魅力型领导理论强调领导者身上能对追随者们产生深刻而非凡影响的个人能力或力量；交换型领导者按照与追随者之间的交换关系处理和解决问题，变革型领导者基于个人的价值、信念和品质处理和解决问题；内隐领导理论强调被领导者“内心”存在的关于领导者和领导行为的概念、观点和信念对领导有效性的影响；服务型领导理论强调领导者超越个人的利益，努力去满足追随者的生理、心理和情感的需求的领导活动；诚信领导理论强调把领导者的积极心理能力与高度发展的组织情境结合起来发挥作用。

复习题

一、名词解释

领导　领导者　被领导者　影响力　领导特质理论　领导行为理论　领导权变理论　魅力型领导理论　交换型和变革型领导理论　内隐领导理论　服务型领导理论　诚信领导理论

二、单项选择题

1. 以下不属于构成权力性影响力因素的选项是（　　）。

A. 传统因素　B. 职位因素　C. 资历因素　D. 品格因素

2. 以下选项不属于领导有效性行为理论的是（　　）。

A. 领导行为四分图模型　B. 管理方格图理论

C. 领导生命周期理论　D. PM 领导行为类型理论

3. 以下选项中不属于费德勒认为的对领导行为有效性的考察或预测方面的是（　　）。

A. 领导风格的确定　B. 领导方式的确定

C. 领导风格与情境的匹配　D. 领导情境的确定

4. 交换型领导的主要特征有（　　）。

A. 权宜酬赏、例外管理　B. 领导魅力、感召力

C. 智力激发　D. 个人化关怀

三、判断题

1. 构成非权力性影响力的因素有情感因素、知识因素、能力因素、品格因素等。（　　）

2. 管理方格图理论中的 9.9 型管理是一种俱乐部式管理，这种管理对生产的关心和对职工的关心都达到了最高。（　　）

3. PM 领导行为类型理论认为领导方式可分为两大类：一类是以绩效为导向的领导方式，简称为 M 型领导；另一类是以维持群体关系为导向的领导方式，简称为 P 型领导。（　　）

4. 在路径—目标理论中，存在四种领导行为：指导型、支持型、参与型、成就取向型。（　　）

5. 内隐领导理论是一种信息加工导向的领导理论。（　　）

6. 诚信领导理论由以下四个维度构成：自我意识、偏见加工、诚信行为、诚信关系导向。（　　）

四、简答论述题

1. 简述领导的概念，并分析领导和管理、领导者的联系与区别。
2. 简述领导的功能及领导者的影响力。
3. 简述领导特质理论的主要内容，并分析其合理性与局限性。
4. 简述领导行为理论的主要观点，举例说明其合理性与局限性。
5. 简述费德勒领导权变理论的要点，分析其合理性与局限性。
6. 简述领导生命周期理论的主要观点，举例说明其合理性和局限性。
7. 当代领导理论有哪些？简述各自的主要内容。
8. 举例说明领导特质理论、行为理论和权变理论在现代组织管理中的应用。

五、案例分析题

蓝天公司走出困境

蓝天技术开发公司由于在一开始就瞄准成长的国际市场，在国内率先开发出某高技术含量的产品，其销售额得到了超常规的增长，公司的发展速度十分惊人。然而，在竞争对手如林的今天，该公司和许多高科技公司一样，也面临着来自国内外大公司的激烈竞争。当公司经济上出现了困境时，公司董事会聘请了一位新的常务经理欧阳健负责公司的全面工作，而原先的那个自由派风格的董事长仍然留任。欧阳健来自一家办事古板的老牌企业，他照章办事，十分古板，与蓝天技术开发公司的风格相去甚远。公司管理人员对他的态度是：看看这家伙能呆多久！看来，一场潜在的“危机”迟早会爆发。

第一次“危机”发生在常务经理欧阳健首次召开的高层管理会议上。会议定于上午9点开始，可有一个人姗姗来迟，直到9点半才进来。欧阳健厉声道：“我再重申一次，本公司所有的日常例会要准时开始，谁做不到，我就请他走人。从现在开始一切事情由我负责。你们应该忘掉老一套，从今以后，就是我和你们一起干了。”到下午4点，竟然有两名高层主管提出辞职。

然而，此后蓝天公司发生了一系列重大变化。由于公司各部门没有明确的工作职责、目标和工作程序，欧阳健首先颁布了几项指令性规定，使已有的工作有章可循。他还三番五次地告诫公司副经理徐钢，公司一切重大事务向下传达之前必须先由他审批，他抱怨下面的研究、设计、生产和销售等部门之间互相扯皮，踢皮球，结果使蓝天公司一直没能形成统一的战略。

欧阳健在详细审查了公司人员的工资制度后，决定将全体高层主管的工资削减10%，这引起公司一些高层主管向他辞职。研究部主任认为：“我不喜欢这里的一切，但我不想马上走，因为这里的工作对我来说太有挑战性了。”生产部经理也是个不满欧阳健做法的人，可他的一番话颇令人惊讶：“我不能说我很喜欢欧阳健，不过至少他给我那个部门设立的目标我能够达到。当我们圆满完成任务时，欧阳健是第一个感谢我们干得棒的人。”采购部经理牢骚满腹，他说：“欧阳健要我把原料成本削减20%，他一方面拿着一根胡萝卜来引诱我，说假如我能做到的话就给我油水丰厚的奖励，另一方面则威胁说如果我做不到，他将另请高明。但干这个活简直就不可能，欧阳健这种‘大棒加胡萝卜'的做法是没有市场的。从现在起，我另谋出路。"

欧阳健对被人称为"爱哭的孩子"的销售部胡经理的态度则让人刮目相看。以前，销售部胡经理每天都到欧阳健的办公室去抱怨和指责其他部门。欧阳健对付他很有一套，让他在门外静等半小时，对他的抱怨充耳不闻，而是一针见血地谈公司在销售上存在的问题。过了不久，大家惊奇地发现胡经理开始更多地跑基层而不是欧阳健的办公室了。

随着时间的流逝，蓝天公司在欧阳健的领导下恢复了元气。欧阳健也渐渐地放松控制，开始让设计和研究部门更放手地去干事。然而，对生产和采购部门，他仍然勒紧缰绳。蓝天公司内再也听不到关于欧阳健去留的流言蜚语了。大家这样评价他：欧阳健不是那种对这里情况很了解的人，但他对各项业务的决策无懈可击，而且确实使我们走出了低谷，公司也开始走向辉煌。

（来源：百度文库，http://wenku.baidu.com/view/dfaa7b3031126edb6f1a10a1.html）

思考与讨论：

1. 欧阳健进入蓝天公司时采取了何种领导方式？这种领导方式与留任的董事长的领导方式有何不同？

2. 他对研究部门和生产部门各自采取了何种领导方式？

3. 当蓝天公司各方面的工作走向正轨后，为适应新的形势，欧阳健的领导方式将作何改变？为什么？

4. 有人认为，对下属人员采取敬而远之的态度对一个经理来说是最好的行为方式，所谓"亲密无间"会松懈纪律。你如何看待这种观点？你认为欧阳健属于这种领导吗？

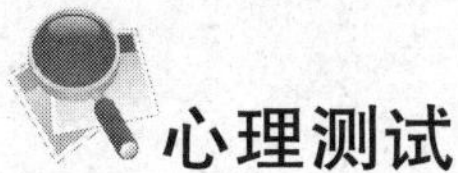

心理测试

看看您是属于工作取向型的领导还是关系取向型的领导者

请根据您对每道题的认可程度，选择相应的频率，每题只能选择一个答案。

工作取向型的 15 个题目：

	经常	较多	有时	很少	从未
1. 对下级清楚地表述自己的态度	5	4	3	2	1
2. 在本单位中能实施自己的新方案	5	4	3	2	1
3. 以极严的手段抓管理工作	5	4	3	2	1
4. 批评那些工作表现不好的下级	5	4	3	2	1
5. 以不容他人质问的口气讲话	5	4	3	2	1
6. 分配下级做规定的工作	5	4	3	2	1
7. 坚持一定作业标准	5	4	3	2	1
8. 做事有一定的计划性	5	4	3	2	1
9. 强调一定要在限期内完成工作	5	4	3	2	1

10. 规定工作程序	5	4	3	2	1
11. 要弄清楚是否所有下级都了解其在团体中的地位	5	4	3	2	1
12. 要求下级遵照标准化的规则和法令	5	4	3	2	1
13. 让下级知道领导人对他们的要求是什么	5	4	3	2	1
14. 关心和注意下级是否充分发挥其能力	5	4	3	2	1
15. 注意下级工作是否协调	5	4	3	2	1

关系取向型的15个题目：

	经常	较多	有时	很少	从未
1. 给下级以私人帮助	5	4	3	2	1
2. 做一些使下级感到愉快的小事情	5	4	3	2	1
3. 容易使下级了解自己	5	4	3	2	1
4. 抽空听取下级意见	5	4	3	2	1
5. 信守诺言	5	4	3	2	1
6. 关心下级个别人的福利	5	4	3	2	1
7. 拒绝解释自己行为的原因	5	4	3	2	1
8. 从来不是没有和下级商量而自行行动	5	4	3	2	1
9. 缓慢地接受新的方案	5	4	3	2	1
10. 以平等态度对待每一个下级人员	5	4	3	2	1
11. 对现状愿意有所改变	5	4	3	2	1
12. 平易近人	5	4	3	2	1
13. 与下级谈话时，能使他们觉得轻松自然	5	4	3	2	1
14. 对下级提的意见付诸实施	5	4	3	2	1
15. 在推行重要事项之前，先取得下级的赞同	5	4	3	2	1

评定方法：评定者可以是上级、下级、同级，也可以是被评定对象自己。评分可用五级量表评定，“经常”为5分，“较多”为4分，“有时”为3分，“很少”为2分，“从未”为1分。经过综合得分比较，就能知道领导人在团体成员的心目中是工作取向还是关系取向。

参考文献

[1] Hermann, H．东方之旅[M]．蔡进程，译．上海：上海三联书店，2013．

[2] 陈岳林，窦路明，李怀萍．管理心理学[M]．北京：清华大学出版社，2006．

[3] 丁茂生．管理心理学[M]．北京：中国科技大学出版社，2004．

[4] 郭咸纲．西方管理思想史[M]．北京：经济管理出版社，2004．

[5] 何东亮．管理心理学[M]．苏州：苏州大学出版社，2003．

[6] 亨特·J. 费德勒．领导应变模型：在三个组织中的实践检验[J]．组织行为和人

的作业，1967（2）：291-293.

[7] 卢会志，刘永芳，许科．内隐领导理论：认知革命在领导研究领域的新拓展[J]．心理科学，2008，31（1）：242-244.

[8] 罗珉．魅力型领导理论述评[J]．当代经济管理，2008，30（11）：1-6.

[9] 李靖．管理心理学[M]．北京：科学出版社，2006.

[10] 李磊，马华维．管理心理学[M]．天津：南开大学出版社，2006.

[11] 李强，李昌，唐素萍．管理心理学[M]．北京：北京工业大学出版社，2002.

[12] 李锐，凌文辁．变革型领导的理论与研究述评[J]．科学管理研究，2007，25（6）：85-90.

[13] 刘燕，王重鸣．内隐领导理论：影响因素、结构及其研究效度[J]．人类工效学，2007，13（1）：53-56.

[14] 李莹华．魅力型领导理论研究综述[J]．内蒙古师范大学学报（哲学社会科学版），2007，36（6）：387-381.

[15] 刘永芳．管理心理学[M]．北京：清华大学出版社，2008.

[16] 刘玉梅．管理心理学理论与实践[M]．上海：上海电视大学出版社，2008.

[17] 孟建平，霍国庆．领导理论丛林与领导学科的发展[J]．科学学与科学技术管理，2008（3）：160-166.

[18] 彭建华，段万春，陈朝良．变革型领导理论述评[J]．经济问题探索，2004（9）：38-43.

[19] 彭建华，段万春，陈朝良．变革型领导理论述评．经济问题探索，2004（9）：106-107.

[20] 牛海燕，吴绍琪．21世纪领导理论研究的新趋势[J]．中外企业家，2007（10）：43-46.

[21] 苏东水．管理心理学[M]．上海：复旦大学出版社，2002.

[22] 石林．管理心理学[M]．北京：机械工业出版社，2010.

[23] 孙时进，颜世富．管理心理学[M]．上海：立信会计出版社，2000.

[24] 王重鸣．管理心理学[M]．北京：人民教育出版社，2000.

[25] 王德清，杨东．管理心理学[M]．重庆：重庆大学出版社，2004.

[26] 文茂伟．西方新领导理论：兴起、发展与趋向[J]．社会科学，2007（7）：98-112.

[27] 吴晓义，杜今峰．管理心理学[M]．广州：中山大学出版社，2006.

[28] 徐联仓，黄河，苏耀彬．PM理论与领导行为评估[M]．北京：中国经济出版社，1999.

[29] 尤克尔．组织领导学[M]．北京：中国人民大学出版社，2004.

[30] 俞文钊．管理心理学[M]．上海：东方出版中心，2002.

[31] 杨中兴．变革型领导理论研究概述[J]．哈尔滨学院学报，2007，28（12）．28-33.

[32] 殷智红，叶敏．管理心理学[M]．北京：北京邮电大学出版社，2007.

[33] 周菲．管理心理学[M]．北京：清华大学出版社，2005.

[34] 赵伊川．管理学教程[M]．北京：中国商务出版社，2004.

[35] 朱永新．管理心理学[M]．北京：高等教育出版社，2002．

[36] 张友谊，王培芝，贾英健．管理心理学[M]．济南：济南出版社，2003．

[37] Avolio B J, Bass B M, Jung D. Re-examining the components of transformational and transactional leadership using the multifactor leadership questionnaire[J]. Journal of Occupational and Organizational Psychology, 1999(72): 441-462.

[38] Abraham, Korman A K. “Consideration” and “Initiating Structure”[J] . Personnel Psychology, Winter66, Vol. 19, Issue 4, 349-361.

[39] AVolio B J, Zhu W C, Koh W. Transformational leadership and organizational commitment: Mediating role of psychological empowerment and moderating role of structural distance[J]. Journal of Organizational Behavior, 2004,25(8): 951-968.

[40] Bass B M. Leadership and performance beyond expectations[M]. New York, NY: Free Press, 1985.

[41] Blake R, Mouton J. The managerial grid[M]. Houston, TX: Gulf, 1964.

[42] Burns J M. Leadeship[M]. New York, NY: Harper & Row, 1978.

[43] Conger J A, Kanungo R. Towards a behavioral theory of charismatic leadership in organizational settings[J]. Academy of Management Review, 1987(12): 637-647.

[44] Dennis R, Winston B. A factor analysis of Page and Wong’s servant leadership instrument[J]. Leadership & Organization Development, 2003(4): 455-459.

[45] Evans, Martin G U. The effects of supervisory behavior on the path-goal relationship[J]. Organizational Behavior & Human Performance, 1970,5(3): 277-298.

[46] Fiedler F E. A theory of leadership effectiveness[M]. New York, NY: McGraw-HilL, 1967.

[47] Greenleaf R K. Servant-leadership: A journey into the nature of legitimate power and greatness[M]. New York, NY: Paulist Press, 1977.

[48] Graves L M. Implicit leadership theory: Development and va1idation of a multidimensional mode1[J]. Dissertation Abstracts International, 1983, 43(8-B): 2741-2742.

[49] House R J, Terrence R. Mitchell, path goal theory of leadership[J]. Journal of Contempt Orary Business, 1974, 81-97.

[50] House R J. Leadership: The Cutting Edge(pp.189-207). Carbondale, IL: Southern Illinois University Press, 1977.

[51] Holmberg I, Akerblom S. The production of outstanding leadership: An analysis of leadership images in the Swedish Media[J]. E1sevier Science Ltd, 2001(17): 67-85.

[52] Kiely J, Hodgson G. “Stress in the prison service: The benefits of exercise programs”[J]. Human Relations, 1990, 551-72.

[53] Luthans F, Avolio B. Authentic leadership: A positive development approach. In K. S. Cameron, J. E. Dutton, & R. E. Quinn (Eds.), Positive organizational scholarship: Foundations of a new discipline[M]. San Francisco, CA: Barrett-Koehle, 2003, 241-258.

[54] Offermann L R, Kennedy J K, Wirtz P W. Implicit leadership theories: Content, Structure, and Generalizability[J]. Leadership Quarterly, 1994(5): 43-58.

[55] Pearce C L, Conger J A. Shared leadership: Reframing the hows and whys leadership[M]. Thousand Oaks, CA: Sage Publications, 2003.

[56] Paul H, Kenneth H B. Life cycle theory of leadership training and development. Training & Development Journal, 1969, 23(5): 26-34.

[57] Page D, Wong T P. A conceptual framework form ensuring servant-leadership[M]. Lanham, MD: University Press of America, 2000.

[58] Stogdill R M. Personal factors associated with leadership: A survey of the literature. Journal of Psychology, 1948(25): 35-71.

[59] Vroom V H, Yetton P W. Leadership and decision-making[M]. Pittsburgh, Pa.: University of Pittsburgh Press, 1973.

[60] Vroom V H, Jago A G. Decision making as a social process: Normative and descriptive models of leader behavior[J]. Decision Sciences, 1974(5): 743-769.

第十章　胜任特征模型及领导干部选拔

学习目标

- 掌握胜任特征模型的概念
- 了解胜任特征模型的建立方法
- 掌握领导干部选拔的几种方式
- 掌握结构化面试和非结构化面试的概念

引例：金宝汤罐头公司轰动起来

在 20 世纪 80 年代后期，金宝汤罐头公司深受收入降低、营销能力差和领导不力等问题的困扰。但自大卫·约翰逊在 1990 年接任主管以来，公司收入以每年将近 18%的速度增长。新产品被制造出来后，销售额显著增加。当一个领导者不得不激励分散在世界各地的 44 000 多名雇员时，这类业绩十分难得。

约翰逊的领导风格是非正式的，所有雇员都可以接近他。他经常与雇员们共餐，与他们谈论他们希望生产的新产品以及在工作中遇到的困难。当一名雇员提出一项新想法时，约翰逊就让那个人负责开发新产品，并共同庆祝他（她）的成就。有位英国雇员建议采用低脂肪奶油汤（这种汤是英国的一大畅销品），约翰逊就把该配方移植到美国，这一方法果然奏效，现在这个产品是美国细分市场中的领头羊。在一次鼓舞士气的工厂集会上，大卫·约翰逊身披红色披肩，扮成“超人”，赞扬了雇员们的建议。

约翰逊认为衡量的指标创造纪律，数字指标能说明真实情况。当数字指向弱点时，他不接受任何借口。首次降低指标的管理者很少被解雇，但会被忠告两次。约翰逊将雇员们的注意力集中于要比其竞争者增长速度更快的净收入增长指标上。将金宝汤罐头公司的净利润与其他公司包括雀巢和亨氏——相比较的记分板放在全公司最显眼的地方，员工像企业的主人一样考虑问题，这样将会受到嘉奖。工资增幅基于整个公司所达到的净收入数额。约翰逊要求他的 300 名高级管理人员拥有高达股票三倍的年工资。董事会成员以股票而不是现金形式领取工资。他禁止董事们在市场滑坡时重新调整股票买卖特权的价格。

为了使金宝汤罐头公司成为全球行业领头羊，管理小组把目标集中于亚洲的战略是迎合当地口味使品牌定向。约翰逊重用那些具有丰富经验，能制定决策和能够动员当地雇员的出类拔萃的管理者。

（来源：胡英坤，车丽娟，贾秀海，2006）

第一节　胜任特征模型

一、胜任特征的概念

20 世纪 70 年代，哈佛大学著名心理学教授戴维·C. 麦克莱兰（McClelland，1973）应美国国务院新闻总署的要求选拔杰出的美国新闻总署官员。麦克莱兰随后对美国新闻总署约 50 人进行了访谈，并通过行为特征描述发现了一个模式：一些能力是优秀员工表现出来而其他员工所不具备的。于是，麦克莱兰明确提出了胜任特征（Competency）的概念，指那些能够区分在特定工作岗位和组织环境中绩效水平的个人特征。后来，斯本塞（Spencer，1993）重新对胜任特征进行了界定：胜任特征是指和参照效标有因果关联的个体的潜在特征，或者说是能将某一工作岗位上表现优秀者和表现一般者区分开来的个体潜在特征。例如，国际商用机器公司（IBM）评定中层管理者取得成功的特点为：言语沟通能力、计划和组织能力、自信心、书面沟通能力、决策能力、风险承受能力和行政管理能力。具备这些胜任特征的中层管理者比不完全具备或部分具备这些胜任特征的中层管理者有更高的绩效水平。

胜任特征模型广泛应用于美国、英国、日本等发达国家的企业人力资源管理中。不但学术界热衷于有关胜任特征的研究，而且很多的社会机构和企业也开始应用胜任特征理论来构建自己的胜任特征模型。库克和伯恩瑟（Cook & Bernthal，1998）与美国薪酬协会在 1996 年所做的针对胜任特征模型在企业中应用的调查表明，分别有 75%（总共 292 家企业）和 80%的公司（总共 426 家企业）在使用胜任特征模型。目前，许多世界著名的公司，如 A&T、IBM 等都建立了自己的胜任特征体系。进入 21 世纪以来，国内一些著名企业开始纷纷运用胜任特征来塑造企业核心竞争力，如联想、华为、蒙牛和中国移动等已经开始将胜任特征模型运用到人力资源管理中。实践表明，基于胜任特征的企业员工评价研究对于员工的招聘、安置、培训、考核等都具有深远的理论指导意义和实践意义。

【资料】

不同企业中胜任特征的不同要求

不同企业由于所从事的行业、特定的发展时期、业务重点、经营战略等的差异，对人才胜任特征的要求是不同的。在微软、IBM、联想等国内外知名公司，虽然同为 IT 企业，但对胜任特征的要求却有不同的标准。

微软公司的标准为：迅速掌握新知识的能力，思维的敏锐性，逻辑思维能力，专注，勇于面对挑战，快速反应。

IBM 公司的标准为：品德优秀，逻辑分析能力，持续学习，团队精神和团队协作能力，创新精神，适应环境的能力。

联想公司的标准为：良好的道德素养，出色的专业素养，敬业的态度，危机意识，竞争意识，合作，善于学习。

（来源：吴志明，2006）

二、胜任特征模型的构成及分类

（一）胜任特征的冰山模型

由于胜任特征定义中包含外显的行为和内隐的动机等，所以胜任特征模型中有一部分是内隐成分，人们将胜任特征模型形象地比喻成漂浮于水中的一座冰山，如图 10-1 所示。斯本塞界定了胜任特征包含的内容，它们是知识、技能、自我概念、特质和动机。麦克莱兰认为胜任特征除包含上述五个方面外，还包括社会角色。他们认为，胜任特征模型（Competency Model）可以划分为两大部分：水上冰山部分（知识和技能），即基准性胜任特征（Threshold Competency），这只是对胜任者基础素质的要求，但它不能把表现优异者与表现平凡者区别开来；水下冰山部分包括社会角色、自我概念、特质和动机等胜任特征，可以统称为鉴别性胜任特征（Differentiating Competency），是区分表现优异者与表现平凡者的关键因素。下面详细阐述这六个层次的具体内容。

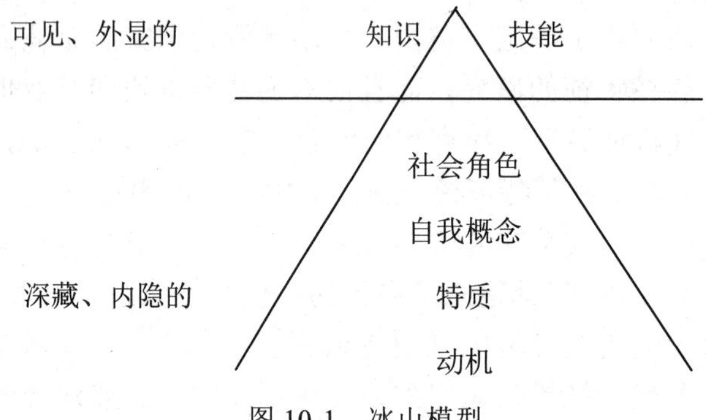

图 10-1　冰山模型

（资料来源：Spencer & Spencer，1993）

（1）动机（Motives）。动机是指一个人对于某件事的渴望，以及他自身的信念或自我期许，动机会驱使自己去做相关的选择，并会有付诸行动的念头。例如，当某人开始对于某件事情产生动机时，就会持续关注某件事情，并设立目标。具有成就动机的人们会为自己设立具有挑战性的目标，并付诸持之以恒的行动与自我挑战来达成目标，同时也会通过经验法则去不断改善修正。

（2）特质（Traits）。特质是指典型的行为方式，如善于倾听他人、谨慎、做事持之以恒等。例如，有些人遇到挫折时不气馁，坚持完成目标，而一些消极被动的人不会主动求取表现机会，所以他们在工作中经常表现一般。

（3）自我概念（Self-Concept）。自我概念是指关于一个人的态度与价值观，以及对于自我的印象。例如自信心，当一个人自信在任何状况下都可以如期完成任务时，就是自己对于自我概念的设定。一个人的价值观是对现象的回应或反应式的动机，可以预测个人在一段期间内的行为意向。

（4）社会角色（Social Role）。社会角色是指与人们的某种社会地位、身份相一致的一整套权利、义务的规范与行为模式，它是人们对具有特定身份的人的行为期望，构成社会群体或组织的基础。例如，项目经理需要具备良好的人际沟通协调能力，并能够及时关心团队中其他成员的发展状况，而不能只会安排和分配工作。

（5）知识（Knowledge）。知识是指胜任某一工作岗位所必须拥有的知识，在形式上体现为一组包含事实、规则和程序的信息。它是发展岗位能力与形成岗位技能的基础，包括技术知识、程序知识和商业知识。例如，咨询顾问在管理学上的专业知识，以及医生对于医学方面的专业知识。

（6）技能（Skill）。技能是指能够轻松而准确地完成组织任务的能力，通常指需要借助身体运动、视觉等完成的心理运动类活动。例如，一名外科医师能够以熟练的技巧，在有效时间为病人成功地完成手术。

【资料】

中联重科的招聘之道

信奉“有一技之长的人都是人才”的中联重科在招聘时坚持“宁缺毋滥”的原则，制定了严格的《招聘、寻聘实施程序》《人员增补计划控制程序》《人才录用程序》等相关制度，保证选拔人才的质量。在招聘的“初试—复试（笔试、操作考核、答辩）—试用—考评—聘用”各环节中，加大对个人的自我认知、特质和动机的考察。以招聘服务人员为例，中联重科不仅看重员工的技术能力，更看重勤奋、好学、客户服务意识及语言的表达能力指标。因为在他们看来，服务也是一种营销，“第一次销售靠业务，以后则是靠服务”。中联重科的服务承诺是“全方位、全身心、全天候、全过程”，很显然，这个目标的实现离不开员工的技术能力、沟通能力和责任意识。

（来源：张国新，2012）

（二）胜任特征词典

在胜任特征分析基础上，Spencer 夫妇建立了一个胜任特征词典（Competency Dictionary），包括 6 大簇群 20 项胜任特征（见表 10-1）。

表 10-1　Spencer 和 Spencer 的胜任特征词典内容

簇　群	胜 任 特 征
动机与行动	成就取向；关注秩序、质量与精确性；主动性；信息寻求
帮助和服务他人	人际理解；客户服务导向
影响他人	影响他人；组织敏感性；建立关系
管理胜任特征	发展他人；决断性；团队合作；团队领导
认知胜任特征	分析性思维；概念性思维；技术的/专业的/管理的专业知识
个人效能	自我控制；自信；灵活性；组织承诺

（来源：吴志明，2006）

（三）胜任特征的分类

诺德哈格（Nordhaug，1998）认为，胜任特征包含三个维度：任务具体性、公司具体性和行业具体性。任务具体性（Task Specificity）是指胜任特征与完成一项具体工作任务的相关程度。低任务具体性意味着胜任特征基本上与任何一项具体工作任务没有特殊关系，而与更大范围内的不同任务关系密切，如分析能力、与他人协作的能力、问题解决能力、沟通技能等。如果一种能力仅适用于某一公司，就是公司具体性（Firm Specificity）。米切尔和载迪（Mitchell & Zaidi，1996）认为，公司具体性胜任特征可以促使雇主与雇员因双方利益上的一致而产生一种长期的契约。行业具体性是与某一行业密切相关的胜任特征，某些非公司具体性的特征可以成为行业具体性特征。诺德哈格将任务具体性、公司具体性和行业具体性三个维度结合起来，构成了一个表 10-2 所示的胜任特征分类框架。

表 10-2　诺德哈格的胜任特征分类框架

任务具体性	公司具体性：低 行业具体性：低	公司具体性：低 行业具体性：高	公司具体性：高
低	I 元胜任特征	II 行业通用胜任特征	III 组织内部胜任特征
高	IV 标准技术胜任特征	V 行业技术胜任特征	VI 特殊技术胜任特征

I 型：元胜任特征。该类胜任特征是非公司或行业具体性的，可用于完成大量的不同任务，包含广泛的知识、技能和态度。例如，读写能力、学习能力、分析能力、创造能力、感知和操作环境信号与事件的能力、容纳和掌握不确定性的能力、与他人沟通和合作的能力、谈判的能力、应变的能力等。

II 型：行业通用胜任特征。该类特征具有低任务具体性和高行业具体性，拥有完成某一行业任务的能力。例如，拥有产业结构及其目前发展状况的知识，具有分析竞争对手战略和运作方面的能力、在行业中同其他公司形成合作和联盟的能力等。

III 型：组织内部胜任特征。该类特征具有低任务具体性和高公司具体性的特点，具有关于组织文化、公司内部沟通渠道、组织中的政治动态和公司的战略及目标等方面的知识。

IV 型：标准技术胜任特征。该类特征具有高任务具体性、低行业具体性和低公司具体性的特点。它是一个范围较广的具有操作定向的胜任特征，如打字和速记技能、普通预算、计算机编程技能等。

V 型：行业技术胜任特征。该类特征具有高任务具体性、高行业具体性、非公司具体性的特点。它在行业内可被跨公司流动使用，并且仅仅可用来完成一个或少量有限的工作任务，如建造自动机械、拼接计算机硬件等。

VI 型：特殊技术胜任特征。该类特征具有高任务具体性和高公司具体性的特点，仅仅被用来解决一个公司内部的具体任务，与独特技术和日常操作的知识与技能有关。例如，在公司里与使用特殊工具进行精巧制作相关的技能。

从胜任特征的含义和构成及其分类可以看出，胜任特征模型从工作中表现优异者的特征出发，直接收集数据，不但能直接考察知识、能力、技能等的作用，还可以直接考察个性特点、动机、信念等的作用，并综合这些要素使之成为有效的胜任特征单元，如工作中的关系建立、影响力、授权等，这些都是现今有效领导的胜任特征之一。由于岗位胜任特征是企业员工有效完成企业目标所应具备的素质，因此可以用胜任特征模型科学地选拔新员工和领导，帮助老员工开展有针对性的培训，建立基于胜任特征模型的绩效考核和薪酬体系，有利于激励具备胜任特征的员工保持旺盛的工作热情，促使暂不具备胜任特征的员工朝此方向努力。

三、领导胜任特征模型的建立

一个完整的胜任特征模型的建立过程一般至少包括以下五个步骤。

（一）确定关键绩效领域

建立针对工作内容的胜任特征，首先需要分析工作文档，了解员工的工作责任和任务。工作文档分析包括工作描述、招聘材料、政策和程序、组织结构图、培训手册、报告或备忘录、常规材料和表现纪录等的分析。其次，需要与熟悉工作的人力资源专员、直接上级领导、相关领域的专家等人员共同讨论，确定绩效优秀的标准和人员。

（二）选取分析样本

样本的选取可以使用多个团体，从多角度获得准确的信息来源。例如，那些直接监督目标工作岗位的管理层或上级，他们能提供成为实际管理者需要的胜任特征的信息。假如目标工作岗位包括与客户高水平的交互作用，就应当将这些客户纳入到样本中去，因为他们能提供一个有用的角度和观点。对于一些工作角色，也应当适当地包括同事或团队成员以获得他们独一无二的视角和观点。样本要聚焦绩效水平高的个体，因为能够提供关于良好表现的精确数据的人是那些在工作中有良好表现的人。然而，仅仅定义高绩效者与低绩效者之间差异性的胜任特征是存在不足的，因为胜任特征模型应该包括能表现出高绩效的所有胜任特征。

（三）选择数据收集的方法

建立胜任特征模型的方法有许多种，目前最常用的是行为事件访谈法（Behavioral Event Interview，BEI）。

行为事件访谈法是由麦克莱兰首先提出来的，是目前公认最有效的方法。该方法采用开放式的行为回顾式调查技术，要求被访者列出他们在管理工作中发生的关键事例，包括成功事件、不成功事件或负面事件，并且让被访者详尽地描述整个事件的起因、过程、结果、时间、相关人物、涉及的范围、影响层面和自己当时的想法或感想。访谈者在征得被访者同意后应采用录音设备把内容记录下来，对行为事件访谈报告进行内容分析，记录各种胜任特征在报告中出现的频次，然后对优秀组和普通组的要素指标发生频次及相关程度统计指标进行比较，找出两组的差异特征，并根据显著性差异特征，建立绩效优秀者胜任特征模型。为了得到每个事件的完整信息，通常需要被访者不断地回答下列问题。

- 当时的情形怎样？为什么会这样？
- 事情涉及哪些人？
- 当时你是怎么想的？你的感受如何？你打算怎么做？
- 实际上你是怎么做的？你说了些什么？
- 最终结果如何？

确定胜任特征有多种多样的方法，很多组织使用多种方法的联合，用来平衡不同方法的优缺点。在选择收集数据方法时，需要考虑下面三点：人力资源和时间的要求，收集到的准确信息的广泛可接受性，确认的胜任特征能够满足有效的行为表现。

【资料】

确定胜任特征的方法

1. 焦点小组（也叫专家小组）

通过有引导的讨论，熟悉目标工作角色的专家确定能够导致成功的胜任特征。小组成员包括承担目标工作角色的现职人员、管理人员和顾客。

特征：能促使组织广泛投入并获得支持；能提供适当的效度；聚焦于未来所需要的胜任特征；相对于大规模的数据收集，成本较低。

2. 行为事件访谈（也叫关键事件访谈）

访谈优秀人员，确定其在充满挑战情境下成功的行为。访谈者了解被访谈者的所做、所想、所说、所感以及导致事件发生的原因，进而从访谈信息中获得一些对成功至关重要的胜任特征。通常，平均或低于平均水平的表现者也被访谈，用作对比。

特征：通过了解被访谈者遇到工作挑战时的深度观点，进而获得其迎接工作挑战的胜任特征，具有较高的效度；数据的收集是主观的；访谈的信息可能是不可靠的，通过大样本访谈可以减少误差；时间和人员集中；要求访谈者具有良好的胜任特征分析能力和经验来推断胜任特征；假如是小样本访谈，数据可能难以被接受；强调当前和过去工作的成功因素，可能不利于确定未来需要的行为。

3. 调查

将纸质或电子文卷发放给那些熟悉目标工作或工作角色的个体，这些个体包括在职工作者、管理者、直属下级以及外在和内在顾客。一般情况下，问卷列出工作需要的可能胜任特征，要求回答者指出每个可能的胜任特征对成功目标工作角色的重要性。回答者也可以添加没有列出来的胜任特征。

特征：信度和效度随所选择被试样本和问卷结构的质量的变化而变化；收集大量信息的成本较低；可以获得地理上分开的人群的大量信息；通过设计包含广泛内容的问卷能收集尽量多的信息。

4. 胜任特征菜单和数据库

从咨询公司和出版商那里购买的一般胜任特征数据库对很多组织都是很重要的。一些数据库制作成菜单的形式，使用者可以从可能的列表中选择适合目标工作的胜任特征。一些数据库聚焦于某一类胜任特征，如覆盖广泛工作角色的领导者胜任特征。

特征：无法考虑不同组织之间在工作环境、文化和特定工作职责等方面存在的巨大差异，所以这种方法的效度较低；成本低，快速，易于使用；在组织建立胜任特征模型的第一步是很有用的。

5. 观察法（也叫工作分析）

观察工作中的高绩效者，记录他们执行的任务和执行这些任务的行动。观察者可以让这些员工解释他们采取这些行动的原因，以致能更好地观察和判断促使员工成功的胜任特征。将高绩效者员工与平均或低于平均水平员工的工作样本进行对比。

特征：如果选择的是有代表性的样本，则具有很高的效度；要求观察者具有很好的胜任特征分析能力和经验来推断胜任特征；时间和人员集中；由于观察者数量有限，使得投入较少。

（来源：Marrelli，1998）

（四）确定胜任特征和建立胜任特征模型

首先，根据访谈报告进行编码，编码的作用是将访谈中收集到的行为细节加以分类并量化后，将其转化为胜任特征可以遵循的各项知识、技能、个性心理特征等品质。其次，对绩优组和普通组的要素指标发生频次及强度进行比较，找出两组的共性与差异特征，归纳出绩效优秀的胜任者的差异特质并分出层级。例如，某企业胜任特征工作小组分析访谈报告后发现，单项目经理绩优组和普通组的主要差异是计划、监控、风险和资源管理等。工作小组讨论后确认将该企业多项目经理（同时管理多个项目的经理）的核心胜任特征之一命名为“过程监控”，同时根据企业具体情况将其分级，得出这一胜任特征的定义和层级标准。最后，将发现的其他核心胜任特征按同样的方法命名和分级，按一定体系构建起来便形成了该企业营销人员的胜任特征模型。

（五）验证模型

模型初具规模之后，构建过程并没有结束，还需要通过绩效考评进行效度验证。只有在一定时间后，员工的绩效符合模型中的预测，才能证明此模型是有效的。而这一步却往往被很多企业所忽视，构建出的模型也就失去了区分绩效的实际效用。验证可以采用回归法及其他相关验证方法，采用已有的优秀与一般的有关标准或数据进行检验，关键在于企业选取什么样的绩效标准来做验证。

四、胜任特征模型的运用

在现代人力资源管理和开发中，运用胜任特征模型可以为组织与企业选拔优秀人才，有针对性地培训人才，为绩效考核提供依据。

（一）人才选拔

首先，由于胜任特征是基于工作中表现优秀者的特征提出来的，因此以这些特征作为效标选拔人才，可以为组织招募到优秀员工，尤其是为工作要求较为复杂的岗位挑选候选人，如挑选高层技术人员或高层管理人员。在应试者基本条件相似的情况下，胜任特征模型在预测优秀绩效方面的有效性远比与任务相关的技能、智力或学业等级分数等更为有效。其次，胜任特征可以针对未来职位的工作特点做出规定性的描述。当今世界，市场与科学技术的变化日新月异，企业往往需要在短时间内完成转型，企业结构与战略方向的改变会导致新岗位的出现、旧岗位的消失。基于胜任特征的人才选拔可以前瞻性地为组织或企业的不断改组与发展做好后续人才的准备工作。

（二）员工的培训与发展

培训的目的与要求就是帮助员工弥补不足，从而达到岗位的要求，而培训所遵循的原则就是投入最小化、收益最大化。基于胜任特征分析，针对岗位要求，结合现有人员的素质状况，为员工量身定做培训计划，帮助员工弥补自身的不足，突出培训的重点，取得更好的培训效果。若将其应用于欲提拔为领导的员工身上，可帮助其迅速提升领导能力，达到事半功倍的效果。

（三）绩效考核

胜任特征模型的重点就是找到区分优秀与普通的指标，以它为基础而确立的绩效考核指标，是经过科学论证并系统化的考核体系，体现了绩效考核的精髓，真实地反映了员工的综合工作表现。让工作表现好的员工及时得到回报，提高员工的工作积极性。对于工作绩效不够理想的员工，根据考核标准和胜任特征模型，通过培训或其他方式帮助员工改善工作绩效，达到企业对员工的期望。

第二节　领导干部选拔

领导干部选拔是一项严肃而复杂的工作。在本章第一节中，介绍了胜任特征模型，它说明了从事某一岗位的领导应该具备哪些胜任特征以及这些胜任特征的水平层次。本节将主要围绕如何选拔领导这一主题展开，着重探讨领导选拔的心理学方法，如 360 度反馈评估、评价中心、面试等。通过这些方法来考察员工是否具备相应的领导胜任特征，进而选拔出有效的领导。

一、360 度反馈评估

360 度反馈评估（360-degree Feedback Assessment），又称多评价者评估（Multi-rater Assessment）、多源反馈（Multi-Source Feedback，MSF）或全方位评价（Full Circle Appraisal）。它针对特定的个人（通常为主管），以包含被评价者自己在内的多位评价者来进行鉴定。其主要观念是根据主管的领导行为或管理才能，由主管自己、上司、直接下属、同事甚至外部顾客等进行全方位的评价，并在评价之后给予反馈。360 度反馈评估有别于传统的由直接主管打分的绩效考核方式，可以多方面地提供反馈，并具有全面性、匿名性和客观性，更能真实地反映被评价者工作表现的全貌。

360 度反馈评估方法有以下两个最基本的前提假设。

（1）每个来源的评价至少都能够提供一些独特的关于被评价者表现的信息。例如，乐臣公司（Raychem）的首席执行官伯特·萨帝奇（Robert Saldich）获得的反馈信息揭示，下属已经意识到他在制订应急计划方面存在不足，他自己却认为已经将这个不足之处隐藏得很好。琼·马利克（Joe Malik）是 AT&T 的一个工程师团队的经理，通过反馈，马利克了解到下属期望他能够明确地表达本部门的愿景，这使他感到很惊讶，因为他从来没有意识到下属有这方面的需要。同样，来自顾客或其他相关人士的评价也会很不相同。研究表明，同事能够提供最可信的评价，其次是下属，最后才是上级。相对于单一评价来说，多源反馈可以减少评价者的偏差，增加评价的可信度。

（2）行为的改变贯穿于被评估者自我意识增强的过程之中，如果自我意识改变了，其行为也将发生改变。现在，经理或者员工除了能从主管那里获得反馈外，还能够从同事、顾客和下属那里获得匿名反馈，并且能够将那些反馈与自我评价进行比较。将自我评价结果与他人对自己的评价结果进行比较，能够突出盲点，即被评价者收到的他人对自己的评价分值比自我评价分值要低的领域。图 10-2 描述了 360 度反馈过程及其影响个人结果的方式。如果反馈确认了盲点或者不足之处，且被评价者认为反馈资料是有效的和有用的，从而接受它，就会产生更强的自我意识。反馈过程背后的基本原理是，当个人意识到盲点或者不足之处时，他们会受到激励进行改进。这是因为信息来源于各种不同角度的评价者，其内容会更丰富，并且与个人仅从一位主管那里获得的反馈相比，反馈可能会更准确，因此更容易被接受。此外，被评价者的自我感觉和他人对其感觉之间的差异，将会导致被评价者暗中或者明确地设定改进目标。如果组织现有的制度政策（如奖励制度和培训制度）支持这种变革，自我意识的提高和目标的改进就更容易导致绩效和态度的变化。

360 度反馈融合了来自上司、同事、下属和客户等四个维度的信息，将员工的优势与发展需求融入到绩效评估过程中，这种做法已经得到了大量企业的认同。但在应用这一反馈方法的过程中，也会遇到一些问题，如员工的报复行为、自我防卫和否认、自尊心受挫、舞弊行为等潜在的危害。当运用 360 度反馈评估法时，为了避免出现这些问题，需要做到以下几个方面。

（1）调查与了解组织内部员工之间的信任程度。如果组织内部员工的互相信任程度比较低，最好不要采用 360 度反馈评估法对员工进行评价，否则很有可能得不偿失。领导者可以先将 360 度反馈评估法用于剖析单位的组织文化和组织气氛，以此作为基础或铺垫，在员工对此种方法的效力有了一定的认识和了解后，再推进之。

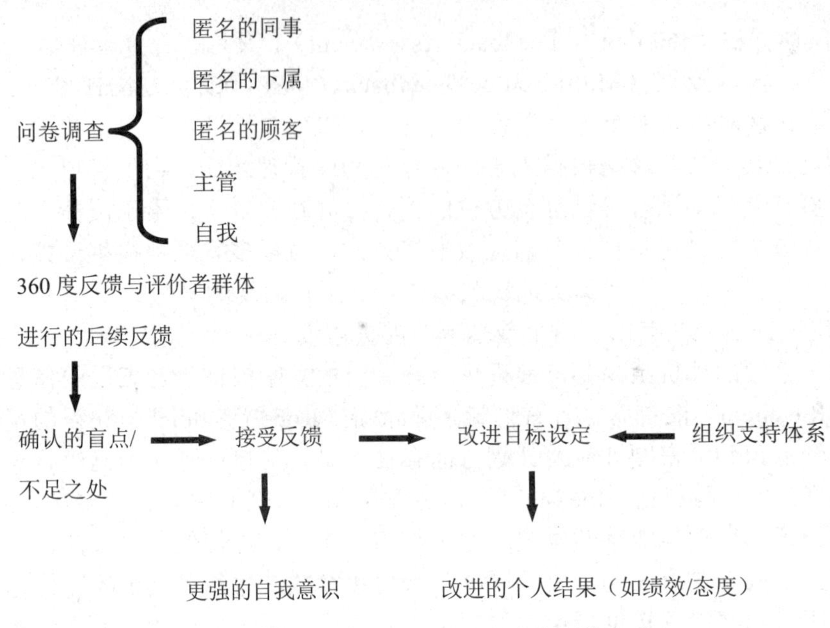

图 10-2　360 度反馈影响个人结果的方式

（来源：魏娟译，2004）

（2）获取对系统的支持。360 度反馈评估法的对象是十分广泛的，因此要想取得成功，必须争取获得高层管理人员与全体员工的接受。高层经理必须同意推广该系统，投入充足的资源，通过每个人都必须遵守的程序来规范适当的行为；评估者及普通员工必须信任此系统，支持并配合设计者开发、贯彻并实施系统。

（3）注意选择评估者并为评估者提供培训。360 度反馈评估法对评估者的公正客观性要求是相当高的，而且其指标体系往往比较复杂，方案实施也将占用每个员工较多的工作时间和精力。因此，要确保其最终成效，必须注意选择评估者，并提供及时的培训。否则，可能出现“失之毫厘，谬以千里”的现象。

（4）采取切实措施保证程序公平。常用的做法有两种：一是建立评价委员会或高层复审机构，以便对初评结果进行复核，看看是否存在“过严”、“过松”等现象；二是建立上诉系统。上诉系统为员工提供了一种获得公正听证的渠道，它的效用主要体现在以下几个方面：一是可以让员工表达他们的心声；二是迫使评价者不能专横地评分或者带有偏见地评分；三是防范不必要的纠纷。如果没有这样一个系统，管理权力就会有被滥用之虞，而且员工往往会感到上诉无门、缺乏依赖和权利被剥夺而士气低落。

二、评价中心技术

评价中心（Assessment Center）是近年来被广泛使用的一种人员选拔方法，它把已考虑雇佣或提升的候选人放置到模拟的工作环境中以观察和评价他们在压力情境下的行为表现。它应用现代心理学、管理学、计算机科学等相关学科的研究成果，通过无领导小组讨论、文件筐、角色扮演等情境模拟技术，对人的知识、能力、个性、动机等进行测量，从而实现对人的个性、动机和能力等较为准确的把握，做到人职匹配，确保人员达到最佳工作绩效。

评价中心起源于1929年德国所建立的一套用于挑选军官的多项评价程序，在这套评价程序中，评价人员可以自由使用多种方法对行为样本做出评价。第二次世界大战期间，英国及美国军队在模仿德国评价活动的基础上对其进行改造和发展，综合应用无领导小组讨论、团队任务、深度面谈等方法和技术，把被测评对象置于更现实的环境中进行评价。1945年，英国文职人员委员会最先把评价中心应用于非军事目的，并把情境模拟测验的本质变成反映领导和管理才能的测评方式，他们采取八种评选方法选拔文职人员，包括一组语言和非语言测验、面谈、资格考试成绩、个人和小组的情境模拟练习等。他们的工作为评价中心最终应用于工商业领域创造了条件。1956 年，美国电话电报公司（AT&T）将评价中心从军事领域引入商业领域，综合应用了文本筐、情境模拟等评价中心技术对 422 名员工进行评价，在将评价结果对公司的高层保密了 8 年之后，将员工实际发展情况与评价结果进行核对，发现以前预测会升迁的候选人中已经有近 64%的人被提升为中层干部，以前预测不晋升的候选人中只有 32%的人上升为中层主管；在被提升到中层主管的员工中，有 78%与评价中心的评价鉴定是一致的，而在未被提升的员工中，有 95%与评价中心在 8 年前认定的确定潜在管理能力的判断是吻合的。这些结果有力地证明了此次测评采用的技术的有效性，并将此次测评所使用的各个测评技术统称为评价中心技术。之后，美国许多著名大公司如通用电气公司（GE）、福特汽车公司（Ford）等也都采用此种技术，并建立相应的评价机构来评价管理人才。1975 年 5 月，在加拿大魁北克举行第三届评价中心国际大会，制定并通过了《关于评价中心的实施标准和道德准则》，评价中心技术走向规范化。随着市场经济的发展、企业对选才工作的重视以及众多管理咨询公司的成立，评价中心技术逐步被应用于我国企业的人力资源管理工作中。

（一）文件筐技术（In-Basket Technique）

文件筐技术，通常又叫公文处理测验，是评价中心最常用和最核心的技术之一。该测验要求应试者在规定的时间内，对各种与特定领导工作有关的函电、报告、声明、请示、文件、报表等公文进行处理，内容涉及人事、资金、财务、市场信息、政府的法令、工作程序等。考官根据应试者处理公文的方式、方法、结果等情况，对其计划、授权、组织、预测、决策和沟通等相关能力和个性特征做出评价。作为一种个人综合性笔试测验，特别适合于中、高级管理人员的能力测评。

【资料】

某公司管理者文件筐测验

假定你是上海某合资食品公司的总经理，下面的任务都要求你一个人单独完成。今天是 5 月 18 日，你到总部里开了一天的会议刚回来，已经是下午 4:40。你的办公桌上有一堆文件，你最好在 5:00 前处理完毕，因为你将去北京参加全国食品卫生鉴定会，机票已经订好，司机小王 5:00 来接你去机场，并且你要 5 月 24 日才能回到你的办公室办公。你公司的主要产品是星星牌系列食品，产品市场需求量很大，正打算扩大生产规模。好，你现在可以开始工作了。

公文 1

贾总：工商银行的赵行长来电话约你商量有关 5 000 万元贷款到期后再延长转期 3 个月的有关问题。他约你于明天下午 3:00 在阳光酒店与你会谈，能否赴约请你通知赵行长。

财务部：张杰
2009 年 5 月 18 日

公文 2

贾总：接到湖南联营厂刘厂长的长途电话，原定于本月 20 日举行的开工典礼，因遇到一些棘手问题尚未解决，决定延期举行。

助理：王平
2009 年 5 月 18 日下午 3:00

公文 3

贾总：从本季度财务报表来看，这个月底应收款为 500 万元，应付款为 250 万，应归还银行贷款 200 万元，现银行账面余额为 250 万元。从报表情况来看，本季度销售情况虽然比较好，但销货款回收不理想，上海食品二店的销货款至今还未汇来，应收款项只能收回 10%，因此本月的工资和奖金没有办法支付。而 5 月 25 日是工资和奖金发放的日期，如果到时职工领不到工资和奖金，将会产生不良的后果。如何解决这一问题，请你尽快做出决定。

财务部：张杰
2009 年 5 月 18 日

公文 4

贾总：暑期高温就要到了，一车间提出要解决他们车间里的降温设备问题。二车间和三车间都装有空调，由于一车间的空间太大，少量空调不起什么作用，而多装的话需要的资金太多，这个问题一直没有解决。为此，一车间的职工意见很大，他们认为很不合理，对他们很不公平，他们提出今年如果不解决降温设备问题，将集体提出抗议，如果再不解决，将集体怠工，你看怎样解决这一问题？

生产部：陆唯文
2009 年 5 月 18 日

公文 5

贾总：今天下午，公司外方经理比尔在车间检查工作时发现操作工小王在打瞌睡，他极为恼火，操着生硬的中国话用粗鲁的语言训斥、谩骂小王，语言极为难听，并决定扣发小王的当月工资且罚款 100 元。这件事引起全车间工人的强烈反响。他们议论说："小王有错该批评，但不该训斥谩骂，经济惩罚也太重了。解放前，我们工人受尽洋人的欺凌，现在再也不能受洋人的气。"有的工人说："再发生这类事，我们要罢工。"请问该如何处理这件事？

人力资源部：李劲

2009 年 5 月 18 日

（来源：http://www.gxzycp.cn/news/news_view.asp?newsid=99）

编制文件筐测验需要结合实际的拟任职位特征和要求，共同研究开发新的合适的题目，收集不同的文件，并对文件进行典型化处理，将各个文件串联起来成套编制并标准化。文件筐测验高度仿真和接近管理实战，非常有利于激发被测评者的积极性和创造性，对于在很短的时间内全面、准确掌握管理者的能力、潜能以及个性心理特征的某些关键要素具有不可替代的重要作用，是不折不扣的"管理者实战演习"。两小时左右的文件筐测验对被测评者自身综合素质状况、工作经验积累、专业知识和相关知识的系统整合与娴熟应用的考察效果，为其他许多人事测验所望尘莫及。

（二）无领导小组讨论

无领导小组讨论是评价中心技术中经常使用的一种测评技术。无领导小组讨论由一组应试者组成一个临时工作小组，讨论给定的问题，并做出决策。由于这个小组是临时组成的，并不指定谁是负责人，目的就在于考察应试者的表现，尤其是看谁会从中脱颖而出，成为自发的领导者。在整个讨论过程中，让所有受测者自行安排、自行组织，评价者只是通过安排应试者的讨论题目，观察每个应试者的表现，给应试者的各个要素评分，从而对应试者的能力、素质水平做出判断。

在无领导小组讨论中，考官评价依据的标准主要是：受测者参与有效发言次数的多少；受测者是否能提出自己的见解和方案，同时敢于发表不同意见，并支持或肯定别人的意见，在坚持自己的正确意见基础上根据别人的意见发表自己的观点；受测者语言表达、分析问题、概括或归纳总结不同方面意见的能力；受测者反应的灵敏性、概括的准确性、发言的主动性等。

（三）角色扮演

要求被评价者每人扮演一个角色，模拟实际工作中的一系列活动，借以考察他们多方面的能力，如组织协调能力、合作能力、实际工作能力、处理突发事件的能力等。

在角色扮演练习中，角色扮演者将和一至两位被评价者进行互动。在这一过程中，角色扮演者将设立种种障碍，强调各种理由，说明被评价者的决策是错误的，而被评价者要竭尽全力让角色扮演者接受自己的决策方案。通过角色扮演活动，评价者可以了解被评价者的敏捷性、坚韧性、责任心和处理冲突的能力。角色扮演的优势在于费时较少，一般给被评价者 10～15 分钟的准备时间，然后利用 15～30 分钟的时间进行正式的谈话。角色扮演较之无领导小组讨论更能体现被评价者的一些人际技巧，如人际理解、行为塑造和说服能力等。角色扮演的缺点是，它需要另一个人与被评价者合作来扮演相对应的角色，这样就增加了人员配备上的要求。

除此之外，评价中心技术还包括管理游戏、案例分析、演讲、模拟面谈等。上述评价中心的不同方法在测量能力方面各有所长。在长期的评价实践中，人们积累了一些经验，发现了一些最佳匹配，如表 10-3 所示。

表 10-3　不同管理技能的最佳测评方法

评 价 指 标	最佳的测评方法
经营管理技巧	文件筐作业
人际关系技巧	无领导小组讨论、管理游戏
智力状况	纸笔测验
工作的恒心	文件筐作业、无领导小组讨论、管理游戏
工作动机	投射测验、面试、情境判断测验

针对中高层管理人员的选拔与评价，评价中心技术具有其他测评方法不可比拟的优势。首先，评价中心技术综合使用了多种测评技术，由多个评价者进行评价，因此提供了从不同的角度对被评价者的目标行为进行观察和评价的机会，而且各种测评手段之间可以相互验证，从而能对被评价者进行较为可靠和有效的观察与评价。其次，评价中心技术所采用的测评手段很多是对真实情境的模拟，而且很多情境是与拟任工作相关的情境。在这种情况下，被测评者不易伪装，会全心全意地投入到模拟情境中展示出自己所具有的能力素质。最后，评价中心技术不仅能挑选出颇具潜力的管理人才，还能在选拔测评的过程中训练他们的管理与合作能力，使选拔过程成为培训过程，兼选拔与培训为一体。

评价中心技术在实际的应用过程中，也存在一定的局限性。其一，在评价中心技术所采用的情境性测验中，评价的主观性程度较高，制定统一的评价标准比较困难，并且由于这种测验形式的任务的复杂程度较高，对于任务的设计和实施的控制比较困难。其二，评价中心技术操作难度大，对主试的要求很高，必须有一定的管理经验并受过专门训练。同时，测评需要的案例和材料需花费一定的时间和精力，成本较高。其三，当模拟工作的内容与实际工作有误差时，测评中的能力表现与实际工作能力存在差距。另外，测评的内容主要是管理技能和某些方面的心理素质，难以全面真实反映被试人的思想品德等内容。

【资料】

以选拔销售经理为例了解评价中心工作流程

1. 工作分析

通过工作分析中的关键事件访谈法与行为坐标法，我们可以获得空缺职位的工作行为检核表。例如，某大型企业集团公司近期准备选拔几名销售部经理，他们聘请了某管理咨询中心的评价中心专家来设计并实施评价中心流程。评价中心专家在调整公司原有销售经理行为检核表之后得到下面的检核表，如表 10-4 所示。

表 10-4　工作行为—评价维度检核表

工作行为 1	计划年度销售目标，组织各地销售代表努力实现各自的子目标	计划和组织能力
工作行为 2	大胆授权各地的销售代表，允许他们安排和调整自己的销售方案	授权和管理控制
工作行为 3	恰当处理客户的意见和抱怨，及时给予反馈	解决问题能力
工作行为 4	维持与重要客户的沟通和联系，了解客户的最新需求	主动性
工作行为 5	在存在外部压力的情况下，坚持实施对部门和组织有利的工作方案	坚定性
工作行为 6	积极采用新的策略和方法提高自己部门的销售业绩	领导性
工作行为 7	与下属一起制订部门的年度销售计划，获得下属的支持	创新性
工作行为 8	当市场情况发生很大变化时，能快速、果断地调整自己部门的销售战略和计划	决断性
工作行为 9	在与他人沟通时，能鼓励他人表达自己的思想、观点和情感	社会性
工作行为 10	主动要求上级、同事和客户对自己的工作进行反馈，根据反馈调整自己的工作	主动性
工作行为 11	能够及时发现团队成员的情绪、行为所发生的较大变化，采取相应的措施来调整，确保团队任务的完成	领导性

2. 确定评价维度和评价方式

首先，通过工作分析确定销售经理的评价维度。然后，根据确定的评价维度和公司的实际情况来制定对销售经理进行选拔的评价形式，主要有文件筐测验、无领导小组讨论和角色扮演，如表 10-5 所示。

表 10-5　评价维度和相应评价方式

初级维度	二级维度	文件筐测验	无领导小组讨论	角色扮演
智能	分析问题	√	√	√
	解决问题	√	√	√
	创新性	√	√	
社会技能	人际敏感性	√	√	√
	社会性		√	√
	领导性		√	√
决断力	计划和组织	√	√	√
	授权和管理	√		√
意志力	主动性	√		√
	坚持性		√	√
	坚定性		√	√
	决断性	√	√	√

第一个初级维度“智能”，不仅指被动地了解知识，而且指那种以积极的方式去

思考新事物的能力。不仅能对面临的问题进行剖析，明确问题的各个方面(分析问题)，而且能综合问题的各个方面形成一个提议、计划或者想法，这个提议、计划或者想法不仅很新颖（独创性）而且是切实可行的（解决问题）。

第二个初级维度“社会技能”指的是为了完成组织赋予的使命而与他人打交道的各个方面。“人际敏感性”强调一个人是否愿意积极参与一个团体。凭着自己的热情和实践经验去组建一个团体，营造某种特定的团体氛围，并且主动发起团体聚会的行为所体现的是一种“社会性”。“领导性”则更多地关注于能否说服团体成员听从自己的建议去努力实现组织的目标。这种社会技能对于管理者来说非常重要。

第三个初级维度“决断力”注重的是一个人无论遇到哪种经济的、社会的问题都能实现自己意图的能力。最重要的是实际的计划能力、检查和指导项目进程的能力和安排高效的管理进度的能力（计划和组织能力）。控制和授权，以及管理次要事务的能力（授权和管理控制能力），是管理工作所必备的能力。

第四个初级维度“意志力”：首先，一个员工应该能够主动地开始工作，而不是被动地等待上级的指示——这是“主动性”；其次，开始了一项工作之后，能够坚持把工作做下去——这是坚持性；再次，工作中出现了外部压力，甚至遇到了极大的困难，但仍然能够坚定地把工作做下去——这是坚定性；最后，能够决定自己的生活原则，决断性地、独立地做出自己的选择，甚至于主动地去承受一定的风险——这就是决断性。

3. 编制评价维度等级表（以文件筐测验为例，见表 10-6）

表 10-6 评价维度等级表——以文件筐测验为例

文件筐测验	
主考：	日期：
维度	（5 表示优秀，4 表示良好，3 表示一般，2 表示合格，1 表示很差）
分析问题	
解决问题	
创新	
人际敏感性	
计划和组织	
授权和管理控制	
主动性	
决断性	

4. 成立评价小组并开展相应的评价活动

据不同的评价方式成立相应的评价小组，评价小组成员由管理专家、招聘主管、部门主管等资深专业人员组成，并接受专门的评价培训。评价小组组成完毕后，安排特定的时间让被评价者逐一参加各个考评活动，评价小组成员观察被评价者的行为表现，并按照每个活动的评价维度给予相应的分数，最后评价小组成员对某个被评价者的分数进行汇总，并得出被评价者的总分和总体表现，择优选拔。

（来源：中国管理咨询网，http://www.21ask.com/schtml/down/97923.html）

三、面试

面试是一种经过精心设计，在特定场景下，主试与应试者双方以面对面地观察、交谈等双向沟通方式，由表及里测评应试者有关素质的方式。面试为主试和应试者提供了进行双向交流的机会，在主试了解应试者的情况下，应试者也可以了解主试所在单位的情况，从而双方都可以更准确地做出聘用与否、受聘与否的决定。它具有对象单一、内容灵活、直接互动、信息丰富等特点。

面试按其结构化程度可以简单地分为非结构化面试和结构化面试。

（一）非结构化面试

非结构化面试是指没有事先准备的面试提纲和固定模式的一种面试方式。在非结构化面试中，主试先提出某一问题，然后根据应试者的回答进行追问。因此，对于不同的应试者，提出的问题、测试过程和问题的答案，往往都是因人而异的。由于没有明确的评分标准，主试根据应试者回答问题的角度、方式和风格等特征加上自己的主观判断进行评分。在这一过程中，可能会反映出主试自己的一些偏向或偏见，因此各测评人员之间的评分常常缺乏一致性。为了弥补非结构化面试的不足，可以采取表10-7来总结主试对应试者的印象。

表10-7　面试评价表

你可以用面试评价表来总结你的印象： 求职者姓名：　　面试时间：　　职位： 填写者：　　日期： 说明：在每个标准的数字上打勾，然后把数字相加。
具体的工作和工作相关知识
0. 没有什么知识　1. 比我们想要的少　2. 能满足录用要求　3. 超出了对一般求职者的期望　4. 完成精通工作和工作相关领域
经历
0. 没有这项工作的经验，也没有相关的经验　1. 很喜欢这份工作，工作经验丰富 2. 工作经验丰富　3. 工作很有经验　4. 在所有的相关领域都有经验
沟通能力
0. 不能沟通，在很多工作中可能会严重受阻　1. 有一些困难，会降低工作绩效 2. 沟通能力足以获得所要求的工作绩效　3. 超出了工作的要求　4. 在沟通上有出色的能力
对职位和公司的兴趣
0. 没有显示出任何兴趣　1. 有些缺乏兴趣　2. 表现出真正的兴趣 3. 非常有兴趣，似乎很喜欢所申请的这类工作 4. 完全被工作内容所吸引，传递出只有这份工作才能使自己着迷的感情
成就动机
0. 没有显示出来　1. 对晋升表现出较少的兴趣　2. 对晋升表现出一般的兴趣 3. 高成就动机，强烈渴望晋升　4. 更高的动机，对成功和晋升有着非常强烈的渴望

续表

镇定和自信
0．极端地心不在焉和困惑，表现出不稳定的情绪 1．充分表现出困惑或者发脾气，从而影响工作绩效　2．对完成工作充分镇定和自信 3．在面试中没有惊慌失措，自信有能力处理压力 4．在压力下表现出惊人的镇定，以及不同寻常的自信和安全感
理解力
0．不理解很多观点　1．不理解一些观点　2．理解绝大多数所讨论的观点和技能 3．很快地掌握了所有的新观点　4．非常敏锐，理解细微的观点和潜在的动机 总分： 备注：

（来源：Dessler & 曾湘泉，2007）

（二）结构化面试

结构化面试，也称标准化面试，是根据事先制定的评价指标，预先设计好问题、评价方法和评价程序，并严格按照计划进行的面试。它是领导干部考试与测评方法体系的重要组成部分，是在笔试基础上进一步测试应试者在领导能力素质和个性特征等方面与选拔职位的匹配程度的一种重要方法。

【资料】

提高结构化面试的信度和效度的因素

（1）面试者应该问标准化的问题。

（2）面试者应该了解问题中有关工作的详细信息。

（3）面试者不应该提前知道被面试者的某些信息，如心理测验分数。

（4）面试者不应该在面试结束之前对被面试者作出评价。

（5）面试者应该对被面试者的各个方面单独评分，如教育背景或先前相关工作经验，而不是对被面试者的岗位适合度做总体评分。

（6）面试者应该接受培训，并且已掌握如何进行有效的结构化面试。

（来源：孟慧，人事心理学，2010）

由于吸收了标准化测验的优点，也融合了传统的经验型面试的优点，结构化面试的测验结果比较准确和可靠。其突出特点有以下三个。

（1）根据工作分析的结构设计面试问题。这种面试方法需要进行深入的工作分析，以明确在工作中哪些事例体现良好的绩效，哪些事例反映较差的绩效，由执行人员对这些具体事例进行评价，并建立题库。根据工作分析确定的结构化面试测评要素一般有以下三大类：一是一般能力，包括逻辑思维能力和语言表达能力；二是领导能力，包括计划能力、决策能力、组织协调能力、人际沟通能力、创新能力、应变能力、选拔职位需要的特殊能力；三是个性特征，如面试中表现出来的气质风度、情绪稳定性、自我认知等个性特征。例如，考官为了考察参加面试者的责任感、人际与表达能力以及与他人合作的能力，分别出了下面的试题，“假如你是 A 部门的一名普通员工，下班时看见 B 部门的副经理从你们办公室往外搬设备。这时你会怎么做？”；“请具体描述你与他人合作共同完成一项任务的情形，并评价你的作用和表现”。

（2）向所有应试者提出同一类型的问题。问题的内容及其顺序都是事先确定的。常见的两类有效问题为：一是以经历为基础的问题，与工作要求有关，且求职者所经历过的工作或生活中的行为；二是以情境为基础的问题，在假设的情况下，与工作有关的求职者的行为表现。提问的秩序结构通常有：由简易到复杂的提问，逐渐加深问题的难度，使候选人在心理上逐步适应面试环境，由一般到专业内容的提问。问题一般涉及 STAR 能力面试的四个要素：一是情境（Situation），即描述求职者经历过的特定工作情境或任务；二是目标（Target），即描述求职者在特定情境当中所要达到的目标；三是行动（Action），即描述求职者在特定情境当中所要出的行动；四是结果（Result），即描述行动的结果，包括积极的和消极的结果、生产性的和非生产性的结果。这四个要素的英文首字母缩写就是 STAR。

（3）采用系统化的评分程序。从行为学角度设计出一套系统化的具体标尺，每个问题都有确定的评分标准，针对每一个问题的评分标准，建立系统化的评分程序，能够保证评分的一致性，提高结构的有效性。

结构化面试排除了非结构化面试中考官提问的随意性和评价的主观性，具有结构化的评价要素、评价标准等客观评价指标，从而使结果更公平、可靠以及多个面试小组的评价结果之间具有可比性，同时提高了面试的效果和效率。但是，结构化面试的灵活性比较弱，不能根据面试者的具体情况开展有针对性的深入交谈。

本章小结

1. 胜任特征是能将某一工作岗位上表现优秀者和表现一般者区分开来的个体潜在特征，一般可以从胜任特征的冰山模型、胜任特征词典及胜任特征分类几个方面来阐述胜任特征的结构。

2. 领导者胜任特征模型的构建步骤是确定关键绩效领域、选取分析样本、选择数据收集的方法、确定胜任特征和建立胜任特征模型、验证模型。

3. 在企业领导干部选拔中经常采用的几种心理学方法有 360 度反馈评估、评价中心和面试等。

4. 360 度反馈评估是一种全方位整合信息的评价形式。它有两个最基本的前提假设：（1）每个来源的评价至少都能够提供一些独特的关于被评价者表现的信息；（2）行为的改变贯穿于被评估者自我意识增强的过程之中，如果自我意识改变了，其行为也将发生改变。

5. 评价中心技术是把已考虑雇佣或提升的候选人放置到模拟的工作环境中以观察和评价他们在压力情境下的行为表现的评价方法。评价中心技术具体包括文件筐技术、无领导小组讨论、角色扮演、管理游戏、案例分析和演讲等。

6. 结构化面试和非结构化面试是面试的两种不同形式。非结构化面试是指没有事先准备的面试提纲和固定模式的一种面试方式。结构化面试是根据事先制定的评价指标，预先设计好问题、评价方法和评价程序，并严格按照计划进行的面试。

复习题

一、名词解释

胜任特征　行为事件访谈法　360 度反馈评估　评价中心　文件筐技术　无领导小组讨论　结构化面试

二、单项选择题

1. 胜任特征概念的最初提出者是（　）。
A. 麦克莱兰　B. 斯本塞　C. 诺德哈格　D. 米切尔

2. 以下不属于胜任特征模型里的鉴别性胜任特征的是（　）。
A. 社会角色　B. 自我概念　C. 技能　D. 特质

3. 诺德哈格的胜任特征分类中行业通用特征是（　）。
A. 高行业具体性，高任务具体性　B. 高行业具体性，低任务具体性
C. 低行业具体性，高任务具体性　D. 低行业具体性，低任务具体性

4. 以下不是行为事件访谈法中被访谈者需要列出的管理工作中发生的关键事件的是（　）。
A. 正面事件　B. 负面事件　C. 成功事件　D. 不成功事件

5. 360 度反馈评估又称为（　）。
A. 多评价者反馈　B. 多源反馈　C. 全方位评估　D. 多方位评估

6. 评价中心起源于 1929 年（　）所建立的一套用于挑选军官的多项评价程序。
A. 美国　B. 英国　C. 法国　D. 德国

7. 以下不属于选拔领导方法的是（　）。
A. 360 度反馈评估　B. 绩效考核　C. 评价中心　D. 结构化面试

8. 以下不属于评价中心技术的是（　）。
A. 文件筐技术　B. 无领导小组讨论　C. 角色扮演　D. 情境判断

三、判断题

1. 只要是同一企业里，无论职务和岗位是否相同，对人才胜任特征的要求都相同。（　）

2. 诺德哈格认为，胜任特征包含三个维度：任务具体性、行业具体性、公司具体性。（　）

3. 诺德哈格的胜任特征分类中，标准技术胜任特征具有高任务具体性、低行业具体性和高公司具体性的特点。（　）

4．目前最常用的建立胜任特征模型的方法是行为事件访谈法。（　　）

5．焦点小组法和行为事件法都是确定胜任特征的方法。（　　）

6．胜任特征词典和数据库法无法考虑不同组织之间在工作环境、文化和特定工作职责等方面存在的巨大差异，效度较低。（　　）

7．使用360度反馈评估方法选拔领导者，多位评价者中不包括被评价者本身。（　　）

四、简答论述题

1．简要描述领导胜任特征模型建立的一般过程和步骤。

2．简要阐述行为事件访谈法及其特征。

3．在确定胜任特征时有哪些收集数据的方法？选择这些方法时，需要考虑哪些因素？

4．结合实际谈一谈在现代人力资源管理与开发中，胜任特征模型可以在哪些方面发挥作用。

5．简述360度反馈评估方法的两个基本前提假设。

6．简述结构化面试的特点。

五、案例分析题

案例1：支持大范围的组织变革——美国国家银行

在美国国家银行和另外一家大型的银行机构合并之后，新的美国国家银行金融部的许多员工发现，他们现在所接受的指令与以往完全不同，而且要面对一系列新的需要优先考虑的事情。而且在合并之后，美国国家银行大力强调团队工作、多样化以及内部顾客为中心等问题，而这些问题在原来的体制中从来没有被重视过。因此，现在对会计师或其他一些员工的评估不再仅仅依据他们的专业成绩，还要根据他们对一些问题的敏感性来进行，而且这些问题他们从未听说过，评估也是突击性的。还有一个适应外部不断变化的环境的问题，当今环境下的竞争要比以前遇到的任何环境下的竞争都激烈。

金融部面临的问题是为该职能部门制定一个新的愿景并确定本部门的新价值观，以及帮助员工了解公司对他们的日常要求和期望。于是，它决定把胜任特征模型作为解决问题的出路，最初把胜任特征模型开发的重点放在总监及以上层次，此后再进行副总裁及以下层次的胜任特征模型建设。这种模型应该清楚说明需要的是哪些技能和知识，以及员工在这样一个最好的金融组织中怎样受到评估。

（资料来源：何非，顾磊，蔺益，2005）

思考与讨论：

1．应用构建领导胜任特征模型的知识，谈谈你会如何构建金融部总监及以上岗位新的胜任特征模型？

2．在构建金融部总监及以上岗位新的胜任特征模型的过程中，通常会遇到哪些问题？需要用哪些方法来解决这些问题？

案例 2：谁能胜任总经理岗位

山东省某家电公司，一年多来只有两个副总经理，没有总经理，并且未明确哪位副总主持工作。企业管理混乱，内耗严重，人心涣散，经营亏损，直至发不出工资。该企业上级领导曾多次研究领导班子配备问题，但终因意见不一致而未能做出决定。最终，他们决定在全省范围内公开招聘总经理，并请世纪人才系统有限责任公司运用科学的人才测评方法帮助选定总经理。

世纪人才在接受委托之后首先考虑了这样一个问题：目前情况下，该公司最需要什么样的总经理？经过深入的调查，世纪人才认为，尽管企业面临的问题比较复杂，但其中最核心的问题是内部的管理问题。有效地解决内部管理问题是解决其他问题的前提条件。根据这一思路，世纪人才确立了如下选人标准。

（1）有很强的内部组织管理控制能力，注重运用企业制度与规则进行管理，规范企业行为。

（2）能够敏锐而准确地发现企业现存问题，思路开阔，考虑问题深刻而务实。

（3）有较强的处理人际关系问题的技能与技巧，善于驾驭错综复杂的内部关系与人际冲突。

（4）经营意识较强，经营观念与经营策略正确，能够对市场做出冷静的分析判断，准确把握企业经营方向。

（5）有一定的市场开拓能力。

（6）有较强的大局观和社会责任感。

由于选聘的是总经理，要求又比较严格，根据选人标准，世纪人才决定使用多种评价方法，全面而深入地对候选人进行考察。

经过评价中心技术方法考核后，发现以下两位候选人具备更强的岗位胜任特征。

G 先生：细致、沉稳，办事注重条理，认真负责；有良好的经营管理意识和能力；分析与判断问题视野较宽，关注工作任务的完成，原则性较强；对企业组织管理有一定的认识，但深度不够，基本停留在经验水平上；言语表达和沟通说服能力较弱，人际关系处理技能稍有欠缺，经营决策能力与职位要求尚有距离。

L 先生：思路开阔，自信敢为；热情进取，善于交流沟通；有较强的市场经营意识，分析与判断问题视野较宽，不受条条框框的约束，关注各种机会和可能，有较强的成就动力；缺少实际企业经营和组织管理经验；思考问题不够专注和严谨，在人际方面分散精力过多，而在具体事务的处理方面持久性不够；对基础性工作重视不足；管理决策能力与岗位要求有距离。

（来源：http://www.tzrl.com/news/40759.html）

思考与讨论：

1. 世纪人才会应用评价中心中的哪些具体评价方法？这些方法各自主要考核候选人的哪些胜任特征？

2. 你觉得公司应该选择哪位候选人担任公司的总经理？为什么？

测验

领导能力 360 度评价问卷

请标明您与您所评价的人之间的关系。

（　　）您自己　（　　）您的老板　（　　）您的同事　（　　）您的下属

第 1 部分：总体评价

指导语：

- 所有参与评价的员工都被要求根据被评价者的实际情况完成该部分问卷。
- 每个问题只选一项。
- 如果问题未涉及被评估者的工作和行为或者您对该被调查者的此项行为活动不清楚，则回答“不适用”。

根据您对所评定的管理者的观察与了解，对下面的每一陈述都要做出选择。

姓名：	职务：
SCALE 分数等级： 9～10 分：优秀——这类员工的工作表现一贯能超越对其的期望值。 7～8 分：较优秀——这类员工能完成其工作，有时能超越对其的期望值。 5～6 分：一般——这类员工一般能够完成其工作，员工承担责任的能力得到肯定。 3～4 分：较差——这类员工能部分完成其工作，经常落后。 1～2 分：差——这类员工经常不能完成任务。 N：不适用/未观察。	
主 要 能 力	**圈出所选数值**
管理技能：	
设定短期和长期目标以及完成日期	N 1 2 3 4 5 6 7 8 9 10
注重承诺并和下属一同追踪实施直至任务完成	N 1 2 3 4 5 6 7 8 9 10
专注于管理目标，按优先顺序将管理目标排序	N 1 2 3 4 5 6 7 8 9 10
了解公司产品、市场和客户	N 1 2 3 4 5 6 7 8 9 10
了解公司财务报表	N 1 2 3 4 5 6 7 8 9 10
减少部门费用支出	N 1 2 3 4 5 6 7 8 9 10
执行公司政策	N 1 2 3 4 5 6 7 8 9 10
为自己的部门指出明确的优先解决的问题	N 1 2 3 4 5 6 7 8 9 10
能准确地做出预算、人员及其他资源的估计	N 1 2 3 4 5 6 7 8 9 10
把工作的战略方式转化成明确的目标和战略	N 1 2 3 4 5 6 7 8 9 10
领导能力：	
根据管理目标领导下属工作	N 1 2 3 4 5 6 7 8 9 10
纵观全局，明确其部门在全局中所起的作用	N 1 2 3 4 5 6 7 8 9 10
有效分配工作	N 1 2 3 4 5 6 7 8 9 10
鼓励集体民主决定	N 1 2 3 4 5 6 7 8 9 10

续表

领导能力：	
定期给下属反馈信息	N 1 2 3 4 5 6 7 8 9 10
指导并帮助下属充分发挥其潜能	N 1 2 3 4 5 6 7 8 9 10
善于激发他人的创意	N 1 2 3 4 5 6 7 8 9 10
动员相关人员参与计划与决定的制定	N 1 2 3 4 5 6 7 8 9 10
准确指出他人的长处和有待发展之处	N 1 2 3 4 5 6 7 8 9 10
使本部门成员的角色和责任分明	N 1 2 3 4 5 6 7 8 9 10
使他人参与变革的过程	N 1 2 3 4 5 6 7 8 9 10
根据情况的需要有效地调整领导方法	N 1 2 3 4 5 6 7 8 9 10
让工作有成绩的人了解自己的成效	N 1 2 3 4 5 6 7 8 9 10
创造性地融合别人的想法和观点	N 1 2 3 4 5 6 7 8 9 10
被视为下属仿效的榜样	N 1 2 3 4 5 6 7 8 9 10
沟通技能：	
与下属沟通其工作目标	N 1 2 3 4 5 6 7 8 9 10
对下属的工作要求给予答复	N 1 2 3 4 5 6 7 8 9 10
积极倾听下属的意见	N 1 2 3 4 5 6 7 8 9 10
制造一种使员工能对公司事宜畅所欲言的自由氛围	N 1 2 3 4 5 6 7 8 9 10
让部门外的人了解本部门的使命和战略部署	N 1 2 3 4 5 6 7 8 9 10
部署任务时明确表达自己的期望	N 1 2 3 4 5 6 7 8 9 10
公司价值观：	
尊敬下属	N 1 2 3 4 5 6 7 8 9 10
与下属建立信任关系	N 1 2 3 4 5 6 7 8 9 10
避免偏袒某下属	N 1 2 3 4 5 6 7 8 9 10
容易接近和沟通	N 1 2 3 4 5 6 7 8 9 10
有错时能向下属道歉	N 1 2 3 4 5 6 7 8 9 10
公正地对待他人	N 1 2 3 4 5 6 7 8 9 10
履行自己的承诺	N 1 2 3 4 5 6 7 8 9 10
倡导团队精神，消除各立门户的狭隘思想	N 1 2 3 4 5 6 7 8 9 10
努力提高个人表现	N 1 2 3 4 5 6 7 8 9 10

第 2 部分：确定重要领导因素

指导语：

- 只有被评价者本人及其上级主管被要求完成该部分问卷。
- 重新阅读第 1 部分问卷。基于被评价者的工作职位要求以及这些领导技能对该工作职位的重要程度，从中选出最重要的 5～10 个能力。
- 请注意，对这些能力的重要性的判别只能依据该工作职位对能力的要求，而不能依据被评价者个人的工作绩效。

参考文献

[1] 何非，顾磊，藺益．破解企业人才测评中十大难题[M]．北京：机械工业出版社，2005：238．

[2] D Hellriegel，J.W.Slocum，Jr.R.W.Woodman．组织行为学[M]．胡英坤，车丽娟，贾秀海，译．大连：东北财经大学出版社，2006：127．

[3] L. W. Rue，L. L. Byars．管理学：技能与应用[M]．刘松柏，译．北京：北京大学出版社，2006：298．

[4] 刘永芳．管理心理学[M]．北京：清华大学出版社，2008．

[5] P.E.Spector．工业与组织心理学[M]．孟慧，等，译．北京：机械工业出版社，2010：101．

[6] D. A. Waldman，Leanne E. Atwater．360 度反馈方法与案例[M]．魏娟，译．北京：人民邮电出版社，2004：178．

[7] 吴志明．招聘与选拔实务手册[M]．北京：机械工业出版社，2006：99．

[8] 张培德，张正西．现代理才方略与 HR[M]．上海：华东理工大学出版社，2008．

[9] 曾湘泉，G. Dessler．人力资源管理[M]．北京：中国人民大学出版社，2007：245．

[10] 陈慧．评价中心技术与人才选拔[J]．北京邮电大学学报（社会科学版），2003，5（4）：45-48．

[11] 冯明，尹明鑫．胜任力模型构建方法综述[J]．科技管理研究，2007（9）：229-230．

[12] 谷向东，郑日昌．基于胜任特征的人才测评[J]．心理与行为研究，2004，2（4）：634-639．

[13] 李明君．招聘中结构化面试的设计与应用[J]．企业改革与管理，2005（9）．

[14] 胡艳曦．评价中心技术在人力资源甄选中的应用研究[J]．暨南学报，2007（5）：28-31．

[15] 沈利民．结构化面试的技巧及注意事项[J]．管理科学文摘，2007（4）：113-114．

[16] 王年军．胜任力模型在企业人力资源管理中的应用[J]．统计与决策，2008（12）：184-185．

[17] 吴三清，杨杰，凌文辁．360 度评价实践理性刍议[J]．思想战线，2003（3）：34-37．

[18] 项成芳．结构化面试的现状分析与研究[J]．领导科学，2007（12）：40-41．

[19] 杨湘怡．企业中层管理者胜任力模型研究[D]．上海：复旦大学，2007．

[20] 殷雷．评价中心的基本特点与发展趋势[J]．心理科学，2007，30（5）：1276-1279．

[21] Hagan C M, Konopaske R, Bernardin H J, et al. Predicting assessment center performance with 360-degree, top-down, and customer-based competency assessments[J]. Human Resource Management, 2006, 45(3): 357-390.

[22] Jansen P G W, Vinkenburg C J. Predicting management career success from assessment

center data: A longitudinal study[J]. Journal of Vocational Behavior, 2006: 253-266.

[23] Krause D E, Kersting M. Incremental validity of assessment center rating over cognitive ability tests: a study at the executive management level[J]. International journal of selection and assessment, 2006, 14(4): 360-371.

[24] Marrelli A F, Tondora J, Hoge M A. Strategies for Developing Competency Models[J]. Administration and Policy in Mental Health, 2005, May-July: 5-6.

[25] Marrelli A F. An Introduction to Competency Analysis and Modeling[J]. Performance Improvement, 1998, May-June : 8-17.

[26] McClelland D C. Testing for competence rather than for “intelligence”[J]. American Psychologist, 1973, 28(1): 1-14.

[27] Mitchell D J B, Zaidi M A. Human resource management: key themes and integration[M]. Institute of Industrial Relations, 1996: 55.

[28] Nordhaug O. Competence specificities in organizations: a classificatory framework[J]. International Studies of Management & Organization, 1998: 8-29.

[29] Spencer L M, Spencer S M. Competence at work: models for superior performance[M]. Wiley, 1993: 372.

[30] Shippmann J S, Ash R A, Batjtst M. The Practice of Competency Modeling[J]. Personnel Psychology, 2000(53): 703-740.

第六篇　组织管理

第十一章　组织的基本概念与理论

学习目标

- 了解组织的基本概念
- 掌握组织结构的构成要素和基本类型
- 理解影响团队效能的因素
- 理解团队建设的重要性

引例：组织管理的理想境界

管理有境界。组织管理的理想境界也许是这样的状态：一群相对志同道合而又比较通达靠谱的人有幸聚集在一起，尽量心境舒展地用正确的办法做正确的事情，力争达到大家共同的目标和各自的期许。这种状态的实现与保持，有赖于至少三个方面的契合：多种目标之间的均衡；战略与管理之间的契合；人员与组织文化的匹配。

1. 多种目标之间的均衡

人们通常认为，组织中的成员是为了某个共同的目标才走到一起来，建立起一个新的组织，或者选择加入某个既有的组织。实际上，问题也可以从不同的侧面定义。也就是说，我们都是来自五湖四海，为了各自不同的目标走到一起来。之所以建立或者参与某个组织，是因为大家各自的目标之间有了足够的交集。由此，一个组织的目标，必然要在一定程度上反映和体现其成员们的目标。一个没有共同目标的人群，只是散兵游勇的偶然聚合，难以形成长期稳定和有效的组织； 同样，一个不能满足成员个体目标和诉求的组织，它所标榜的组织目标往往是虚幻的和不切实际的。

一个组织必须持续不断提供足够的理由，吸引它所需要的成员加入并留在该组织。这种理由就是组织目标和个体目标的交集，包括务实和务虚两个方面的平衡。一方面是要齐心协力干成一些事儿，一方面是要觉得所干的事儿有意义。当年红军的诱人之处，就在于能够满足目标成员群体的实际需求。大家一起打土豪、分田地，实打实地解决吃饭问题。红旗插遍全中国、解放全天下受苦人，这是事业和理想问题，旨在增进归属感和凝聚力。显然，大家的目标之间不会完全重叠，个体的目标与组织的目标也不会完全一致。但组织的成员需要相对地志同道合，组织要在实现自己使命的同时，最大限度地满足成员个体的期许。

2. 战略与管理之间的契合

战略管理的实质，在于用正确的办法做正确的事情。战略，即把握方向性和有效性，亦即所谓做正确的事情。管理，即注重行动细节和秩序，亦即用正确的办法做事，讲究做事过程本身的效率。古人云，大行不顾细谨。如果战略方向正确，即使效率稍低、速度稍慢，也无甚大碍，不必过于计较战略执行中的些许纰漏和瑕疵。反之，如果战略方向错误，实施和执行的效率越高，则战略失败越快。当然，也不排除另外一种可能性，那就是如果管理内功做得得当、执行能力超强，一个组织也可能会比较迅速地纠正错误，在战略调整和变革中有比较出色的表现。现实中，这种现象倒是比较少见。

正确的战略，意味着组织的作为顺乎外部环境的潮流和趋势。而正确的战略实施，则意味着组织的管理能力亦符合企业战略的要求。在模拟移动通信时代，摩托罗拉和诺基亚无疑是占尽先机，走在战略正确的康庄大道之上。而在数码时代，当年的这些先锋企业已经不再代表主流的发展方向。同样，柯达在传统成像业务上的管理效率和既定优势，使得它过度沉迷于昔日的辉煌，长期坚持用自己习惯的正确的办法做已经不再正确的事情，最终与数码成像时代的战略潮流失之交臂。广义而言，一个组织的管理效率体现在它的资源与能力组合以及组织体系与管理流程。组织的管理体系与其战略方向必须保持动态契合，二者皆需与时俱进。

3. 人员与组织文化的匹配

组织文化乃组织中共享的价值体系。一个健康的组织，其文化通常会有助于平衡组织对任务的关注和对人员的关注，既鼓励大家协同作战、促成组织目标的实现，又关照组织成员作为个体的期许和诉求；既强调努力踏实地干事儿，也注重成员的情感需求和精神感受。也就是说，组织要力争使其成员尽量心境舒展地在组织中行事，切实地体味工作的意义、职业荣誉感和组织归属感。组织人员与组织文化的匹配，落脚点恰恰在于大家的相对志同道合，在根本价值观念方面的共识和认同。试想，一个信奉业绩至上、末位淘汰的企业，如果兼并一家温情脉脉、以人为本的企业，文化的冲突可能使原本通达靠谱的人变得郁闷抓狂。

诚然，这里勾勒的是组织管理的一种理想境界。也许，这种境界可遇不可求。然而，“比较”通达靠谱，“相对”志同道合，“尽量”心境舒展，“力争”实现目标，这些要素里所着重强调的都是一种颇为值得努力的方向和尝试。一个组织有了这种追求、这种气场，才可能使这种通常不可求变得偶尔可遇，使得精英人才的有幸聚集变得更加可能。

（来源：中人网，http://www.chinahrd.net/management-planning/birds-eye-view/2014/0306/210347.html）

组织作为不同于个体的行为主体，有其自身的运作机制和行为规律。组织及其运作机制和行为规律是管理心理学研究的重要内容之一。本章拟首先对组织的概念、组织结构及组织中的团队进行分析。

第一节　组织的概念及功能

一、组织的基本概念

组织一般可作两种解释：一种为动词，是指为了实现特定目标或完成特定任务，按照一定顺序或程序开展的一系列活动；另一种为名词，是指为了实现特定目标，按照一定形式建立起来的结构。其中，广义的组织可理解为由诸多要素按照一定方式相互联系形成的系统，包括各种各样的物理结构、生物组织、机体组织、动物的群体组织及由人构成的各种组织等。管理心理学研究的组织是狭义的组织，是指人们为实现特定目标相互依赖、彼此协作而形成的机构或团体，其要点有四个：第一，组织就是聚集在一起的一些人；第二，这些人有共同的目标；第三，这些人相互依赖，需要按照特定的规则或规范彼此协作；第四，这些人需要特定的空间和条件开展活动。其中，目标或目的的共同性或一致性是组织的本质特征。

二、组织的功能

（一）组织的社会功能

组织源于人类的生产与社会实践。在长期的实践活动中，为了实现一定的目标，人们产生了与他人发展协作的关系，创造群体合力，并不断优化这种关系以提高群体效能的需要，而组织正是人们为满足或实现这种需要而努力的结果。在现代生活中，组织已成为社会的基本单元，其影响已渗入到社会领域的方方面面，它凝聚了个体的智慧，形成了推动社会进步与发展的一股股力量。

（二）组织的管理功能

一方面，组织负有协助政府对人们进行管理的职能，各级各类组织本身就是政府管理公民的重要途径或工具。组织是联系个人和社会的桥梁与纽带，正是通过一个个组织，人们的生活才变得井然有序，社会才得以安定。另一方面，组织自身的目标也要靠组织来实现。组织既是各种管理活动展开的舞台或背景，又是实施和推行管理措施的主体或依托。

（三）组织的个人功能

组织不仅可以为个人带来收入和经济保障，更重要的是可以为个体带来归属感、价值感。组织为个人提供了施展自己抱负、发挥自己才华、实现自身价值的舞台，可以满足个人的自我实现需要。

三、研究组织的意义

研究组织及其运作机制和行为规律有两个层面的意义。对于组织管理者来说，有助于更加科学有效地设计、建立、规范和管理组织，更好地发挥组织的功能。对于生活和工作于组织中的个体来说，可以帮助他们更好地理解和预测组织中发生的事情，有效地参与和影响组织事件，质疑或重新建构自己的组织概念和理论，以便在组织情境中更加有效地工作。此外，从学术意义上看，研究组织还有助于积累关于组织的系统知识，形成组织完备的理论。

第二节　组 织 结 构

一、组织结构及其构成要素

（一）组织结构的概念

组织结构（Organizational Structure）是指组织内部的工作分配以及指导组织活动的协调、沟通、工作流程和正式权力的模式。组织结构在一定程度上反映了组织内部的文化与各种权力关系，是组织设计的重要依据。形成组织结构应具备两个必要条件：一是工作分配；二是工作协调。工作分配导致社会分工，使任务专门化；而工作协调则有利于维持组织内部工作节奏的和谐与统一。常见的工作协调机制主要包括非正式沟通、正式层级管理与标准化。非正式沟通通常比较适用于小规模组织的管理，它对于组织成员分享信息、形成共同的心理模型、维持工作活动的正常化具有重要作用，此外，由于非正式沟通手段的多样性与灵活性，因此它还是应对非常规情境的重要协调机制。正式层级管理是指将合法权力赋予个体，由权力执行者配置资源并指导工作进程。由于正式层级管理主要通过结构性较强的层层监督来协调工作，因此比较适合较大规模组织的管理，但是正式层级管理也存在一些潜在的问题。例如，一个管理者可有效进行监督的员工人数往往是有限的，而且有时命令链的层层传达不如员工间直接交流更及时与准确。此外，这种等级森严、以权制人的管理方式容易受到那些崇尚自由的员工的质疑和挑战。标准化是指建立行为或产出的常规模式，其方法主要包括制定标准化工作流程、确立标准化任务目标和执行标准化操作技能等。

（二）组织结构的构成要素

基于组织中的工作分配与工作协调机制，组织结构主要包括以下四个基本要素。

1．控制幅度（Span of Control）

控制幅度是指在组织层级管理中直接向上级报告的下属的人数，它决定着组织内部层级的设置与管理人员的配备。根据控制幅度的规模与分布，可以将组织结构区分为纵高型（Tall Structure）与扁平型（Flat Structure）两类，如图 11-1 所示。纵高型组织内部分工明确、结构严密、等级森严、便于监管。但随着经济全球化的发展，纵高型组织结构的弊端已日益突显。而扁平型组织结构由于减少了组织层级，增大了控制幅度，从而能够有效节省组织的管理成本，提高上下层之间信息传递的效率，并有助于实现工作内容的丰富化，因此扁平型组织结构已被越来越多的组织管理者所采纳。

2．集权化（Centralization）

集权化是指在组织层级管理中由少数几位高层管理者掌控正式决策权。在组织建立之初，创建者通常会采取集权化管理，以确保组织的正常运作与目标的实现。在组织发展的关键时期，施行集权化管理也有助于增强领导者对组织事务的控制力。但是集权化所带来的权力过分集中问题也不容忽视；此外，随着组织的发展与壮大，工作活动的细化与业务范围的拓展往往会使领导者感到力不从心，因此与集权化相比，在应对组织内部发展与外部环境的复杂性方面，分权化通常更具有优势。所谓分权化（Decentralization）是指将组织决策权散布于不同的层级。分权化管理若运用得当，则不仅能够弱化权力过分集中所造成的不利影响，而且能够调动下属的工作热情，减轻高层管理者的决策负担，促进权责结合。

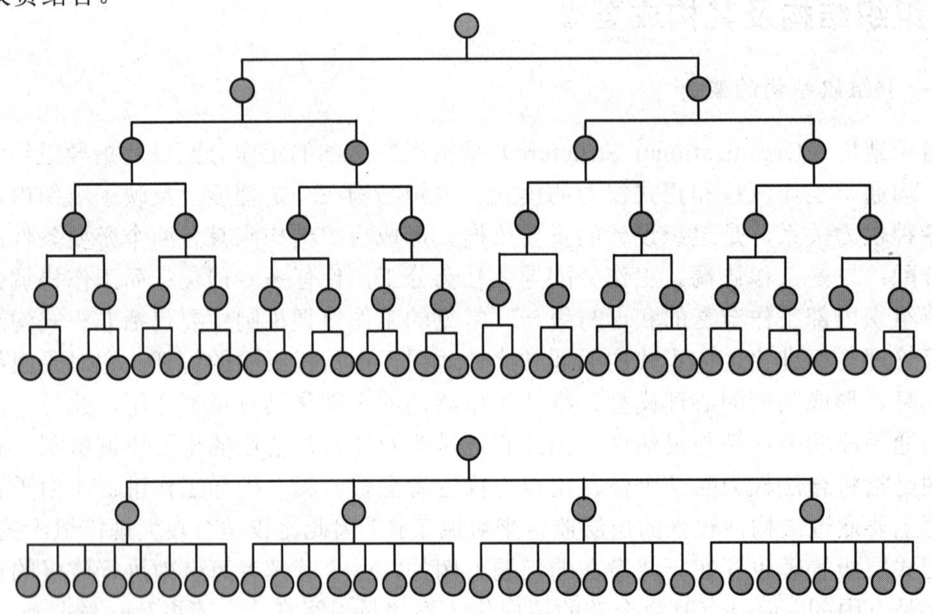

图 11-1　纵高型与扁平型组织结构

（来源：Steven L. McShane & Mary Ann Von Glinow，2000）

3．正规化（Formalization）

正规化是指通过各种规章制度、工作程序、正式培训等方式实现组织内部操作的标准化。由于采用了标准化的工作流程、任务目标及操作技能，因此正规化比较适用于常规工作的管理。但是，正规化管理也存在一些潜在问题。例如，严格规定的规章程序容易削弱组织活动的弹性，不利于应对瞬息万变的发展形势；此外，一些繁复的制度有时反而会影响组织效率。

4．部门化（Departmentalization）

部门化具体规定了如何将员工及其工作活动归为一个组群。通常可以根据职能、产品或地理位置等因素对组织进行部门化管理。部门化管理是协调组织活动的重要机制，它有利于在组织内部确立监督指导体制，建立绩效考核系统，并且可以为员工提供更多非正式交流的机会。

二、组织结构的基本类型

根据构成组织结构基本要素的特征，大致可以将组织结构区分为两类：机械式结构（Mechanistic Structure）与有机式结构（Organic Structure）。机械式结构通常控制幅度较窄、高度集权化并且高度正规化，主要采取自上而下的信息交流模式；而有机式结构通常控制幅度较大，结构趋于扁平化，决策过程采取分权化，组织正规化程度较低，拥有全面完整的信息交流模式。机械式结构比较适用于稳定的常规性组织活动的管理。而在瞬息万变的今天，强调信息共享、能够灵活应对环境变化的有机式结构往往更有利于组织的发展。

具体地讲，组织结构主要包括以下四种基本类型。

（一）简单式结构（Simple Structure）

简单式结构是指正规化程度较低，但却高度集权化、控制幅度较大的“扁平化”组织。在组织建立之初，通常会采用这种结构方式。简单式结构具有灵活性较强、运营成本低、责任明确等优势，比较适用于小型企业组织，但是随着组织规模的扩大，其决策风险会增大，难以应对复杂环境，因此当组织规模发展到一定程度时，往往不再适用。

（二）职能式结构（Functional Structure）

职能式结构是指根据员工共同的专业知识、经验将其组织在一起的结构。绝大多数组织在其发展的某个时期或阶段都会采用职能式结构。职能式结构有利于培养员工的职业定向，便于管理者进行直接监督，此外专业分工还有益于规模经济的产出，能够减少人员与设备重复配置等浪费现象。但是，职能式结构也存在一些局限性：一是根据共同兴趣或背景进行分组会加剧不同职能单元之间的分化，不利于各部门之间的协作与交流；二是往往容易出现员工过分追求职能目标而忽视组织整体利益的现象。因此，采用职能式结构时，管理者应注意针对这些问题进行必要的干预与协调。

（三）分部式结构（Divisional Structure）

分部式结构，又称战略经营单位（Strategic Business Units，SBUs），是指由自我包容的自治单位构筑形成的组织结构，通常组织会根据地理位置、顾客群体或某项产出（产品或服务）来建立分部。与职能式结构相比，分部式结构具有更多自主权，分部经理全面负责本部事务，拥有充分的运营决策权，这有利于实现权责结合、易于绩效评估；此外，分部式结构还有利于包容与适应组织的发展，因此当组织发展到一定规模时，往往会采取这种组织结构设计方法。但是，分部式结构也有其局限性，其最大的弊端在于容易造成活动与资源的重复配置，从而导致组织资源利用率降低，总成本上升。此外，各自相对独立、拥有较多自治权的分部之间还容易出现协作不力的现象。

（四）矩阵式结构（Matrix Structure）

如上所述，在组织结构设计中，职能式结构与分部式结构各有利弊。采用职能式结构，能够有效地整合资源，但却缺乏对产品与市场需求的关注；采用分部式结构，虽然强调以产出为中心，但是却容易造成资源的重复配置与浪费。而矩阵式结构则试图整合这两种组织结构方式的优点，兼顾市场需求与资源优化配置的双重要求。

所谓矩阵式结构是指在传统纵向职能部门系统基础上结合横向产品部门系统形成的组织结构。在矩阵式结构中，通常将职能部门的员工指派到一个或多个项目组中，由项目经理来领导。矩阵式结构创造了双重命令链，员工需接受项目经理与职能经理的双重管理。矩阵式结构若能合理运用，既可以实现资源的优化配置，也能兼顾市场需求。此外，与职能式结构相比，矩阵式结构能够有效加强横向联系与协作，提高项目实施的灵活性，有利于激发员工的创新意识。但是，在矩阵式结构中，由于存在着双重领导，因此有时难以明确责任，而且容易诱发组织冲突，引发权力斗争。为了避免员工应对“一仆二主”状况的尴尬，项目经理与职能经理应经常保持沟通，并注意协调他们对员工提出的各种要求。

在实际组织结构设计中，除了上述四种基本结构形式以外，还普遍存在着融合各种结构要素的所谓“混合式结构”（Hybrid Structure）。为确保组织的健康发展与效率，无论是哪一种组织结构，都应注意平衡其内部各部门之间的权力分配。

【资料】

组织结构与企业战略

海尔，一个曾经亏损147万元的小厂，17年之后成为一个国际知名的大型企业集团，年销售额从1984年的384万元提高到2001年的600亿元，业绩增长了1万多倍，保持80%的年平均增长速度，并且在美国、欧洲、亚太及中东建立了生产、销售中心。海尔的成功之路堪称中国企业发展史上一个罕见的成功案例。那么，海尔为什么如此成功?

海尔25年来的发展，经历了四次重大的战略转变期，分别是：名牌战略阶段（1984—1991年）；多元化战略阶段（1992—1998年）；国际化战略阶段（1999—2005年）；全球化品牌战略阶段（2006年至今）。每一次成功的战略调整需要的是有效合理的组织结构调整作支撑。

1. 名牌战略阶段（1984—1991年）

海尔的名牌之路始于质量管理，其采取日清管理法，就是对每人、每天做的事进行控制和清理，使整个质量保证优质。在保证产品质量的同时，时刻关注员工素质及消费者偏好。在此期间，始终只做冰箱一种产品。这一时期的组织结构注重各职能划分，体现集权思想，所以主要还是直线职能制组织模式。

2. 多元化战略阶段（1992—1998年）

1992年，在邓小平南巡讲话的鼓舞下，海尔转向多样化发展战略。以吃休克鱼、海尔管理模式、低成本扩张方式，迅速构建起国际化大公司的规模。为适合多元化企业战略要求，海尔在武汉、重庆等地建立工业园，建立以产品为基础的事业部制结构。总部负责集中筹划集团发展目标，各分部负责相应区域产品的生产、销售，实行独立经营、独立核算。总部与分部间权责明确，权力下放，组织结构不断趋向于扁平化。

3. 国际化战略阶段（1999—2005年）

作为中国企业国际化的先行者，海尔“国际化即本土化”的做法是，当地设计、当地制造、当地销售、当地融资、当地融智。这一阶段的企业组织结构形式是事业分部数量的增加，企业组织结构更加趋向于扁平化、网络化、多样化。

4. 全球化品牌战略阶段（2006 年至今）

海尔把“全球化品牌战略”作为自己新的战略方向。品牌不光是质量保证，同时需满足消费者差异化及个性化的服务需求，为此海尔选择以市场链为基础面向顾客需求的生产流程再造，并确立相应的报酬激励制度，以提高企业活力。在“零库存”和“差异化生产服务”思想下，体现企业组织结构的柔性化、多样化、网络化。

一个企业集团成长与发展，主要取决于在适应变化的环境中所采用的“战略”和实施战略的“组织”。战略的实施需要一定的组织结构来完成，而组织结构最终还是为战略的实施服务的。海尔的四阶段发展验证了一个企业组织结构在企业战略和外部环境双重影响下的调整，体现由简单到复杂、由集权到分权的演变过程，表现出扁平化、网络化、柔性化和多样化特征。海尔集团的成功经验对其他企业实施国际化战略及国际化经营有着积极的借鉴作用。

（来源：MBA 智库百科，http://doc.mbalib.com/view/38544f8945e19a6757fa67e3643f46d0.html）

三、组织结构的新发展

随着信息技术的发展与劳动力队伍的变化，组织结构亦有新发展，出现了以下两种典型的新型组织。

（一）网络结构（Network Structure）

网络结构亦称组合式结构（Modular Structure），是指由若干组织联合以进行产品开发或提供服务的组织结构。通常在网络结构中存在着一个核心企业，其周围分布着一些卫星组织。核心企业经营其中某些关键业务，并负责协调各卫星组织之间的关系。目前，凭借先进的信息技术，可以在各个组织之间方便地实现基于网络的通信与协作。网络结构具有极强的灵活性，它使组织不再是一台一成不变的生产机器，而能根据环境变化的要求及时地进行调整。此外，网络结构采取业务外包的形式，有利于资源的整合利用，实现以较少资本推动大规模生产与经营。但网络结构也存在一些潜在的局限性：与传统组织结构相比，核心企业对组织的控制力不足，市场竞争容易导致成本加大，而组织所取得的创新成果也很容易被窃取。

（二）团队型结构（Team-based Structure）

团队型结构是指主要以团队为基本工作单元来负责完成组织任务的结构模式。在团队型结构中，通常层级较少，正规化程度较低，工作团队本身具有较多的自主权。由于团队型组织赋予员工更多权责，因此能够激发员工的创新性与责任感，有利于增强组织活力。此外，团队型组织还有利于冲破传统层级制度的界限，增进员工之间的交流与协作。但团队型组织的维系与发展需要花费较多的时间和精力，这便对管理者提出了更高的要求。鉴于团队型结构已经成为一种日益普及的组织形式，本章第三节我们将专门对其加以介绍。

【资料】

组织结构变革的原则与要素

进行组织结构变革不是赶时髦，最近流行事业部制就把职能制废掉，明天风靡矩阵式就要求内部项目运作起来，后天立体网络式涌现又开始柔性变更……盲目频繁地调整，容易损伤企业的元气；恰当合理地进行组织结构调整，需要遵守一定的原则，考虑多方面的影响要素。

梁启超先生在《敬告国中之谈实业者》中谈到："企业规模既大，则一人之力，势不能以独任。故其组织当取机关合议之体，乃能周密，与旧式之专由一二人独裁者有异……有限公司必在强有力之法治国之下乃能生存，中国则不知法治为何物也……有限公司必责任心强固之国民，始能行之而寡弊，中国人则不知有对于公众之责任者也。"据此，组织结构变革的原则，在于法治、公众责任和合议制度，或者说坚守法制、遵从道义、遵守规则。

需要考虑的影响要素繁多，主要涉及企业的内外部环境，包括外部政策、技术、需求、供应来源、竞争对手等变更，也包括企业发展战略、企业规模、文化、自身的资源与能力等诸多方面。这里资源与能力是指客户资源、人力资源、财务资源、内部组织能力、研发能力等。同时，还要结合考虑各类型组织结构自身的优势和劣势，以及它们所适用的情形，进行合理的筛选，实现良性变革，提升企业管理水平。

（来源：中人网，http://www.chinahrd.net/management-planning/organization-management/2014/0328/211189.html）

第三节 组织中的团队

一、团队及其类型

（一）团队的概念

团队（Team）是指由两人或多人组成的群体，其成员相互作用、相互影响，为实现特定的共同目标而承担相应责任。团队成员拥有共同目标，他们通过彼此间的相互依赖以及为实现共同目标而进行的合作紧密连接在一起。为了更好地分享信息与协调工作，团队内部需要各种有效的沟通渠道。

（二）团队的类型

组织中存在着多种类型的工作团队，常见的主要包括以下三类。

1．固定团队（Permanent Team）

固定团队通常负责组织中一组特定的任务。一个部门可能就是一个固定团队，但也存在着非团队取向的部门。在非团队取向的部门中，员工独自工作，并且单独对上级负责。员工虽然聚集在一起，但他们之间缺乏联系，因此从严格意义上讲不能称之为团队。

只有鼓励员工彼此之间不断进行直接信息交流以协调工作进程的部门才是真正意义上的固定团队。

作为团队型组织的基础，自我指导工作团队（Self-Directed Work Teams，SDWTs）也属于固定团队。但与团队取向的部门不同，作为工作单元的自我指导工作团队是围绕着工作进程组织起来的，因此小组内部工作高度自治，较少需要上级的管理与监督。此外，自我指导工作团队的成员通常拥有多种互补性而非单一相似性的知识、技能与经验。

2．临时团队（Temporary Team）

临时团队通常负责执行组织中的一些短期项目或某些决策活动，如公司从不同部门中召集员工来开发一种新产品等。特别任务小组（Task Forces）属于临时团队，负责调查某一问题并就此提出决策方案，任务完成后，小组自动解散。所谓的“臭鼬小组”（Skunk Works）通常也属于临时团队，它往往是以任务为导向，应开发产品或解决难题之需而组建，一般在组织内部具有较高的独立性，较少受规则制度的约束。

3．虚拟团队（Virtual Team）

虚拟团队是指成员之间凭借电子科技手段跨越时空与组织界限进行沟通的团队。通过先进的电子科技，可以更方便固定团队执行任务，同时也能够超越时空限制组建优秀的临时团队来开发新产品或进行决策。

虚拟团队日益普及与发展的原因主要有以下四个方面。

（1）科技的进步促进了虚拟团队的发展。各种新兴的通信手段（如 E-mail、视频会议、电子聊天室、内联网等）为虚拟团队的组建提供了技术支持。

（2）工作任务性质的转变为虚拟团队的发展提供了可能性。传统的基于产品的任务开发通常需要员工集合在一起进行生产活动，而基于知识的工作往往并不要求员工聚集在一起，即使相隔很远，也可以通过信息技术手段进行协作。

（3）全球化的发展趋势召唤新的团队形式。随着全球化的发展，跨国公司日益普及，不同地域的集团之间的合作与联系越来越密切，而传统的团队形式无法有效地满足这种发展需要。

（4）虚拟团队本身的优势是其发展的内因。虚拟团队的超时空特性更有利于知识的共享与使用，同时团队配合的方式可以有效地提高决策的质量。

总之，在组织管理中，团队已发展成为非常重要和普遍的工作单元。团队灵活多样的形式使其无论是在组织的常规工作中，还是执行短期项目时，均能有效地发挥作用。此外，凭借先进技术手段组建而成的虚拟团队在全球化发展趋势盛行的今天更是不可或缺的组织形式。优秀的团队在无需上级严格督管的情况下，可以高效协调其内部成员的工作，通过集思广益的合作方式，做出更富有创造性且更加可靠的决策。

但是，在团队中也存在一些潜在的问题。由于团队是需要花费时间与精力去发展和维护的，因此可能会出现得不偿失的过程损失现象（Process Losses）。此外，在团队中还容易出现社会惰化现象（Social Loafing），人们在团队中工作时比单独工作时更不努力。因此，如何加强团队建设，提高团队效能，就成为当代组织管理的首要问题。

二、团队效能及其影响因素

（一）团队效能

团队效能（Team Effectiveness）是指团队实现其目标、满足其成员需要以及维持自身生存与发展的能力或有效性。衡量工作团队效能的首要标准是其组织目标的实现程度，其次应考虑成员的幸福感和满意度，此外还应考虑团队的生存能力，即维持成员对团队的组织承诺感、确保团队拥有一个优越的发展环境。

（二）团队效能的影响因素

图 11-2 给出了一个团队效能的模型。从中可以看出，影响团队效能的因素主要有以下三类。

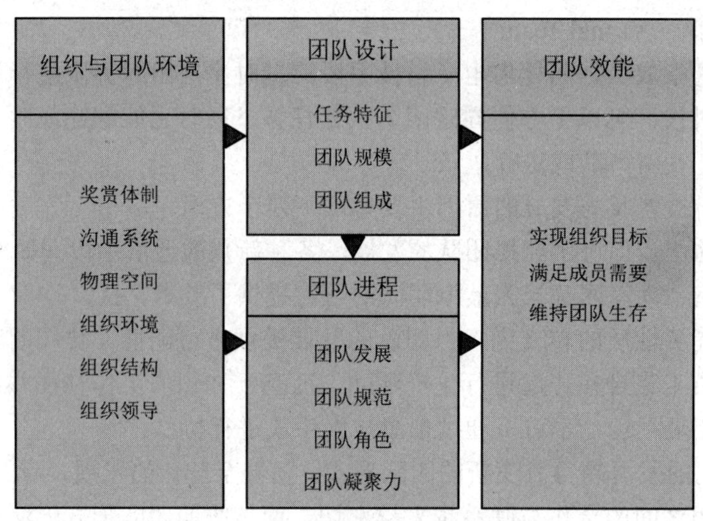

图 11-2　团队效能模型

（来源：Steven L. McShane & Mary Ann Von Glinow，2000）

1．组织与团队环境

组织与团队环境因素通过作用于团队设计与团队进程间接影响着团队效能，它主要包括以下六个方面。

（1）奖赏体制。研究发现，将成员对团队的贡献作为论功行赏的标准之一往往更有利于团队的成长与发展。与个人奖励相比，采用固定工资与团队奖金相结合的奖赏体制通常能够更加有效地激发团队的活力。

（2）沟通系统。沟通系统是影响团队成功的重要因素。不良的沟通系统要么会使信息不畅、缺乏反馈，要么会导致信息超载、无从应对。因此，无论是成员聚集在一起进行面对面的交流，还是虚拟团队的工作方式，选择和运用恰当的沟通手段都是至关重要的。此外，团队的沟通系统还应与团队的任务和结构相适应。

（3）物理空间。合理布局的物理空间不仅能够促进成员之间的沟通，有时还会直接影响团队完成任务的速度与质量。研究发现，布局合理的物理空间有助于团队成员形成整体意识、对其所属团队产生一种自主感。

（4）组织环境。团队所处的组织环境会直接影响团队的工作。如果组织无法确保必要的资源，就会影响团队的生产力。在竞争性较强的环境下，当成员将团队合作视为保持竞争力的最佳策略时，他们往往能够更加紧密无间地进行合作。

（5）组织结构。鼓励和支持团队成员彼此之间不断进行直接信息交流以有效协调工作进程的组织结构形式，有利于提高团队效能。这类组织结构赋予团队更多的自主权，能够增强成员间的沟通与联系。

（6）组织领导。团队需要组织领导者的不断支持。领导者可以通过调整各种环境因素（如奖赏体制、沟通系统、组织结构等）来扶持团队的发展，还可以适时地充当“缓冲器”，保护团队免受各种组织政治手段的侵害。此外，崇尚集体努力的企业价值体系是团队赖以发展的土壤，也需要领导者积极倡导和建立。

2．团队设计

如图 11-2 所示，团队设计中的结构性特征既会直接影响团队效能，也会通过作用于团队进程间接地影响团队效能。团队设计中的结构性特征主要包括以下三个方面。

（1）任务特征。明确规定的任务有助于团队成员迅速进入角色，而定义模糊的任务则需要耗费团队大量的时间来进行沟通以确定任务分工及方案。除了任务的明确性以外，另一个重要的任务特征是任务的互依性。团队非常适合执行互依性较强的任务，因为互依性较强的任务能够激发团队成员一起工作的责任感，而团队配合的工作方式也有利于成员之间的协作。

（2）团队规模。最佳团队规模取决于多种因素。确定团队规模的基本原则是团队应有足数的成员以确保任务的顺利完成，在此前提下，团队规模应尽可能小，以使每个成员都能积极投入团队活动，保持有效的合作与协调。控制团队规模可以缓解前面提到的社会惰化现象，使每个成员的贡献清晰地展现出来。因此，很多成功的企业都采用了小团队协作的工作方式。

（3）团队组成。在团队组建之初，企业就应设法采取各种措施（如挑选具有团队意识的员工、集中培训、建立基于团队的奖赏体制等）以确保员工具备必要的合作动机与能力，使成员意识到合作的重要性和有效性，培养员工的协作能力，如良好的情绪智力及管理冲突的技巧等。

除了关注员工的合作动机与能力以外，团队组成还应考虑其成员的多样性问题。根据团队成员的特征，可以将团队区分为同质性团队（Homogeneous Team）与异质性团队（Hetero-geneous Team）。同质性团队是指由具备相似技术专长、种族特性、经历或价值观念的成员组成的团队；而异质性团队是指其成员具有多样化的人格特征及背景的团队。同质性团队往往比较适合需要高度协作的任务，而异质性团队则适用于应对复杂的项目或需要创造性解决方案的工作。

3．团队进程

如图 11-2 所示，影响团队效能的团队进程主要包括以下四个方面。

（1）团队发展

团队发展需要过程，在此期间，团队成员必须要互相了解、领会各自的角色、发现恰当和不恰当的行为并学会协作。新成员不断加入和旧成员不断离去，使团队始终处于不断变化的过程之中。如图 11-3 所示，布鲁斯·图克曼（Bruce Tuckman）关于团队发展的五阶段模型形象地描述了团队这种递进演变的过程（图中虚线部分表示随着新成员的加盟或其他因素的影响，团队发展可能会出现暂时倒退的现象）。

① 形成阶段（Forming）。团队发展的第一个阶段。在这一阶段中，成员尝试着互相了解，衡量作为团体一员的获益和代价。在这个阶段，成员通常会表现得比较有礼貌，乐意遵从现有领导者的权威与规则，并尽力地去适应团队。

② 爆发阶段（Storming）。在团队发展的爆发阶段，成员往往会主动出击去担当某种角色，但由于竞争经常会出现人际冲突。这是团队发展过程中比较脆弱的阶段。在这一阶段中，团队成员开始慢慢理清各种角色的特定要求，并且开始认同承担角色的人选。

③ 规范阶段（Norming）。在团队发展的规范阶段，角色确立并且围绕团队目标的意见逐步统一。成员形成了相对一致的心理模型，而这种共同的预期和设想有利于他们之间更加积极有效地进行互动，推动团队进入下一个发展阶段。

④ 运作阶段（Performing）。在团队发展的运作阶段，其重心由确立和维系关系转变为实现目标。团队强调以任务为中心，为完成任务而努力。在这一阶段中，团队成员已能较好地掌握积极地进行协作和解决冲突的方法。

⑤ 停滞阶段（Adjourning）。由于各种原因，如项目结束、人员调离、成员辞职或被解雇等导致团队解体。

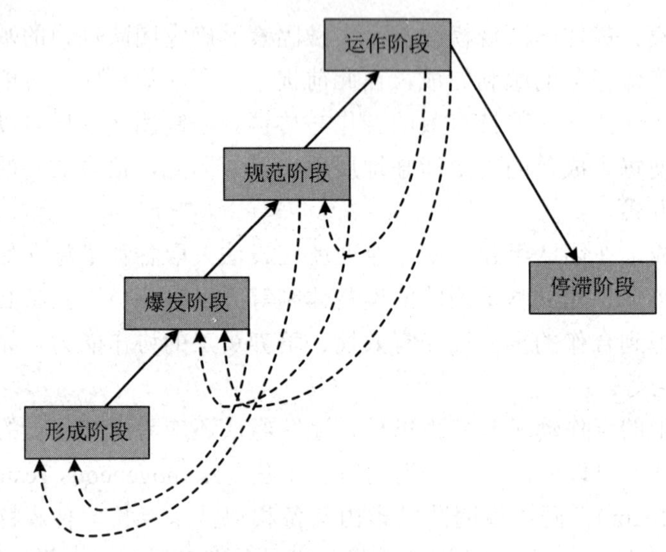

图 11-3　团队发展的五阶段模型

（来源：Steven L. McShane & Mary Ann Von Glinow，2000）

（2）团队规范

团队规范是指团队用于约束其成员行为的非正式规则与期望。团队规范通常被用来管理对团队比较重要的成员行为，如共享资源的办法、接待客户的方式等。有些团队规范与组织目标一致，而有些团队规范则与组织目标相冲突。

成员遵守团队规范的动力主要来源于三个方面：一是同事的压力，不符合团队规范的行为往往会遭到同事的抵触甚至排斥；二是高层领导的强化，上级的表扬或奖励会直接强化规范的执行；三是成员对团队的认同。成员往往会自觉遵守通行的规范，因为他们认同团队，希望自己的行为能够与团队所推崇的价值观念保持一致。

影响团队规范形成的因素主要有四个方面：① 团队中发生过的重要历史事件，如一些灾难性事故能够加强安全操作规范的执行；② 团队形成不久发生的事件，团队成立之初，成员之间的交互方式会对他们将来的行为模式产生深远的影响；③ 团队成员的认知，若团队成员意识到某种行为能够帮助他们更加有效地行使职责，维持团队的生存，则有助于这种行为规范的确立与执行；④ 团队成员自身的信念与价值观，每一个成员先前的经历及其观念一经带入到团队中，便会影响团队规范的形成与执行。

虽然许多团队规范根深蒂固，但有时却需要矫正和改变。改变团队规范的途径主要有：① 以绩效为导向，采取公开讨论的方式筛选并推行有效的团队规范，纠正无益的规范；② 挑选能够有效贯彻规范的成员，并积极发挥他们的影响力；③ 必要时解散并重新组织新的团队。

（3）团队角色

团队角色是指团队中处于某一位置上的人所应履行的一套行为。通常每个团队成员都会具有多种正规角色，这些角色规定着成员应达到的目标和应负责的事务等内容，引导他们从事各种与任务相关的行为活动。在一定程度上讲，成员完成工作任务的绩效取决于他们对自身角色的认知，即角色知觉。当出现角色模糊、角色间冲突或个人－角色冲突时，这些正规角色往往会给个体造成压力。

除了各种正规角色外，在团队中还存在着各种成员自愿承担的角色以及随时可以发生互换的非正规角色。无论是哪一类角色，其关键在于成员应能尽职履行角色所承担的责任以确保团队能够正常运作。

（4）团队凝聚力

团队凝聚力是指团队对其成员的吸引力以及激励他们甘愿成为团队一员的程度。团队凝聚力是影响团队成功与否的重要因素，它像胶水一样粘结着团队成员，以确保每人都能各尽其责。凝聚力更多的是一种情感体验，而不仅仅是利益得失的计量。只有当团队成员真正认同团体的理想和信念，形成强烈的团体归属感时，凝聚力才可成为紧密联结个人与集体的纽带。

任何一个团队要想生存下去，必须具备一定的凝聚力。与低凝聚力的团队相比，凝聚力较强的团队的成员往往会利用更多的时间在一起分享信息、进行互动交流。他们彼此体谅，互有好感，人际关系和谐，因此很少会发生冲突。即使有冲突，他们往往也能及时有效地解决问题。在面临压力时，成员之间也能彼此照应、相互支持。由于拥有良好的协作环境，因此当团队规范与组织目标一致时，凝聚力较强的团队通常能够取得较好的任务绩效。

影响团队凝聚力的因素主要包括以下六个方面。

① 成员相似性。尤其是在团队发展的早期阶段，具有相似背景的同质性团队较之多样性的异质性团队通常更易产生较强的凝聚力。这是因为与彼此相似的人沟通会强化自身的价值观念，稳定自我同一性。此外，同质性团队成员往往容易就团队目标、实现方法及团队规范等重要问题达成一致，这会进一步增进成员间的信任，减少冲突的发生。但是，在很多情况下，团队需要面对复杂的任务或需要创造性地解决问题，这时异质性团队往往更为高效。因此在组织管理中，应注意权衡成员相似性所带来的利弊。

② 团队规模。小规模的团队通常更易产生较强的凝聚力，因为人数较少更便于协作，容易达成一致。但这并不意味着人数越少越好，因为那样难以保证完成既定的任务。因此，比较有效的方法是在确保任务顺利完成的情况下，尽量精简人员。

③ 成员的互动。当团队成员直接互动的机会较多时，有助于团队形成较强的凝聚力。直接互动强调面对面的交流，而单凭网络进行远程沟通，会使成员产生离群索居、孤军奋战的感觉，不利于团队产生深厚的凝聚力。

④ 加盟的难度。如果加盟一个团队稍微有些难度，那么这个团队通常会对其成员产生较强的凝聚力。但是如果难度过大，结果往往会适得其反。适当的加盟难度有助于团队树立威望，增强团队的吸引力。与此同时，由于自身也有过类似的经历，因此团队中的老员工往往也会乐于帮助那些刚刚“过五关、斩六将”的新员工。

⑤ 团队的成功。随着团队不断取得成功，其凝聚力会得以增强。成员在团队的成功中可以获得更强的社会同一性，并且增强对团队未来发展的信心。因此，向成员宣布并庆祝团队的胜利有助于振奋人心，提高团队的凝聚力。

⑥ 外部竞争与挑战：当面对外部竞争或具有挑战性的任务时，团队的凝聚力会得到加强。这既包括来自外部竞争对手的威胁，也包括与组织内部其他团队之间进行的“友谊赛”。总之，各种竞争与挑战能够使团队成员紧密地团结在一起，寻求协作与社会支持，以实现团队目标。当然，外部竞争也不宜过盛。研究发现，若竞争压力过大，虽然团队凝聚力在提升，但团队的工作效率却会有所下降。

【资料】

尊重与关爱，创造和谐大家庭

海底捞的管理层都是从基层提拔上来的，他们都有切身的体会，都了解下属的心理需求，这样他们才能发自内心地关爱下属，并且给予员工工作与生活上的支持和帮助，同时也得到员工的认可。海底捞的员工大部分来自农村，他们的需求非常简单，有时候管理层多冲他笑一笑，给他一个领班，给他一个机会，他就满足了。

在海底捞，尊重与善待员工始终被放在首位。自 2003 年 7 月起，海底捞实行了“员工奖励计划”，给优秀员工配股，以西安东五路店作为第一个试点分店，规定一级以上员工享受纯利率为 3.5%的红利。2005 年 3 月，又推出第二期“员工奖励计划”，以郑州三店作为员工奖励店给优秀员工配股，并且经公司董事会全体董事一致同意，从郑州三店开始计算，公司每开办的第三家分店均作为员工奖励计划店。

海底捞的管理人员与员工都住在统一的员工宿舍，并且规定必须给所有员工租住正式小区或公寓中的两、三居室，不能是地下室，所有房间配备空调、电视、计算机，宿舍有专门人员管理、保洁，员工的工作服、被罩等也统一清洗。若是某位员工生病，宿舍管理员会陪同他看病、照顾他的饮食起居。

海底捞的所有岗位，除了基本工资之外，都有浮动工资与奖金，作为对员工良好工作表现的鼓励。同时，考虑到绝大部分员工的家庭生活状况，公司有针对性地制定了许多细节上的待遇：在海底捞工作满一年的员工，若一年累计三次或连续三次被评为先进个人，该员工的父母就可探亲一次，往返车票公司全部报销，其子女还有3天的陪同假，父母享受在店就餐一次；工作年满一年以上的员工可以享受婚假及待遇；工作满3个月以上的员工父母去世，该员工可以享受丧假及补助；若夫妻在同一地区工作，只要有一方工作满半年，在外租房就可以享受每月60元的补助，已婚的店经理则可享受400元以内的住房补助；店经理小孩3岁以下随本人生活的，还可享受每月300元的补助……

在尊重与善待员工的问题上，海底捞还有不少“创意”。例如，将发给先进员工的奖金直接寄给他的父母。张勇说，“这不仅仅是400块钱的事情，400块钱对于农村也许很重要，但更重要的是，他父母有了荣耀。”

为了鼓舞和激励员工的工作热情，培养他们的爱岗敬业精神，海底捞格外重视员工的业余文化生活。海底捞的各个分店、各个分区常常展开评比活动，评比先进个人、优秀标兵、劳模、功勋员工等；各店之间常常举办友谊竞赛，如篮球比赛、切羊肉比赛、各种技能竞赛等；公司鼓励员工积极参与，并给予适当的奖励；公司办起了《海底捞报》，内容包括企业管理知识、职场成长故事、饮食文化、健康知识。越来越多的员工积极投来稿件，有的堪称佳作；员工们还自发地创作了《海底捞之歌》。

在如此和谐的文化与工作氛围中，员工们的热情日益高涨，提出很多建议，包括工作与娱乐，只要是合理的，公司都会采纳。张勇笑着说，“海底捞的创意性服务在业界和顾客当中是很出名的，其实，大多数都是员工提出来的。我们的员工都是天才！”

（来源：新浪博客，http://blog.sina.com.cn/s/blog_48dbd9310102duia.html）

三、团队建设

团队建设是指旨在增进团队发展与改善团队机能的各种正式活动。它既适用于新建团队，也适用于在团队发展过程中出现了倒退现象的老团队。优质的团队建设活动能够促进团队发展，增强团队凝聚力。

（一）团队建设的活动

常见的团队建设活动主要包括以下四种。

1．角色定义

角色定义的主要目的是检查团队成员之间的角色期待，并使他们明确将来各自应履行的角色责任。通常，团队成员先各自描述一下对自身角色的认知以及对他人角色的期待，然后基于这种角色知觉的讨论，成员修正并完善各自的角色。

2．人际互动

人际互动的主要目的是通过消除潜藏的误解以使团队成员之间建立真诚互信的沟通环境。人际互动活动通常会为团队设计一个特殊的挑战（如野外探险等），通过让成员在陌生情境下解决各种问题来了解彼此的优点和缺点，发现良好人际关系对于他们潜能发挥的重要作用，使他们深刻体会到信任和尊重对团队协作的必要性。

此外，还可以通过对话的方式增进团队成员间的相互了解，通过团队成员之间正式或非正式的交谈来加强沟通，在了解各自基本设想与心理模型的基础上建构团队共同的思维模式。

3．目标设置

目标设置的主要目的是使团队成员明确团队的绩效目标，增强团队实现目标的动机，并就团队成员的操作绩效建立有效的反馈机制。研究发现，目标设置是团队建设中很重要的一个维度。

4．问题解决

问题解决的主要目的是检查团队中与任务相关的各种决策活动，并设法使其更有效。有些团队通过参加一些模拟游戏来提高解决问题的技巧，通过在假设的情境下进行各种决策活动，不仅有助于团队成员提高决策本领，还可以完善人际互动过程。

（二）团队建设应注意的问题

随着团队在组织中的普及，团队建设活动也越来越普遍。但是如果应用不当，团队建设活动将无法体现其应有的价值。因此，进行团队建设时还应注意以下四个方面的问题。

1．对症下药

开展团队建设活动的误区之一是预先没有把握好团队的真正需要。上述四种团队建设活动服务于不同的目的，并没有适合所有团队的所有情况的灵丹妙药。因此，在组织团队建设活动时，必须考虑团队的类型与需要。

2．不断强化

团队建设活动不是“预防疫苗”，不能一蹴而就。团队建设是伴随团队成长和发展的一个不断前进的过程，一些训练项目之所以失败就是因为缺乏必要的后续措施，无法持续发挥项目的作用。

3．学以致用

团队建设活动的宗旨是服务于团队发展。因此，应鼓励团队成员在实际工作中积极进行反思，将在各种训练活动中获得的体会和领悟有机地融入到工作中去，为团队发展贡献力量。

4．寻求平衡

团队建设活动可能会导致其成员过分地效忠所属团队。而这种倾向虽然能够有效地增强团队内部的凝聚力，但同时也会成为诱发团队与组织中其他部门之间发生冲突的潜在因素。

本章小结

1. 组织是指人们为实现特定目标相互依赖、彼此协作而形成的机构或团体。它是社会生活的基本单元，是联系个人和社会的桥梁和纽带。

2. 组织结构是指组织内部的工作分配以及指导组织活动的协调、沟通、工作流程和正式权力的模式。形成组织结构的两个必要条件是工作分配与工作协调。

3. 组织结构主要包括控制幅度、集权化、正规化与部门化四个基本要素，其基本类型主要有简单式结构、职能式结构、分部式结构与矩阵式结构。随着信息技术的发展与劳动力队伍的变化，出现了网络结构、团队型结构等新型组织。

4. 团队是指由两人或多人组成的群体，其成员相互作用、相互影响，为实现特定的共同目标而承担相应责任。组织中常见的工作团队有固定团队、临时团队和虚拟团队。

5. 团队效能是指团队实现其目标、满足其成员需要以及维持自身生存与发展的能力或有效性。影响团队效能的因素有组织与团队环境、团队设计和团队进程。

6. 组织与团队环境因素通过作用于团队设计与团队进程间接影响着团队效能，它主要包括奖赏体制、沟通系统、物理空间、组织环境、组织结构和组织领导。

7. 团队设计中的结构性特征既会直接影响团队效能，也会通过作用于团队进程间接地影响团队效能。团队设计中的结构性特征主要包括任务特征、团队规模和团队组成。

8. 同质性团队是指由具备相似技术专长、种族特性、经历或价值观念的成员组成的团队，它往往比较适合需要高度协作的任务；异质性团队是指其成员具有多样化的人格特征及背景的团队，通常适用于应对复杂的项目或需要创造性解决方案的工作。

9. 影响团队效能的团队进程主要有团队发展、团队规范、团队角色和团队凝聚力。团队发展大致经历形成、爆发、规范、运作和停滞五个阶段。团队规范是指团队用于约束其成员行为的非正式规则与期望。成员遵守团队规范的动力主要来源于同事的压力、高层领导的强化以及成员对团队的认同。影响团队规范形成的因素主要有团队中发生过的重要历史事件、团队形成不久发生的事件、团队成员的认知以及团队成员自身的信念与价值观。团队角色是指团队中处于某一位置上的人所应履行的一套行为。团队中有各种正规角色、成员自愿承担的角色以及随时可以发生互换的非正规角色。

10. 团队凝聚力是指团队对其成员的吸引力以及激励他们甘愿成为团队一员的程度。影响凝聚力的因素主要有成员相似性、团队规模、成员的互动、加盟的难度、团队的成功以及外部竞争与挑战。

11. 团队建设是指旨在增进团队发展与改善团队机能的各种正式活动。常见的团队建设活动主要有角色定义、人际互动、目标设置和问题解决。进行团队建设应注意对症下药、不断强化、学以致用和寻求平衡。

复习题

一、名词解释

组织　　组织结构　　团队　　团队效能　　团队凝聚力

二、单项选择题

1. 在下列组织结构形式中，团队建设最困难的是（　　）。

A. 直线式结构　　B. 职能式结构

C. 矩阵结构　　D. 项目结构

2. 职能式项目组织形式的优点是（　　）。

A. 目标明确　　B. 有利于统一指挥

C. 能做到以项目为关注焦点　　D. 资源利用的灵活性和低成本

三、判断题

1. 团队精神属于团队文化的核心层，是团队的核心意识。（　　）

2. 团队规范是团队效能和绩效的必要条件。（　　）

3. 发展团队的工作能力可以从组织学习型团队、实行知识管理和鼓励个人自我发展等三个方面着手。（　　）

4. 要建设好一个团队，首先要认识团队的本质属性。（　　）

四、简答论述题

1. 什么是组织？其特点和功能有哪些？为什么要研究组织？

2. 什么是组织结构？试析构成组织结构的两个必要条件。

3. 简析组织结构的四个基本要素。

4. 试比较组织结构的四种基本类型，并分析组织结构发展的新趋势。

5. 什么是团队？试比较团队的三种类型。

6. 分析虚拟团队日益普及的原因及其优缺点。

7. 团队效能体现在哪些方面？试分析团队效能的模型。

8. 分析团队设计中的结构性特征及团队发展的五个阶段。

9. 什么是团队规范？其作用是什么？如何形成团队规范？

10. 什么是团队凝聚力？其作用是什么？如何增强团队凝聚力？

11. 结合管理实践，谈谈团队建设应该注意的问题。

五、案例分析题

通用电气基于竞争环境的组织结构变革

1971 年，通用电气进行“战略事业单位”改革，是因为它遇上了威斯汀豪斯电气公司的激烈竞争。这时候企业所面对的最大问题就是“如何战胜竞争对手，巩固市场地位”。基于这样一个战略重点，通用电气就致力于提升企业对市场信息的反应速度和企业市场竞争策略的灵活性，于是“战略事业单位”这种“特种部队”形式的组织单元就应运而生了。

20 世纪 70 年代中期，美国遭遇能源危机与通货膨胀，经济一片萧条。这种时刻并不适合继续扩大投资和再生产，“如何避免资源浪费和制定长期的发展策略”成为通用的核心问题。在这样的情况下，琼斯推行了“执行部制”的组织改革，企业最高层的领导从繁忙的日常事务里解脱出来，把精力聚焦于长期战略的制定和资源在集团内的调控，为通用电气这条商界的巨轮驶出经济衰退的浅水区指明了方向。

到了20世纪80年代，美国经济再度复兴，加上世界经济一体化的发展，企业的经营环境日新月异，经常会出现“战略赶不上环境”的情况。在这种快速变化的经营环境下，琼斯当初的组织改革给通用电气带来的积极意义已经逐渐消失。同时，由于通用电气两次组织变革所走的方向是正好相反的——“战略事业单位”的改革是放权，而“执行部”的改革是集权。这种相互制衡的结果使通用电气出现明显的官僚化倾向。为了适应环境的变化，并消除组织内部的官僚习气，韦尔奇为通用开出了著名的“扁平化”药方。

（来源：豆丁网，http://www.docin.com/p-314974858.html）

思考与讨论：

1．通用电气初次变革后，形成了何种模式的组织结构？优缺点何在？

2．通用电气三次变革，针对何种不同环境，着重解决的问题又是怎样的？

参考文献

[1] McShane S L, Von Glinow M A. Organizational Behavior[M]. McGraw-Hill, 2000.

[2] Bruce Tuckman. Developmental Sequence in Small Groups[J]. Psychological Bulletin, 1965, 63(6): 384-399.

第十二章　组织气氛和士气

学习目标

- 理解组织文化的内涵、要素、功能及建设途径
- 了解组织权力的概念、来源及影响因素
- 了解组织政治的含义、表现及其管理
- 掌握冲突的概念、来源及管理

引例：从掌声看组织文化

掌声其实学问很大，一叶知秋，从掌声中可看出一个组织的成员的心态，掌声能反映一个社会和组织的文明程度。掌声还反映一个组织的成员的包容和开放性。国外有一句谚语：“无论讲台上的演讲是否精彩，整齐和热烈的掌声是评判台下观众文明程度最好的标准。”这其实是角色的定位。鼓好掌是观众的本职工作，表演好是台上演员的本职工作。在一个企业中，员工的身体语言和言行毫无疑问都在一定程度上折射出该企业优秀的文化特质，内化于心的优秀企业文化往往是在细节上表现出来的。员工行为和企业是否有好的文化氛围和好的习惯息息相关，在企业文化建设中培养和塑造员工的激情心态和朝气蓬勃的精神面貌非常重要。无论台上的演讲或表演是否精彩，其实都应该给予热烈的掌声。如果台上的演讲或表演不够精彩，热烈的掌声就能给他鼓励；如果台上的演讲或表演很精彩，掌声能给他肯定和认可。好与坏的评判不在台上的那个人而在员工的心里，禅学中的“境由心造”说明了这个道理。一个掌声很热烈的组织肯定比没有掌声或掌声很稀少的组织的企业文化氛围好，起码能说明这个组织的员工有激情和懂礼貌。

国内的一个表演团远赴维也纳金色大厅表演，演出非常精彩。结束后，当地观众纷纷站起来并长时间报以雷鸣般的掌声。当采访观众问到你们是否能听懂中文时，很多人都摇头，但是他们做好了观众的职责。这一点令国内的演员们受到了极大的鼓舞，掌声比国内的任意一次表演都要热烈。我们在国内经常看到下面观众不仅没有掌声，甚至喊出“下去吧”的嘘声。在国内看电影时经常会看到这样一个现象，当电影内容结束了，打出工作人员名单的时候，很多国人就纷纷离席退场了。这在国外是很少出现的，即使电影的内容结束了，观众也会尊重电影人的劳动，在工作人员名单、片尾曲所有都结束时才会离席。这些现象从某个方面能说明很多深层次的问题。

文化看似虚无缥缈，但它的影响却在潜移默化中进行着，就像唐诗中描述的“随风潜入夜，润物细无声”那样，企业文化亦是如此。企业文化的最高境界就是“自动自发，入脑入心”。只有企业文化深深植根于每位员工的心中并得到认可和自发的实行才是一个

好的企业文化。“近朱者赤，近墨者黑”，在一个好的文化氛围中，大家会受到感染自觉地去践行。

企业管理无小事，表面上看似一个小小的鼓掌，实则体现了员工对企业的忠诚度、认可度、归属感。员工的漠然、麻木是企业管理最大的敌人，鲁迅先生一生以笔为枪，所有文章都有一个中心就是希望以文字唤醒当时国人的麻木，重燃国人的激情。可见，只有员工们的个人思想意识与企业的核心价值观、企业愿景、使命相一致，员工与企业同呼吸、共命运，才能自觉地发挥自身的热情去做好工作。

（来源：http://manage.nlp.cn/2012-02-10/70360.html）

科学的组织结构和优秀的工作团队是组织发挥效能的物质前提和基础。但是，仅有这些是远远不够的，还需要尽可能营造良好的组织气氛和士气。虽然它看不见、摸不着，但却真真切切地影响着组织或组织中的每个个体。如果说组织结构是组织的硬件的话，那么组织气氛和士气则是组织的软件。本章拟对影响组织气氛和士气的几个重要因素进行详细的分析。

第一节　组 织 文 化

一、组织文化的概念及构成要素

组织文化（Organizational Culture）是指支配组织成员在面对问题和机遇时进行思考和行动的共同设想、价值观及信念的基本模式。它是规范组织行为的一种无形力量，是影响组织气氛和士气的重要因素。如图 12-1 所示，这些共同设想属于组织文化中最深层的部分，是组织成员思考和行动赖以产生的基本前提和假设，它们常常会以无意识的方式对人们产生不容置疑的影响。其中，信念代表着人们对于现实的认知和领悟，而价值观则是指比较稳定和持久的态度，有助于人们对各种思想和行为进行价值判断。总之，作为组织文化的基本要素，共同设想、价值观、信念与态度通常潜伏在外显的组织行为背后，虽然不容易被直接观察，但它们的影响无处不在。

为了理解组织文化的内涵，通常需要解读它的人为产物（Artifacts），即通过表征组织文化的具体符号和标志来间接地理解其本质。如图 12-1 所示，常用于解读组织文化的人为产物主要有组织语言、组织轶闻与传奇、组织仪式与典礼、组织的物质结构等。组织语言包括组织内部的流行语、称谓方式、领导者的口号与比喻说法等。组织轶闻与传奇记录着组织成员在某一特定情境下的具体反应，可以为其他组织成员充当示范榜样或反面教材。当组织轶闻与传奇真实可信，并且在组织内部广为流传时，能够有效地发挥传播组织文化的功能。组织仪式是指生动体现组织文化的日常组织生活的常规和惯例，而组织典礼则是指正式的仪式，如为表彰优秀员工举行的表彰会以及为庆祝新产品发布举行的庆功会等。组织的物质结构包括组织建筑的外观和风格、内部装饰和布局及各种工作用品，如服装、信封等的标志。通过这些人为产物，可以感知、理解和解读组织文化。

通常所说的组织文化是指被绝大多数组织成员接受的主流文化（Dominant Culture）。相对于这种主流文化，在组织的不同部门、区域和群体中还存在着各自相对独立的亚文化（Subculture）。有些亚文化支持主流文化所倡导的核心价值观，而有些亚文化则与其背道而驰，后一种亚文化通常被称为反文化（Counterculture）。反文化容易在员工中造成混乱和迷惘，甚至引起矛盾和冲突，但正是由于它的存在，使组织的主流规则受到质疑和监督，经常被评判或评估，这在一定条件下能够为组织文化的发展提供动因。

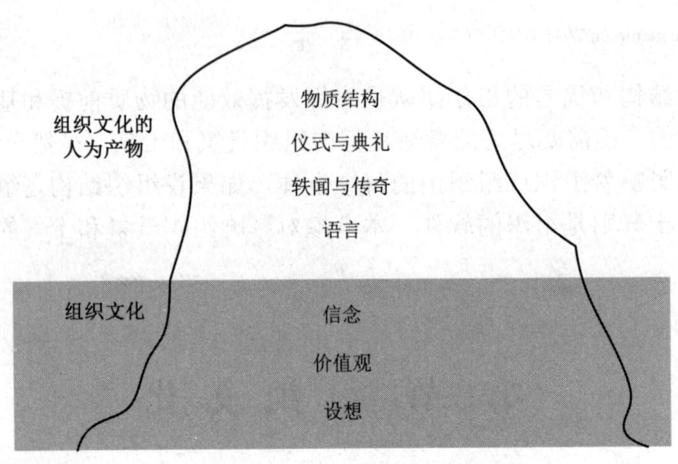

图 12-1　组织文化的构成要素

（来源：Steven L. McShane & Mary Ann Von Glinow，2000）

二、组织文化的功能

文化中蕴涵着力量，创造并维持一种适宜的组织文化是许多企业成功的秘诀。组织文化的功能主要表现在以下五个方面。

（1）导向功能。组织文化的导向功能体现在两个方面：一是引导组织成员的思想和行动；二是指导企业整体的价值取向和行为。

（2）约束功能。作为一种深入人心的社会控制形式，组织文化深刻地影响着其成员的决策与行为。

（3）凝聚功能。共有的设想、价值观及信念将组织成员联结在一起，形成团结一致的整体。

（4）激励功能。组织文化激发组织成员从内心产生一种高昂情绪和奋发进取的精神。

（5）辐射功能。良好的组织文化不仅对组织成员产生影响，而且通过各渠道向社会传播和扩散。

什么样的组织文化才能发挥上述五种功能呢？研究者归纳出了组织文化三方面的特征，并分析了它们对组织文化作用的影响。首先是组织文化的强度。当主流价值观念深入人心且长期被绝大多数成员支持和接受时，可以称其为强文化（Strong Culture）；相反，若主流文化持续时间较短、尚未被多数人所接受，只是管理层少数人倡导和支持，那么就可称其为弱文化（Weak Culture）。强文化对人的影响大，但其是好是坏、是否有利于促进组织发展则受制于它的第二个特征，即文化的匹配性。只有当组织文化的内容与组织所处的环境相匹配时，强文化才能够有效地促进组织绩效和组织发展。如果是一种错误的或与组织环境不匹配的文化，那么它不仅不能促进组织发展，还会阻碍组织的发展。此外，任何组织文化都不是一成不变的，应该具有第三个特征，即适应性，因为变化是组织生存和发展中必要且必然的一部分。只有不断关注环境中发生的变化并且鼓励创新以紧跟变化节奏的适应性文化，才会更有利于组织发展。

三、组织文化的冲撞与融合

在组织合并和重组过程中，预先考察两个或多个企业在组织文化上的兼容性，在此基础上采取有效实现组织文化融合的策略，对于组织合并或重组的质量及合并或重组后的管理是至关重要的。核心价值观截然对立的企业合并后往往会发生组织文化的冲撞，影响组织发展，因此有必要采取一定的措施来尽量减少文化冲撞带来的负面影响。研究者们在大量研究和总结实践经验的基础上，提出了实现组织文化融合的以下四种策略。

（一）同化（Assimilation）

同化是指收购方利用自身强大的文化优势消化被收购方文化，使被收购方员工自愿接受收购方的企业文化价值观。很显然，当被收购方原有的组织文化较弱，而收购方的组织文化比较强大且目标指向明确时，比较适合采取和实施同化策略。通过同化来实现组织文化融合不太会发生剧烈的文化冲撞，因为被收购方原有的文化不会产生太多阻碍，而员工本身也希望能够找到一种更好的选择。

（二）去文化（Deculturation）

去文化是指收购方通过将自身的文化价值观强加于被收购方的员工来实现组织文化的融合。若被收购方原有的组织文化严重阻碍合并后的企业发展，则有必要采取去文化的策略。但去文化策略往往难以奏效，有时甚至会适得其反，因为这种文化入侵的方式容易遭到被收购方员工的抵制，严重延缓和干扰企业的并购过程。

（三）整合（Integration）

整合是指联合两种组织文化，将其合成为一种崭新的、兼具先前各自优势的复合型文化。当双方原有的文化特征具有一定的共通性，且双方都意识到各自现有的文化本身存在一些问题，愿意采纳一套新的、更加有效的文化价值观时，整合策略最为有效。但是整合的过程比较缓慢，而且由于保守势力的存在，往往危机四伏。

（四）分离（Separation）

分离是指合并双方达成一致，在文化或组织活动方面保持各自相对的独立性。当双方行业不同，而不同行业所要求的最适宜的文化价值观也不尽相同时，比较适合采用分离策略。然而，由于收购方总想控制决策权，因此很少有被收购方能够长期保持不受干扰的独立状态。

四、组织文化的巩固与发展

无论是实现组织文化的融合，还是重塑组织现有的文化价值观，组织领导者都必须了解巩固和发展组织文化的策略。如前所述，诸如组织语言、组织轶闻与传奇、组织仪式与典礼、组织的物质结构等人为产物能够有效地传播组织文化，因此在改变组织文化的过程中，应注意充分发挥人为产物的表征作用，通过消除旧的人为产物、引进和推行新的文化象征来巩固和发展组织文化。针对组织文化的巩固与强化问题，研究者们总结了五种有效的方法。

（一）通过创始人与继任领导者的行为活动

创始人是组织文化的开创者，他们在创立组织的同时也架构了支持其个人文化价值观的体系，创始人为组织打造的文化烙印往往会在相当长的时间里伴随着组织的成长与发展。除此之外，继任领导者的行为活动同样也会影响着组织文化的巩固与发展。变革型领导通过传达和实践他们对于未来的构想进一步巩固和发展组织文化，这不仅需要口头鼓吹，更需要倾力而为。

（二）推行与组织文化一致的奖赏体系

具有不同组织文化的企业往往会采取不同的奖赏体系，而与组织文化一致的奖赏体系能够有效地巩固企业的组织文化。例如，为了发扬企业员工的主人翁精神，采用股票奖励的方法来表彰优秀员工，通过让员工入股，让他们感受到自己是企业的一分子，个人利益与企业利益休戚相关，这样就可以进一步强化企业所倡导的组织文化精神。

（三）维持稳定的员工队伍

组织文化植根于每个员工的头脑中，组织轶闻通常是口耳相传，很少被正式记录下来；而在正规的程序手册中也很难找到组织仪式的具体规程。因此，维持相对稳定的员工队伍有助于传播和巩固组织文化。若组织内部大规模裁员或员工大量流失，则无形之中会削弱组织文化的力量；相反的，若组织在短期内迅速扩充人员或兼并大量企业，由于新进员工需要时间来理解和接受企业的组织文化，因此也不利于组织文化的巩固。鉴于此，可以通过适当调节员工增长率、解决人员流失问题来保持已有的组织文化。

（四）建立有效的文化传播网络

组织文化是通过学习不断获得的，因此建立有效的文化传播网络对于巩固和发展组织文化是非常必要的。传播组织文化的渠道主要包括正式传播途径（如公司的例会、内部刊物、企业内联网等）和非正式传播途径（如传播小道消息、员工私下交换意见等）。管理者应积极进入各种传播网络，创造机会与员工分享组织轶闻，实践组织仪式，宣扬企业精神。

（五）挑选员工并对其进行组织社会化

挑选与企业组织文化相匹配的员工并对其进行组织社会化，也是巩固组织文化的有效途径之一。良好的个人－组织匹配度有利于员工将来对组织环境的适应和接纳，同时也可以提高员工的工作满意度和组织忠诚度。组织社会化是指组织成员领悟胜任本职工作所必需的价值观念、行为表现以及社会知识的过程。理解并接纳企业文化所倡导的价值观是组织社会化活动的重要组成部分，它不仅影响员工将来的职业发展，也会影响到企业组织文化的巩固与稳定。

【资料】

寻找正确的“Google人”

传统上，组织根据应聘者的技能和经验招人。了解到组织文化的重要性后，就要把文化匹配放在首位了。确实，名列《财富》2008年“最佳工作之地”排行榜的公司，如Google，在招聘中特别在意寻找正确的Google人，也就是有着Google精神气质和做事方式的人。

现如今的经理人在招聘员工时，经常考虑候选者的文化匹配。这涉及弄清潜在新员工是否认可他们的组织价值观、能否融入他们的组织文化。通常，基于文化匹配选拔的员工，开始做贡献更早，表现更好，任期更长。相较而言，文化匹配度低的话，士气会降低，生产率会下降，冲突会增加，顾客满意度会降低，员工离职率会变高。

（来源：http://www.ceconline.com/hr/ma/8800070349/01/?_ga=1.100483998.1802076864.1401284432）

第二节　组 织 权 力

一、组织权力的概念

组织权力（Organizational Power）是指个体、团队或组织所拥有的影响他人的潜在能量。权力并非改变他人态度或行为的具体行动，而是可以实施这些行动的潜在力量。它是组织发挥作用、行使职能的重要方式和根本保证，是影响组织气氛和士气的重要因素。在很多情况下，拥有某种权力的人不知道自己拥有这种力量，因而并未行使自己的权力，而可能受对方影响的一方也可能不知道对方拥有的力量，因而没有表现出敬畏或服从的态度。因此，权力产生的前提是一方或双方意识到对方的存在，特别是一方意识到他有赖于另一方提供某种有价值的资源。

由于专门化分工的普遍性和资源的有限性，组织中遍布着各种相互依存的权力关系，所以组织权力可以说是组织与生俱来的一部分。在权力关系中，除了强势方会对弱势方产生影响外，弱势方同样会对强势方产生一种反权力作用（Counterpower）。只有在权力和反权力的共同作用下，才能有效地维系双方的互动。例如，在图12-2中，个人A对个人B拥有权力，属于权力关系的强势方，因为他不仅可以通过人际互动影响个人B，还可以直接干预个人 B 目标的实现，而个人 B 虽然不能干预个人 A 目标的实现，却也可以通过人际互动实现自己的反权力作用。

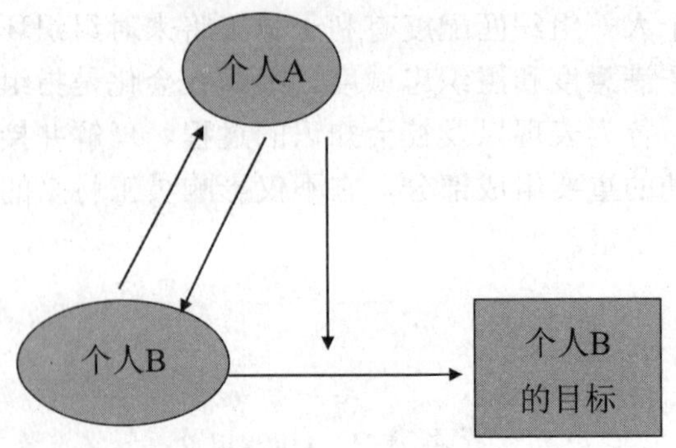

图 12-2　权力关系模型

（来源：Steven L. McShane & Mary Ann Von Glinow，2000）

二、组织权力的来源和影响因素

图 12-3 给出了一个组织权力产生机制的模型，从中可以看出权力的不同来源及影响权力产生作用的一些因素。

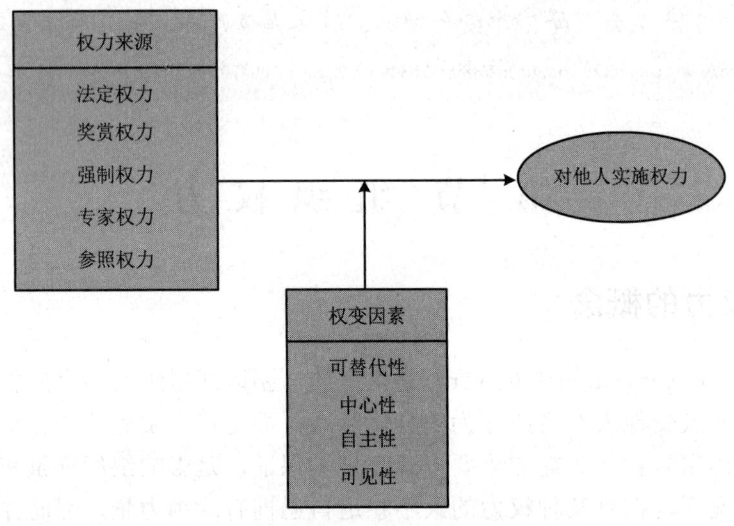

图 12-3　组织权力产生机制模型

（来源：Steven L. McShane & Mary Ann Von Glinow，2000）

（一）组织权力的来源

1．法定权力（Legitimate Power）

法定权力是指通过正式的职权来影响他人的能力。法定权力基于个体在组织中的职位，但是它的有效行使还有赖于组织成员对它的认同程度。研究发现，权力距离（Power Distance）是影响组织成员服从行为的重要因素。所谓权力距离是指组织成员对权力分配不均的接受程度。在高权力距离文化背景下，组织成员倾向于服从。此时，接受命令的人往往缺乏判断与分析，只是盲目地听从指令。

2．奖赏权力（Reward Power）

奖赏权力是指通过控制给予他人奖赏或消除惩罚来影响他人的能力。在组织中，上级可以通过控制加薪、升职、休假等机会的分配来对下属实施奖赏权力，而下属也可以通过组织的正当渠道（如360度反馈系统）实现对上级的奖赏权力。

3．强制权力（Coercive Power）

强制权力是指通过施加惩罚来影响他人的能力。管理者可以通过训斥、降职甚至解雇等方式对组织成员行使强制权力，而团队中的同伴压力有时也有助于发挥强制权力的作用。研究发现，借助于团队成员之间的相互监督能够有效地实现工作激励，提高团队成员的出勤率和绩效。

4．专家权力（Expert Power）

专家权力是指凭借专业知识和技能发挥影响的能力。在知识经济日益发展的今天，拥有专家权力的普通员工会越来越多。他们将专业知识转化为生产力，影响着组织目标的实现。

5．参照权力（Referent Power）

参照权力是指凭借他人的认同和尊重发挥影响的能力。参照权力主要基于个人魅力，因此形成的过程比较缓慢，但是它一旦形成，就会导致追随者极大的认同和信任。

在上述五种组织权力的来源中，法定权力、奖赏权力和强制权力主要基于权力拥有者的职位，而专家权力和参照权力则源于权力拥有者本身的特征和素质。这五种权力所产生的影响也有所不同。强制权力容易引发抵触和不信任；奖赏权力和法定权力常使人产生被动的、缺乏热情的服从；而专家权力和参照权力则会使人产生由衷的承诺，从内心里认同权力拥有者的要求，心甘情愿地去执行。

除了上述五种权力来源以外，随着组织结构的扁平化及信息传递速度的加快，信息在组织权力中发挥着越来越重要的作用。有研究者甚至将其单列为一种组织权力的来源，即信息权力（Information Power）。信息权力主要有两类：一种是通过控制信息的流通和解释来影响他人的能力；另一种是通过有效应对组织中的不确定性来发挥影响的能力，主要表现为对环境变化的预防、预测及包容。

（二）影响组织权力发挥作用的权变因素

如上所述，组织权力的来源影响其作用的发挥。除此之外，权力本身的一些权变特征也会影响权力作用的大小。

1．可替代性（Substitutability）

可替代性就是权力拥有者被他人替代的可能性，或者说是指权力的受众选择余地的大小。当权力拥有者垄断资源时，其权力最大。为了提高自身的不可替代性以增强权力，权力拥有者常常会采取各种手段来表明或暗示自己拥有独一无二的资源。

2．中心性（Centrality）

中心性是指权力拥有者和他人相互依赖的程度。中心性有两个维度：一是权力影响的范围；二是权力影响的速度。随着中心性的增加，权力的影响力会增强。

3．自主性（Discretion）

自主性是指无需参照具体规则或征得他人许可进行决策的自由度。缺乏自主性会大大削弱权力的行使力度和速度，甚至使权力名存实亡。一些管理者甚至是领导者在各种规则和要求面前感到束手无策，就是缺乏自主性的表现。

4．可见性（Visibility）

可见性是指权力及其来源为他人知觉和意识到的程度。只有当自身的权力或其基础为人所知时，才会有效地发挥作用。因此，将自己拥有的权力公布于众，有效行使权力，扩大交际范围和频率，将自己的优势和特长充分展现出来，通过各种线索（如文凭、荣誉称号、衣着打扮、办公室的规模及布置等）传达自己拥有某种资源的信息等，都可以达到提高权力可见性的目的。

总之，各种权变因素会放大或缩小权力的影响力。这种影响力可能会导致抵触和不信任，也可能会令人做出被动的服从，还有可能使人做出由衷的承诺。权力的影响力不仅局限于对他人的影响，权力拥有者本身也会受其影响。如果没有正确的引导，不加节制地追逐或滥用权力，将会导致各种不良组织政治行为的滋长与蔓延。

第三节　组 织 政 治

一、组织政治的含义及利弊

组织政治是指通过一定手段来影响他人以达到个人目的的活动，是组织根深蒂固的一部分，对组织气氛和士气具有重要影响。在多数情况下，尤其是在以牺牲他人或组织利益为代价攫取个人权力时，组织政治无益于或有害于组织发展。为了获取权力而从事大量的组织政治活动往往会浪费工作时间，干扰正常的工作秩序和进程。同时，过多的组织政治行为还会降低组织成员之间的信任感，阻碍组织沟通，损害组织凝聚力。在充斥着组织政治活动的团队中，员工经常处于应激状态，工作热情下降，人员流动增多。然而，并非所有的组织政治行为都是有损于组织发展的。例如，员工在工作环境中注意自己的衣着打扮、仪容仪表和言谈举止，与上司打交道时注意方式与方法，采取一定的手段宣传自己的主张和建议等，尽管也是为了达到个人的目的，却可能有益于组织的管理和发展。有人指出，组织政治是组织变革的前提、条件和重要组成部分。

那么，究竟应该如何评判组织政治行为呢？一般应考虑以下三个基本原则：一是实用原则，即考虑该政治策略或行为是否能够为组织或组织中的大多数人带来最大利益；二是权利保障原则，即考虑该政治策略或行为是否侵犯了他人的合法权利，是否违背道德规范；三是公平分配原则，即考虑该政治策略或行为是否能够实现公正无偏的利益分配。

二、组织政治行为的类型或表现

研究者们对组织环境中的各种政治行为进行了分类，主要包括以下六个方面。

（一）攻击或责备他人

攻击或责备他人是最常见、最直接的组织政治手段，通过贬低他人，将问题的责任归咎于他人，为自己的过失寻找借口，以维护自身的形象，体现自身的优点和长处。

（二）控制信息

信息不仅是组织权力的来源，而且可以充当组织政治的工具。这主要表现在：通过控制信息的流通和解释来限制对手的工作，增强自身的权力基础；通过操纵资料来突出自身的优点，掩饰不足；通过秘藏资料信息来强化自身的不可替代性，提高权力的影响力；通过控制信息沟通的渠道来维护自身的地位和利益。

（三）形成联盟或帮派

所谓联盟或帮派（Coalition）是指试图通过组内成员资源共用、权力共享的方式来影响他人的非正式团体。当就某个共同目标达成一致，且单独行动无法实现目标时，容易结成联盟或帮派。通过数量上的优势和资源上的集结，联盟可以实现单人无法独立实现的目标，并且可以吸引关注，扩大影响。虽然形成联盟或帮派有时是基于良好的意愿，但通常是为了实现少数人的目标，而且无形之中会给他人带来压力。

（四）培植网络、积聚人气

通过培植人际关系网来实现自己的目标，也是常见的组织政治手段。可靠的人际网能够帮助人们获得有价值的信息，增强自身的专家权力基础；广泛的人际网有助于培养同盟和支持者，为项目的申请和实施提供帮助；稳定的人际网还有助于成员增强自身的参照权力，提高威信和声望。

（五）施恩图报

以德报德是人际互动的基本准则。通常人们会对曾经帮助过自己的人心存感激，在他们需要帮助的时候会更乐意成人之美。因此，通过小恩小惠等方式拉拢人心，以图对方在必要的时候给自己以更大的回报，也是一种常见的组织政治手段。

（六）印象管理

印象管理（Impression Management）是指努力打造正面公众形象的一系列活动。当有意识地通过印象管理来迎合他人的要求以达到自己的目的时，印象管理可被视作一种组织政治手段。

三、影响组织政治活动的条件和因素

组织政治行为在适当的条件下会更加活跃，不断滋长和蔓延。影响组织政治活动的条件和因素有以下两个方面。

（一）组织环境因素

当组织中资源不足或资源分配的规则比较模糊或复杂，甚至根本无章可循时，员工倾向于使用组织政治手段，以确保自身利益免受侵害；当组织处于权力之争的特殊时期（如领导班子换届、改选、并购、重组等）时，组织政治活动更加活跃；当组织对待各种组织政治行为的态度比较宽容甚至纵容时，会助长各种不良的组织政治行为。

（二）个体特征

影响组织政治行为的个体特征包括人格因素和性别因素。人格因素主要表现为：有强烈权力欲望的个体倾向于更多地采用组织政治手段；与外控者相比，由于内控者相信自己是命运的主宰，因此在适当的情境下，更容易参与组织政治活动。信奉马基雅维利主义的人否定政治活动与道德有关，认为诡计和欺骗在追求和维护政治权力的过程中是完全正当的，因此他们更喜欢运用各种组织政治手段来达到自己的目的。

组织政治行为也存在性别差异。男性具有较强的自尊感和防御意识，因此喜欢采用有利于维护自身地位和权力的交际风格与行为方式。他们更倾向于采用直接的印象管理方法来提升自己的形象，一般不会主动认错，而会推卸责任，转而责备他人。与之相比，女性则不太善于使用各种组织政治手段，通常愿意主动承认错误，倾向于采用组建联盟和积聚人脉等比较温和的方式来实现自己的目的。

四、组织政治的管理措施

为了防止不良组织政治行为的泛滥，管理者可采取一些必要的应对措施，主要包括以下八个方面。

（1）尽可能保证充足的关键资源。

（2）资源稀缺时，制定资源获得和利用的明确而具体的规则，杜绝暗箱操作。

（3）建立畅通无阻的信息交流系统。

（4）组织内部发生变动时应加强与员工的沟通，增加透明度。

（5）必要时重构团队和组织规范，以清除组织政治行为对组织目标的干扰。

（6）正确用人，避免权谋者当政。

（7）提供公开、公平的对话机会，以解决组织冲突。

（8）鼓励员工互相监督，打击工作中夹杂的不良组织政治行为。

第四节 组织冲突

一、组织冲突的概念、种类及后果

组织冲突（Organizational Conflict）也是影响组织气氛和士气的重要因素之一。它是组织中员工之间、部门之间或员工与部门之间由于意见分歧或利益不一致而产生的心理和行为对抗，是一个从知觉到情绪再到行为的心理演变过程。在这个过程中，个体或团队在各种条件的影响下首先意识到他或他们的利益正在受到另一个个体或团队的影响，产生知觉层面的冲突感受。如果情况并非知觉或想象的那样严重，或者对方的所作所为并没有对自己造成既成的后果，冲突就结束在知觉层面上；否则，就会发展演变为情绪上的对抗，乃至行为上的对立。冲突常常具有扩大化效应，一方面由于社会情境或他人的助长作用，冲突常常会不断升级，另一方面当事人双方的冲突行为会进一步影响双方的知觉和情绪，加深误解和情绪上的对抗，从而陷于恶性循环。因此，防微杜渐，尽快尽早地使冲突双方澄清误会并解决问题，是十分重要的。

那么，组织冲突会带来哪些后果呢？要回答这个问题，首先需要区分不同类型的组织冲突。根据冲突产生的基础，可以将其区分为任务指向性冲突（Task-related Conflict）和社会情绪性冲突（Socioemotional Conflict）。前者是由于在工作问题上的分歧产生的冲突，是围绕工作任务而展开的，目的在于更好地完成任务，较少涉及个人评价、人际关系等敏感的社会情绪性问题。一般来说，这种冲突不仅是无害的，而且是有益的和必要的。它常常起到“催化剂”的作用，促使冲突双方乃至旁观者重新审视问题，做出更好的决策，发现完成任务的新方法、新途径，还可以增强组织的活力，活跃组织气氛，因此是一种富有建设性的冲突。正如有人所说的那样：“如果两个人是完全一致的，其中的一个就是多余的。”然而，社会情绪性冲突却常常具有强烈的破坏性。它是由于人际问题而引起的对人不对事的冲突，常常基于个人偏见或成见，并伴有浓烈的社会情绪色彩，目的是贬低对方而抬高自己。对组织而言，这种冲突会助长组织政治行为，分散冲突双方和其他组织成员的注意力，造成或加剧组织的紧张气氛，影响组织的正常业务和工作效率。对个人而言，这种冲突会给当事人双方带来巨大的心理压力，使其处于高度紧张的应激状态，降低其工作满意度，严重的还会产生工作倦怠、矿工、离职等心理和行为后果。

【资料】

你的团队是唐僧团队吗？

唐僧与三个性格迥异的徒弟组成的取经团队，历经百险，坚定地朝目标前进，终于求取真经，这是一支非常成功的团队。在唐僧师徒四人的取经过程中，发生了不少矛盾、冲突，但最终仍克服了九九八十一难，取得了真经。由不同风格成员组成的企业团队，尽管会发生矛盾，但他们之间往往能形成优势互补，更容易取得成功。

（来源：世界经理人，http://www.ceconlinebbs.com/FORUM_POST_900001_900130_879725_0.HTM）

二、组织冲突的来源

在组织情境中，下列因素可能是冲突的起因或来源。

（一）目标不兼容

当组织中不同个人或部门的目标互不兼容、相互干扰时，就会引起冲突。目标对各自来说越是重要，特别是能带来经济奖赏时，引起的冲突就会越大。

（二）差异化

当组织中的个体由于各自独特的背景和经历而持有不同的信念和态度时，差异化就产生了。差异化是冲突的重要来源。不同的教育背景、价值观念和文化差异等都是导致冲突的重要因素。

（三）任务的依赖性

所谓任务的依赖性是指为实现目标，团队成员需共享资源、发生互动的程度。在一些情况下，成员的最终所得还会取决于他们共同努力的绩效。通常，任务依赖性越强，发生冲突的几率就越高。

如图 12-4 所示，根据任务依赖性由低到高的不同，可以将不同团队之间的关系区分为三种类型：一是共用型，指各工作团队需共用某些公共资源，但其他操作均可独立进行；二是顺序型，指某一工作团队的输出会直接成为另一工作团队的输入；三是交互型，指工作团队之间需要不断地进行协作和交流。

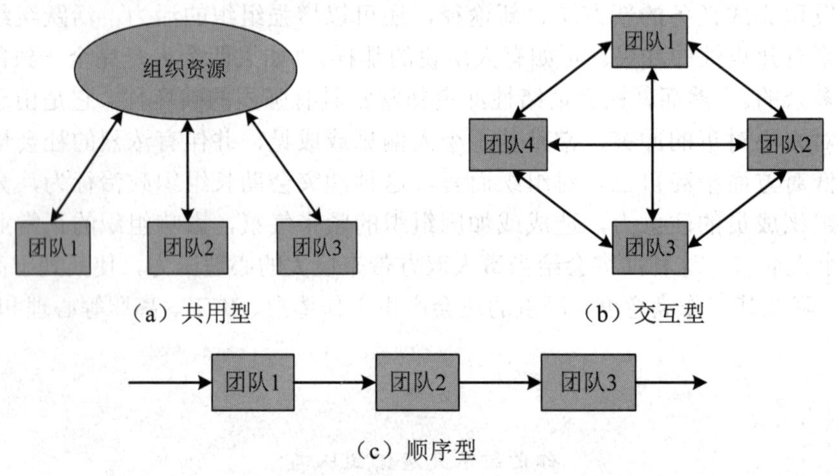

图 12-4　任务依赖性不同的团队关系

（来源：Steven L. McShane & Mary Ann Von Glinow，2000）

（四）资源匮乏

当资源缺乏，不足以满足所有工作部门的需要时，容易引发冲突。资源匮乏会使人们通过和那些也需要这些资源的人竞争来获得资源。

（五）模糊性

模糊性是指工作进程中的不确定性。它会渲染团队之间相互竞争的气氛，增加目标相互干扰的可能性。若组织中有双方一致允诺和赞同的规则，则可以有效地控制由模糊性造成的潜在冲突。

（六）沟通不当

人们缺乏有效沟通的机会、能力或动机，是导致冲突的重要原因。首先，若双方缺少沟通机会，则容易各自根据已有的心理定势来解释和预期对方的行为，而心理定势是一种先入之见，带有主观性，并伴有一定的情绪色彩，因此容易造成误解、引起冲突。此外，缺乏直接接触和交流机会导致双方难以形成心理上的认同和移情。其次，缺乏沟通的技巧和能力也是引发冲突的重要因素。当一方以过激的方式表达不同意见时，对方很可能会同样报以不合作态度。如此一来，怨怨相报、恶性循环，会导致冲突升级。最后，交流上的不顺畅会削弱双方进一步沟通的动机。社会情绪性冲突所带来的强烈的负面情绪使人们回避沟通，而更少的交流则会进一步强化已有的心理定势、加剧冲突。

三、冲突管理

所谓冲突管理（Conflict Management）是指采用一定的干预手段改变冲突的水平和形式，以最大限度地发挥其益处而抑制其害处。在组织情境中，通常可以从以下几个方面开展或加强冲突管理。

（一）确定适当的冲突管理风格

在人际互动过程中，组织成员对冲突的知觉、预期和信念是各不相同的，因此首先应该有针对性地选择适当的冲突管理风格。

1. 两种冲突管理取向

采用不同的立场会影响成员解决冲突的方式和风格。双赢取向（Win-win Orientation）认为双方最终能够寻找到一种互惠、共赢的方式来解决分歧；而输赢取向（Win-lose Orientation）则认为双方的共有资源是有限的，若一方赢得较多，另一方的利益就会相应地受损。在组织沟通过程中，若双方均持有输赢取向的立场，则容易激化冲突。事实上，在很多情况下，如果双方不以非此即彼的方式来看待冲突，并能以建设性的态度来理解分歧，则会有更多机会实现互惠和双赢。

2. 五种冲突管理风格

根据组织成员介入冲突的方式，研究者区分了五种冲突管理风格，如图 12-5 所示，每种风格均可用两个维度上的不同水平组合来标识。维度一为武断性（Assertiveness），代表成员试图满足自身利益的动机；维度二为合作性（Cooperativeness），代表成员试图满足他人利益的动机。这两个维度形成了以下五种典型的冲突管理风格。

（1）协同（Collaboration）。协同是指双方通过积极地解决问题来寻求互惠和共赢。其特征是双方乐于分享信息，并善于在此基础上发现共同点和最佳解决方法。通常，协同是首选的冲突管理方式，但只有当双方没有完全对立的利益且彼此有足够的信任和开放程度来分享信息时，协同才能有效地发挥作用。

（2）回避（Avoidance）。回避是指试图通过逃避问题情境的方式来平息冲突。这种比较消极的冲突管理方式在应对不太紧要的问题时比较有效，此外，当问题需要冷处理时亦可作为权宜之计，来防止冲突进一步激化。但是回避无法从根本上解决问题，且容易导致自己和对方产生挫败感。

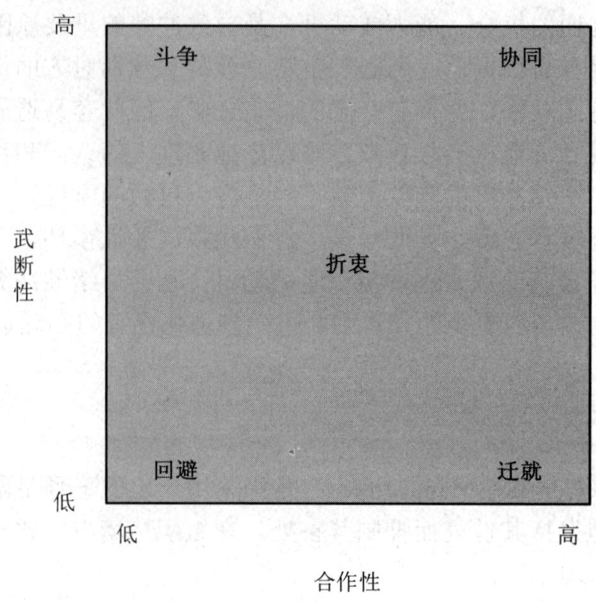

图 12-5　冲突管理风格

（来源：Steven L. McShane & Mary Ann Von Glinow，2000）

（3）斗争（Competition）。斗争是指以他人的利益为代价，试图在冲突中占上风。这种极端不合作的冲突管理方式通常并不是最佳解决方案。但是，当确定自己是正确的，且分歧需要在较短时间内解决时，斗争是必要的。

（4）迁就（Accommodation）。迁就是指完全屈从于他人的愿望，而忽视自身的利益。当对方权力相当强大或问题对于自身并不是太重要时，迁就是比较有效的方式。但它容易令对方得寸进尺，从长远看，迁就并不利于冲突的解决。

（5）折衷（Compromise）。折衷是指试图寻求一个中间位置，使自身的利益得失相当。这种方法比较适合难以共赢的情境。当双方势均力敌，且解决分歧的时间期限比较紧迫时，折衷是比较有效的。但是由于忽略了双方的共同利益，因此折衷往往难以产生非常令人满意的解决方法。

可以看出，协同是唯一完全体现双赢取向的风格。没有一种风格适用于所有的情境，而在某一种情境下，都有最适宜的冲突管理方式。因此，针对不同的情境采用不同的冲突管理风格，是冲突管理的精髓所在。

【资料】

退一步，海阔天空

俗话说“退一步，海阔天空。”但在现实中，太多的时候我们不喜欢让步。以色列的作家奥兹说：“为什么中东国家冲突不断？因为每一个人都认为自己是正义的。”其实不要一味地追求正义，因为在你眼中敌人永远是邪恶的；相反，当我们追求和平时，冲突往往迎刃而解。

在冲突激化的时候，让步不是丢脸，让步不是吃亏，让步是大度，让步是通情达理。当你和经理人或者员工发生冲突时，不要强加于人，要善于让步，用让步去换取让步。

在这一点上，历经多次危机的台湾老板做得很聪明。在危机期间是裁员还是减薪的问题上，他们更多地采用让步的方法，但是会把话说得特别漂亮。首先，老板会说："现在遇到经济危机，公司面临着严峻的挑战，订单在不断地减少，但我绝不会裁员，只要我有一碗饭吃，就会分给大家半碗。"大家听了之后感动得不得了，庆幸自己遇到了好组织、好老板。紧接着，人力资源部的经理就带头宣布大家减薪一半，与公司共渡难关。

台湾老板深谙孔子之道"取乎其上，得乎其中"，先把调调抬高，然后根据员工反应做出适当让步，给员工"赢"的感觉。这就是用让步交换的艺术。

（来源：http://blog.ceconlinebbs.com/BLOG_ARTICLE_34397.HTM）

（二）选择合适的冲突管理策略

1．强调高级目标

高级目标是指超越冲突双方各自具体目标的更高一级的目标，是冲突双方服务和追求的共同目标。通过各种方法突出高级目标的重要性，有利于增强组织凝聚力，减少社会情绪性冲突。在解决由目标不兼容和差异化造成的冲突时，此种策略的作用尤为显著。通过提高成员对组织共同目标的忠诚度，可以有效地解决由部门目标不一致造成的分歧；在异质性团队中，若成员理解并认同了组织的共同目标，则能够有效地避免差异带来的潜在冲突，使团队成员能够各施所能，全力为组织的共同目标服务。由于该策略仅仅是通过引入一个参照目标来抵制差异化，因此它无法从根本上消除组织内部各种潜在的多样性及其负面影响。

2．减少差异化

减少差异化是指通过改变或消除导致差异的各种条件直接抵制分化。它包括消除形式上的差别（如统一工作制服等）和培养共同经历（如鼓励通才式职业定向、实施团队轮换制）等方法。

3．增进沟通和理解

有效的沟通对冲突管理是至关重要的，它能消除刻板印象带来的偏见和负面情绪，增进彼此的理性认识。在组织管理中，常用的沟通方法有对话法（Dialogue）和组间镜像法（Intergroup Mirroring）。对话法是指通过团队成员之间正式或非正式的交谈来讨论彼此的分歧，在了解各自基本设想的基础上建构团队共同的思维模式。组间镜像法一般适用于双方冲突已恶化到公开对立的地步的情形，通常需要管理者有计划、有步骤地进行干预。其目标旨在为冲突各方提供一个充分表达各自观点、讨论分歧的机会，并最终通过改变错误观念来找到改善双方关系的途径。

4．降低任务依赖性

降低任务依赖性可以有效减少冲突发生的几率。对于共用型任务依赖，可以采用分离共用资源的方法，而对于顺序型和交互型任务依赖，则可以采用合并任务的方式来降低任务依赖性。此外，还可以通过建立缓冲带的方法（如建立专门的调解委员会）来协调不同部门的工作。

5．增加资源

解决由资源匮乏导致的冲突时，增加资源无疑是最直接、最有效的方法。当然管理者需权衡增加资源的成本及冲突带来的损失。

6．明确规则与程序

明确规则与程序能够有效解决由模糊性带来的冲突，尤其是当资源匮乏时，如何分配和利用资源需要做出明确的规定。这有利于消除误解，建立公平、公正的工作环境，增强组织的凝聚力。

（三）采取必要的冲突管理措施

1．通过谈判解决冲突

谈判是指冲突各方试图通过重新界定他们之间相互依赖关系的条件来解决目标分歧。只要人们之间存在着彼此依赖的关系，谈判就是可能的，也是解决冲突的有效方法。

有研究者通过图 12-6 所示的交易区模型（Bargaining Zone Model）来说明和解释谈判行为。在谈判过程中，冲突双方通常会确立三个基本点：起始点、目标点和阻抗点。起始点是各方开始时的报价或要求，代表了各自理想的目标或状态；目标点代表各方比较现实的目标；而阻抗点则代表谈判各方的底线。谈判之初，双方分别陈述自己的起始要求，随着谈判的进行，各方都会有所让步，要求也会相应地发生变化。只有当双方的要求均落入中间的交易区时，谈判才会达成协议，冲突才能得以解决。以下两类因素会影响谈判的效果和质量。

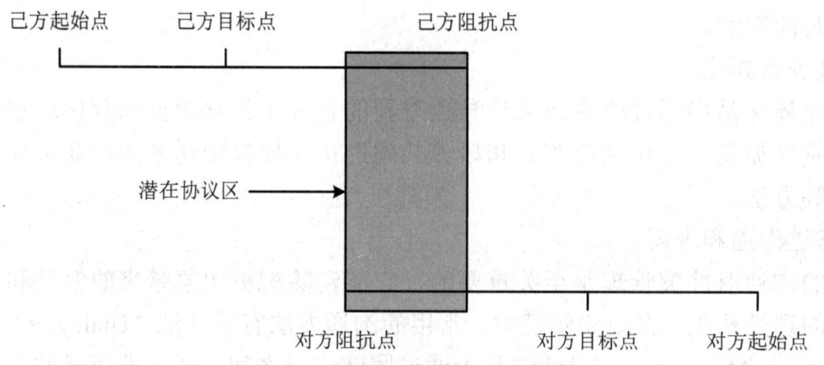

图 12-6 谈判行为的交易区模型

（来源：Steven L. McShane & Mary Ann Von Glinow，2000）

（1）谈判的情境因素

① 谈判地点。在熟悉的环境下进行“主场”谈判可以使谈判者从容不迫，无需应付旅途劳顿及陌生环境带来的不便。鉴于此，很多谈判者会预先协商在某个中立地进行谈判。随着计算机技术的发展，双方可以方便地实现远程交流，这时不再存在谈判地点的

问题。但是由于无法面对面交流，很多微妙的非言语线索容易被忽略，信息传达易被曲解，加之谈判问题本身的复杂性和不确定性，因此重要的谈判通常不采用这种远程交流方式。

② 谈判场所的物理布局。谈判双方的距离、座位安排等布局形式会影响谈判者的态度和取向。通常，面对面的座次安排会加重对抗的意味。

③ 时间进程和最后期限。谈判时间越久，双方就会越希望能够解决分歧，达成协议，但同时也容易出现无原则让步的情况。最后期限会给谈判双方带来时间压力，通常随着最后期限的逼近，双方更容易做出让步，因此好的谈判者会善于运用最后期限来谋求利益的最大化。

④ 观众特点。当与谈判结果有利害关系的群体在场时，谈判者通常会表现得更加强硬，更不愿意做出让步。

（2）谈判者的行为因素

① 计划与目标设定。研究发现，合理的计划与目标设定能够提高谈判质量。谈判者应预先仔细考虑己方起始点、目标点和阻抗点，并要统一团队内部的意见。

② 收集信息。“在试图被对方理解之前，先要努力理解对方。”在谈判过程中，应通过仔细聆听和积极询问来收集对方的信息，只有了解了对方的需要和利益，才能选择适当的策略。

③ 有效交流。谈判者的交流方式应能有效地维系彼此关系，如将焦点集中于“事务”本身、避免过激言行、采用有说服力的表达方式等。

④ 适度让步。适度让步有利于双方达成协议，让步的程度取决于对方的期望和彼此信任的程度。若过分强硬，则无法显示诚意，会破坏双方关系，而过分让步则会令对方得寸进尺。

2．第三方介入

第三方介入是指相对中立的第三方作为调解人或仲裁者，帮助冲突各方解决分歧。第三方介入主要应该达到以下几个目标。

（1）效率高：以最少的组织资源来迅速解决争端。

（2）效果好：找到从长远看能够解决冲突根源的最佳方法。

（3）结果公平：冲突各方均认为第三方介入提供的解决方法是公平的。

（4）程序公正：冲突各方均认为解决分歧的过程是公正的。

根据第三方对冲突解决过程和结果的控制程度，可以将第三方介入区分为以下三类。

（1）调解（Mediation）。调解者对冲突解决过程拥有较高水平的控制，而对于冲突解决的最终方案，控制性较低。在调解过程中，第三方积极管理冲突各方互动的过程和背景，但最终仍需冲突双方做出决定。

（2）仲裁（Arbitration）。仲裁者对冲突解决的最终方案拥有较高水平的控制，而对于冲突解决过程的控制性较低。仲裁者会对冲突各方做出强制执行的决定，而冲突解决过程则主要按照既定的程序和规则进行。

（3）审判（Inquisition）。审判者对冲突解决的过程和最终方案均拥有较高水平的控制。在审判过程中，第三方不但决定最终的冲突解决方案，而且决定冲突解决的过程将如何进行。

在组织管理中，当管理者充当第三方介入到部门或个人冲突中时，需根据不同情境扮演不同角色，才能有效地帮助冲突各方化解分歧。研究发现，若管理者过多地充当审判者角色，往往不利于冲突的解决。因为在这种情况下管理者搜集的信息往往有限，因此判决的有效性会大打折扣，而且由于组织成员对整个过程和决定缺乏控制，因此他们会认为审判有失公平。与此相比，调解往往会使组织成员产生最大的满意度，但有时其效率不佳。仲裁比较适用于应优先考虑组织目标而不是个体目标的情况，且由于其程序公正，容易被组织成员所接受。

本章小结

1．影响组织气氛和士气的因素主要包括组织文化、组织权力、组织政治、组织冲突。

2．组织文化是指支配组织成员在面对问题和机遇时进行思考和行动的共同设想、价值观及信念的基本模式。通过表征组织文化的具体符号和标志可以间接地理解组织文化的内涵。除了被绝大多数组织成员接受的主流文化外，组织中还存在着相对独立的各种亚文化及与主流文化所倡导的核心价值观不一致的反文化。

3．组织文化具有导向、约束、凝聚、激励和辐射等功能。影响组织文化功能发挥的因素有文化强度、文化匹配性及文化适应性。

4．在组织合并或重组过程中，应预先考察两个组织文化上的兼容性。实现组织文化融合的策略有同化、去文化、整合和分离等。

5．巩固和发展组织文化的途径主要有：通过创始人与继任领导者的行为活动、推行与组织文化一致的奖赏体系、维持稳定的员工队伍、建立有效的文化传播网络、挑选员工并对其进行组织社会化。

6．组织权力是指个体、团队或组织所拥有的影响他人的潜在能量。权力产生的最基本的前提是一方或双方意识到对方的存在和能量。组织权力的来源主要有法定权力、奖赏权力、强制权力、专家权力和参照权力。此外，有研究者提出了信息权力的概念。组织权力的可替代性、中心性、自主性和可见性影响其作用的发挥。

7．组织政治是指通过一定手段来影响他人以达到个人目的的活动。在多数情况下，组织政治无益于组织的发展，但并非所有的组织政治行为都有损于组织发展。对组织政治行为进行价值判断应考虑三个原则：实用原则、权利保障原则和公平分配原则。

8．常见的组织政治行为包括攻击或责备他人，控制信息，形成联盟或帮派，培植网络、积聚人气，施恩图报及印象管理。组织环境和个体特征都会影响组织政治行为。应对不良组织政治行为的措施包括：尽可能保证充足的关键资源、制定资源获得和利用的明确而具体的规则、建立畅通无阻的信息交流系统、加强与员工的沟通、必要时重构团队和组织规范、避免权谋者当政、提供公开公平的对话机会、鼓励员工互相监督等。

9．组织冲突是组织中员工之间、部门之间或员工与部门之间由于意见分歧或利益不一致而产生的心理和行为对抗，是一个从知觉到情绪再到行为的心理演变过程。其来源主要有目标不兼容、差异化、任务的依赖性、资源匮乏、模糊性和沟通不当。

10．管理组织冲突可以从确定适当的冲突管理风格、选择合适的冲突管理策略及采取必要的冲突管理措施三个方面入手。协同、回避、斗争、迁就、折衷是常见的冲突管理风格；强调高级目标、减少差异化、增进沟通和理解、降低任务依赖性、增加资源、明确规则与程序是常用的冲突管理策略；谈判和第三方介入是可以采取的冲突管理措施。

复习题

一、名词解释

组织文化　组织政治　组织权利　组织冲突　指向性冲突　社会情绪性冲突　双赢取向　输赢取向　高级目标　交易区模型

二、单项选择题

1．（　　）是指收购方利用自身强大的文化优势消化被收购方文化，使被收购方员工自愿接受收购方的企业文化价值观。

A．同化　B．去文化　C．整合　D．分离

2．（　　）不是评判组织政治行为的原则。

A．实用原则　B．权利保障原则

C．合理性原则　D．公平分配原则

3．（　　）是由于在工作问题上有分歧产生的冲突，是围绕工作任务而展开的。

A．任务指向性冲突　B．社会情绪性冲突

C．压力产生式冲突　D．选择迟疑性冲突

4．（　　）是指双方通过积极地解决问题来寻求互惠和共赢。

A．斗争　B．回避

C．协同　D．迁就

三、判断题

1．整合是指联合两种组织文化，将其合成为一种崭新的、兼具先前各自优势的复合型文化。（　　）

2．组织文化植根于每个员工的头脑中，组织轶闻通常是口耳相传的，很少被正式记录下来；而在正规的程序手册中也很容易找到组织仪式的具体规程。（　　）

3．权力是改变他人态度或行为的具体行动，也是可以实施这些行动的潜在力量。（　　）

4．组织政治行为的性别差异主要表现为：男性具有较强的自尊感和防御意识，因此喜欢采用有利于维护自身地位和权力的交际风格与行为方式。（　　）

5．冲突管理是指采用一定的干预手段改变冲突的水平和形式，以最大限度地发挥其益处而抑制其害处。（　　）

6．迁就是指试图寻求一个中间位置，使自身的利益得失相当。（　）

四、简答论述题

1．简述组织文化的概念，并陈述组织文化的功能。

2．简述组织文化是如何巩固和发展的。

3．简述组织权利的概念与来源。

4．简述影响组织权利的因素。

5．简述组织政治的表现和形式。

6．简述组织冲突解决的模式。

五、案例分析题

亚通公司的组织冲突

亚通网络公司是一家专门从事通信产品生产和计算机网络服务的中日合资企业。公司自1991年7月成立以来发展迅速，销售额每年增长50%以上。与此同时，公司内部存在不少冲突，影响着公司绩效的继续提高。

因为是合资企业，尽管日方管理人员带来了许多先进的管理方法，但是日本式的管理模式未必完全适合中国员工。例如，在日本，加班加点不仅司空见惯，而且没有报酬。亚通公司经常让中国员工长时间加班，引起了大家的不满，一些优秀员工还因此离开了亚通公司。

亚通公司的组织结构由于是直线职能制，部门之间的协调非常困难。例如，销售部常抱怨研发部开发的产品不符合生产标准，销售部门的订单无法达到成本要求。研发部胡经理虽然技术水平首屈一指，但是心胸狭窄，总怕他人超越了自己，因此常常压制其他工程师。这使得工程部人心涣散，士气低落。

（来源：道客巴巴，http://www.doc88.com/p-175806044322.html）

思考与讨论：

1．亚通公司存在的组织冲突是什么？原因是什么？

2．如何解决这些冲突？

团队小游戏

齐心棍

项目类型：团队协作

器材：1．一块相对开阔的场地

　　　2．一根1.5米的木棍

时间要求：45分钟

人员要求：12～15人一组

操作程序：1. 这个项目的名称叫齐心棍，挑战我们团队在遇到难题时大家共同协作、沟通来应对困难的能力。

2. 小组成员分成两个小组，相距 15 米，以接力的形式进行。

3. 小组全员用食指支持木棍齐步向前跑 15 米。

4. 还是以食指支持的形式交接给下一组，下一组再跑回来项目结束。

引导分享：1. 根据活动完成情况进行相应点评。

2. 团队的协作能力。

3. 如何应对活动中出现的挫折。

参考文献

[1] McShane S L, Von Glinow M A. Organizational Behavior[M]. McGraw- Hill, 2000.